Revista de Direito Tributário

91

MALHEIROS EDITORES

Revista de Direito Tributário

Publicada sob os auspícios do

Instituto Geraldo Ataliba — IDEPE — Instituto Internacional de Direito Público e Empresarial
Presidente: Prof. Aires Barreto

ISS 0102-7956

REVISTA DE DIREITO TRIBUTÁRIO
publicação trimestral de
MALHEIROS EDITORES LTDA.
Rua Paes de Araújo, 29, 17º andar - conj. 171
CEP: 04531-940 - São Paulo, SP
Tel. (0xx11) 3078-7205
Fax. (0xx11) 3168-5495
Diretor Responsável: Álvaro Malheiros
Diretora: Suzana Fleury Malheiros

Assinaturas e comercialização:
CATAVENTO DISTRIBUIDORA
DE LIVROS S.A.
Rua Conselheiro Ramalho, 928
CEP 01325-000 - São Paulo - SP
Tel. (0xx11) 289-0811 - Fax. (0xx11) 251-3756
Supervisão Gráfica: Vânia Lúcia Amato
Composição: *Scripta*
Impressão: Paym Gráfica e Editora Ltda.

SUMÁRIO

XVII CONGRESSO BRASILEIRO DE DIREITO TRIBUTÁRIO

HOMENAGEM — **GERALDO ATALIBA, JURISTA MAIOR E MESTRE DE VIDA**
— Carlos Mário da Silva Velloso 7

SESSÃO DE ABERTURA 19

CONFERÊNCIA — **DISPONIBILIDADE: CTN ART. 43**
— Professor Tércio Sampaio Ferraz Jr. 21

MESA DE DEBATES "A" — **TRIBUTOS ESTADUAIS** 27

MESA DE DEBATES "B" — **REFORMA TRIBUTÁRIA** 49

CONFERÊNCIA — **OS LIMITES DO PODER REFORMADOR NA CONSTITUIÇÃO BRASILEIRA**
— Desembargador Federal Aricê Amaral Santos 69

MESA DE DEBATES "C" — **TRIBUTOS FEDERAIS** 74

MESA DE DEBATES "D" — **PROCESSO JUDICIAL** 103

MESA DE DEBATES "E" — **PROCESSO ADMINISTRATIVO** 119

CONFERÊNCIA — **DAS CONTRIBUIÇÕES DE INTERVENÇÃO NO DOMÍNIO PÚBLICO**
— Professor Estevão Horvath 140

MESA DE DEBATES "F" — **CONTRIBUIÇÕES** 151

MESA DE DEBATES "G" — **NOVO CÓDIGO CIVIL NO DIREITO TRIBUTÁRIO** 174

MESA DE DEBATES "H" — **TRIBUTOS MUNICIPAIS** 194

SESSÃO DE ENCERRAMENTO 219

HOMENAGEM À DESEMBARGADORA FEDERAL ANNA MARIA PIMENTEL
— Professora Maria Leonor Leite Vieira 221

CONFERÊNCIA — **DA EXIGÊNCIA OU NÃO DA DECISÃO FINAL DO PROCESSO ADMINISTRATIVO DE LANÇAMENTO PARA VIABILIZAR A DENÚNCIA POR CRIMES CONTRA A ORDEM TRIBUTÁRIA**
— Ministro Sepúlveda Pertence 224

TESES APROVADAS NO XVII CONGRESSO

O ART. 149-A DA CONSTITUIÇÃO FEDERAL INTRODUZIDO PELA EC 39/2002 E A CONTRIBUIÇÃO PARA CUSTEIO DO SERVIÇO DE ILUMINAÇÃO PÚBLICA
— Aurora Tomazini de Carvalho 239

A COMPENSAÇÃO ENTRE TRIBUTOS ADMINISTRADOS PELA SECRETARIA DA RECEITA FEDERAL
— Igor Nascimento de Souza 251

O DIREITO DE CRÉDITO DO ICMS E SUA INCOMPATIBILIDADE COM A EC 33/2001
— Simone Rodrigues Duarte Costa 263

XVII CONGRESSO BRASILEIRO DE DIREITO TRIBUTÁRIO

8, 9 e 10 de Outubro de 2003

Presidente do Congresso
PROF. ALCIDES JORGE COSTA

Presidente da Comissão Científica
PROF. PAULO DE BARROS CARVALHO

Presidente da Comissão Executiva
PROF. PAULO AYRES BARRETO

Presidente da Comissão de Trabalhos
PROF. MARCELO FORTES

Conferencistas
MINISTRO SEPÚLVEDA PERTENCE
DESEMBARGADOR FEDERAL ARICÊ AMARAL SANTOS
PROFESSOR ESTEVÃO HORVATH
PROFESSOR TÉRCIO SAMPAIO FERRAZ JÚNIOR

HOMENAGEM

GERALDO ATALIBA, JURISTA MAIOR E MESTRE DE VIDA[1]

CARLOS MÁRIO DA SILVA VELLOSO

Ministro e ex-Presidente do Supremo Tribunal Federal. Professor emérito da PUC/MG e da Universidade de Brasília, UnB. Doutor "honoris causa" pela Universidade de Craiova, Romênia

Os municipalistas brasileiros vivem um grande momento. Há trinta anos, Pernambuco foi sede do 1º Congresso Nacional de Procuradores Municipais. Deu-se, ali, sob a inspiração de Geraldo Ataliba, o nascimento do Instituto Brasileiro de Direito Municipal, que Urbano Vitalino de Melo Filho, notável advogado, professor universitário de prestígio, a quem os advogados pernambucanos muito devem, pelas suas lutas em favor da classe, preside com dedicação, honra e lustre. Coincidentemente, este XXX Encontro Nacional de Procuradores Municipais, sob o patrocínio do referido Instituto, é também realizado na cidade do Recife, de memoráveis tradições, e que o poeta pernambucano Carlos Pena Filho celebrou em belo verso:

"No ponto onde o mar se extingue
e as areias se levantam
cavaram seus alicerces
na surda sombra da terra
e levantaram seus muros
do frio sono das pedras.
Depois armaram seus flancos:
trinta bandeiras azuis
plantadas no litoral.
Hoje serena flutua,
metade roubada ao mar,
metade à imaginação,
pois é do sonho dos homens
que uma cidade se inventa."

Cresce de significado o Encontro, pois nele se homenageia a memória de Geraldo Ataliba, que ensinava que o Estado brasileiro teve sua origem nos municípios. A primeira Constituição brasileira, aliás, a Constituição Imperial de 1824, foi submetida, pelo Imperador Pedro I, após o fechamento da Assembléia Nacional Constituinte, à aprovação da Câmara Municipal do Rio de Janeiro. Ataliba foi, na verdade, dos maiores municipalistas brasileiros. Quantas e tantas vezes, na defesa de teses municipalistas, no antigo Tribunal Federal de Recursos e no Supremo Tribunal Federal, do que dou testemunho, assumiu ele a tribuna. E o fazia sem nenhum ônus para os municípios.

A homenagem, portanto, das mais merecidas e justas, convida-nos à reflexão sobre a sua vida e a sua obra.

Pedi a eminentes juristas que de perto conviveram com Ataliba, que fornecessem algo a respeito da sua personalidade e o que entendiam mais significativo em sua obra jurídica.

1. Geraldo Ataliba publicista maior

Quando de seu falecimento, escrevi e publiquei, na *Folha de S.Paulo*, em 19 de novembro de 1995, artigo lembrando sua vida e sua obra. Geraldo foi notável republicano. Iniciei o artigo registrando e recordando que "ao cair da tarde do dia 15

1. Discurso proferido na Conferência de Abertura do XXX Encontro Nacional de Procuradores Municipais, patrocinado pelo Instituto Brasileiro de Direito Municipal, na cidade do Recife-PE, em 25.7.2004.

de novembro, quando os brasileiros comemoravam a proclamação da República, morreu Geraldo Ataliba, o moderno doutrinador dos princípios republicanos, autor de *República e Constituição*, livro que Osíris de Azevedo Lopes Filho (...) classificou de 'marco na formação do Estado Democrático de Direito'". Acrescentei: "Tal como ocorreu com Tancredo Neves, que pregava a liberdade e que morreu no dia 21 de abril, dia consagrado a Tiradentes, a morte de Ataliba lembra a advertência de Shakespeare, posta na boca do príncipe Hamlet, de que há, entre o céu e a terra, mais coisas do que pode perceber a nossa vã filosofia".

Geraldo Ataliba, registrei, "deu grandeza a tudo que fez. Jurista, escreveu centenas de pareceres e 12 livros de doutrina, de leitura obrigatória. Professor, ninguém o excedeu nas cátedras que conquistou em memoráveis concursos, na PUC/SP e na USP. Mestre de gerações e gerações, deixa um mundo de discípulos nos tribunais, nas academias e nos institutos. Ele foi o líder da escola paulista de direito tributário. Notável conferencista, com Celso Antônio, seu amigo desde a escola primária, inovou na tribuna: jamais uma conferência pode ser lida e o conferencista deve se comunicar intensamente com o público. Sua palavra prendia, encantava, eletrizava. Foi assim no Brasil todo, na maioria dos países americanos, em Portugal, na Espanha, na Itália e na França".

Na mesma *Folha de S.Paulo*, três dias depois, Luiz Carlos Bresser Pereira, então Ministro da Administração e Reforma do Estado, declarou que o meu artigo constituía-se numa "justa homenagem a um amigo que, além de jurista ilustre, foi um homem público da melhor qualidade. Um homem indignado com a injustiça, entusiasmado com a vida". E concluiu, depois de considerações outras, afirmando que "a morte prematura de Geraldo Ataliba foi uma perda para o Brasil" (*Folha de S.Paulo*, 22.11.1995).

Notáveis juristas, sob a coordenação de Celso Antônio Bandeira de Mello, escreveram trabalhos de doutrina e editaram, em homenagem a Geraldo Ataliba, obra em dois volumes – *Estudos em Homenagem a Geraldo Ataliba*, vol. I – *Direito Tributário*, vol. II – *Direito Administrativo e Constitucional*, Malheiros Editores, São Paulo, 1997. Celso Antônio, na apresentação dos *Estudos*, registrou que o livro "é um preito de reconhecimento e homenagem à memória deste que foi um dos maiores publicistas brasileiros de todos os tempos". "Como doutrinador", escreveu Celso Antônio, "desbravou novos caminhos, extirpou preconceitos, afrontou idéias tradicionais que careciam de fundamentos resistentes e firmou orientações rigorosamente científicas. Daí haver-nos legado preciosidades, quais, *exempli gratia*, dentre tantas outras obras magníficas, sua *Hipótese de Incidência Tributária*, seu *Sistema Constitucional Tributário*, *República e Constituição* e os pareceres notáveis". Celso Antônio deu testemunho, em seguida, que Geraldo Ataliba como professor fez escola e, como conferencista, "disseminou no Brasil – e espargiu tantas vezes no exterior – a grandeza de sua sabedoria". E foi ele, anotou Celso Antônio, "promotor do desenvolvimento do estudo jurídico", que criou revistas jurídicas, como a *Revista de Direito Público*, que fundou e dirigiu do n. 1 ao n. 100.

Falando da obra jurídica de Ataliba, José Souto Maior Borges, em correspondência a mim dirigida, enfatiza que "a contribuição mais importante desse nosso amigo comum foi a valorização dos estudos constitucionais no âmbito do Direito Tributário". No "À guisa de Prefácio", do precioso livro de Ataliba, *Hipótese de Incidência Tributária*, consignou José Souto Maior Borges que "o progresso que decorre dessa monografia básica está representado pela distinção conceitual entre a hipótese de incidência do tributo e o fato material concretamente ocorrido em correspondência com o desenho legalmente traçado. A hipótese de incidência normativa é, na insuperada conceituação de Hensel, como que uma imagem abstrata do concreto estado de coisas. Mas, para Ataliba, o pressuposto normativo não se identifica nem se confunde com o por ele denominado 'fato imponível', que não tem outro significado, senão o que corresponde ao tradicional fato jurídico no campo tributário".

Sacha Calmon Navarro Coelho, em carta a mim enviada, assinalou que Ataliba, "no plano científico, era rigoroso. Queria porque queria limitar na Constituição a proliferação de 'contribuições especiais', hoje, verdadeiramente, uma catástrofe jurídica. Neste ponto foi profético. Ele insistia que qualquer contribuição deveria ser sinalagmática ou não passaria de um imposto disfarçado. A teoria finalística nunca o seduziu porque se bastasse alardear um fim – e ao Estado não faltam fins – estaria legitimado o arbítrio legislativo. É o que está a ocorrer. Acho notável este texto dele, *in verbis*:

"'Pode-se dizer que – da noção financeira de contribuição – é universal o asserto no sentido de que se trata de tributo diferente do imposto e da taxa e que, por outro lado, de seus princípios informadores, fica sendo mais importante o que afasta, de um lado, a capacidade contributiva (salvo a adoção da h.i. típica e exclusiva de imposto) e, doutro, a estrita remunerabilidade ou comutatividade, relativamente à atuação estatal (traço típico da taxa).

"'Outro traço essencial da figura da contribuição, que parece ser encampado – pela universalidade de seu reconhecimento e pela sua importância, na configuração da entidade – está na circunstância de relacionar-se com uma especial despesa, ou especial vantagem referidas aos seus sujeitos passivos (contribuintes). Daí as designações doutrinárias *special assessment, contributo speciale, tributo speciale*, etc.

"'Em outras palavras, se o imposto é informado pelo princípio da capacidade contributiva e a taxa informada pelo princípio da remuneração, as contribuições serão informadas por princípio diverso. Melhor se compreende isto, quando se considera que é da própria noção de contribuição – tal como universalmente entendida – que os sujeitos passivos serão pessoas cuja situação jurídica tenha relação, direta ou indireta, com uma despesa especial, a elas respeitante, ou alguém que receba da ação estatal um reflexo que possa ser qualificado como 'especial' (na preciosa obra *Las Contribuciones Especiales en España*, Ed. Instituto de Estudios Fiscales, 1975, Madrid – a Dra. Manuela Varga H. arrola autores clássicos que sublinham o cunho especial dos tributos designados contribuições)' (*Hipótese de Incidência Tributária*, 5ª ed., Malheiros Editores, 1980, p. 171)."

Misabel Derzi, que foi discípula querida de Geraldo Ataliba, acentua que "é verdade que a obra deixada por Geraldo Ataliba foi notável e ainda inspirará, por gerações sucessivas, juristas e juízes", não tendo existido, "dentre nós, quem tivesse comportamento mais científico do que Geraldo Ataliba. Cientificamente rigoroso, exigente, prezava ele, profundamente, a herança cultural que recebera e não se cansava de louvar os acertos do passado em Rui Barbosa, Rubens Gomes de Souza e Aliomar Baleeiro".

Paulo de Barros Carvalho, depois de mencionar que Ataliba "esteve ao nosso lado, caminhou junto de nós", anota que construiu ele "uma carreira jurídica produtiva, edificante e fecunda", deixando "obra respeitabilíssima, marcada por posições bem claras e incisivas, cheias de talento e criatividade". Mais: "conhecedor de Teoria Geral do Direito, pensou o Direito Tributário a partir de premissas de Direito Constitucional, matéria que sempre o apaixonou. Mas transitou com naturalidade também pelo Direito Administrativo, perfazendo uma conjunção de setores que lhe permitiu arroubos substanciosos, para extrair teses que surpreenderam pela originalidade, pela autenticidade e pela consistência com que foram apresentadas, inovando nos três ramos do Direito Público".

Roque Antonio Carazza, em discurso proferido sobre a pessoa e a obra de Geraldo Ataliba, depois de afirmar que este "tornou-se dono de uma obra admirável, que inclui doze livros (alguns como seu monumental *Hipótese de Incidência Tributária*, traduzido para vários idiomas), centenas de artigos e pareceres". Acrescentou: "demais disso, Geraldo Ataliba foi, sem dúvida, o grande responsável pela transformação do Direito Tributário (antes um amontoado de noções econômicas, financeiras e pseudojurídicas) num 'ramo' de primeira grandeza do Direito. Deu-lhe dignidade constitucional. Fez com o Direito Tributário o mesmo que Michelangio com aquele desprezado bloco de mármore, do qual retirou seu monumental Davi: de uma força comunicativa estonteante, de uma beleza ímpar, diante do qual os 'Davis' precedentes transformaram-se, da noite para o dia, em toscos bonecos". E "Geraldo Ataliba foi, ainda, um Chefe de Escola, na acepção mais lídima do termo. Soube conduzir homens. E a todos amparar com generosidade".

Roberto Rosas, que conviveu com Geraldo Ataliba "nas variadas atividades de sua diária atuação", advogado, professor, editor, divulgador cultural, acentua "o seu fervor universitário. Se Aliomar Baleeiro e Rubens Gomes de Souza plantaram as raízes do Direito Tributário brasileiro, Ataliba deu crescimento, aumentou o seu estudo, criou escola, formou notáveis tributaristas. Na PUC/SP criou o Curso de Especialização em Direito Tributário, (...) com a participação de Rubens Gomes de Souza, Souto Maior, Paulo de Barros Carvalho, dentre outros grandes preletores. Fazia os cursos e os divulgava com carinho e orgulho. Nos Seminários, aos sábados, o enorme auditório participava intensamente, e depois dividia-se em 10 grupos, com 22 participantes. Só Ataliba tinha fôlego para tal".

Luís Roberto Barroso, constitucionalista de escol, anota que Geraldo foi uma das lideranças da reconstrução do Direito público brasileiro. Seu livro, *Hipótese de Incidência Tributária*, cuja primeira edição é de 1973, marcado pela contribuição original e pelo rigor científico, reconduziu o Direito Tributário aos conceitos fundamentais da Teoria Geral do Direito, como bem observou o professor Souto Maior Borges. Outro texto clássico que produziu foi *República e Constituição*, de 1985. Geraldo foi um precursor no reconhecimento de destaque aos princípios na interpretação constitucional e na luta pela efetividade da Constituição".

É de Aires F. Barreto, que escreveu, em parceria com Geraldo Ataliba, pareceres jurídicos, este depoimento: "Geraldo Ataliba foi um grande mestre do Direito e não apenas um professor. Como mestre, tinha muitos discípulos e não meros alunos. Como verdadeiro mestre não se encastelava no topo, na cômoda posição *ex catedra*; pelo contrário, tratava os discípulos como iguais, admitindo a formulação de dúvidas e até mesmo de contestações; sobre estas, meditava e, muitas vezes, acatava-as sem ver nisso arranhão à sua qualidade de mestre. Por isso, era admirado e respeitado".

Sérgio Ferraz aponta que "o jurista Geraldo foi, por certo, um inovador e um divulgador de tudo quanto de novo surgia, no tema que abordasse. Coube-lhe, ademais, a primazia em outorgar ao direito tributário brasileiro a dignidade constitucional que sempre esteve a reclamar – mas que só ele amplamente explicitou".

Ives Gandra da Silva Martins, em artigo que publicou, depois de afirmar que "Geraldo Ataliba foi uma das maiores expressões do mundo jurídico pátrio, (...) jurista voltado fundamentalmente à reflexão do Direito Público". Acrescentou: "Embora sensível a outros ramos das ciências sociais, procurou escoimar sua meditação da Ciência do Direito de todos os elementos pré e metajurídicos, por entender ser sua fenomenologia apenas possível de captação sem o instrumento lingüístico e técnico das outras vertentes da realidade social meditada, como a Economia, a Sociologia, a Política e a Filosofia. O rigor da adoção do positivismo jurídico em suas lições, principalmente aquele hospedado pelos escritos de Kelsen em parte de sua vida, fê-lo, muitas vezes, ácido crítico do direito posto no Brasil, ao qual atribuía veiculação pouco técnica, jamais tendo aceito, à luz do princípio federativo, fosse o Código Tributário Nacional legislação nacional. Via-o como diploma federal, de cumprimento não-obrigatório pelas outras unidades da Federação".

Geraldo Ataliba, nos seus livros, artigos, pareceres, conferências, ressaltava a importância da segurança jurídica para se ter um país respeitado, segurança jurídica que advém da reverência à Constituição como matriz da ordem jurídica. Em carta que me dirigiu, em 1991, escreveu:

"Nós precisamos de capitais estrangeiros. A nossa poupança é insuficiente para promover o nosso desenvolvimento e criar empregos aqui.

"Está nas tuas mãos, ao lado dos demais juízes do tribunal constitucional – mais do que quaisquer outros cidadãos brasileiros – criar o clima de segurança jurídica. E este clima só se cria com um rigoroso e religioso respeito à Constituição, ainda que à custa de trágicas conseqüências, que aliás não advirão, porque – no instante em que o governo souber que terá que acatar a Constituição – ele vai começar a comportar-se adequadamente, e nós não viveremos mais essas perplexidades. Assim, no futuro, vai ser restaurado o clima de segurança jurídica. E quem garante (e restaura) esse clima é o Judiciário."

Acrescentou:

"O que faz um país civilizado não é o Executivo, nem o Legislativo. Estes impulsionam o país, animam-no, fixam diretrizes sociais, políticas e econômicas. Tudo isso, porém, só será eficaz se se der a pré-condição existente, por exemplo, na Inglaterra, Estados Unidos, Alemanha: um Judiciário que dê absoluta garantia de que as pautas constitucionais não serão violadas. Haverá segurança jurídica."

Geraldo tinha verdadeira obsessão pela segurança jurídica. Sustentava que esta é a base do desenvolvimento econômico do país e que o Judiciário é o garante dessa segurança. O respeito e a importância que Geraldo depositava no Judiciário – um Judiciário forte, com juizes imparciais, independentes – era muito grande.

Em outra carta, voltou Ataliba ao tema:

"Sem segurança jurídica, não adianta ter clima, terras, subsolos e gente boa. Basta comparar o Japão, Alemanha, Suíça, Inglaterra, etc. com o Brasil, (...).

"Ora, para chegarmos a isso, cada um de nós, juristas, deve, diariamente, trazer um tijolo para a construção deste país, com a solidez normativa que gera a segurança jurídica. De minha parte, cada aula, cada conferência, cada petição, cada parecer, cada sustentação e até cada palpite em conversas informais sempre esteve carregado desse ideal, desse desejo, dessa visão."

E concluiu Geraldo Ataliba:

"Os juristas, teus admiradores espalhados pelo país, te admiram porque você é um juiz da Suprema Corte que não tem o centro de suas preocupações em ser precioso no tratar as questiúnculas, nem perfeito ao despachar os recursos, ou esmerado no argumentar em todos os casos. Não! Querem – e nisso te admiram – (o Brasil precisa urgentemente disso) visão global, grandeza de espírito, firmeza nos princípios, espírito de luta em prol dos valores básicos da Constituição e sensibilidade para as mudanças que o Texto de 1988 trouxe. Mas, tudo isso requer desassombro e coragem, para lutar, sofrer críticas, vencer desafios (tudo isso tinha, em generosa abundância, Baleeiro) como você, com o mandado de injunção e outras teses modernas e arejadas!"

Alguns homens são bons. Contentam-se em ser bons. Outros, que também são bons, esmeram-se na prática da bondade. O mesmo ocorre com alguns juristas, que se contentam em ser bons juristas; outros, não se satisfazem em ser apenas bons juristas, eles são ativistas do Direito, ativistas da Justiça, são estes que constroem a história do Direito e tornam realidade a Justiça.

Assim foi Geraldo Ataliba.

Muito mais poderia ser dito relativamente ao jurista, ao advogado, ao professor, ao conferencista, ao escritor, que, no Supremo Tribunal Federal, é de invocação obrigatória nos julgamentos que versam questões constitucionais tributárias. Fiquemos, entretanto, por aqui, porque seria imperdoável se não falássemos, também, do homem Geraldo Ataliba.

2. *Geraldo Ataliba como pessoa humana*

A personalidade de Geraldo Ataliba, a sua "invulgar personalidade polifacética", segundo Celso Antônio, impunha-se nos diversos campos da vida. Chefe de família exemplar, pai extremoso, a carta póstuma que o seu filho mais velho, Fernando, lhe dirigiu, demonstra o quanto Geraldo foi importante para sua família. "Lendo-a", disse Celso Antônio, seu amigo de infância, "percebe-se que nem sempre a grandeza da montanha é melhor vista de longe". A carta de Fernando é comovedora: "nos fins de semana, na fazenda, meu pai lia e escrevia, sempre, na beira da piscina. Talvez para aproximar-se dos filhos meu pai comprou um jipe 52 para passearmos pela região. Sempre com o jipe cheio de filhos e sobrinhos, meu pai saía para visitar fazendas e vilarejos. (...) Uma das primeiras lições de meu pai que me lembro foi: 'nunca desejar mal a ninguém'. (...) era um homem bom. Gostava de ajudar os outros como forma de agradecer a Deus pelo que ele havia conseguido na vida. (...) as melhores lembranças que tenho da fase mais recente de convivência foram as viagens natalinas que ele e minha mãe resolveram promover nos últimos anos. Minha mãe, meu pai, meus irmãos e eu passamos Natais inesquecíveis juntos. (...) Viveu intensamente. Seu coração não agüentou (...) Minha dor é minha suprema homenagem. Apesar de sentir-me muito pequeno perto do meu pai, meu sofrimento é tão grande quanto ele. Meu sofrimento é o reconhecimento máximo de sua vitória como pai, amigo, professor e ser humano. Meu sofrimento é tão grande quanto a falta que ele faz".

A carta do Fernando eu a li várias vezes, com lágrimas nos olhos. Recentemente, recebemos, Ângela e eu, um lindo cartão da Anna, que foi sua grande companheira. Anna encaminhou-me carta que dirigi ao Geraldo, agradecendo a sua mensagem quando assumi a diretoria da Faculdade de Direito da PUC/MG e que ele guardava com carinho. Anna concluiu o seu cartão: "quantos anos se passaram, e a saudade dele é cada vez mais intensa".

Destaco, das muitas cartas que recebi do Geraldo, este trecho: "Aos meus filhos não quero deixar coisas materiais, riquezas (que tudo isso se perde, é precário e enganoso). Quero contribuir para deixar instituições sólidas e duradouras, para que eles, com seu trabalho, construam um país feliz, onde não haja tanta miséria e desigualdade".

Em carta de julho de 1990, Geraldo, depois de comentar voto meu proferido na ADI 447 (pedágio federal), acrescentou:

"Creia que na idade em que estou só tenho uma ambição: contribuir para que teus filhos e meus sobrinhos e teus sobrinhos e meus filhos vivam em um país civilizado."

Os sobrinhos de Geraldo são os meus filhos; e os meus sobrinhos os filhos do Geraldo. É que Geraldo e eu nos considerávamos irmãos na estima e nos ideais.

No artigo que escrevi sobre o Geraldo, em seguida ao seu falecimento, anotei que ele viveu intensamente. Foi grande em tudo que fez. Mas isso foi possível, porque Geraldo Ataliba tinha tranqüilidade na sua base, na sua família. Ele muito amava sua mulher, Anna, esposa, amiga, companheira; os seus filhos, Fernando, Eduardo e Mariana, e o seu último amor, a sua netinha Marina – que os netos constituem o último amor de um homem e de uma mulher. Após o seu falecimento, vieram novos netos. Registro a presença, nesta solenidade, de Manuela e Bruno, filhos de

Mariana e Marcos. Manuela, linda menina, parece muito com o Geraldo. Desta tribuna, cravo os olhos no seu rosto: o seu sorriso brejeiro, os seus olhos vivos, críticos, retratam o avô.

Geraldo Ataliba ostentava personalidade invulgar.

Francisco Rezek, que foi Ministro do Supremo Tribunal Federal e é Juiz da Corte Internacional da Haia, mandou-me a sua reflexão "sobre o amigo que nos foi tirado tão cedo e injustamente". Disse Rezek: "inverte-se, no caso de Geraldo Ataliba, o elogio usual: ele não era um homem do seu tempo. Era do futuro no arejamento imaculado das idéias, na audácia – e tantas vezes na extravagância – das propostas, na concepção pós-moderna do contrato social. E era do passado: tinha as obstinações e as lealdades de um cavaleiro medieval".

Rezek tem razão. Ataliba, um cavaleiro medieval nas obstinações e lealdades, tinha visão do futuro. Adilson de Abreu Dallari salienta que tinha ele "os pés no chão e olhos no futuro", com "aguda percepção da realidade vigente e uma incrível capacidade para identificar tendências, ciente de que as instituições e as leis estão em constante evolução". Articulou e promoveu o "Seminário sobre Iniciativa Privada e Serviços Públicos", em Curitiba, de 7 a 9 de dezembro de 1990, "com a participação de especialistas, do Brasil e do exterior, cujas manifestações e conclusões estão publicadas no volume 98 da *Revista de Direito Público*".

Acrescentou Adilson Dallari:

"Tendo uma clara noção de que o modelo estatizante e burocrático então vigente estava superado e de que o Estado tinha exaurido sua capacidade de investimento, percebendo que a restauração do Estado de Direito, agora com forte conotação social, certamente exigiria uma redefinição das funções públicas, com uma acentuada presença do setor privado, Geraldo Ataliba se preocupou em buscar novas formas de atuação governamental, que assegurassem, ao mesmo tempo, o respeito aos direitos e garantias fundamentais do cidadão e da coletividade, a eficiência no desempenho das atividades administrativas e a segurança jurídica para os investidores privados.

"Assuntos que somente mais tarde vieram ser disciplinados pela legislação e que ainda atualmente estão em debate, foram objeto de profundas discussões naquele certame. Como exemplo, podem ser relacionados alguns temas: a restauração das concessões de serviços e obras públicas, a privatização de empresas estatais e atividades administrativas (inclusive presídios), a participação dos fundos de pensão nesse processo, as desapropriações urbanísticas (com o pagamento das indenizações feito por particulares, que poderiam vender as áreas re-urbanizadas), o solo criado, a reciclagem do lixo, a viabilidade da cobrança de contribuição de melhoria, o controle de economicidade nas licitações e contratos, a arbitragem na solução de conflitos envolvendo a prestação de serviços públicos, o pagamento de obras públicas somente após a entrega (que se assemelha ao que atualmente é designado como PPP – parceria público privada), o planejamento e a responsabilidade fiscal etc."

Regis Fernandes de Oliveira, que conheci na residência de Ataliba, nos fornece o seu testemunho: "Ataliba está aqui, vivinho em seus filhos, sua mulher, seu amigos e sua obra (...) Ataliba é cláusula pétrea da vida. (...) O homem é irrequieto, tempestuoso. A convivência com ele é tensão diária. Tudo é questionável. Dialética o dia todo. O direito não é questão fechada. É semanticamente dimensionado para uma realidade. (...) Revolucionário. Vulcânico. Está sempre pensando. Seu espírito não repousa jamais. Guerreiro de muitas batalhas. (...) Quando subirmos todos, lá estará o Geraldo lecionando tributário, amizade, ternura e discutindo direito, brigando pelas prerrogativas do povo, como fez na sua república ideal. Estará ensinando aos santos e anjos que devem instruir os governantes a efetuar uma sábia distribuição de recursos, para amenizar as dores dos brasileiros. Estará fazendo lá, o que sempre fez aqui: pregando coerência, lucidez e brigando pelo direito dos humildes".

"Geraldo Ataliba foi", escreve Roque Antonio Carrazza, "além de tudo, um homem de princípios, de posições definidas, que, pela força irradiante de suas qualidades, era por todos respeitado (até por aqueles que, eventualmente, não partilhavam de suas idéias), homens como ele são raros. Com efeito, Geraldo Ataliba estava entre os que não desertam, entre os que não renunciam, entre os que não capitulam, entre os que não se mascaram, entre os que não se degradam. Geraldo Ataliba estava, enfim, com a Verdade. Com a Verdade que liberta, segundo a palavra eterna de Cristo. E porque estava com a Verdade, não se importava se alguma vez corria o risco de ficar só". Referindo-se ao Geraldo Reitor da PUC, de 1973 a 1976, acrescentou Carrazza: "Eu me lembro muito bem. Naqueles dias amordaçados, os jovens e os intelectuais de todo o País viam na PUC de São Paulo uma tábua de salvação. Um oásis abençoado. Por isso, acudiam em massa à Instituição. Vinham de todos os rincões do País; das lutas contra a repressão; dos comícios clandestinos; das células da liberdade; das barricadas do sonho. Eram tempos de turbulência. (...) E é aí que entra a figura maiúscula de Geraldo Ataliba. Ao invés de colaborar, de ser conivente com as autoridades, sonegava-lhes informações e, arriscando a própria liberdade, avisava os procurados e perseguidos, para que se pusessem a salvo. Mais: corajosamente exigia que os agentes da repressão respeitassem, por mínimo que fosse, a dignidade da pessoa humana".

Michel Temer conviveu na cátedra, na advocacia e na política com Ataliba. Registra ele que a obra de Geraldo Ataliba retrata o seu entusiasmo pela vida. "Amigo dos amigos, agregador, reunia pessoas em torno de si tanto para as atividades profissionais como para as sociais. Criou institutos de estudos, revistas jurídicas, escreveu livros e artigos de doutrina e patrocinou a formação de advogados, juízes e juristas que hoje pontificam na advocacia, nos tribunais e no magistério".

Antônio Carlos Mendes, que com Geraldo conviveu na academia e na advocacia, afirma que "O Ataliba era um 'furacão intelectual'. (...) Tinha extrema dedicação com os seus amigos. (...) O Ataliba era mais que um amigo, era o nosso irmão mais velho. (...) Era implacável com seus adversários (o Ataliba não tinha inimigos). Porém generoso e tolerante com os seus amigos e discípulos. (...) tínhamos algumas divergências doutrinárias. (...) Ele não tinha defeitos, só virtudes".

Wander Tanure, advogado, velho servidor da Justiça Federal de Minas, revela que o traço da personalidade de Geraldo que mais admirava era a coragem, coragem para enfrentar os fortes e ceder aos fracos. Coragem no ser bravo com os poderosos e manso com os humildes.

Os depoimentos, os testemunhos, as declarações não ficam aí. Sérgio Ferraz declara que "Geraldo foi um homem de tão multifacetada personalidade, que até se torna difícil uma escolha de certo aspecto para destacar. (...) O homem Geraldo foi, sem dúvida, o amigo mais generoso que alguém pode desejar encontrar na vida. E, como amigo, notabilizavam-no sua irrestrita entrega aos alvos de sua amizade e sua lealdade sem par. Para tanto, magnânimas eram sua paciência e sua afabilidade, total seu desprendimento na doação de suas disponibilidades de tempo e atenções, incondicional sua dedicação aos amigos. (...) Quanta saudade sua prematura partida nos causa. Até creio que certos desencontros, ocorridos no seio da plêiade de amigos que em torno dele gravitavam, por certo não teriam acontecido, estivesse ele ainda entre nós".

Lúcia Valle Figueiredo, invocando José Arthur Lima Gonçalves, co-autor, com Geraldo, de vários trabalhos jurídicos – artigos e pareceres – informa que o nosso homenageado caracterizava-se por ser "amigo incondicional, incentivador dos estudiosos e professores mais jovens, a quem dava 'espaço'. Humildade intelectual, se reconhecesse seu erro, voltava atrás. Além disso, era caridoso. Sem falar, ajudava '*n*' pobres e instituições". Depois de contar o quanto Geraldo foi importante para ela no magistério e na magistratura, incentivando-a, ajudando-a, acrescentou Lúcia que Ataliba "era, é verdade, bastante voluntarioso. As coisas com ele não poderiam ter certa relatividade, pois, ou se estava de seu lado ou do lado oposto. Um pouco do 'ame-o ou deixe-o'. Os intelectuais mais próximos tinham receio de lhe desagradar e, ainda que a duras penas, tinham coragem para não esmorecer e manter suas convicções. Tive a oportunidade de registrar que, além da falta que fez a todos nós, sem dúvida, também, fez muita falta às pessoas já não tão idealistas ou corajosas que, com ele por perto, 'não ousavam' esmorecer ou fraquejar, pois seu modelo era muito forte".

Luís Roberto Barroso assinala que "Geraldo Ataliba era uma figura diferenciada, verdadeiramente singular no universo jurídico. Em uma área de conhecimento dominada, muitas vezes, por categorias formais, pelo distanciamento crítico e por uma crença vã no poder absoluto da razão, destacava-se pela paixão e pelo arrebatamento com que afirmava suas convicções. Era um homem dedicado às idéias, às instituições e às pessoas. Seu carisma e energia o transformavam em um animador cultural do direito, contagiando jovens e veteranos com seu entusiasmo".

Consignou mais Luís Roberto Barroso:

"Havia uma outra faceta notável em sua personalidade. Geraldo elegia as pessoas que desejava prestigiar e às quais emprestava o brilho do seu próprio talento. Ajudava-as de maneira empenhada a alçarem o próprio vôo e – virtude suprema – tinha prazer em celebrar o sucesso alheio. Fui pessoalmente beneficiário de sua amizade generosa, desinteressada e construtiva, que me abriu portas na academia e em eventos de expressão. Geraldo Ataliba faz falta aos amigos, ao Direito e ao País."

Paulo de Barros Carvalho, professor titular da USP e da PUC/SP, depõe sobre a personalidade de Ataliba: "Dotado de um sentimento de família bem definido, trazia sempre consigo um punhado de observações de cunho ético, que entendia inseparáveis da atividade regular do trabalho profissional (...) poucas são as pessoas que mexem nas circunstâncias, manipulam os acontecimentos em arranjos que realizem de certo modo seus desígnios. (...) Geraldo Ataliba, no seu particularíssimo modo de ser, sabia como poucos pôr o dedo na linha dos acontecimentos, para modificá-los, retificá-los, desviá-los, remanejá-los, arrumá-los, enfim, de harmonia com os princípios que tinha por verdadeiros. Uma análise mais acurada de sua rica personalidade impõe, contudo, que aceitemos a proposição segundo a qual foi ele, antes de tudo, um homem de ação (...)".

Antoninho Marmo Trevisan dirigiu-me carta datada de 20 de novembro de 1995. Dela destaco: "Emocionado li seu artigo sobre o nosso querido Ataliba. (...) Ataliba foi (...) meu parceiro em muitos planos. Ficou a lembrança do seu amor pela Constituição e pelas suas deliciosas piadas. (...) Ficaram as lembranças. E a mais recente do seminário não realizado no começo deste ano para os ministros do Supremo. Ataliba sonhava que era possível reunir todos e em 3 dias passar a limpo todas as questões que emperravam o avanço da economia brasileira, a partir da Carta Magna".

Em discurso proferido na sessão em que o Tribunal de Justiça do Estado de São Paulo prestou homenagem à memória de Geraldo Ataliba, realizada em dezembro de 1995, o Desembargador José Osório de Azevedo Júnior, depois de judiciosas considerações a respeito de Ataliba – o homem e o jurista – concluiu o seu discurso:

"É comum dizer-se que são insondáveis os desígnios da Providência. Como entender que Geraldo Ataliba tenha-se ido quando ainda em plena energia, na plenitude da vida humana? Impossível saber. Mas talvez o Senhor necessitasse dele lá. Para quê? Para festejar a chegada dos amantes da Liberdade e do Direito. E para causar constrangimentos e transtornos aos reacionários e maus-cidadãos. Pressinto turbulências para breve na calmaria celestial (...)".

José Souto Maior Borges, no ensaio-testemunho inserto no seu livro *Ciência Feliz*, refere-se a Geraldo Ataliba como mestre de dignidade. Conta como se conheceram, no princípio dos anos setenta. Escreveu Souto Maior Borges: "Geraldo Ataliba era um 'homem-rocha', na metáfora feliz do Professor Roque Carazza, alguém que não abria mão de seus princípios – e essa era sua principal questão de princípio. Por isso, noutra feita dei testemunho emocionado sobre o seu livro *República e Constituição*: 'Trata-se de obra escrita com uma quase incontida ira contra as distorções do jurídico, ira nascida do amor pela autêntica juridicidade. É, quase diria, um breviário cívico. Convida ao repensar urgente das grandes categorias constitucionais'. E nisso reside a sua principal virtude".

Misabel Derzi, invocando Souto Maior Borges, menciona que, "para a construção de uma Ciência Feliz é mais importante falar dos caminhos do que das obras, o que Heidegger expressou em sua fórmula famosa: 'caminhos e não obras' (...) E os caminhos, ensina Souto, são sempre aqueles do coração". Refere-se Misabel, então, "aos caminhos em prol da justiça, do conhecimento e da liberdade que Geraldo abriu, não só através de suas obras, mas ainda de suas conferências, de suas aulas na universidade ou das lições concedidas aos amigos, de suas atitudes no plano profissional ou pessoal ou de sua presença sedutoramente marcante. (...) Buscando incessantemente a verdade e a construção de um mundo melhor, Ataliba, de forma inconformada, abria a todos a compreensão da realidade e, a seu lado, proliferaram talentos. Despido de inveja profissional, seu caráter nobre enaltecia os seus contemporâneos de méritos, seus concorrentes, ex-alunos ou professores de outros Estados. (...) Ataliba que não aceitava a repetição acomodada e improdutiva" não admitia a "conveniência política, de governo, de partido ou de Estado que o impedisse de lutar por uma sociedade mais justa, mais livre e mais igual; (...) Profundamente imbuído da 'vontade da Constituição', de que nos fala Konrad Hesse, lutou e morreu lutando pela concretização dos desígnios constitucionais: a construção de um Estado Democrático de Direito". Esse foi Geraldo Ataliba, concluiu Misabel, "um homem de inteligência fulgurante, superior e de verdadeira vocação. Um homem que respondeu ao forte apelo das mais profundas inclinações de seu espírito e que pôs a paixão em tudo que fez. Como diz Souto Maior Borges, um homem que seguiu o caminho do coração e, por isso, soube ser fiel a si mesmo, ao apelo interior, à vocação de uma vida".

Senhoras e Senhores, homenageando a memória de Geraldo Ataliba, trouxe-lhes o testemunho de homens e de mulheres do seu tempo, que com ele conviveram. Também eu convivi com Geraldo. Mantive com ele uma longa e profícua correspondência, desde o meu tempo de juiz em Minas, pelo idos de 1967. Quantas e quantas vezes dele recebi palavras elogiosas a sentenças e votos que proferi e a artigos que escrevi. Não poucas vezes, todavia, as suas cartas trouxeram crítica ácida a posições doutrinárias que eu assumira. E também não foram poucas as vezes que repelindo, ao primeiro exame, a crítica acerba, com o tempo acabava compreendendo que a verdade estava com Ataliba. O que acontecia é que Ataliba, com a sua fulgurante inteligência, ficava bem na nossa frente. E só a meditação, a reflexão, que vinha com o tempo, nos fazia reconhecer que quem estava com o passo certo era mestre Geraldo Ataliba.

É hora de terminar.

Faço-o, senhoras e senhores, mostrando o quanto Geraldo era bom. De Rui, aliás, é a sentença de que o importante é ser bom e é de Napoleão que "as palpitações de um espartano eram as de um homem forte, e o homem forte é bom, somente o fraco é mau".

Invoco o testemunho de Aires F. Barreto, que conviveu de perto com Ataliba. Relata Aires que "muitas são as passagens evidenciadoras da generosidade do mestre Geraldo. Difícil é preferir uma, entre tantas; mas ainda é retratar a dimensão real do seu grande coração, tão grande que, literalmente, veio a lhe sobrar, causando a sua morte. Mas uma delas prossegue bem presente em mim. A da menina pobre, melhor dito, miserável, que, maltrapilha, pedia esmolas no sinal da Al. Casa Branca com a Av. Paulista". Conta, então, Aires Barreto que, "aproximava-se o Natal de 93 ou 94. Sem qualquer alarde, sem querer aparecer, sem mesmo desejar que alguém soubesse (só tomei conhecimento porque estava com ele no carro), retira do banco de trás uma enorme caixa, bem maior que a menina; espera o semáforo abrir e só então a entrega, para nem receber agradecimento; põe-lhe nos braços a caixa, com a face para cima, onde pude ver a boneca linda, a sorrir para a menina que, entre estupefata e feliz, também abre um largo sorriso; e, logo após, do seu rosto pálido, corre uma lágrima, misto de surpresa e alegria. "Foi o que pude ver", concluiu Aires Barreto, "num relance, em momento tão fugaz como perene é a minha lembrança deste gesto fraterno e caridoso, traço marcante do homem Geraldo Ataliba".

Assim foi, verdadeiramente, Senhoras e Senhores, Geraldo Ataliba, exemplo de homem que pugnava pela dignificação da pessoa humana, jurista maior e mestre de vida.

SESSÃO DE ABERTURA

PRESIDENTE DO IGA-IDEPE (PROF. AIRES BARRETO) – Como Presidente do Instituto Geraldo Ataliba – IGA-IDEPE, não posso deixar de dizer uma palavra sobre este evento. E será só uma para que, da brevidade da abertura e das rápidas lições dos mestres, se obtenha o melhor aproveitamento do conclave. Se na desunião está a ruína e na união o profícuo, aqui nos reunimos para buscar o melhor do Direito, trocar idéias, ouvir argumentos, aprender mais do que ensinar. Se o inimigo é o que descumpre a Constituição e a lei, não permitamos que vença. A nossa união é a maior derrota que lhe podemos infligir.

Prossigamos tendo por lema a defesa da Constituição. Estudemos neste conclave sem descanso para que – assim como a chuva caindo no cume do telhado, de telha em telha chega rapidamente na rua – possa o nosso recíproco aprendizado neste evento, em caminho inverso, subir até os mais altos escalões e calar fundo nos que pretendem ofender a Excelsa Lei.

Oxalá fôssemos uma nação de juristas e não veríamos os nossos governos envolver num tecido de palavras os seus abusos, porque os maiores absurdos no campo tributário têm sido engendrados na certeza de iludir, uma vez lustrosamente fraseados.

Por trás da cerração que os encobre, há, entretanto, grandes clarões que adentram o espaço do mundo moral e nos deixam ver, além das fronteiras das nossas desilusões, no longínquo alcance do nosso descortino, os espigões da serra do futuro, douradas pelo sol, preservando as legítimas promessas do Estado de Direito.

Surpreendido, então, nessas entreabertas de luz, o homem que ofende a Constituição dobrar-se-á e, escondendo-se no fundo misterioso de si mesmo, verá que a obscuridade das coisas que pretende impingir não pode ter sucesso.

Almeja o IGA-IDEPE, o Instituto Geraldo Ataliba, que – pelo trabalho incansável da sua diretoria, que tenho a honra de presidir, e da inexcedível colaboração de uma centena de abnegados professores, que todos os anos aqui comparecem – justamente aqui neste Congresso, transpostas essas portas, possamos contemplar um firmamento cheio de estrelas do Direito, dispostos a fazer da Carta Magna um santuário de estudo, de saber e de Justiça. Muito obrigado. (*Palmas*)

Tenho o prazer, a satisfação e a alegria de passar, nesse instante, a Presidência deste Congresso para o eminente Prof. Alcides Jorge Costa, a quem tanto admiro, que tenho por mestre e que, seguramente, nos encantará com sua notável participação neste evento.

Tem a palavra o Prof. Alcides Jorge Costa.

PRESIDENTE DO CONGRESSO (PROF. ALCIDES JORGE COSTA) – Senhores membros da Mesa, a todos os Congressistas, cumprimento-os na certeza de que este Congresso vai apresentar os melhores frutos. Ele é realizado num momento em que a tributação no Brasil está numa encruzilhada muito importante. Trata-se agora de uma reforma tributária – e aqui vou expender um ponto de vista que é estritamente pessoal meu – que, como está sendo feita, é um desastre. De qualquer forma, trata-se de uma reforma e talvez ainda haja tempo de consertá-la e não aumentar o tamanho do desastre. Se ficar como está, talvez fosse melhor não fazer nada, só vai trazer complicações.

A tributação no Brasil tem se caracterizado pela sua mutabilidade, o que corresponde à instabilidade que a economia brasileira vem atravessando há vários anos. Por outro lado, corresponde também a um problema federativo – eu já disse mais de uma vez que o Brasil é uma Federação à procura de um modelo ideal, não encontrado até hoje. Para isso, não adianta muito nos espelharmos em outras Federações, porque cada uma delas tem uma característica própria; cada uma é diferente da outra. De modo que temos de procurar o nosso caminho e repensar o problema federativo, do qual o sistema tributário é, talvez, o aspecto mais importante. Repensando o sistema tributário, estou repensando o sistema federativo, e vice-versa.

Creio que este Congresso representará uma excelente contribuição a essa discussão que está em curso, com esperança de que, desta discussão e de outras que possam se realizar pelo Brasil afora, resulte alguma coisa de concreto no sentido de influenciar o Congresso para que se promova uma reforma que, se não vai atender a todos os anseios do país, pelo menos melhore os pontos mais sensíveis do nosso sistema tributário, aqueles que estão atuando de maneira mais desfavorável na nossa economia.

Claro que ninguém pode esperar que uma reforma tributária vá reduzir a carga tributária. A carga tributária é produto da despesa, e a Receita procura apenas acudir a ela. Podemos ter um sistema tributário muito racional, excelente, com uma carga tributária alta ou podemos ter um sistema muito bom com uma carga tributária baixa. Da mesma forma, podemos ter um mau sistema com uma carga alta e um mau sistema com uma carga baixa. Hoje estamos no pior dos mundos: temos um mau sistema com uma carga tributária muito alta, que, infelizmente, parece, tende a aumentar.

É na esperança, portanto, de que os trabalhos que se desenvolvem aqui, com palestras de professores tão eminentes e com as discussões dos congressistas, tragam uma real contribuição para que todos estes aspectos sejam melhorados e que, se não se alcançar o ideal, pelo menos que se alcance um ponto de melhor equilíbrio que o de hoje.

Dou as boas vindas a todos os congressistas e passo a palavra ao Prof. Paulo de Barros Carvalho. (*Palmas*)

PROF. PAULO DE BARROS CARVALHO – Senhor Presidente, senhores componentes desta Mesa, é com grande satisfação que o XVII Congresso Brasileiro de Direito Tributário recebe a figura do Prof. Tércio Sampaio Ferraz Júnior, para seu conferencista inicial.

É curioso observar que se trata originariamente de um grande filósofo do Direito, de alguém que faz as vezes de um marco, de um ponto de referência para os estudos jurídicos no Brasil atualmente. Há pessoas que vêm de outros lugares do Brasil, e até de fora do Brasil, para ouvir as lições, para seguir as orientações jurídico-filosóficas do Prof. Tércio Sampaio Ferraz Júnior. Não é por outra razão que o XVII Congresso Brasileiro de Direito Tributário escolheu para sua abertura uma figura desse quilate, dessa qualidade intelectual, desse nível, exatamente porque o Prof. Tércio sabe fazer a ponte entre a teoria e a prática, entre a ciência e a experiência. É por isso que há seguidores seus em vários campos da dogmática, entre eles no Direito Tributário. O Prof. Tércio tem se manifestado reiteradas vezes sobre temas tributários com aquela profundidade que um grande pensador do seu nível é capaz de produzir.

Com essas palavras, introduzo o Prof. Tércio Sampaio Ferraz Júnior como nosso primeiro conferencista. Obrigado.

CONFERÊNCIA

DISPONIBILIDADE: CTN ART. 43

PROFESSOR TÉRCIO SAMPAIO FERRAZ JÚNIOR

1. A questão

A Lei Complementar n. 104/01 acrescentou um parágrafo ao art. 43 do CTN, prevendo que "na hipótese de receita ou de rendimento oriundo do exterior, a lei estabelecerá as condições e o momento em que se dará sua disponibilidade, para fins de incidência do imposto referido neste artigo".

Tendo em vista que a MP n. 2.158-35/01, em seu art. 74, *caput*, determinou que os lucros gerados pelas controladas e coligadas localizadas no exterior "serão considerados disponibilizados para a controladora ou coligada no Brasil na data do balanço no qual tiverem sido apurados, na forma do regulamento", discute-se a sua constitucionalidade em face de uma oblíqua e indevida tipificação do fato gerador que não atenderia ao requisito da lei complementar quanto à "aquisição da disponibilidade".

Em voto recente, a Ministra Ellen Gracie considerou imprópria aquela caracterização quanto às coligadas, mas não quanto às controladoras.

Quanto a essas, diz a Ministra, "tem-se verdadeira hipótese de aquisição de disponibilidade jurídica desses lucros no momento de sua apuração no balanço realizado pela controladora". E justifica: "como, pela Lei n. 6.404/76, art. 243, modificado pela Lei n. 9.457/97, o acionista controlador *é titular* de direitos de sócio que lhe asseguram, de modo permanente, preponderância nas deliberações sociais e o poder de eleger a maioria dos administradores, *a disponibilidade* sobre lucros auferidos pela empresa controlada depende, assim, única e exclusivamente, da empresa controladora, que detém o poder decisório sobre o destino desses lucros. Ainda que não remetidos efetivamente, concretamente, pela empresa controlada, situada no exterior, para a empresa controladora situada no Brasil. Em conseqüência, *a apuração* de tais lucros caracteriza aquisição de disponibilidade jurídica, apta a dar nascimento ao fato gerador do imposto de renda. Como a mesma situação de titular de tais direitos não existe na coligada, dá-se aí uma ficção, inconstitucional para efeitos daquela aquisição".

Essa posição é coonestada, num primeiro momento, pelo Min. Jobim: "a decisão da transferência econômica do valor para o patrimônio da controlada depende de uma decisão potestativa da controlada, digo, da controladora. Ou seja, está lançado no balanço e definido que naquele momento na controlada houve um lucro líquido. Esse lucro líquido só se transmitirá fisicamente para a controladora através de que momento? A partir de quando a controladora decidir, porque é ela que dispõe da vontade da controlada!".

Segue-se a observação do Min. Moreira Alves: "o elemento temporal diz respeito ao fato gerador. O momento em que ocorreu a disponibilidade jurídica é óbvia e intimamente vinculado ao fato gerador. Donde a questão: pode a lei complementar delegar à lei ordinária estabelecer o momento da disponibilidade jurídica se a disponibilidade jurídica é o fato gerador?".

Em face da questão, pede vistas o Min. Jobim.

2. Considerações

Para elucidar a questão, convém entender adequadamente o comando do novo

§ 2º acrescido ao art. 43 do CTN e a remissão à lei ordinária para o estabelecimento de condições e momento em que se dará a disponibilidade.

Note-se, inicialmente, que, pelo CTN, aquelas condições e aquele momento *têm de ser fixados por lei e não por normas do Executivo* . Ou seja, o CTN viu, na hipótese de receitas ou rendimentos oriundos do exterior, certas peculiaridades que exigiam, para o estabelecimento de condições e do momento em que ocorre a aquisição da disponibilidade para fins de incidência, uma regulação sob a égide da reserva legal.

A preocupação do legislador complementar é compreensível, na medida em que receitas ou rendimentos oriundos do exterior estão submetidos a normas e condições que extrapolam o alcance da fiscalização nacional, devendo, por isso, a aquisição de sua disponibilidade para empresas, controladoras e coligadas, situadas no País conhecer regras adequadas a essa situação peculiar. Tais regras, por dizerem, em decorrência, com a aquisição da disponibilidade prevista no *caput* do art. 43 do CTN, devem ser estabelecidas por lei.

Note-se, ademais, que aquele comando remete à lei ordinária a competência para estabelecer as condições e o momento em que se dará a aquisição da disponibilidade, *para fins de incidência do imposto* referido no artigo. A competência da lei ordinária tem, portanto, a ver com a viabilização da *incidência* do imposto, isto é, sua possibilidade de configuração atual de situações subjetivas e objetivas e de seus efeitos conseqüentes – configuração das situações efetivas (sobre o conceito de *incidência*, cf. Ferraz Jr. *Introdução ao estudo do direito*, São Paulo, 2001, p. 245). De modo algum, portanto, competência para atuar na determinação limítrofe do conceito de fato gerador. Ou seja, a lei ordinária, ao prever as condições e o momento não pode, a pretexto de fazê-lo, extrapolar sua competência para viabilizar a incidência do imposto, configurando, por essa via, obliquamente, tipo tributário para além da determinação imposta pela lei complementar que, no caso, fala, no *caput* do art. 43, em *aquisição da disponibilidade*.

Observe-se que essa determinação do CTN fala no fato gerador como a aquisição da disponibilidade econômica ou jurídica, (I) de renda, (II) de proventos de qualquer natureza, assim entendidos os acréscimos patrimoniais não compreendidos no inciso anterior.

Lendo-se o dispositivo do fim para o começo, a primeira exigência para a ocorrência do fato gerador é a de que haja renda (I) ou acréscimo patrimonial diferente de renda (II). Ou seja, sem renda/acréscimo patrimonial não há que se cogitar de sua aquisição de disponibilidade. A doutrina e a jurisprudência reiteram que renda é o produto do capital, do trabalho ou da combinação de ambos. Esse produto deve caracterizar um acréscimo patrimonial. Tanto que o inciso II fala em outros acréscimos, não compreendidos no inciso anterior. Estes são todos aqueles que não provêm do capital, do trabalho ou da combinação de ambos. Segue que o primeiro princípio fundamental a disciplinar o fato gerador é que "o imposto de renda somente pode incidir sobre um acréscimo patrimonial" (Mariz de Oliveira, *Direito Tributário – Estudos em homenagem a Brandão Machado*, pp. 202-203).

A segunda exigência é de que haja disponibilidade. Esta pode ser econômica ou jurídica.

Partindo do substrato econômico – o acréscimo patrimonial –, que pode decorrer de quaisquer fontes, Mariz de Oliveira (p. 205) entende que essas fontes podem ser reguladas pelo direito (disponibilidade jurídica), ou podem ser meros fatos econômicos sem proteção jurídica ou até contrárias ao direito (disponibilidade econômica). Admitindo-se que os fatos conhecem dois tipos de regulação, positiva e negativa (trata-se do chamado princípio da liberdade: o que não é juridicamente proibido/obrigatório é juridicamente permitido), talvez fosse mais preciso dizer que, se o direito obriga ou autoriza expressamente a fonte (permissão forte), temos disponibilidade jurídica. Se permite no sentido de que não proíbe (mera tolerância ou permissão fraca) ou se proíbe como ato ilícito, porém tributável, temos disponibilidade econômica.

A questão é de teoria geral do direito. O importante, contudo, é sublinhar a noção de disponibilidade. O termo descreve uma situação: estar disponível e com isso se aponta para um requisito de *poder querer*: referente a um acréscimo patrimonial, pôr/não pôr – dispor de um acréscimo. Disponibilidade é uma qualidade relacional do sujeito em relação a um objeto: poder "utilizar a coisa, ou destruí-la, aliená-la, gravá-la ou praticar outros atos de disposição" (Pontes de Miranda, *Tratado de Direito Privado*, vol. 11, 1955, p. 10). Mas não ilimitadamente. Pode ser restringida quanto ao próprio sujeito (menores de idade) ou quanto ao objeto (bens indisponíveis). É a existência dessas restrições (qualificadas na forma de regras positivas de direito – obrigacionais ou autorizativas: conferência de um título) que configura uma disponibilidade jurídica. Quando reguladas de forma negativa (regime de liberdade decorrente da ausência de regras positivas) ou quando reguladas positivamente na forma de regras de proibição (por exemplo, a exploração do lenocínio), a disponibilidade é econômica.

A ocorrência da disponibilidade econômica, enquanto uma situação de fato regulada negativamente (livre num sentido negativo de não estar proibida), depende de circunstâncias materiais necessárias à produção do efeito *poder/querer*. Essas circunstâncias, no dizer de Rubens Gomes de Souza (*Pareceres I*, São Paulo, 1975, p. 117), são constituídas pela *realização* da renda: uma venda, com recebimento do preço, à vista ou a prazo, uma permuta, a extinção de uma dívida etc.

Já a ocorrência da disponibilidade jurídica exige a constituição definitiva de uma situação jurídica positivamente regulada por meio de normas autorizativas: cumpridas as normas, a situação se constitui. A disponibilização jurídica tem a ver, assim, com o que os financistas chamam de *separação da renda*, como é o caso, por exemplo, de o lucro de uma empresa ser efetivamente distribuído como dividendo (Brandão Machado, *Estudos*, p. 122).

O terceiro elemento é o decisivo. A norma do art. 43 do CTN fala em *aquisição* da disponibilidade.

Na verdade, a doutrina trata do tema juntando os termos: aquisição da disponibilidade, atribuindo, sem muita precisão, o qualificativo "jurídica ou econômica" ora ao termo disponibilidade ora ao termo aquisição ora ao seu conjunto.

Importante é, de todo modo, que o cerne do fato gerador está na *aquisição* (da disponibilidade). Como no texto da norma, após a "disponibilidade", segue, sem vírgula, "econômica ou jurídica", pode-se entender, gramaticalmente, que essas expressões se referem, basicamente, a *disponibilidade*. Ou seja, a *aquisição* é um fato que pressupõe dois momentos no tempo cronológico: um antes, em que não havia, e outro, depois, em que passa haver disponibilidade. Sem essa passagem, o tipo não se realiza. E é nessa passagem que está a delegação, à lei ordinária, para determinar o momento e as condições.

O momento e as condições dessa passagem não podem ser definidos pela lei ordinária, pois, sendo a aquisição um ato que manifesta a passagem de uma situação (*não ter*) para outra (*ter*), a definição do momento e de suas condições faz parte do tipo, e isso é competência estrita da lei complementar. Mas esta poderia delegar à lei ordinária fazê-lo quanto ao momento em que se dá a disponibilidade, objeto da aquisição, desde que se respeite o sentido de disponibilidade, como está no *caput* do art. 43.

Assim, a aquisição da *disponibilidade econômica* depende da passagem de uma situação em que não há para uma em que passa haver a mencionada *realização da renda*. Já a aquisição da *disponibilidade jurídica* depende da passagem de uma situação que não se constituiu ainda para uma em que aquela disponibilidade está *constituída definitivamente*, tendo ocorrido a devida e regulamentar *separação*.

O que a lei ordinária, nesses termos, pode regular é o momento e as condições da realização ou da constituição definitiva, mas não a própria realização ou a própria constituição definitiva. Assim, o que a lei ordinária pode regular é o momento e as condições de uma renda *realizada* (não da realização desta) – disponibilidade econômica –, ou seja, o momento de uma venda com recebimento do preço à vista ou a prazo, de uma permuta, da extinção de uma dívida etc., ou, então, o momento e as condições de uma *definitiva constituição* (separação), mas não, por essa via, criar, por ficção, uma situação em que não há uma separação. Por exemplo, tratando-se de lucro de uma empresa efetivamente distribuído como dividendo, disciplinar em que momento e condições será o lucro considerado como efetivamente distribuído, a teor da legislação pertinente, mas não considerar como efetivamente distribuído o que, pela legislação, não é considerado como tal.

Ora, admitindo-se que a MP n. 2.158-35/01, ao estabelecer que os lucros, auferidos por controlada ou coligada no exterior, "serão considerados disponibilizados para a controladora ou coligada no Brasil *na data do balanço no qual tiverem sido apurados*, na forma do regulamento" (art. 74), estaria a determinar *o momento* da aquisição da disponibilidade e a definir, implicitamente, as *condições* em que ela teria ocorrido, acaba, na verdade, por fazê-lo de uma forma, no mínimo, equívoca: a condição está na apuração daqueles lucros (*todos*) no balanço ("... no qual tiverem sido apurados ...").

A tomar-se isso como condição (única) de aquisição da disponibilidade, comete o legislador ordinário um grave erro, pois, primeiro, estabelece uma falsa asserção: *todos* os lucros apurados no balanço são, *ipso facto*, pela simples razão de constarem dele, disponíveis. Segundo, ao falar em *controladoras* e *coligadas*, supõe erradamente que, por estarem apurados em balanço, os sujeitos (controlador e coligada), por sua condição jurídica, têm disponibilidade (jurídica) em virtude dessa mesma condição, o que não é verdadeiro, obviamente, para as coligadas, nem o é, também, para a controladora.

Com efeito, quanto ao primeiro ponto, se por disponibilidade se entende a situação em que um sujeito tem o poder de usar livremente, de dar aplicação ou despender a seu juízo, a renda, podendo usar a moeda ou o valor em moeda de direitos patrimoniais (cf. Bulhões Pedreira, *Imposto sobre a renda*, vol. I, p. 196), não haverá disponibilidade *adquirida* enquanto não ocorrerem as condições exigidas para um poder efetivo e atual de quem tem posse direta da renda (disponibilidade econômica) ou enquanto não ocorrerem todas as condições normativas para que aquele poder se torne efetivo (disponibilidade jurídica). Nesse último caso, deve, então, ser pressuposto que a pessoa tenha adquirido o direito ao rendimento e já se tenham verificado todas as demais condições necessárias para que venha a adquirir o poder de usar, despender livremente a moeda, de tal modo que as circunstâncias indiquem que, a qualquer momento, no presente ou no futuro, há ou haverá efetiva disponibilidade.

Quanto ao segundo ponto, havendo necessidade de *aquisição*, é necessária a *passagem* de uma situação (*não ter*) para outra (*ter*). Ora, no caso das controladoras, sua condição jurídica de *poder decidir sobre o destino dos lucros* não equivale a *passar a ter disponibilidade* (jurídica). Pois essa disponibilidade só é adquirida se ocorrer a separação, e "poder realizar a separação" não significa que (a disponibilidade) tenha ocorrido.

Ora, com base nessa conceituação, o STF tem entendido que a aquisição da disponibilidade, quer econômica quer jurídica, dos lucros da pessoa jurídica *não equivale* pura e simplesmente à ocorrência da apuração dos lucros líquidos no correspondente balanço (v. STF, RE n. 172.058-1: "Ora, a ordem jurídica revela-nos que *a aquisição da disponibilidade, quer econômica ou jurídica dos lucros líquidos das pessoas jurídicas, não ocorre, quanto ao sócio cotista e aos acionistas, na data da apuração, ou seja, do encerramento do período-base*"). Até porque uma tal equivalência iguala, na verdade, entidades ou relações essencialmente desiguais, realizando, propriamente, uma ficção e não uma equiparação.

Neste ponto (cf. Ferraz Jr., *Revista dos Tribunais – Cadernos de Direito Tributário e Finanças Públicas*, ano 7, n. 28, jul./set. 99, pp. 1-14), é importante distinguir entre equiparação e ficção, esta outra importante técnica de assimilação.

"A equiparação é ato de equiparar. Por seu étimo, *aequiparare* invoca *aequus* (igual) e *par* (parelho, semelhante) (Saraiva, *Novissimo diccionario Latino-Portuguez*). Assim, equiparar significa pôr em relação de igualdade o que é parelho, semelhante. O instrumento básico da equiparação, neste sentido, é a analogia. A analogia, como meio de interpretação (e de integração) do direito define-se como a subsunção de um fato para o qual não há norma à *facti species* de outra, no pressuposto de que entre ambos os supostos fáticos exista uma semelhança, isto é, que sejam essencialmente iguais nos aspectos importantes e diferentes, nos secundários.

"No caso da equiparação, como técnica legislativa, a analogia pressupõe a igualdade essencial (e a desigualdade secundária) em relação a uma categoria. Assim, a equiparação tem por fundamento uma similitude essencial, que é também o seu limite. A equiparação, portanto, obedece a uma necessidade interna, inerente à própria técnica, que constitui também um freio ao voluntarismo do poder, à arbitrariedade: a possibilidade de uma similitude essencial entre os elementos a equiparar.

"Como conseqüência, a equiparação autoriza uma subsunção (de uma espécie a uma categoria), subsunção restrita aos casos que elenca, mas, de qualquer modo, uma subsunção (enquadramento de uma espécie a um gênero). Isto é, ela não procede a uma igualação artificial entre dados essencialmente desiguais, mas afirma a existência de uma igualdade por semelhança, à qual se subsumem situações, apesar da existência de dessemelhanças secundárias. Por exemplo, uma pessoa desaparecida por um largo lapso de tempo é tomada como se tivesse falecido: a longa ausência e a morte se assemelham, essencialmente, pelo desaparecimento que ambas provocam.

"Diferente da equiparação é a ficção. Esta é sempre uma 'desnaturação' do real. Ela intervém *após* uma primeira qualificação de uma situação de fato dada e percebida como essencialmente diferente. Determina-se, então, que, voluntária e conscientemente, certas conseqüências sejam deduzidas de uma situação da qual, de princípio, não seriam dedutíveis. Seu fundamento, portanto, é uma dessemelhança e um juízo prévio de diferença, a partir do que se procede a uma igualação. Ou seja, aqui não há uma subsunção a uma categoria (base da equiparação), mas um tratamento impositivo de uma desigualdade como se igual fosse. O limite de possibilidade da ficção, assim, não é interno (semelhança), mas externo (puramente a finalidade que se almeja). Entre um navio e um território não há qualquer semelhança, mas, por ficção, ambos são igualados para que certos fins sejam atendidos e este é o seu fundamento (cf. Delgado Ocando, "La fiction dans le Code Civil vénézuélien", in *Les présomptions et les fictions en droit*, Bruxelas, Perelman/Foriers, 1974, p. 95).

"Em síntese, a equiparação afirma uma igualdade, desprezando desigualdades secundárias, enquanto a ficção afirma uma desigualdade essencial, procedendo, não obstante, a uma igualação."

Por outro lado, equiparações, quando autorizadas, são expressas no CTN, como é o caso do seu art. 51, que trata da sujeição passiva do IPI, considerando-se como contribuinte do imposto: "I – o importador ou quem a lei a ele equiparar; II – o industrial ou quem a lei a ele equiparar". Mas não as ficções, como se vê no voto do relator, Min. Velloso, segundo o qual, em face do art. 15, IV, da Constituição de 1946 (cuja redação foi repetida na atual, no art. 153, III), não poderia o legislador "estabelecer como renda, uma ficção legal".

Ora, como bem viu o STF, no caso citado, é fácil demonstrar que "[o]s lucros apurados em balanço da pessoa jurídica integram o patrimônio desta e não dos sócios, quer sob o ângulo econômico, quer, até mesmo, sob o jurídico". Na verdade, a natureza do instituto não autoriza a igualação, posto que, nele, ocorrem inúmeras situações, como a exigência de reinvestimento para a subsistência da empresa (empresas operacionais), provisões para contingências, inclusive obrigatórias, e um farto elenco de situações, de tal modo que a igualação *apuração em balanço = aquisição de disponibilidade* revela, efetivamente, uma rematada ficção.

Entende-se que, em conseqüência, não haja aquisição de disponibilidade na data do balanço (momento) nem por estarem ali os lucros apurados (condição), não só, por óbvio, no caso de coligadas, como, também, no caso de controladoras.

MESA DE DEBATES "A"

TRIBUTOS ESTADUAIS

PRESIDENTE DA MESA: PROF. AMÉRICO LACOMBE
MEMBROS DA MESA: PROFS. ALCIDES JORGE COSTA,
ROQUE ANTONIO CARRAZZA, VALDIR DE OLIVEIRA ROCHA
E JOSÉ SOUTO MAIOR BORGES

PRESIDENTE DA MESA (PROF. AMÉRICO LACOMBE) – Dando prosseguimento aos nossos trabalhos, daremos início a esta Mesa de Debates, cujo tema é "Tributos Estaduais". Serão expositores os Professores Alcides Jorge Costa, Roque Antonio Carrazza, Valdir de Oliveira Rocha e José Souto Maior Borges. O Prof. Alcides Jorge Costa falará sobre "Substituição tributária"; o Prof. Roque Carrazza sobre "ICMS no Serviço de Comunicação"; o Prof. Valdir de Oliveira Rocha sobre o "ICMS – Não-cumulatividade e direito ao crédito"; e o Prof. José Souto Maior Borges, "Substituição do ICMS pelo IVA – Mercosul e Direito Comunitário".

Cada expositor terá vinte minutos e, depois, daremos início aos debates.

Para iniciar, concedo a palavra ao Prof. Alcides Jorge Costa, para falar sobre substituição tributária.

PROF. ALCIDES JORGE COSTA – Bem, vamos imediata e diretamente ao assunto. Cabe-me falar sobre substituição tributária. Como o tema está inserido num bloco em que se cuida de ICMS, vou focalizar mais a substituição tributária do ICMS.

Começo com a noção clássica de substituição tributária, que entrou no Direito Brasileiro, via Direito Italiano. O que é esta substituição? O Código Tributário não fala em substituição, mas o uso do termo virou extremamente comum para designar esse fenômeno. O Código Tributário fala em responsabilidade, define o que é contribuinte – aquele que tem uma ligação direta com o fato gerador, nos termos do código –, depois fala no responsável, que é aquele que a lei pode designar para ser o sujeito passivo no lugar daquele que seria o contribuinte. Mas acrescenta que o responsável deve ter algum vínculo com o fato gerador, algum tipo de vínculo.

Muito bem. É claro que a responsabilidade não se restringe, no Código, à substituição. Pode ser responsabilidade por sucessão; pode ser responsabilidade de terceiros em circunstâncias várias. Mas, ao ler-se o Código, vê-se que deve existir, e existe sempre, algum tipo de vinculação ente o responsável e o fato gerador.

Mas vamos nos restringir aqui à substituição tributária. Volto lá para trás para o Blumenstein, autor suíço que, já na década de 1920 falava em substituição, que é uma coisa mais antiga. Falava na sua teorização, ou seja, a lei designa como contribuinte aquele que tem relação com o acontecimento, que dá margem à imposição. Depois, acrescenta, a lei pode dar um passo além e designar, além do contribuinte, alguém que seja responsável com ele, solidariamente responsável. E pode dar um passo a mais: pôr um terceiro no lugar do contribuinte, um terceiro que não tenha essa vinculação direta, mas que tenha algum tipo de vinculação e que entre no lugar do contribuinte, tornando-se o sujeito passivo. Este seria o substituto. Esta é a figura clássica da substituição, que, como eu disse, entrou no

Direito Brasileiro por via do Direito Italiano e que, na Itália, até hoje, é uma figura muito discutida, objeto de muita doutrina e que suscita, de fato, vários problemas.

Isto existia até antes do Código Tributário, mas foi ele que esquematizou. E o que aconteceu no ICMS ou ICM, pois quando começou não tinha o "s". Havia a substituição clássica. A lei já mencionava casos da substituição, que chamo aqui de clássica. Mais para frente, porém, apareceu a substituição tal como a conhecemos hoje no ICMS, que não é a clássica, é um tipo novo. Na minha opinião, um nome novo para uma outra coisa, completamente diferente. E vou explicar o porquê.

O que é esta substituição? Ela foi implantada pelos Estados que, depois, à vista das impugnações quanto à constitucionalidade – falava-se muito que não se podia cobrar imposto sobre fato gerador futuro e outras tantas coisas –, arranjaram uma emenda constitucional que, ironicamente, virou o § 7º do art. 150, dedicado aos direitos do contribuinte. Isso não deixa de ser irônico. Puseram lá, dizendo que pode ser designada a cobrança por coisas futuras etc. O que permite que o Estado cobre desde já, de todos nós, o imposto de sucessão *causa mortis*... Não precisa nem ser substituto – é claro que este, um dia, vai ocorrer... Permite, também, que seja cobrado o imposto de renda na fonte até o ano de 2050. Depois, se não tiver renda, ele devolve. E assim por diante. Criou-se, então, esta figura esdrúxula. Por que se criou tal figura? Isto é um dos sintomas da inapetência ou incompetência dos Estados que não sabem cobrar um imposto tal como ele deve ser cobrado. Quer dizer, um imposto multifásico etc.

O que é esta substituição, afinal? É um sintoma dessa incompetência. Assim como é sintoma dessa inapetência ou incompetência, o fato de haver uma tributação tão inacreditavelmente alta sobre a energia elétrica e sobre as comunicações. Vou explicar o porquê. Porque é muito fácil, extremamente fácil arrecadar a substituição é outro sintoma da mesma coisa, ou seja, naquela cadeia toda de um imposto multifásico. Ela poderá ser para frente, quando se diz que o imposto vai ser pago agora e que ele é o substituto de todos os que virão futuramente. A lei também fala em substituição para trás, o que é até curioso, porque é óbvio que um imposto que tem aquele jogo de créditos e débitos, o que não é cobrado para trás irá, de qualquer forma, ser recuperado pelo Estado num determinado momento. Ninguém está substituindo ninguém. Caso contrário, teremos que admitir que em todo tributo monofásico alguém substitui todos os outros para frente, para trás, para cima ou para baixo.

O primeiro problema é este: transformou-se este tributo num imposto monofásico para maior comodidade de arrecadação. Bem, transformá-lo imposto monofásico não seria a maior das desgraças. Só que ninguém gosta de perder arrecadação. E aí vem outro o segundo problema, que me parece o mais complicado. Diz a lei que o substituto vai pagar o imposto sobre o preço de venda lá na frente – sobre o preço de venda no varejo. Ele é que arrecada tudo antecipadamente. Numa economia de mercado, como conhecer o preço de venda do varejo? Não há como. Então, parte-se para a estimativa. É uma coisa muito curiosa, porque o artigo da LC n. 87, que diz como se deve fixar este preço, bem lido, é um artigo curiosíssimo. Não tem sentido. É um artigo despido de sentido. Leiam-no bem. O imposto é cobrado mediante levantamento de preços, mas o levantamento pergunta qual o preço, se pode isso, se pode aquilo e, no fim, faz-se uma média ponderada – como será feita a ponderação ninguém sabe –, tudo nos termos da lei estadual – e não conheço lei nenhuma que fixe os critérios para esta ponderação. Os Estados, com isso, concentram a arrecadação num determinado ponto, não sem efeitos econômicos.

No Brasil fala-se muito na capacidade contributiva. Vivemos invocando o famoso princípio da capacidade contributiva, que leva trancos dessa figura da substituição. Dou um exemplo concreto. Há substituição tributária no caso da cerveja. Qual é o preço final da cerveja? Imaginem que vou fazer uma pesquisa e, daí, tirar a média ponderada. Média é média. Sabemos que o preço da cerveja – não sou bebedor, não sei quanto custa uma cerveja – no supermercado é mais barato. Depois, o botequim tem um outro preço e o restaurante de luxo, obviamente, outro preço. Se eu faço a média, o que vai acontecer? No restaurante de luxo, haverá uma alíquota real menor do que a nominal e.no supermercado acaba havendo uma alíquota real maior do que a nominal. Com isso, já estou ofendendo a tal capacidade contributiva, porque quem freqüenta o restaurante de luxo tem maior capacidade, presumivelmente, do que quem freqüenta um restaurante mais modesto ou que bebe cerveja no botequim da esquina.

Tem todos esses efeitos que se multiplicam. Essa é a substituição. De resto, ninguém substitui ninguém. Como eu disse, foi transformado num imposto monofásico. A substituição incide dentro de uma obrigação tributária. E, no exemplo dado, na verdade, ninguém substitui ninguém. Se o fabricante da cerveja é designado como substituto, dali para frente, ninguém mais é obrigado a coisíssima nenhuma. Aquelas obrigações, aliás, deixam de existir: ninguém tem mais obrigações, não se cria mais obrigação nenhuma. Isso é um pouco como o diferimento, figura curiosa, que não passa mesmo é da velha e boa isenção. De qualquer forma, não existe essa substituição; existe a transformação disso, simplesmente, num imposto monofásico, com uma base de cálculo arbitrada. Não passa disso.

Agora, existe. Temos de lidar com isso. É uma figura nova, criada especificamente para esses efeitos pela lei brasileira, até com reflexos na Constituição para coonestar tudo isso e que acaba causando "*n*" problemas. Não vou me estender muito, porque são conhecidos de todos, mas cito apenas o problema da fixação da base de cálculo, que muitas vezes apresenta complicações enormes.

Outro problema é o das operações interestaduais, em que a substituição depende de convênio entre os Estados interessados. Com isso, criam-se problemas terríveis, que nós sabemos que existem. Não vou relatá-los em pormenor, mas podem sujeitar o infeliz do contribuinte a diversas fiscalizações por parte de diversos Estados. Esses são dois efeitos absolutamente inegáveis dessa substituição, elemento de uma terrível complicação.

Em terceiro lugar, a substituição só seria adequada, com todos esses defeitos, se aplicada ao produto pronto para consumo, como é o caso da cerveja. Mas ela é aplicada a outras coisas e, com isso, pode acontecer outro tipo de fenômeno: o imposto incidente sobre certo produto é pago por alguém e, dali para frente, não se pagará mais imposto, que já está antecipadamente pago. Então, aquele que o vende para uma segunda pessoa,um outro que também está na cadeia da produção – da comercialização –, e que irá utilizá-lo na fabricação do seu próprio produto, não vai transmitir crédito, o que acaba produzindo um efeito cumulativo. Se o outro está na cadeia da produção e vai utilizar aquele produto na fabricação do seu produto, não vai ter crédito. Isto acaba produzindo um efeito cumulativo, porque o imposto já foi pago lá atrás.

São todos esses efeitos da famosa substituição tributária, que se refletem em todos os problemas acima expostos.

Finalmente, na substituição tributária, diz a Constituição que: "o imposto será devolvido se o fato gerador não se realizar". Como deverão ocorrer vários fatos no meio, que seriam, hipoteticamente, geradores, pergunto: qual deles e quem terá direito a haver essa restituição? Diz a Constituição, ainda, que o imposto pago indevidamente será devolvido *imediatamente*. No entanto, isso não tem sentido, porque se sabe que é impossível, ainda quando haja boa vontade, à máquina estatal fazer uma devolução imediata. Tal devolução vai requerer algum tipo de procedimento e o termo "imediato" ali – não sei por que foi posto – é uma coisa totalmente desavisada, tanto que o imediato virou noventa dias, o que reconheço que não é desarrazoado. Talvez, noventa dias seja prazo exagerado, mas o imediato é impossível.

Uma vez, a um empresário de uma grande empresa, que se queixava de que tal restituição não é imediata, perguntei se ele, caso recebesse alguma quantia a mais em sua empresa, conseguiria fazer a devolução imediata. No que ele disse: "Não. Preciso ao menos de uma semana". Eu disse: "Então, para a máquina do Estado, que é muito maior do que a sua empresa, por grande que seja, um prazo '*x*' é absolutamente inevitável".

São todos esses os problemas que resultam dessa famosa substituição tributária. O mais importante deles, na minha opinião, é com relação à base de cálculo, porque se trata de algo sempre uma coisa arbitrária. Ninguém faz pesquisa de preço nem se chega a uma média ponderada, salvo quando, às vezes, a Secretaria da Fazenda e alguns sindicatos patronais se reúnem para tentar fazer tal cálculo. Às vezes, a Secretaria de Fazenda se entende com os sindicatos patronais para ver mais ou menos qual é o preço, mas de resto não há grande pesquisa, muito menos média ponderada. E é totalmente desconhecida, pelo menos para mim, qualquer lei ou qualquer outro parâmetro que fixe os critérios para média ponderada. Quais serão os pesos dados para cada um dos componentes da média? Isso não existe. Não se trata de uma média aritmética, mas o que se poderia chamar, numa linguagem bem popular – e vou brincar com a linguagem –, de média olhometral. É uma média feita "a olho". E assim funciona...

É por isso, entre outras coisas, que esse imposto foi se tornando cada vez mais complexo, cada vez mais complicado, cada vez de aplicação cada vez mais difícil. O que vai, pelo jeito, culminar numa reforma que se anuncia simplificadora, mas que, se for levada a cabo tal como saída da Câmara, será muito mais complicadora do que já era para a cobrança desse imposto. Isso, no entanto, será objeto de outras palestras, sobre o valor agregado, sobre o Mercosul. Assuntos, desta complexidade, certamente serão levantados.

Era isso que eu tinha a lhes dizer sobre a substituição tributária, sem descer àqueles inúmeros pormenores, pois, se assim fosse, ficaríamos aqui um tempo enorme. Os pormenores são conhecidos de todos aqui, porque não só presumo como tenho certeza que todos os congressistas são familiarizados com esse tipo de problema.

Muito obrigado. (*Palmas*)

PRESIDENTE DA MESA (PROF. AMÉRICO LACOMBE) – Eu queria cumprimentar o Prof. Alcides Jorge Costa não só pelo brilhantismo da exposição, mas porque ele respeitou rigorosamente os vinte minutos de praxe.

Passo a palavra ao Prof. Roque Antonio Carrazza, que falará sobre "ICMS no serviço de comunicação".

PROF. ROQUE ANTONIO CARRAZZA – Professor Américo Lacombe; demais integrantes da Mesa; Colegas Congressistas.

I – Inicialmente, quero dizer da grande satisfação que sinto em estar aqui, participando desse XVII Congresso Brasileiro de Direito Tributário, que se inspira, como sempre, nas imorredouras lições do saudoso mestre Geraldo Ataliba.

Peço vênia para saudar ao presidente do Instituto Geraldo Ataliba – IDEPE, o eminente Prof. Aires Fernandino Barreto, que, com sua competência e esclarecido traquejo administrativo, é o grande responsável por este evento vitorioso que, ano vai, ano vem, congrega expoentes do Direito Tributário para a maior das aventuras humanas: a aventura de pensar.

Gostaria de render minhas homenagens aos componentes desta Mesa: o Prof. Américo Lacombe, seu Presidente; os amigos e professores José Souto Maior Borges e Valdir de Oliveira Rocha; e, claro, o eminente Prof. Alcides Jorge Costa, Presidente deste Congresso, jurista de altíssimos predicados, que, com o refinamento de sua erudição, consegue a façanha de musicar até o prosaico tributo.

II – Atribuíram-me a tarefa de, em vinte minutos, tratar do "ICMS sobre os serviços de comunicação". Como o tema é vasto e, em contranota, o tempo é escasso, limito-me a lembrar rapidamente que a Constituição Brasileira não criou nenhum tributo, mas deu competências para que as pessoas políticas, querendo, venham a fazê-lo. Também limitou o exercício destas competências tributárias, por meio de uma série de princípios. E, ainda, classificou os tributos em espécies e subespécies, apontando-lhes as *regras-matrizes*.

Permitam-me percutir um pouco mais esta última tecla: a Constituição traçou a *regra-matriz* (o *arquétipo*, a *norma-padrão de incidência*) das várias espécies e subespécies tributárias. Costumo dizer que, embrionariamente, atomicamente, todos os tributos já se encontram estruturados na Carta Constitucional. Noutro giro, a *essência* de cada tributo está presente já no Texto Magno.

Sofisticando um pouco a idéia, a Constituição, direta ou indiretamente, sempre aponta a *hipótese de incidência possível*, o *sujeito ativo possível*, o *sujeito passivo possível*, a *base de cálculo possível* e a *alíquota possível* de cada imposto, de cada taxa, de cada contribuição.

Desnecessário dizer que isso vincula as pessoas políticas, tanto que, ao criarem os tributos que lhes foram deferidos, devem, em tudo e por tudo, observar tais protótipos constitucionais. Só para exemplificar, quando o Estado de São Paulo cria o ICMS-comunicação – vejam os colegas que já me aproximo do tema central de minha fala –, não pode criar o ICMS-comunicação "de seus sonhos". Não! Só pode criar o ICMS-comunicação previamente delineado na Carta Magna. Ou, se preferirmos (insistindo na figura de linguagem), o ICMS-comunicação "dos sonhos" da Constituição.

Portanto, a classificação constitucional dos tributos não foi apenas *nominal*; foi também *conceitual*. A Constituição não se limitou a rotular os tributos, chamando um de imposto, outro de taxa, outro de contribuição de melhoria; chamando um imposto de *sobre a renda*, outro de *sobre importação*, outro, ainda, de ICMS. A Constituição sem dúvida fez isso, mas foi além: igualmente apontou o *regime jurídico* que cada espécie e subespécie tributária deverão necessariamente observar.

Tais cuidados nos protegem, enquanto contribuintes. Com efeito, graças à Lei Maior, passamos a ter o *direito subjetivo* – se quisermos, o *direito constitucional subjetivo* – de só sermos tributados em estrita obediência a esses paradigmas.

III – Muito bem, a Constituição, em seu art. 155, II, terceira parte, outorgou aos Estados-membros e ao Distrito Federal, a aptidão jurídica para instituírem "impostos sobre prestações de serviços de comunicação, ainda que as prestações se iniciem no exterior". É o ICMS-comunicação.

Ressalto, de logo, que as referidas pessoas políticas receberam da Carta Magna a faculdade de tributar, por meio de ICMS, não propriamente a comunicação, mas a *prestação onerosa desse serviço*.

Com tal assertiva, pretendo significar que, em si mesmo considerada, a comunicação não faz nascer o dever de recolher o tributo em tela. Na realidade, o ICMS somente passa a ser devido quando a comunicação resulta de um contrato oneroso firmado entre um prestador e um receptor. Dito de outro modo, a comunicação só ganha relevância jurídica, para fins de incidência de ICMS, quando decorre de um contrato oneroso de prestação de serviços.

O "querer", ou se preferirmos, a "vontade" do tomador (titular do direito de exigir o cumprimento da obrigação) e do prestador do serviço (o obrigado a fazer o que foi pactuado), manifestada no contrato oneroso entre eles firmado, é que vai revelar se a comunicação determinará, ou não, a incidência do ICMS. Se a vontade dos contratantes for a da ver prestado um serviço diverso, o tributo devido será outro, ainda que exista comunicação.

Exemplificando, um advogado, contratado para produzir a defesa oral do cliente, perante um Tribunal Superior, por sem dúvida se comunica. Deverá recolher, por prestar este serviço, ICMS-comunicação? É evidente que *não*. Recolherá, sim, o *ISS* (imposto sobre serviços de qualquer natureza); no caso, o imposto sobre serviços de advocacia. Por quê? Porque o objeto, o fim, o *telos*, do contrato celebrado não é a prestação de um serviço de comunicação, mas a defesa dos interesses do cliente, em juízo ou fora dele.

Portanto, é necessária a detida análise do contrato de prestação de serviços, para saber-se se o ICMS-comunicação é, ou não, devido. A simples existência da comunicação não abre espaço jurídico à incidência do ICMS.

Aliás, é muito comum dizer-se: "a vida é comunicação". Mas daí a concluir-se que o ato de viver faz nascer a obrigação de recolher ICMS, vai uma distância intransponível.

Depois, o próprio vocábulo "comunicação" tem várias acepções, que vão desde a simples conversação ("Antônio comunica-se com Lúcia"), até a idéia de transmissão de algo ("o ferro comunica a eletricidade", "o barbeiro comunica a doença de Chagas", "a tensão comunicou-se por toda a sala", "a canoa já se comunicava com a margem"). Tais comunicações fazem nascer obrigações tributárias? É evidente que não. Observem os colegas congressistas que, em todos estes casos, existe *comunicação*, mas ela é tributariamente irrelevante, vale dizer, não determina o surgimento de nenhuma obrigação tributária, muito menos a de recolher ICMS.

Outras vezes, a comunicação até tipifica o *fato imponível* de tributos, só que diversos do ICMS-comunicação. Vejamos. A comunicação onerosa de bens imóveis e direitos a eles relativos é o *fato imponível* do ITBI, *ex vi* do disposto no art. 156, II, da Constituição Federal. A comunicação gratuita de bens ou de direitos é o *fato imponível* do imposto sobre doações, definido no art. 155, I, primeira parte, da Constituição. A comunicação *causa mortis* de bens ou direitos, é o *fato imponível* do imposto sobre transmissões *causa mortis*, capitulado no art. 155, II, segunda parte, sempre da Constituição. A comunicação onerosa da titularidade de mercadorias é o *fato imponível* do imposto sobre operações mercantis, isto é, do ICMS emblemático, do ICMS-operações mercantis, que "descende" do ICM, da Carta de 67/69, que, de sua feita, "descendia" do IVC, da Constituição de 1946. Agora, a comunicação tem relevância jurídico-tributária, mas realiza o fato imponível de exações diversas do ICMS-comunicação.

Com todos esses exemplos estou pretendendo ressaltar que a comunicação, em si mesmo considerada, é neutra. Neutra, porque ou não faz nascer nenhum tributo, ou faz nascer tributos diversos do ICMS-comunicação.

IV – O ICMS-comunicação, penso eu – e depois gostaria de ouvir, a respeito, os demais integrantes desta Mesa –, nasce quando, em decorrência de um negócio jurídico oneroso, há efetiva transmissão de pensamentos, idéias, emoções, entre duas pessoas. Tal comunicação pressupõe, pois, a existência de um emissor e de um receptor. De um emissor, conhecedor e consciente do destinatário da mensagem. E, de um receptor, certo, identificável, apto a figurar no pólo oposto do processo comunicacional. A comunicação envolve, pois, um ato de conhecimento e um ato de consciência do outro. A "consciência do outro", nesta feliz expressão cunhada pelo filósofo itálico Nicola Abbagnano, é fundamental para que ocorra o *fato imponível* do ICMS-comunicação.

Assim, tenho para mim que a *hipótese de incidência possível* desse ICMS é prestar a terceiros (um tomador e um receptor), em caráter negocial, isto é, mediante contraprestação econômica, um serviço de comunicação. Em outras palavras, o ICMS em pauta só pode incidir sobre a *relação comunicativa*, ou seja, o fato de alguém, em caráter negocial, fornecer, a terceiros, condições materiais para que a comunicação ocorra. Mas não apenas isso: é mister, ainda, que a mensagem do tomador do serviço seja captada e compreendida pelo receptor deste mesmo serviço.

Para tanto, é mister, em primeiro lugar, que o prestador do serviço instale microfones, câmaras, fios, transmissores, retrotransmissores, tudo enfim que faz parte da infraestrutura mecânica, elétrica, eletrônica, técnica, necessária à comunicação. Mas é preciso dar mais um passo, para que nasça o dever de recolher ICMS: é preciso, ainda, que a comunicação se complete. De fato, o que se tributa, *in casu*, é a efetiva prestação do serviço, não sua mera contratação. Aqui estou repetindo lições do "tratadista do ISS", o Prof. Aires Barreto, que muito me honra com sua presença neste auditório.

Temos por indisputável, pois, que o *fato imponível* do ICMS-comunicação ocorre quando duas pessoas, valendo-se dos meios mecânicos, elétricos, eletrônicos, que lhe são disponibilizados, mediante paga, por um terceiro, passam a interagir, a interatuar.

Como se vê, não basta que alguém forneça, a título oneroso, os meios materiais necessários à comunicação, para que o dever de recolher ICMS surja: é mister, para tanto, que efetivamente preste tal serviço. Do contrário, absurdamente, o tributo incidiria sobre a empresa que se limitasse a fornecer, mediante paga, fios e aparelhos, aos que fruem, por exemplo, dos serviços de comunicação prestados pelas companhias telefônicas.

De fato, somos os primeiros a concordar que a prestação do serviço de comunicação tributável por meio de ICMS exige, preliminarmente, a colocação, à disposição de seus destinatários, dos *meios* e *modos* necessários à transmissão e recepção de mensagens.

Não é isso, entretanto, que faz nascer o dever de recolher o ICMS-comunicação, mas a concreta (real, efetiva) prestação deste serviço.

O terceiro que se limita a fornecer os meios materiais (digamos, os aparelhos telefônicos) necessários à prestação do serviço de comunicação, já terá cumprido seu dever jurídico, com a simples tradição dos bens dele adquiridos. Absolutamente não participa da prestação onerosa dos serviços de comunicação. Aliás, ainda que tais serviços deixem de realizar-se, ele não se exime do dever de recolher, por exemplo, o ICMS, só que, agora, o decorrente das operações mercantis realizadas (o ICMS-operações mercantis).

V – Estamos sempre mais percebendo que o ICMS em estudo só pode incidir quando efetivamente ocorre a *prestação onerosa do serviço de comunicação*. E esta – seja-nos desculpada a tautologia – só se dá quando, estabelecida a *relação comunicativa*, há, *efetiva* transmissão de idéias, pensamentos ou intenções, entre duas pessoas, diversas do prestador.

Tornamos a insistir que o *fato imponível* do ICMS ocorre *não* no momento em que é celebrado o contrato de prestação onerosa do serviço de comunicação, *nem* quando são disponibilizados, ainda que em caráter negocial e por um terceiro, os meios mecânicos, eletrônicos e técnicos necessários à comunicação, *mas, sim*, quando vêm praticados os *atos de execução*, ou seja, quando se dá a *efetiva prestação* do serviço.

Logo, para que haja comunicação, basta existam dois sujeitos: o emissor e o receptor. Todavia, *para que haja prestação onerosa do serviço de comunicação* – esta (e só esta) tributável por meio de ICMS – é mister que ambos sejam postos em contacto por um terceiro, que, mediante contraprestação econômica, utilizando-se de meios próprios ou alheios (por exemplo, da empresa que comercializa ou loca aparelhos aptos à comunicação), permite-lhes troquem mensagens.

VI – Observamos que também não se confundem com os serviços de comunicação – não podendo, destarte, ser tributados por meio de ICMS – os "serviços de valor adicionado", que aumentam o valor e o alcance da comunicação (a secretária eletrônica, o *bina*, o serviço de despertar, o serviço de hora certa etc.). Afinal, o que se tributam são as prestações de serviços de comunicação e, não, as prestações de quaisquer serviços, ainda que efetuadas por intermédio de empresas de comunicação.

Realmente, nem toda atividade que utiliza os meios físicos necessários à prestação de serviços de comunicação (por exemplo, cabos e linhas telefônicas) realiza o *fato imponível* do ICMS. Para que ele ocorra, é imprescindível que o tomador do serviço, ao contratá-lo, vise precipuamente comunicar-se com alguém. Se o *fim* da atividade for outro, haverá, quando muito, uma prestação de serviço de natureza diversa e, nesta medida, intributável por meio de ICMS-comunicação.

VII – Fixadas essas premissas, resulta claro que o ICMS-comunicação não pode incidir sobre as atividades desenvolvidas pelas *rádios e TVs abertas*, que positivamente não prestam nenhum serviço de comunicação. Deveras, as pessoas ouvem as rádios abertas e assistem as TVs abertas, fazendo uso de um aparelho próprio: o televisor. Nada pagam por isso e não se comunicam com ninguém.

Também o ICMS-comunicação não incide sobre a *TV fechada*. De fato, o assinante paga para poder decodificar sinais que lhe são cedidos onerosamente por empresa do setor. Com isso, assiste a uma programação adrede preparada, sem, no entanto, interatuar com terceiros, com eles se comunicando. Também neste caso, inocorre qualquer serviço de comunicação e, por via de conseqüência, não há espaço jurídico para a tributação ora em estudo.

Estou convencido de que não há incidência possível de ICMS sobre os chamados *serviços de valor adicionado*: serviço de secretária eletrônica, de despertar, de previsão do tempo, de interligação com a Internet etc. A propósito, o provedor de Internet simplesmente leva o usuário à rede mundial, à chamada "nuvem Internet". Não há aí nenhum serviço tributável por meio de ICMS-comunicação.

Por igual modo, a propaganda, ainda que feita por intermédio de TVs abertas, de TVs fechadas, da Internet, não é tributável por meio de ICMS. Será eventualmente tributável por meio de ISS ou, de modo mais preciso, por meio de imposto sobre serviços de propaganda.

VIII – Registro que, acerca do assunto de minha exposição, duas correntes, completamente antagônicas, acabaram surgindo. Uma, mais do agrado das autoridades fazendárias, no sentido de que tudo é comunicação. Deveras, se "viver é comunicar-se" (como há pouco referi), tudo é comunicação e, assim, passível de tributação por meio de ICMS. Há, porém, uma outra corrente, que eu modestamente perfilho, que entende que a incidência desse imposto só pode dar-se em hipóteses bastante restritas.

A batalha jurídica está sendo ganha pelos adeptos desta última corrente. Os tribunais tendem a considerar não serem passíveis de tributação por meio de ICMS a TV aberta, a TV fechada, o serviço de provedor de acesso à Internet, o serviço de habilitação de celulares, que, absurdamente, o Convênio 69/98 quer que seja alcançado por este tributo. Digo "absurdamente" porque não é dado a nenhum convênio interpretar a Constituição, apontando a *hipótese de incidência possível* do ICMS. Em matéria de ICMS, o convênio só pode autorizar a concessão ou a revogação de isenções, incentivos e benefícios fiscais. Enfim, o Poder Judiciário, esclarecido pela melhor doutrina, tende a dar razão aos contribuintes, nesse particular. Oxalá a situação se consolide.

IX – Mas, o que está fazendo o Governo? Valendo-se do sempre "dócil" *poder constituinte derivado* – que, como ensina Jorge Miranda, não é sequer *poder constituinte*, mas *poder constituído* – pretende, via emenda constitucional, resolver o problema em seu favor, ainda que em detrimento do *Estatuto do Contribuinte*, plasmado no Diploma Magno. Como assim? Estava eu posto em sossego, anteontem, em meu escritório, quando fui procurado por um representante da Fazenda Pública do Estado de São Paulo, que me informou que, no Senado, serão feitas gestões, para que se emende a Constituição com um "inclusive". Como assim? A emenda constitucional estabelecerá literalmente que o ICMS incidirá sobre prestações de serviços de comunicação, "inclusive" TV aberta, TV fechada, provedor de acesso à Internet, habilitação de celular... (*risos*). Como vêem os Colegas Congressistas, assim fica fácil.

Aliás, não posso deixar de deplorar a reiteração das emendas constitucionais no Brasil. Em pouco menos de quinze anos de Constituição, já tivemos quarenta e seis emendas constitucionais, contadas as seis *emendas de revisão*. E isso de fora à parte, as duas que estão às vésperas de serem promulgadas. No Brasil, infelizmente, ao invés dos fatos se ajustarem à Constituição e ela que acaba sendo ajustada aos fatos, o que cria um clima de insegurança, de perplexidez, de incerteza, que em nada contribui para o progresso das instituições.

Alterar a regra-matriz constitucional dos tributos, no caso do ICMS-comunicação, a meu ver, é ferir *cláusula pétrea*. A regra-matriz dos tributos está alocada no núcleo imodificável da Constituição. Alguém dirá: mas tratar das *cláusulas pétreas* nos dias atuais, perante os Tribunais Superiores, é raiar no ridículo. Eu acho que não. Afinal, estamos aqui para fazer Ciência. Anticientífico é, esmorecendo, dizer: "vamos abandonar a *teoria das cláusulas pétreas*, porque ela não vingou em nossas Cortes".

X – Alguém já disse que, nos dias atuais, analfabeto não é aquele que não sabe ler e escrever, mas aquele que não sabe desaprender e voltar a aprender. Muito bem, esse é o foro adequado para que, desaprendendo, isto é, nos despindo das idéias preconcebidas, dos preconceitos, mais e mais possamos aprender.

Walter Whitman, grande poeta americano, certa feita disse: "Se um dia vires um garoto, numa cerimônia cívica, marchando com o passo errado, não rias dele: é possível que ele esteja ouvindo outros tambores".

Colegas Congressistas, este é o momento de todos nós, cultores do Direito Tributário, passarmos também a ouvir outros tambores. Muito obrigado (*Palmas prolongadas*).

PRESIDENTE DA MESA (PROF. AMÉRICO LACOMBE) – Em seguida, vamos ouvir o Prof. Valdir de Oliveira Rocha, que vai falar sobre "ICMS – Não-cumulatividade e direito ao crédito".

PROF. VALDIR DE OLIVEIRA ROCHA – Bom dia a todos. Inicialmente, quero agradecer o honroso convite para conferir palestra nesse XVII Congresso Brasileiro de Direito Tributário. Quero saudar meus colegas de Mesa, Presidente Américo Lacombe, Prof. Alcides Jorge Costa, Prof. Roque e Prof. Souto.

Falar de "ICMS – Não-cumulatividade e direito de crédito" é um assunto muito provocador. O Prof. Alcides Jorge Costa, em sua exposição, dizia que o ICMS é cada vez mais um imposto complexo e complicado. Eu arriscaria dizer que o ICMS é cada vez mais um imposto menos plurifásico. Vou pedir licença ao Prof. Alcides para, tratando do meu assunto, tocar um pouco naquele que ele tão brilhantemente nos trouxe.

Temos, de um lado, um assunto muito velho: ICMS não-cumulativo. Mas também temos um outro ângulo muito novo, muito jovem, que é o ICMS quando considerada particularmente a substituição tributária para frente. Será que é caso de ainda se dizer que o ICMS é marcadamente, preponderantemente, um imposto não-cumulativo? Vamos encontrar isso como algo que aparentemente seria sua grande marca, a partir do próprio texto da Constituição de 1988. Mas a ordem dos fatos parece indicar que o ICMS tende a perder muito desse relevo, em termos de ser não-cumulativo e, cada vez mais, se tornar um imposto tipicamente monofásico. Como Drummond diria, no seu *José:* "e agora José? Quer voltar para Minas, mas Minas não há mais". Será que o ICMS não-cumulativo ainda existe com toda aquela extensão com que nos habituáramos a vê-lo?

É certo que a Constituição continua a dizer que o imposto sobre operações relativas à circulação de mercadorias e prestação de serviços é não-cumulativo. Mas, se se dissesse apenas não-cumulativo, seria algo com tantas possibilidades de significações, que diríamos até que poderíamos chegar a um verdadeiro sem-sentido.

Começou o texto constitucional por dizer de que modo esse ICMS há de ser entendido não-cumulativo. Deu a receita, isto é, compensando-se o que for devido em cada operação relativa à circulação de mercadorias ou prestação de serviços com o montante cobrado nas anteriores. De pronto vamos dizer que onde se lê *cobrado,* signifique-se imposto *devido.*

Ocorreu, então, aos constituintes que isso que acabaram de dizer era pouco, insuficiente. Era preciso dizer mais, tendo em vista a experiência mais ou menos recente que resultou na Emenda Constitucional n. 3, de 1993. Espere aí. Param um pouco e dizem assim: "vamos dizer mais alguma coisa". E acrescentaram: "a isenção ou não-incidência, salvo determinação em contrário da legislação, não implicará crédito para compensação com montante devido nas operações seguintes". E ainda: "acarretará anulação do crédito relativo às operações anteriores". Poderíamos dizer que isso seria suficiente. Mas bate aquela dúvida e, por via de afastar qualquer controvérsia, previu-se uma lei complementar que, dentre outras funções, iria disciplinar o regime de substituição tributária. E assim se fez.

Dessa forma, poderíamos dizer que o ICMS passou a ser, já o era o antigo ICM, um imposto não-cumulativo, exatamente como o constituinte quisera e o legislador complementar haveria de querer. Então, se quisermos tirar absolutamente tudo que diga com a não-cumulatividade do texto constitucional, isso vai ficar um pouco difícil, possivelmente impraticável, até porque há várias formas de se considerar essa não-cumulatividade.

O constituinte disse que o ICMS será não-cumulativo, como regra indicada que se há de observar no próprio texto constitucional, e o ICMS será não-cumulativo como princípio que alinhavou e que o legislador complementar haveria de ultimar. Não é despropositado dizer que o princípio e a regra constitucionais são ambos normas, com a distinção que um tende a ser mais aberto e abstrato e a outra, mais acabada e completa. Poderia, então, ter dito o constituinte de 88 que o ICMS seria cumulativo. Mas, se o dissesse, possivelmente, diante de uma outra opção política, não teríamos, pelo menos aqui, a graça de focalizar este assunto da não-cumulatividade.

Pois bem. Costuma-se dizer que a Constituição brasileira – vejam aí o contra-senso – é das mais ricas em normas tributárias, como se essa prolixidade, esse excesso, fosse alguma virtude. O constituinte originário, efetivamente, podia tudo naquele primeiro momento. Ele quis bordar muitíssimo em matéria tributária. E bordou. Bordou muito, mas não tanto quanto o constituinte derivado entendeu que ainda se fazia necessário. Com a EC n. 3, de 1993, trouxe essa figura tão discutida da responsabilidade tributária por substituição. E essa previsão passou a dizer que a lei poderá atribuir ao sujeito passivo da obrigação tributária a condição de responsável pelo pagamento de imposto ou contribuição, cujo fato gerador deva ocorrer posteriormente, assegurada imediata e preferencial restituição da quantia paga, caso não se realize o fato gerador presumido.

E o legislador ordinário, secundando o legislador complementar, não perdeu tempo em tirar proveito disso em matéria do imposto sobre operações relativas à circulação de mercadorias. Lançou-se, com a parte final do § 7º do art. 150, algo que hoje observamos que não só era razão para muita controvérsia, mas, sobretudo, para muitos enganos e verdadeiros engodos. Àquele é assegurada a imediata e preferencial restituição da quantia paga, caso não se realize o fato gerador presumido, assunto do qual tratou aqui o Prof. Alcides Jorge Costa com tanto brilho.

O que se seguiu é do conhecimento de todos: o Supremo Tribunal Federal deu por válido o disposto no § 7º do art. 150.

O que ainda me parece merecer muita meditação é o fato de que se a não-cumulatividade, como eu coloco e se aceita que isso possa ser assim, deita raízes na Constituição, mas, também, na lei complementar, por força do que previu a própria Constituição. Precisamos concentrar-nos um pouco mais no que está posto na lei complementar, no caso, a LC n. 87, de 1996. Em matéria de substituição tributária para frente, esse "para frente" é muito elucidativo, não devemos nos preocupar com o para trás, para cima, para baixo, para os lados, só com o para frente, pois com ela se busca evitar tributações subseqüentes.

A LC n. 87, nessa matéria, passou a dizer que "a atribuição de responsabilidade dar-se-á em relação a mercadorias, bens ou serviços previstos em lei de cada Estado". Não poderia ser diferente. Quanto à base de cálculo: "será obtida pelo somatório das seguintes parcelas: o valor da operação ou prestação própria realizada pelo substituto tributário ou pelo substituto intermediário". Sem maiores problemas no meu sentir. Depois: "o montante dos valores do seguro, do frete e outros encargos cobrados ou transferíveis aos adquirentes ou tomadores de serviço". Também não me agride demasiado. Mas, aí, vem: "à margem do valor agregado, inclusive lucro relativo às operações ou prestações subseqüentes. Tal margem será estabelecida com base em preços usualmente praticados no mercado considerado, obtidos por levantamento, ainda que por amostragem, ou através de informações e outros elementos fornecidos por entidades representativas dos respectivos setores, adotando-se a média ponderada por preços coletados, devendo os critérios para sua fixação ser previstos em lei".

Se quisemos atacar – e efetivamente assim foi –, num primeiro momento, o § 7º do art. 150 pelo que ele tinha de absurdo – e deixamos isso um pouco em segundo plano –, precisamos nos concentrar nisso. Estamos possibilitando que o fabricante, o distribuidor, o atacadista firmem o preço que vai ser praticado no último momento, a seu bel-prazer. E isso agride por inteiro o sistema.

Tratando-se de mercadoria ou serviço cujo preço final a consumidor, único ou máximo, seja fixado por órgão público competente, a base de cálculo do imposto, para fins de substituição tributária, é o referido preço por ele estabelecido. Ora, se tenho o preço máximo, não tenho preço a ser praticado. Aqui, mais um aspecto que deve merecer todo nosso cuidado. Existindo preço final – vejam o absurdo – a consumidor, sugerido pelo fabricante ou importador, poderá a lei estabelecer como base de cálculo esse preço. Ora, uma maravilha para o fabricante, além de ser uma maravilha para os Estados na sua função de arrecadar.

Com a LC n. 87, na seqüência da EC n. 3, de 1993, o ICMS teve decidida uma possibilidade muito grande de tornar cada vez mais praticada essa chamada substituição tributária para frente. E se o § 7º do art. 150 já era ruim, transformou-se em coisa pior por força da manifestação decisória do Supremo Tribunal Federal (que é o guardião da Constituição, leitor privilegiado e o seu intérprete mais legítimo) no sentido de que não caberia restituição do ICMS ao substituído quando praticasse valor inferior ao considerado pelo substituto.

Sobretudo uma decisão do Supremo Tribunal Federal, que está consubstanciada na ADI n. 1.851, deixa margem a muito o que pensar. Até porque dita ação disse que o legislador constituinte valeu-se "de um critério de estimativa que a aproxima o mais possível da realidade". Como isso, efetivamente, não acontece e esses valores são meramente "chutados", sobrevalorizados – e não tenho visto maiores questionamentos a respeito –, tenho de ler, dessa parte da ementa, alguma coisa que seja aproveitável, no sentido de ainda salvarmos o que resta do sistema relacionado com o ICMS. Essa "estimativa que a aproxima o mais possível da realidade" deve, portanto, ser observada.

A previsão do § 7º do art. 150 transformou a garantia constitucional de se obter uma tributação com bases de cálculo verdadeiras e corretas em alguma coisa próxima do pó. Portanto, é hora, enquanto isso é tempo, de se exigir seriedade no estabelecimento da margem de valor agregado, inclusive lucro relativo às operações subseqüentes. E pôr-se sobre crivo severíssimo o preço final a consumidor sugerido pelo fabricante ou importador, tomado como base de cálculo do ICMS para fins de substituição tributária.

Não estou aqui simplesmente "chorando o leite derramado"; estou mostrando alguns caminhos que, de algum modo, ainda podem ser tirados dessa decisão do Supremo Tribunal Federal, dada por maioria.

"A margem de valor agregado", repisemos, "será estabelecida com base em preços usualmente praticados no mercado considerado" – isso a teor da LC n. 87 – "obtidos por levantamento" etc., "devendo os critérios para sua fixação ser previstos em lei". Isso que estou dizendo com ênfase está na própria lei complementar Precisamos observar se isso passa a ser considerado.

Não procedido o levantamento, devidamente, acabadamente, também não haverá como se o inventar ficcionalmente. Lembro que o Prof. Alcides Jorge Costa, com toda sua autoridade, dizia que esse levantamento não é feito. Ora, se não é feito, não há como se praticar a substituição tributária nos termos do § 7º do art. 150. A menos que deixemos isso passar. Deixamos passar desde 1993. Há dez anos deixamos isso para lá, ou pelo menos há nove anos, até a decisão do Supremo Tribunal Federal, posto que sempre teríamos o alento de que, praticado o valor inferior na operação final, haveria possibilidade de imediata restituição. Isso não acontece.

O estabelecimento pela lei – e já estou encerrando – como base de cálculo de ICMS, para fins de substituição tributária, do preço sugerido pelo fabricante ou importador, no meu sentir, agride a Constituição Federal, que assegura a livre iniciativa e os princípios da livre concorrência e da defesa do consumidor. Nessa decisão que mencionei, o Supremo não enfrentou diretamente, ainda que mencionasse, a LC n. 87, mas, sim, determinado convênio firmado pelos Secretários de Fazenda e Finanças dos Estados.

Por isso, então, eu diria que em face da proliferação do uso da substituição tributária do ICMS, ele tende a tornar-se, cada vez mais, um imposto monofásico, porque o teríamos com um contorno que me parece bastante diverso. É como se ele fosse imposto que teria por materialidade algo diferente do que costumamos ler. O imposto sobre operações relativas à circulação de mercadorias, com esta seqüência que mostrei, seria um imposto sobre operações relativas à circulação de mercadorias no atacado, que toma por base de cálculo a última operação no varejo. Uma coisa bastante absurda.

Diria, finalmente, que o que temos em matéria de ICMS, hoje, é uma verdadeira caixa de Pandora. Se atentarmos um pouco, o que nos resta é ficar com um resquício de esperança, se ainda pudermos lidar bem com estes aspectos que devem ser permanentemente observados por aqueles que têm compromisso com a defesa de uma tributação justa. Muito obrigado. (*Palmas*)

PRESIDENTE DA MESA (PROF. AMÉRICO LACOMBE) – Com a palavra o Prof. José Souto Maior Borges... (*truncamento da gravação*)

PROF. JOSÉ SOUTO MAIOR BORGES – Professor Alcides Jorge Costa, digníssimo Presidente deste XVII Congresso de Direito

Tributário; Excelentíssimos Srs. Professores Roque Antonio Carrazza, Américo Lacombe e Valdir de Oliveira Rocha; minhas senhoras e meus senhores.

O tema da minha exposição é algo heterodoxo com relação à própria temática usual dos nossos congressos de Direto Tributário, ou seja, "Substituição do ICMS pelo IVA – Mercosul e Direito Comunitário".

Este tema tem vinculação direta com a propalada reforma do sistema tributário nacional. Mais uma entre tantas outras reformas das quais, na prática, resulta dramaticamente, contra todas as expectativas generosas no âmbito nacional, pura e simples majoração da carga tributária associada a uma crescente complexidade do sistema.

Para não bancar o inocente útil, eu sempre evitei discutir eventuais propostas de simplificação do sistema tributário brasileiro precisamente porque, de modo algo paradoxal, dessas discussões resultava maior complexidade do próprio sistema.

Não tivemos no Brasil, historicamente, nenhuma reforma tributária a rigor digna desse nome, exceto a reforma procedida pela Emenda Constitucional n. 18/1965. Todavia, como a origem é tal qual uma semente, condicionante de todo desdobramento futuro das instituições nacionais (dizia o Presidente Kennedy, numa frase feliz: "o passado é prognóstico do futuro"), apesar de todos os avanços institucionais da EC n. 18, nela estava o germe da desagregação do sistema, que era constituído por um elemento de irracionalidade que estava dentro do próprio sistema, constituído pelo então imposto sobre operações relativas à circulação de mercadorias (ICM).

Por que acusações tão radicais à forma como o ICM foi originariamente concebido? É um problema até extremamente simples de detectar. A circulação de mercadorias não é uma questão intramunicipal, intermunicipal, estadual, interestadual, regional (no sentido de regiões metropolitanas) ou inter-regional não é, sequer, nacional. A circulação chega a espraiar-se, por assim dizer, no plano das relações interestatais (relações internacionais). Um imposto sobre a circulação de mercadorias, implantado na cédula de competência tributária estadual, trazia em si problemas praticamente não solucionáveis, problemas incontornáveis.

Nós importamos, como sempre, do modelo europeu a chamada *taxe sur la valeur ajoutée* (tributo sobre o valor acrescido), e lá onde os regimes de governos são, via de regra, unitários, por exemplo, na França, já havia problemas sérios na introdução e na aplicação da tributação sobre o valor acrescido, de sorte que o seu autor, Maurice Lauré, foi obrigado a escrever um livro, posteriormente à origem deste tributo, chamado *En secours de la TVA* (em socorro da taxa sobre valor acrescido).

Se assim é num país de regime unitário, imagine-se num país de sistema federal de governo, em que a competência tributária se reparte entre a União, os Estados, o Distrito Federal e os Municípios. E, nada obstante, coloca-se, inapropriadamente, a competência para tributar circulação de mercadorias nas mãos dos Estados-membros. E aí se interpõe o problema supremo. O que é tecnicamente indicado seria superar esse estágio de implantação da competência tributária estadual. Mas o que é tecnicamente indicado não é politicamente viável. E por não o ser, porque isso afeta as reivindicações autonomistas dos Estados, se insiste, ao longo do tempo, em fazer numerosos remendos institucionais no ICMS, de sorte que um deles, por exemplo, é aquele referido com bom humor pelo nosso Prof. Alcides Jorge Costa, em que o ICMS só tem de diferença em relação ao ICM: o "S" final...

O que é que assistimos nesse momento tão dramático para a vida das instituições tributárias nacionais? Fala-se retoricamente, sem maior profundidade, numa manipulação irresponsável das palavras pela discussão em torno da reforma tributária nacional. Mas se formos ao fundo dos fundamentos desta reforma, vamos verificar que na realidade a sua preocupação central, quando não exclusiva, está vertida para o ICMS. Mais um remendo no imposto de circulação. Porque nós nos recusamos a enfrentar a questão subjacente e o problema mais digno de questionamento, que é precisamente o esgotamento total deste modelo autonomista de visão do sistema tributário. Na sua manipulação, é levada em consideração, exclusivamente, a autonomia intra-estatal, ou seja, a soberania do país, sem a consideração – a mais longínqua que seja – dos deveres que temos hoje em termos de aplicação constitucional, com a integração do país numa comunidade latino-americana de nações (CF, art. 4º, parágrafo único). Sem embargo, este problema é tão digno de questionamento que dele decorre, inclusive, a eventual possibilidade de sobrevivência institucional do próprio país num mundo que se globaliza com velocidade atordoante.

Mais recentemente, vimos no âmbito da União Européia, os países mais ricos do mundo integrando-se a ponto de estabelecerem uma declaração conjunta dos direitos fundamentais, na União Européia. Assistimos a algo que era inconcebível poucos anos atrás: a propositura de um projeto de Constituição da União Européia. Pense-se no que significa isso em termos de avanço institucional. Enquanto na União Européia tem-se as liberdades fundamentais de circulação inter-estatal, a moeda única e a cidadania comunitária, no Brasil temos simplesmente o direito de invejar um avanço institucional tão profundo. (*Risos*)

O que é o Mercosul? Recentemente estive fazendo uma análise comparativa das instituições do Mercosul com as instituições da União Européia, o que resultou, psicologicamente para mim, um vexame. Porque toda vez que eu ia comparar uma entidade com a outra, tratava-se de coisas completamente diferentes sob nomenclatura unificada, direito de integração no Mercosul e na União Européia ou direito comunitário europeu e no Mercosul.

Tenho absoluta convicção (não tenho de maneira nenhuma, nenhuma ilusão quanto a isso) de que a função da ciência não é usar uma bola de cristal para prever o futuro e dizer como é que os fatos vão se comportar – até porque o futuro é aberto, sabemos disso desde Karl Popper. O futuro é aberto, mas o passado não. O passado é um "êxtase" temporal privilegiado em termos heideggerianos, porque esse nós conhecemos e podemos dele tirar lições de vida o tempo todo. Apesar disso, cabe fazer uma predição, mas, de certa forma, não uma "profecia" do futuro. Provavelmente, nós vamos nos reunir aqui muitas vezes para estudar a "reforma da reforma", ou seja, a revisão da atual reforma do sistema tributário brasileiro. E outras mais virão. Reforma tributária é um tema "recorrente" na vida nacional.

Não é razoável que se reúnam no país as instituições nacionais mais importantes, o Congresso Nacional (o Senado e a Câmara), para discutir reforma do ICMS, em concessão tardia aos pruridos autonomistas dos Estados-membros. Não haverá reforma nenhuma no Brasil digna desse nome se não se levar em conta esses condicionamentos que decorrem hoje das relações interestatais no mundo globalizado.

Em 2005, teremos que enfrentar os problemas da Alca, com esse "païsinho" insignificante, sem poder político, econômico ou militar, que são os Estados Unidos da América do Norte. E parece que não temos problema nenhum. Vamos discutir de igual para igual. (*Risos*)

Qual foi o esforço de integração que se fez na América do Sul para que o Mercosul falasse uma linguagem única diante da América do Norte? Não me consta ter havido nada nesse sentido. A preocupação é o que vão ganhar Estados e Municípios na reforma tributária, o que perde a União e assim sucessivamente. Pulverizado o problema dessa forma, perde-se a visão do todo e a visão de mundo globalizado que é a perspectiva do futuro. Globalização não é uma questão como torcer para um clube de futebol. É um processo de dominação planetária da técnica ao qual estamos dramaticamente submetidos. Por isso mesmo, temos a obrigação, o dever cívico, quando menos, de colocar essa globalização a serviço do homem, porque ela é irreversível.

Fala-se em harmonização tributária. Claro, é um valor fundamental, porque diz respeito, nas relações inter-estatais, num espaço comunitário, precisamente à *segurança jurídica*. Como integrar sem se fazer uma harmonização nessa legislação eventualmente conflitante? Ouso dizer e proclamar aqui, com toda a sinceridade, que, para mim, do jeito que as coisas estão no Brasil, o sistema tributário brasileiro, tal como visto por autores estrangeiros como os argentinos, é inteiramente hostil à integração. E é preciso retirarmos essa perspectiva porque está na marcha-ré ou na contramão da história.

Uma reforma tributária digna desse nome não é essa que está aí, porque, a meu ver, não basta dizer que se dá uma reforma tributária. É preciso que, por trás das palavras, esteja uma substância efetiva que consubstancie o ato de reformar. O sistema persiste o mesmo. Simplesmente vamos remendando, remendando, remendando, sobretudo, um tributo que não tem remendo que dê jeito nele, como é o caso do ICMS. Para quem tem alguma dúvida, as exposições dos professores, que me antecederam, deixam isso muito claro. Não é, absolutamente, nenhum destempero verbal.

Qual é o imposto comunitário por excelência? O imposto tecnicamente adequado num processo de integração? É o imposto sobre valor acrescido, o célebre IVA. Mas esse imposto pressuporia, aí sim, uma decisão política fundamental, tal qual a extinção – tenho medo até de ser crucificado aqui – do imposto de serviços municipal, do imposto de circulação estadual, do imposto sobre produtos industrializados federal e até de algumas contribuições incidentes, por exemplo, sobre faturamento, para que se desse a unificação da tributação de circulação de mercadorias e, portanto, se viabilizasse, ao mesmo tempo, uma simplificação, não apenas retórica, no sistema tributário nacional, como, também, a preparação deste sistema para a facilitação das relações internacionais, que hoje são cruciais.

Eu estou falando num quadro em que tenho até receio de me pronunciar, porque quando se começou a discutir o "imposto único", os comerciantes e industriais entusiasmavam-se: era o paraíso fiscal na terra. E se esqueciam das lições memoráveis da nossa doutrina tradicional, digna de toda lembrança e até comemoração em todos os congressos dos quais participamos. Lembra com sabedoria Aliomar Baleeiro que não há fórmula científica exata para distribuir competências tributárias em três níveis de governo, como ocorre no Brasil. E quando se começou a discutir esse imposto único, eu antecipei: "Não discuto, porque vai ser *mais um*". E não deu outra. E, o que é pior: veio a contribuição provisória sobre movimentação financeira, que, além de ser mais um tributo, *transformou o provisório em definitivo*. Contribuição notável das instituições nacionais de Direito Tributário para o Direito Público moderno...

Por isso, quando se começar a discutir a questão de "impostos verdes", que no Direito Comunitário têm importância muito grande, o princípio do poluidor-pagador, tenham muito cuidado, porque ao falar em "imposto verde", vai se tentar instituir no Brasil tributo encarnado, azul, amarelo, preto, de todas as cores. (*Risos*) É um perigo! E não vamos bancar os inocentes úteis, postos a serviço desses interesses que não são precisamente os interesses nacionais.

Por tudo isso, eu acho que essa é uma reforma, no máximo, em andamento, ou seja, não-concludente. Não representa ponto terminal. Isso numa concessão suprema, porque para mim, a rigor, não há reforma nenhuma. Simples ajustamentos epidérmicos.

Vamos entrar na parte final da minha exposição – não quero cansar a tolerância de vocês – e falar um pouco sobre essa questão crucial de Direito Comunitário.

O direito de integração não é algo que seja mera novidade no sentido de que se agrega às instituições já existentes sem maiores reflexos no plano doutrinário. Uma visão muito estreita pretende que tudo isso deriva – esse processo de integração, por exemplo, na América do Sul, do qual resultou o Tratado de Assunção instituidor do Mercosul –, como um produto exclusivo, do art. 4º da Constituição Federal brasileira, que no seu parágrafo único diz que o a República Federativa do Brasil envidará todos os esforços no sentido da formação de uma comunidade política, econômica, cultural e social das nações latino-americanas. Esse dispositivo, na ordem jurídica nacional, funciona, para usarmos aquela terminologia que herdamos de Kelsen, como "fundamento de validade" do Mercosul no plano intra-estatal da legislação e da legalidade constitucional brasileira. Mas, a originalidade suprema, a mais superlativa das inovações que decorrem do Direito Comunitário, é que este é um sistema jurídico próprio, de sorte que não devemos aplicar a ele aquelas categorias conceituais do Direito nacional. Por exemplo, quando a doutrina do Direito Tributário se insurge, com razão, contra a autonomia de ramos do Direito, não poderá estender esta crítica ao campo do Direito Comunitário, porque este não é um ramo do Direito. O sistema jurídico comunitário expressa uma unidade inconfundível com os sistemas jurídicos nacional e internacional. E todas essas ordens são convergentes para a regulação do processo de integração. Trata-se, pois, de um *sistema de integração*.

O grande problema da ciência, com relação ao qual somos todos vulneráveis, é exatamente o de que, ao lado dos *conceitos* admiráveis da ciência, ou seja, das construções das quais somos todos beneficiários, estão também os *preconceitos*. E estes é que introduzem a estrada real para o erro na análise das instituições jurídicas.

Não é cabível, numa visão mais ambiciosa, numa perspectiva panorâmica de análise, ignorar que há aspectos internacionais – não disse de Direito de Integração, de Direito Comunitário – da mais alta relevância convergindo, a assim dizer, solidariamente com o Direito Nacional para regular essa matéria. Estou absolutamente convencido de que é precisamente com a introdução do Direito Comunitário que vamos ter a maior revolução conceitual no âmbito das instituições nacionais.

O Direito é um sistema de linguagem e dizer que o Direito é linguagem expressa, numa fórmula alternativa, o que, sob perspectiva de uma ciência rigorosa, poder-se-ia assim descrever em fórmula diversa: a essência do Direito é a linguagem. Será que essa fórmula está correta? Acho que ela expressa uma meia-verdade. Não uma verdade inteira. Que o Direito se expressa através de uma linguagem, isso é correto. Mas que na linguagem esteja todo o Direito, distingo. Escolasticamente, eu distingo.

Há uma tendência muito grande para usarmos, no campo do Direito, o que pensador Norberto Bobbio chamava de as *grandes dicotomias*: Direito público/Direito privado, Direito nacional/Direito internacional, Direito real/Direito pessoal. É um fator de introdução de sérios problemas teóricos, porque na realidade, sob o ponto de vista da ciência, duas hipóteses pretendam explicar um só fenômeno. Uma hipótese explicativa unitária, unificadora, será, sem dúvida, preferível às alternativas dualistas. Falamos em Direito Interno (Nacional) e em Direito Externo (Internacional) sem nos apercebermos de que isso é uma linguagem metafórica, meramente analógica, a que se referia na sua admirável exposição, o Prof. Tércio Sampaio Ferraz. Na realidade, podemos conceber, sob o ponto de vista puramente lógico, um sistema jurídico global, totalizante, envolvendo a ordem internacional, a ordem nacional e a ordem comunitária.

Quando se fala em linguagem de Direito, usa-se um outro dualismo: Direito escrito e Direito não escrito. E manipulamos esse dualismo absolutamente satisfeitos, sem nenhum problema, não o colocando nunca em estado de questionamento. Pergunto o seguinte: na Constituição Federal, por exemplo – vamos dar o exemplo, que ilustra mais do que mil palavras –, existe um dispositivo no art. 5º que diz que é garantido o direito de propriedade. Esse mesmo art. 5º prescreve que a lei regulará o processo de expropriação por necessidade de utilidade ou necessidade pública. De sorte que a expropriação dar-se-á mediante prévia e justa indenização em dinheiro. Ora, nessa regra expressa, vamos usar o dualismo tradicional, está implícita uma regra segundo a qual, com a mesma eficácia da regra expressa, fica proibido o confisco tributário. Não era preciso estar reiterada no art. 150, § 3º, IV, do texto constitucional, a proibição de confisco tributário. Essa conclusão remonta a Aliomar Baleeiro, não estou dizendo novidade nenhuma.

Essa regra implícita é direito expresso ou, por ser implícita, é direito não expresso? Debalde, essa dicotomia tentará explicar o fenômeno. Na realidade, não precisamos usar esse tipo de raciocínio. Agora, o difícil é sair dele.

No campo do Direito Internacional, qual é o papel do costume? Vemos pela simples menção à norma costumeira – à formação costumeira do Direito Internacional Público – que nem tudo pode ser reduzido a formulações escritas, porque a criação dos costumes se dá, como diziam os clássicos, sobretudo Kelsen, de forma altamente descentralizada; não há um órgão de produção do costume como há órgãos de produção das normas de Direito escrito.

Quando se estudam as normas costumeiras – como tudo está a demandar questionamento (pode-se ler e fazer a verificação experimental disso) –, diz-se que um elemento fundamental para a sua tipificação, por assim dizer, é a convicção generalizada da sua obrigatoriedade. Precisaríamos discutir aqui como é que a convicção, que é um elemento meramente subjetivo, poderia por si só importar na eficácia da norma costumeira. Mas este é um outro problema. O que me importa é fazer um outro reducionismo, já aí, no campo das normas costumeiras, ao limitá-las, circunscrevê-las, às normas puramente obrigacionais. É por isso que se diz que o fundamento de validade do Direito Comunitário e o mesmo do tratado de Direito Internacional, que institui a comunidade. Ele institui a comunidade, mas é um ato internacional e não um ato comunitário no sentido estrito, uma vez que esse fundamento se encontra na regra da *pacta sunt servanda* (os pactos devem ser cumpridos). Todo mundo diz isso.

Mais uma vez eu digo: distingo. Por quê? Porque somos herdeiros de Pontes de Miranda, que distinguia claramente entre os requisitos de formação do ato e os requisitos de eficácia jurídica ou produção de efeitos desse ato. Antecedente à regra *pacta sunt servanda,* existe uma outra regra que deve ser pressuposta doutrinariamente no ato aplicativo no campo do Direito de Integração. É a regra conforme a qual os Estados estão habilitados a celebrar tratados internacionais numa linguagem deôntica rigorosa: “dever-ser: os Estados estão habilitados a celebrar tratados”. E o universo jurídico esgota as suas proposições prescritivas, ou normas, nessa tipologia exaustiva: normas obrigacionais, normas proibitivas e normas autorizativas. Permitir, autorizar, proibir e obrigar. Na hipótese, a norma de direito costumeiro autoriza a celebrar o tratado (requisito de existência) e só então o tratado deve ser cumprido (requisito de eficácia).

O que ocorre? Essa norma que habilita a celebração do tratado é meramente de autorização. Os Estados não estão obrigados a celebrar tratados internacionais. Mas estão habilitados para tanto por uma norma de Direito Internacional costumeiro. Só então se interpõe o requisito de validade do tratado, ou seja, a formulação do consenso, não o mero consenso de vontades no sentido psicológico, mas a expressão, a *formalização convencional* dessa manifestação de vontade inter-estatal, que gera o vínculo jurídico em que o tratado consiste. Assim sendo, começa ele a produzir os efeitos jurídicos.

Os pactos devem ser cumpridos. A obrigatoriedade de cumprimento, inclusive, relaciona-se com a regra da boa-fé dos tratados internacionais. É isso que fundamenta, no plano internacional, o Mercosul. A partir daí, assim como na União Européia o tratado da União, os atos comunitários vão se estruturar no exercício do Direito Comunitário no sentido estrito, ou seja, já como a produção de normas tipificadas como comunitárias.

No campo da União Européia, inicialmente temos de considerar que a soberania constituiu um obstáculo muito grande à integração estatal, porque a soberania, neste contexto, foi entendida arbitrariamente, absurdamente, como um poder absoluto e ilimitado, o que em Direito não existe. Não existe!

É incrível como autores mais ponderados, como Michel Villey – que tem uma linguagem contra a soberania que é uma coisa impressionante – e Jacques Maritain – se vocês estudarem as obras políticas deles, vão ficar espantados com o tratamento negativo que dãoá à questão da soberania. Mas a verdade é que a soberania sempre influenciou e embasou a reação a esse processo de integração.

Por exemplo, na União Européia, inicialmente a lei era a expressão da soberania nacional. Aí surgiu a fórmula imaginosa e bastante simples para contornar as possíveis confusões advindas das normas relacionadas às soberanias nacionais em geral – a simplicidade é extremamente fértil de efeitos... Formalmente, a categoria "lei" transformou-se em "regulamento". O papel que a lei desempenha no Direito Nacional na criação de direitos e obrigações (CF, art. 5º, II), para o Direito da União Européia, essa função é assumida pelo regulamento. Mas esse assunto não nos interessa. O que nos interessa é que estamos vendo que o nível de integração é tal que, no projeto de constituição européia, temos exatamente a nomenclatura tradicional (lei = lei). Não existe mais regulamento; vai ser exatamente lei comunitária. O processo de integração adquiriu uma dinâmica, um ritmo, tão acelerado e acentuado que agora é difícil prever como ele avançará doravante.

Essas questões nos levam uma ambição maior de não ficarmos enclausurados no ensimesmamento institucional das velhas categorias do Direito Nacional.

Estudamos que o Direito estava regido por uma suprema dicotomia, Direito Nacional e Direito Internacional, de sorte que não seria viável a aplicação de uma lógica trivalente, uma terceira categoria; não seria viável, não seria possível uma lógica trivalente (*tercia non datum*). Hoje, existe ao lado do Direito Nacional um sistema de Direito Internacional e um sistema comunitário; portanto, já não se aplica mais essa dicotomia e, sim, uma tricotomia. Não é possível uma quarta ordem de regulação das condutas humanas (regra do quarto excluso).

A verdade é que um sistema que consegue superar o estágio da soberania, que consegue ultrapassar o estágio das moedas nacionais, substituindo-as por uma moeda única, e que consegue instituir os avanços institucionais da União Européia – espaço comum, cidadania comunitária, economia inteiramente integrada –, nos indica que ou tomamos conhecimento dessa realidade ou estaremos marchando na contra-mão da história. Acho graça, mas fico sinceramente muito edificado, quando vejo que nos dias de hoje ainda há quem objete contra os tratados internacionais com fulcro na autonomia dos Estados e Municípios, quando se trata, por exemplo, de isenções convencionais de impostos estaduais e municipais. Muito pior do que a disciplina constitucional é a interpretação que se dá a ela.

A Constituição distingue claramente entre aquilo que é atribuição da União, como entidade federada, ordem jurídica parcial centralizada e a Federação como um todo. O que é a Federação no Brasil? Uma categoria de Direito Constitucional positivo? Quem nos dá a noção, o conceito? São os artigos 1º da Constituição Federal, que trata dos princípios fundamentais, e 18, que trata da nossa estrutura político-administrativa, conforme os quais a República Federativa do Brasil é integrada pela União, Estados, Distrito Federal e Municípios.

Vamos com este conceito para o art. 5º, § 2º, do texto constitucional, e lá está dito. Não fui eu quem inventou isso: "Os direito e garantias enunciados nessa Constituição não excluem outros direitos e garantias decorrentes dos regimes que a Constituição adota e dos tratados internacionais celebrados (...)". Por quem? Pela União? De modo nenhum. Pela República Federativa do Brasil. Pergunto: seria possível celebrar um tratado internacional sob a ressalva de sua aceitação pelas dezenas de Estados brasileiros e centenas de Município, de sorte que o destino desse tratado ficasse ao sabor das idiossincrasias locais? Ninguém conseguiria celebrar um tratado desse. Não acredito que o Supremo Tribunal evoluísse para esse tipo de interpretação do texto constitucional. É procurar subtrair à Constituição o que ela tem de bom.

A verdade é que tivemos uma Constituição extremamente pormenorizada porque não tivemos, histórica, cultural e socialmente, a alternativa de uma Constituição sintética do tipo americano. O resultado está aí: quarenta emendas constitucionais, seis emendas de revisão. A não-contenção é a regra; vivemos em *estado de reforma permanente*. Não é possível aperfeiçoar as instituições nacionais mudando-as o tempo todo. É um estranho modo de preservar e "aperfeiçoar" o regime constitucional brasileiro esse: toda vez que um governo se vê às voltas com algo que o incomoda institucionalmente, a solução mais simples é reformar a Constituição Federal.

É com esse espírito que um Congresso como este, legitima e manifesta aquela disponibilidade de espírito sem a qual não é possível a ciência, como ensinava Pontes de Miranda, nem é possível – como pretendo – o exercício efetivo da mais elementar das exigências da vida em sociedade, o da própria cidadania. Muito obrigado pela atenção. (*Palmas*)

PRESIDENTE DA MESA (PROF. AMÉRICO LACOMBE) – Nós temos algumas perguntas. Uma para o Prof. Valdir, duas perguntas para o Prof. Roque e uma pergunta para o Prof. Souto Maior Borges. Como o Prof. Souto Maior acabou de falar, o Prof. Roque passará a responder as perguntas a ele dirigidas.

PROF. ROQUE ANTONIO CARRAZZA – A colega Renata Antônia, endereça-me a seguinte pergunta: "Em sua exposição restou claro o fato da prestação de serviço de comunicação carecer da devida infra-estrutura, ou seja, ter como atividade-meio, por exemplo, a cessão de cabos para o perfeito estabelecimento da relação comunicativa, sujeita ao ICMS. Nesse contexto, como analisr a disposição trazida pela n. 116, que coloca como serviço sujeito ao ISS a cessão onerosa de cabos, por exemplo? Como tratar esse conflito de competência?"

Tenho para mim que, ainda que se aceite a taxatividade da *lista de serviços* veiculada por meio de lei complementar – o que pessoalmente não aceito –, há um limite para ela. De fato, a *lista* não pode trazer em seu bojo o que serviço tributável por meio de ISS não é. A *lista* não tem o condão de transformar a realidade, em detrimento dos contribuintes e da competência tributária das outras pessoas políticas, ou seja, da União e dos Estados-membros.

A disponibilização onerosa de cabos, tendo em vista, por exemplo, o serviço de TV fechada, é uma atividade-meio; não uma atividade-fim. O ISS alcança a prestação de serviços como atividade-fim. Não a prestação de serviços que levam a outro resultado; no caso, à disponibilização de sinais de que é titular. Nesse ponto, penso, a *lista de serviços* é inconstitucional.

Como inconstitucional é, na parte que considera passível de tributação por meio de ISS, o serviço cartorário. Ora, o serviço cartorário é público, tanto que é remunerado por meio de taxa de serviço. O serviço tributável por meio de ISS é o prestado sob regime de Direito Privado, não sob regime de Direito Público.

Então, alguns itens da *lista* são inconstitucionais. Eis aí, dois deles.

Só para completar meu raciocínio: a meu ver, a *lista* não é nem *taxativa*, nem *exemplificativa*, mas *sugestiva*. Contém sugestões que o legislador ordinário de cada Município aceitará por boas, ou afastará quando repute inconvenientes ou, como no caso, inconstitucionais.

Eu indago ao Presidente da Mesa se já posso responder à segunda pergunta. (*Assentimento*)

Então, rapidamente, em face do adiantado da hora: "Como afirmado em sua palestra, os tribunais têm acatado a tese de que o ICMS-comunicação não poderia incidir sobre os serviços de valor adicionado. Entretanto, os tribunais também entendem pela *taxatividade* da *lista de serviços* do ISS e, portanto, a necessidade dessa *lista* conter o serviço para cobrança desse imposto. Nesse cenário e tendo em vista a edição da nova LC n. 116, que não listou os serviços de valor adicionado como tributáveis pelo ISS, como ficam os Municípios: 1) arriscam incluir tais serviços na hipótese de incidência do ISS? 2) ou aceitam a tese da *taxatividade* da *lista*, mesmo porque, como também trazido pelo senhor, já há uma proposta de emenda constitucional, estabelecendo a incidência de ICMS sobre os *serviços de valor adicionado*?"

Em termos científicos, claro que o Município pode considerar passíveis de tributação por meio de ISS, os *serviços de valor adicionado*. Agora, se o Município quiser ser pragmático, ele há de curvar-se à realidade. O Supremo Tribunal Federal, desde a época do saudoso Ministro Aliomar Baleeiro, têm-se inclinado unanimemente pela tese da *taxatividade* da *lista*. Reitero, porém, que o Município independe da intermediação de qualquer lei complementar, para exercitar a competência que a Constituição lhe outorgou, para tributar os serviços prestados, em seu território, sob regime de Direito Privado. Então, ficando apenas com o aspecto científico da questão, o Município pode perfeitamente prever essa hipótese de incidência.

Também penso não ser dado ao Município capitular de antemão só porque há indícios de que, por meio de emenda constitucional, será, em breve, alargado o âmbito de abrangência do ICMS-comunicação. Até porque, como procurei demonstrar durante minha explanação, tal alargamento, caso ocorra, será inconstitucional, seja porque alterará a regra-matriz do ICMS-comunicação, seja porque virá em detrimento da competência que o Município recebeu para tributar, por meio de *ISS*, os serviços de qualquer natureza, salvo os compreendidos no art. 155, II, da Carta Magna.

São essas as respostas. Se os formuladores das perguntas depois quiserem trocar idéias comigo, fico à disposição. Obrigado. (*Palmas*)

PROF. VALDIR DE OLIVEIRA ROCHA – O Dr. Carlos Roberto, de Santa Catarina, faz a seguinte indagação: "O contribuinte tem direito de utilizar, compensar, crédito fiscal do ICMS decorrente de aquisição de material de uso e consumo? Poderiam as leis complementares postergar o exercício desse direito?"

Bem, na minha exposição, coloquei que a não-cumulatividade do ICMS não se extrai por inteiro de uma forma acabada do texto constitucional. Porque a própria Constituição remete à lei complementar a disciplina do regime da compensação dos créditos do ICMS. Entendo que, nessa linha de raciocínio, a lei complementar tanto pode abrigar algumas situações como colocá-las à margem. Isso se dá, particularmente, em relação àqueles produtos que não se integram fisicamente naqueles objetos de operações subseqüentes. Claro que conheço uma certa controvérsia a respeito do assunto. Mas tenho para mim que é possível limitar os créditos do ICMS em relação às operações anteriores, restringindo-as àqueles bens que se integrem no produto que vai ser objeto de outras operações.

A LC n. 87, entretanto, no art. 20, prevê a tomada de créditos em relação a esses bens, a esses materiais de uso e consumo. Tanto que possibilitou a tomada desse crédito. Estaria tudo bem, não fosse a postergação dessa tomada de créditos para a partir de 1º de janeiro de 2007. Até 2007, como as coisas estão longínquas, é possível que o legislador complementar venha a postergá-la mais uma vez. Parece-me que isso está no âmbito das possibilidades da lei complementar.

PROF. JOSÉ SOUTO MAIOR BORGES – A minha exposição no particular não é objeto de nenhuma indagação, mas de autênticas catilinárias. "O senhor defende que sem o IVA o Brasil não se tornará um país globalizado. No entanto, o país mais globalizado não tem IVA, nem está estudando a sua implantação, os Estados Unidos".

Essa pergunta envolve implícita nela, necessariamente implícita, a consideração de que realmente os Estados Unidos da América do Norte são um modelo de estruturação institucional para nós. É a partir disso que vou tecer mínimas considerações a respeito.

Dizer que uma substituição desses impostos todos que tornam a vida nacional, em termos tributários, tão complexa, por um imposto sobre valor acrescido, envolvendo a substituição deles e a integração nesse imposto único, seria um elemento de simplificação, de racionalização. Isso não implica afirmar que este é o único caminho, até porque não me considero habilitado a ditar caminhos para a vida nacional. Se me considerasse habilitado para isso, teria ingressado na carreira política, mas saí dela para praticar aquilo que mencionei, "um ostracismo bem comportado", considero-me dispensado dessa preocupação.

Na verdade, quero chamar a atenção para o seguinte, isso não é opinião pessoal minha. Quem estuda o IVA europeu diz que é um imposto comunitário por excelência, porque é um instrumento de integração, de facilitação do comércio internacional.

Eu gostaria de ponderar que invadir um país do Oriente Médio, destruir suas culturas, destruir os seus monumentos culturais e suas obras de arte, estabelecer um estado de guerra permanente lá dentro, instaurar um ódio contra o próprio invasor, cuja extensão e permanência de tempo ninguém pode antecipar, se isso é processo de integração comunitária, meu amigo, aí, realmente, eu diria: "me inclua fora dessa". (*Risos e palmas*)

A isso não se deve chamar de processo de integração de forma nenhuma. Isso é um motivo político plenamente caracterizado. Além do mais, nessa matéria, os Estados Unidos não têm o que nos ensinar. Eles são imperiais. O país mais rico e mais poderoso do mundo, que prescindiu, inclusive, até da ONU para invadir o Iraque, evidentemente não pode servir de modelo para uma republiqueta da América do Sul, como existem por aí várias repúblicas ditas inviáveis – não quero identificar nenhuma, claro. (*Risos*) Mas isso não pode servir de modelo para nós, porque até a comparação fica difícil. Não tem como, sinto-me bastante embaraçado, mas essas eram as únicas observações que eu poderia fazer sem fugir à regra da parcimônia que me é cobrada pelo Prof. Alcides.

PROF. ALCIDES JORGE COSTA – Não, não estou cobrando nada. Só queria acrescentar alguma coisa a título de informação. Quando foi instituída a Comunidade Econômica Européia, constituiu-se uma comissão de nível muito alto para estudar qual o sistema mais conveniente para a comunidade. Àquele tempo, esse imposto só existia na França. Existiam vários tipos de impostos sobre mercadoria, como nos Estados Unidos é muito comum cobrar imposto no varejo. Esta comissão, presidida pelo ilustre Fritz Neumark, chegou à conclusão de que o tributo que melhor servia para a integração, era a TVA francesa. Assim se fez. Depois, os países foram-no adotando gradativamente – houve um prazo para que o adotassem. E agora os países que entram na União Européia já se obrigam a adotar esse tipo de imposto, que foi, repito, julgado o mais conveniente para a integração.

Acrescento ainda, à guisa de informação, que nos Estados Unidos já houve muitos estudos, passados e mais recentes, sobre o imposto sobre valor agregado e vários autores norte-americanos recomendaram que este fosse o imposto por eles adotado para poder igualar-se aos europeus na competição internacional. Isso já foi feito, mas é, por enquanto, pura doutrina. Às vezes, isso fica mais intenso; depois há um refluxo, param de falar; vai e vem.

Em terceiro lugar, e para completar a informação, eu diria que o sistema tributário norte-americano não é, absolutamente, nada de se invejar. Eles têm muitos problemas lá inclusive com esse imposto de vendas de varejo. No comércio interestadual os problemas são muito grandes. Lembro que, há uns dois anos, participando em Brasília de um seminário patrocinado pelo Banco Mundial, vieram uns norte-americanos que fizeram uma exposição exatamente sobre os problemas que eles têm com esse imposto de varejo, sobretudo no comércio interestadual. Não os invejo.

Em resumo, não há nada perfeito. Obrigado. (*Palmas*)

Presidente da Mesa (Prof. Américo Lacombe) – Antes de encerrar a sessão, apenas complementando o que o Prof. Souto Maior acabou de dizer, outro dia, numa reunião da Federação do Comércio, alguém falou que o Brasil não é um país sério. Era brasileiro quem falou: nós não somos um país sério. Eu perguntei o que era país sério, qual era o país sério existente no mundo hoje? Um país que falsifica as eleições num Estado cujo governador é irmão de um candidato a presidente pode ser considerado país sério? Um país cuja Suprema Corte interrompe a contagem numa eleição nesse Estado pode ser considerado um país sério? Um país cujos auditores falsificam os balanços das sociedades anônimas, cujas ações são elevadas na Bolsa e depois são vendidas, indo essas empresas todas à falência, isso pode ser considerado um país sério? Um país cujo Presidente da República baseia-se em dados falsos de seu serviço de inteligência para justificar uma guerra, pode ser um país sério? E um outro país cujo primeiro ministro vai ao Parlamento e justifica uma invasão com base num trabalho escolar feito há dez anos, pode ser considerado um país sério?

Então, meus amigos, nós estamos perdidos. Muito obrigado. (*Palmas*)

MESA DE DEBATES "B"

REFORMA TRIBUTÁRIA

PRESIDENTE DA MESA: PROF. EDUARDO BOTTALLO
MEMBROS DA MESA: PROFS. PAULO DE BARROS CARVALHO, AIRES BARRETO E MISABEL DE ABREU MACHADO DERZI

PRESIDENTE DA MESA (PROF. EDUARDO BOTTALLO) – Meus prezados colegas, vamos reiniciar os nossos trabalhos com a realização da Mesa de Debates B, cujo tema é "Reforma Tributária".

Integram esta Mesa de Debates o Prof. Paulo de Barros Carvalho, que falará sobre os aspectos gerais e limites constitucionais da reforma tributária; o Prof. Aires Barreto falará sobre alterações e reflexos da reforma sobre tributos municipais e a Profa. Misabel de Abreu Machado Derzi falará sobre alterações e reflexos da reforma sobre tributos estaduais e federais.

Dando início aos trabalhos, passo a palavra ao Prof. Paulo de Barros Carvalho.

PROF. PAULO DE BARROS CARVALHO – Senhor Presidente desta Mesa, Dr. Eduardo Bottallo; querida amiga Prof. Misabel Derzi; meu amigo Sr. Aires Barreto, Presidente do Instituto Geraldo Ataliba. Quero dizer que é com muita satisfação e honra que vivo este XVII Congresso de Direito Tributário do Idepe, do Instituto Geraldo Ataliba.

O tema é a reforma tributária. Coube-me falar sobre os aspectos gerais e limites constitucionais dessa reforma, já que quanto aos tributos estaduais e municipais, os ilustres professores aqui presentes falarão.

Gostaria de salientar que não é a primeira vez que vivemos esse clima de reforma tributária. Desde 1988, para simplificar o regresso ao passado, já se falava numa revisão onde preceitos tributários seriam examinados. De lá para cá, nós temos acompanhado a cada instante os Poderes Público federal, estaduais e municipais animados por uma série de propostas de interesses de cunho econômico, social e político. Temos vivido intensamente esse clima. A União tinha se desinteressado por uma reforma tributária. Por uma razão muito simples: a arrecadação federal crescia intensamente, significativamente a cada trimestre e o governo federal sorria sozinho, tendo ainda à sua disposição as contribuições, cujo resultado não precisaria ser dividido com Estados e Municípios. De modo que a União foi se desinteressando. Não fora essa passagem de governo, não fora o advento da chamada "Era Lula", não estaríamos tocando nesse assunto, agora, tenho certeza.

Todavia, o Governo encaminhou uma proposta, e, portanto, faço as críticas que o esboço possa suscitar.

A proposta pareceu-me muito pobre, tanto em termos de exposição de motivos, como de fundamentação e alicerce. Mas o interesse era mais político e a proposta aconteceu como todos vimos. Os objetivos são bem definidos, como até salientei aqui: simplificação e racionalização. O sistema é muito complexo e precisamos simplificá-lo. O sistema precisa ser racionalizado; eficiência econômica; eficiência administrativa; não reduzir de forma alguma – esse "de forma alguma" é por minha conta – os níveis de arrecadação da União, dos Estados, do Distrito Federal e dos Municípios; implementar a progressividade dos tributos e do sistema, quer dizer, injetar progressividade no sistema como um todo, nutrindo cada uma das espécies tributárias com a progressividade que lhe couber; fortalecer, com isso, a Federação. Fortalecer a autonomia dos Municípios e acabar com a guerra fiscal.

Esses seriam os propósitos básicos dessa reforma, que, como disse, veio introduzida por exposição de motivos pouco convincente, pouco alentadora.

Quanto à simplificação, tomei-a como recurso retórico, porque todos falam em nome da simplificação, todos falam em nome de um combate à complexidade das estruturas, à complexidade dos sistemas. Apenas a título de exemplo, recordando um acontecimento passado, que foi, de certo modo, importante, no I Congresso Internacional de Direito Tributário, realizado em Vitória, o Prof. Victor Uckmar, em nome da Itália, falando do sistema tributário italiano, e o Prof. Ferrero Lapatza, falando em nome do sistema tributário espanhol, usaram a palavra e teceram uma série de críticas aos respectivos sistemas. Estava ao meu lado o Presidente da Federação das Indústrias do Espírito Santo. Uma hora, ele me cutucou, dizendo: "parece que eles estão falando do sistema brasileiro". Por quê? Porque eles se queixavam da excessiva complexidade do sistema. Eles se queixavam das dificuldades que eram criadas em função dessa complexidade e que geravam favorecimentos descabidos por parte da administração tributária dos seus países. Portanto, falavam em nome de uma corrupção; falavam em nome de uma carga tributária que não era satisfatória, segundo as expectativas dos italianos e dos espanhóis. Vejam que, mais ou menos, eles falavam de nossas queixas, falavam daquilo de que nós nos queixamos.

A simplificação do sistema é apregoada por todos aqueles que postulam uma reforma no sistema. Todos falam em nome da simplificação. Ninguém seria atrevido a tal ponto de elogiar uma possível complexidade de um sistema que, sabemos, padece de uma complexidade evidente.

Eficiência econômica

Quem é que não fala em nome da eficiência econômica? Todos os reformadores o fizeram. E assim, em nome da chamada eficiência administrativa: vamos tomar certas medidas em homenagem à eficiência que a administração tributária há de ter para controlar e cobrar os tributos que lhe são próprios.

Um ponto, todavia, deixou bem clara a posição tomada pelo Governo Federal: não reduzir os níveis da arrecadação da União, dos Estados, do Distrito Federal e dos Municípios. Na relação tributária, vamos encontrar como sujeito ativo ou a União ou um Estado ou o Distrito Federal ou um Município. Pois bem, não vai ser reduzida a arrecadação dessas entidades, dessas pessoas políticas de Direito Constitucional interno. Se porventura houver qualquer desajuste, qualquer desequilíbrio, nas costas de quem vai cair esse desajuste, esse desequilíbrio? É claro que na do contribuinte.

Certa feita, o Ministro Nelson Jobim fazia uma palestra e depois jantávamos com um pessoal do Rio Grande do Sul, promotores do simpósio, e com o Prof. Geraldo Ataliba. Ele dizia que, como Ministro da Justiça, naquela época, do Presidente Fernando Henrique Cardoso, se achava na obrigação de defender a reforma proposta pelo Governo. Mas não via como identificar os legítimos interesses das partes que se sentavam à mesa para negociar. Porque, de um lado, a União – todos sabem quem é o representante da União, uma pessoa só pode cumprir muito bem esse papel – mas e quanto aos Estados? Bom, existem Estados industrializados, Estados em industrialização, Estados em situação de pobreza, muito pobres, há combinações possíveis entre esses Estados, de modo que já fica difícil identificar o representante ou os representantes dos Estados. E dos municípios? Mais de 5.700 Municípios. Como identificar e compatibilizar os interesses de Municípios das grandes capitais? De Municípios ricos? De Municípios que tenham um sistema tributário? A maioria dos Municípios brasileiros não tem sistema tributário, vive de repasse. Como identificar esses interesses, quando são mais de 5.700? Começava aí a dificuldade.

Ele dizia que o pior era que do outro lado da mesa, numa situação bem expressiva da sua insignificância, estava o contribuinte, cheio de desalento com relação a qualquer expectativa de não ser onerado; com nenhuma esperança mais de racionalização do sistema, porque essa racionalização, além de tudo, é muito difícil de acontecer quando a sociedade fica hipercomplexa, como é o caso da sociedade pós-moderna. Aquele contribuinte desconsolado, vendo que sua voz não pesava, como é que seria sua participação? Aí, o Ministro dizia: "confesso, não vejo como possa haver uma reforma tributária em níveis de bom atendimento aos interesses em jogo. Simplesmente não compreendo e não atingi essa possibilidade".

Isso já faz algum tempo. Ele era Ministro do Presidente Fernando Henrique Cardoso. As coisas se complicaram de lá para cá. E se complicaram muito.

O que vemos nessa reforma é um jogo retórico. O projeto de reforma diz que quer a progressividade, que luta por ela e quer injetá-la nos vários impostos para impregnar o sistema de progressividade. O objetivo não é propriamente tornar um imposto progressivo, um outro também progressivo, mas dar esse caráter ao sistema como um todo. Muito bem, vamos admitir, é uma pretensão justa, interessante, importante. Mas se o Governo quer tanto a progressividade, por que não respeitou a Constituição desde 1988, quando veio a determinação, pela primeira vez na história tributária do Brasil, de que o imposto sobre a renda e proventos de qualquer natureza deveria ser progressivo? No regime da "pessoa física", tínhamos nove faixas de alíquota, uma de isenção e nove faixas, que iam crescendo à medida que as bases de cálculo iam crescendo também. O imposto era progressivo. Bastou que o constituinte de 88 inscreves-se a determinação de que "o imposto sobre a renda e proventos de qualquer natureza deverá ser progressivo", para nunca mais ele vir a ser. De lá para cá, no dia seguinte, vamos dizer assim para simplificar, já o governo federal começou a trabalhar com um sistema de alíquotas onde não há a menor sombra de progressividade.

E o ex-Secretário da Receita proclamava aos quatro ventos que por ele haveria uma alíquota só. Mas e a Constituição? Ele, como que dissesse: "Que Constituição? Que problemas são esses que estão sendo criados? Temos que caminhar para a eficiência administrativa". Então, vejam essa progressividade que agora é uma das molas mestras desse anseio de reforma.

Acabar com a guerra fiscal

Temos um dispositivo na Constituição que pode perfeitamente ser levado às últimas conseqüências e, se houver um esforço das autoridades federais, estaduais e municipais, temos condições, no sistema positivo brasileiro, de lutar nesse sentido, avançar para reduzir os efeitos da guerra fiscal. Não será uma reforma como esta que irá lograr esse resultado.

Hoje, o Prof. Alcides Jorge Costa, que falou muito bem ao instaurar o Congresso, como Presidente de Honra deste congresso, referiu-se ao sistema e fez algumas críticas. De minha parte, devo dizer que acho o sistema tributário brasileiro muito bom enquanto sistema. É claro que tem inúmeros defeitos que precisam ser combatidos, mas tem inúmeras virtudes e, substancialmente, é um sistema que cresceu na experiência jurídico-tributária brasileira. Ele não veio de cima para baixo: foi sendo robustecido.

Vejam os senhores congressistas um dado que tem me chamado a atenção há muito tempo: durante oito anos se discutiu na doutrina e na jurisprudência qual era o fato gerador do ICM, agora ICMS. Durante oito anos. O conceito do fato gerador do ICMS é algo que foi elaborado pela experiência jurídica brasileira. Experiência que, se não for bem tratada, será inutilizada, será jogada fora. Como foi toda a experiência do imposto do selo, que era anacrônico, está certo. Mas sua experiência foi toda inutilizada. Temos uma série de construções da nossa experiência. O nosso sistema é ágil, responde rapidamente. Responde para o bem e responde para o mal. Um aumento de alíquota que se faça aqui determina um aumento da carga tributária logo ali. Mas isso é bom? Não, não me parece bom aumentar mais ainda a carga tributária. O que quero dizer é que é um sistema que funciona e de maneira muito ágil.

Em países vizinhos ao Brasil, onde a carga tributária é bem baixa, querem aumentá-la e não é simples, o sistema não responde. Isso não é fácil de ser obtido. Essa destreza do sistema não é fácil de ser concretizada. Há sistemas que requerem não uma, duas ou três providências, mas uma luta toda para o futuro para que o sistema vá se credenciando para enfrentar a realidade social. O nosso sistema é bom, é apurado. Em reuniões internacionais, em congressos internacionais, as virtudes desse sistema são ressaltadas. Os juristas de outros países ficam impressionados com a circunstância histórica de que o ICMS é um imposto produzido por vinte e sete fontes produtoras de normas, vinte e sete focos ejetores de normas, e todos esses microssistemas se compatibilizam, se ajustam, se combinam para formar aquilo que passou a ser o maior volume tributário em termos de impostos do sistema brasileiro, a ponto de despertar sérios interesses por parte da União, que cobiçou o ICMS. Isso para dizer que não continua cobiçando esse volume imenso de arrecadação, que é o ICMS de todos os Estados.

Como isso se tornou possível? Aos nossos olhos parece fácil: porque vivenciamos essa experiência e, possivelmente não pudemos parar para contemplar como ela estava se dando. Mas quando um jurista equatoriano me perguntou como tinha sido feito esse milagre, pois é um verdadeiro milagre em termos de história tributária de um povo, essa integração de 27 Estados com configurações geopolíticas diferentes, com interesses de toda sorte diferentes, como foi possível? Eu pensei, então, que em grande parte essa possibilidade aconteceu por obra dos convênios. Convênios que tanto critiquei, seguindo a liderança do Prof. Geraldo Ataliba, que urrava contra eles. Nós não víamos esse serviço que os convênios tão relevantemente prestariam. É claro que dizíamos de procedimentos jurídicos formais dos convênios, que não eram para ser celebrados por um secretário de Estado e, depois, trazidos para o governador, que simplesmente chancelava. Não, isso feria frontalmente o princípio constitucional da legalidade. Os convênios teriam de ser submetidos às assembléias legislativas. Depois de um certo tempo, quem sabe pela voz forte do Prof. Geraldo Ataliba, um Estado, o Rio Grande do Sul, começou a submeter ao Poder Legislativo estadual os convênios que celebrava. O Estado da Bahia veio a seguir. Depois, outros Estados. Mas simplesmente em termos de chancela. Não eram apreciados os convênios com mais detença. Eram simplesmente levados e o Poder Legislativo punha a sua chancela e o diploma se dava por aperfeiçoado. Criticávamos por esse lado. Mas, ao mesmo tempo, os convênios iam promovendo essa integração, que é um fato histórico, uma conquista do Brasil.

Eu conversava com o Prof. Celso Antônio Bandeira de Mello, há três ou quatro dias, exatamente a respeito de outra conquista histórica do povo brasileiro, que é simplesmente a Petrobrás, com todos os seus recordes de produtividade, com todo o seu bom êxito, que representou uma luta de cinqüenta anos e que hoje aparece aos olhos de todo mundo. Não aos nossos olhos, tão-somente, mas de todo mundo. Aí, pudemos nos dar conta de que isso aconteceu. Com tantas incompreensões, com tantas lutas, da mesma forma o nosso sistema tributário é uma conquista, que só vamos perceber como tal no momento em que estiver mais ameaçado, mais ainda do que está.

O que se propõe no esboço de reforma é uma desconstrução do sistema tributário brasileiro. A Federação, a autonomia dos Estados sob o manto da Constituição. Os Estados só vão buscar o fundamento e validade das suas normas no texto constitucional. Como o Município também; como a União também. Fica aquele equilíbrio e aquela tensão. Tudo isso é possível na medida em que haja competências tributárias bem definidas, bem guardadas, bem salvaguardadas.

Este documento – refiro-me à reforma tributária – propõe simplesmente a desconstrução. Digo simplesmente sem exagero, a desconstrução. A União vai ficar com todos seus impostos, que já são muitos. A União vai ficar tomando conta, praticamente sozinha, do ICMS. Ah! Bom, mas a competência continua dos Estados. Sim, para aprovar uma lei que diz que fica instituído o ICMS. E a base de cálculo? Nas condições circuladas em lei complementar. E os contribuintes? Lei complementar. E tudo? Lei complementar. Ah, mas a lei complementar é uma lei nacional. Ledo engano. A lei complementar é uma lei produzida pelo Poder Legislativo da União, Poder Legislativo Federal. Os deputados e senadores gravitam politicamente não em torno dos Estados e de seus vários governadores e prefeitos. Gravitam em torno do Poder Público federal, do Executivo federal. As negociações políticas – no bom sentido – são feitas com o governo federal, ouvindo um governador, ouvindo as bases etc.

Tudo isso vem às mãos declaradamente do poder político, União. E aí? Isso é um absurdo? Eu não estou dizendo que é um absurdo. Acho que é um absurdo jurídico em face do que está na nossa Constituição, que tem o princípio da Federação como intangível, o princípio da autonomia dos Municípios como intangível. Intangível para quê? O governo federal passa agora como um trator, "desconstruindo" tudo. E com uma simplicidade muito grande. Com a simplicidade que as palavras têm. Assim como o ex-secretário da Receita dizia: "eu vejo que o princípio constitucional determina que o imposto sobre a renda deve ser progressivo. Mas em função da eficiência administrativa, vamos lutar para reduzi-lo a uma alíquota só". Com essa mesma simplicidade, agora a Federação se desmantela. O mundo vai acabar? Não estou dizendo isso. Quem sabe tenha até chegado a hora de abrirmos mão da Federação e partirmos para um Estado centralizado, com todo o poder nas mãos da União. A União chama, depois, os Estados e dá o que lhes parece cabível, oportuno, conveniente. Quem sabe tenha chegado esse momento? Mas nós, juristas, temos de estar conscientes disso.

Há muitas críticas que eu poderia tecer a essa reforma. Não gosto de reformas drásticas. Aprendi a apreciar, cada vez mais, o mundo da experiência jurídica. Aquilo que se vai discutindo a cada dia nos órgãos da Administração, nos órgãos do Poder Judiciário e que aí vai sendo tecido, vai sendo construído. Como, por exemplo, o fato gerador do ICMS. Exatamente: Rubens Gomes de Souza de um lado, Aliomar Baleeiro do outro. E ambos disputando qual era o fato gerador do ICM. Durante oito anos isso aconteceu. E a jurisprudência, hesitante, pendendo para um lado, pendendo para outro. Até há pouco tempo se discutia e ainda hoje se discute qual é o critério temporal da hipótese de incidência dos impostos aduaneiros. É no momento em que entra no território nacional? No momento do desembaraço aduaneiro? Sim, a discussão é bonita, tem os seus encantos em termos doutrinários. Mas pergunto: há quantas décadas existem os tributos e impostos aduaneiros? Perdemos a conta. No entanto, isso ainda está sendo discutido. Vejam como a experiência tributária, a experiência em todos os campos, como ela é tecida paulatinamente, com seus resultados sendo depositados, até que num determinado instante podemos falar em certos princípios, em certos valores, em certos institutos.

Conversava eu, ao ensejo do Congresso de Gramado, no Rio Grande do Sul, por alguns minutos, com o governador Germano Rigoto, um estudioso de assuntos de reforma tributária. É alguém que conhece, ao menos, a parte econômica, financeira, administrativa. Ele conhece muito bem. Fiquei impressionado ao perceber que também os governadores não querem saber de competências jurídicas tributárias, de salvaguardar competências tributárias. Eles estão interessados numa participação melhor no produto da arrecadação. Eu ponderava a ele: "isso não pode transformar esse movimento todo numa reforma meramente de participação financeira no produto da arrecadação?"

No fundo, vejam que é isso que está ocorrendo. Os governadores e os prefeitos também, ninguém está muito interessado em saber de competências constitucionais, de respeito à Constituição, dos grandes princípios, do regime constitucional tributário, tão proclamado e exigido dos alunos e dos profissionais em geral. E de nós, no trabalho de cada dia. Quanto a isso, não há muito interesse. Podem ver que os governadores querem uma participação melhor no produto da arrecadação. Vamos tomar consciência disso. Não vamos condenar. Não vamos dizer que essa reforma está condenada. Não vamos falar mal dessa reforma. Porque ela tem um lado político. Não há dúvida que foi uma vitória política enorme do Governo Federal, quando se deu a aprovação na Câmara dos Deputados. Mas vamos tomar consciência.

Não é o momento de repensarmos o tema da Federação? Para que ficarmos falando em Federação? Em princípio da autonomia dos Municípios? Quais Municípios? Aqueles que sequer têm sistema tributário?

Vamos pensar em tudo isso. Já estamos vivendo um imenso fortalecimento do poder político União, da pessoa política União. Estamos vivendo e há muito tempo que isso vem acontecendo. Quando se lutava e ainda se luta por uma interpretação mais estrita das normas gerais de Direito Tributário, procurando dar conteúdo a essas normas para que não ficassem, pura e simplesmente, nas mãos do poder político União; quando se falava a respeito disso, havia uma luta pelo princípio da Federação. Isso era dito em nome do princípio da Federação e em nome do princípio da autonomia dos Municípios.

Mas o tempo foi passando. A cada dia é um choque, uma novidade. Dizem que o Senado prepara uma série de surpresas a todos nós. Eu repito: como é possível uma reforma tributária em que participam União, Estados, Distrito Federal, Municípios e, também, o pobre do contribuinte? Como é possível? Que não seja desse modo, sem ouvir ninguém.

O Governo atual está ouvindo uma das maiores juristas brasileiras, aqui presente, Profa. Misabel Derzi, que tem lutado muito – sei disso – para proteger certos princípios e para resguardar o texto constitucional. Mas sabemos que uma pessoa isolada não pode fazer todo esse trabalho, toda essa tarefa. É claro, precisaríamos ter mais professoras, mais juristas dessa estirpe. O Governo Lula, pelo que eu sei, não tem ouvido muito o meio especializado. E digo isto sem qualquer ressentimento, porque não me apraz colaborar nesse tipo de encaminhamento, nesse tipo de regime de mudança. Em todo caso, vamos ver o que ocorre. O Governo está com uma imagem muito boa, uma imagem internacional ótima, como poucas vezes um governante brasileiro teve. Aquilo que nos resta é aguardar para ver os resultados. E, depois, continuar nossa luta no dia a dia para ver como o Direito Tributário ficou, destroçado, desmantelado.

O que eu desejo transmitir a todos os congressistas não é o desalento de alguém que vê esses princípios vilipendiados e violados com tanta simplicidade, mas que há toda uma comunidade jurídica assistindo a tudo isso. E todos os dias, nos jornais, assistindo televisão, conversando com colegas, acompanhando o desenrolar desse processo que não dá a menor confiança para o texto constitucional vigente. É um sentimento não de alegria, mas não de desespero. O Brasil continua. O Brasil é maior do que essa reforma.

Estaremos aqui para continuar a nossa luta. Mas atentos, tomando consciência. O que importa em todos esses processos é a tomada de consciência. Não importa, a princípio, para onde estamos indo. Fundamental é sabermos o porquê. A tomada de consciência é decisiva e imprescindível.

Nietchze dizia que o ser humano é digno da condição de ser humano quando ele reflete, quando toma consciência dos seus destinos. Vamos, ao menos, tomar consciência desse momento histórico em que vivemos. Muito obrigado. (*Palmas*)

PRESIDENTE DA MESA (PROF. EDUARDO BOTTALLO) – Cumprimento o Prof. Paulo de Barros Carvalho, ilustre titular de Direito Tributário das Faculdades de Direito da Pontifícia Universidade Católica de São Paulo e da Universidade de São Paulo, pelas suas brilhantes e sempre oportunas lições.

Na seqüência, passo a palavra ao Prof. Aires Barreto, Presidente do Instituto Geraldo Ataliba – IDEPE, que tratará da reforma tributária sob o enfoque dos tributos municipais.

PROF. AIRES BARRETO – Professor Eduardo Bottallo, que preside esta sessão; ilustres Professores Misabel Derzi e Paulo de Barros Carvalho; Senhores Congressistas.

Desculpem-me se começo com uma historieta, que nem sei se é a mais adequada. Mas não encontrei nada melhor para cuidar do tema "Reforma tributária e tributos municipais". Conta-se que, por ocasião do Natal, certo cidadão deu a cada um dos seus filhos (eram 2) um presente. O primeiro ganhou uma bicicleta. O segundo ganhou uma lata de estrume. O primeiro reagiu: "Ora, é uma bicicleta! Eu vou cair da bicicleta! Vou me machucar, vou quebrar o nariz, vou me ralar!", mostrando todo seu pessimismo. O que ganhou uma lata de estrume também se manifestou: "Que beleza, onde está meu cavalo?".

Vejo, senhoras e senhores, com extremo pessimismo o tema reforma tributária. Primeiro, porque não se fala neste país em diminuir o tamanho do Estado. Seria a missão primeira, antes de pensar em reforma tributária. Temos 5.507 Municípios, a maioria dos quais sem condição de sobrevivência, a não ser pelas famigeradas transferências, ou seja, onde não pode atuar o princípio da autonomia municipal. Atrevo-me a dizer que até mesmo no âmbito estadual isso ocorre. Tome-se por exemplo o Estado de Tocantins – pedindo perdão aos que forem desse Estado – lá se tem mais governantes do que governados. E isso ocorre com inúmeros Municípios, cuja criação exige, necessariamente, mais um prefeito, mais um vice-prefeito, mais uma câmara de vereadores, toda uma plêiade de funcionários e mais uma série de despesas absolutamente desnecessárias. Meros distritos foram transformados em Municípios. E, com isso, se aumentou, brutalmente, o custo e o tamanho do Estado (sentido amplo). Enquanto isso, põe-se a reforma tributária como se ela fosse panacéia para todos os males. Vamos resolver o problema do Brasil com uma reforma tributária. Isso não é verdade! Isso é uma falácia! Isso é demagogia!

Adam Smith – se não me equivoco – já há muito dizia que imposto bom é imposto velho. É preciso que criemos uma tradição com os impostos existentes, sem modificá-los substancialmente, a fim de que, mercê do trabalho da doutrina e das sucessivas manifestações do Poder Judiciário, se tenha um tributo solidificado, firme, conhecido por contribuintes e por Fiscos. Mas não é o que vem ocorrendo. Não. Muda-se a cada instante. Alteram-se pura e simplesmente os tributos em função de uma fúria arrecadatória sem precedentes.

Aliomar Baleeiro, prefaciando o livro de Amílcar de Araújo Falcão *Introdução ao Direito Tributário*, dizia que o Fisco, tal qual pantagruel gigantesco, põe guardanapo e talher em todas as mesas, mercê de uma legislação luxuriante, cheia de coloridos". Mas esse grande mestre ficaria escandalizado se pudesse assistir ao que se passa nos dias atuais.

Não se respeita, e nunca se respeitou, a vocação dos Municípios. Disso não se tratou na Constituição de 88. Quando ela foi promulgada, tínhamos pouco mais de 4 mil Municípios (Municípios que pouca coisa têm em comum). O Município "dormitório" não tem nada de parecido com o Município "terciário", que, por sua vez, difere do Município "litorâneo", que, por sua vez, não se confunde com um Município eminentemente "agrícola", eminentemente rural. Não respeitadas essas diferenças, qualquer reforma tributária no âmbito municipal é pífia. A não ser com o propósito de incrementar as receitas dos Municípios.

Tenho ouvido os políticos de modo geral e alguns em particular dizerem que não haverá aumento da carga tributária. Falácia. Engano! Desculpem-me se me atrevo a usar esses vocábulos. Mas é o que se vê, como vou provar mais adiante. Consigne-se, por ora, que – embora se trate de uma absurda criação por decreto, com ofensa ao princípio da estrita legalidade – o fato é que se tem, por exemplo, uma exigência de 20% atingindo as sociedades de profissionais, como as sociedades de advogados, quando houver distribuição antecipada de lucro. Trata-se o lucro como se fosse remuneração. No âmbito municipal criou-se uma indigitada COSIP, ferindo o princípio da igualdade, tratando diferentemente proprietários de imóveis comerciais e residenciais, como se o critério da utilização de imóveis fosse mecanismo adequado para distinguir uma contribuição dessa natureza (se é que contribuição pode ser, porque o escaninho, da contribuição tem sido utilizado para deturpar o subsistema constitucional tributário).

No âmbito do Município, o que vemos nesta, para mim, pseudo-reforma constitucional, é pura e simplesmente uma alteração ligada ao ITBI. Quer dizer, não há nada relativamente novo no que diz respeito ao imposto sobre a propriedade predial e territorial urbana; no plano constitucional nada se muda em relação ao ISS, poucas são as modificações de monta no campo das taxas; menos ainda no campo da contribuição de melhoria. Quanto ao ITBI, transforma-se-o em imposto progressivo. Aliás, o propósito perseguido é o da generalização, penso eu, equivocada – data vênia dos que entendem diversamente – da progressividade, mesmo em relação a impostos tipicamente reais, como é o imposto da propriedade imobiliária, como é o imposto sobre a transmissão de bens imóveis. Esse critério não realiza nenhuma igualdade, é uma falsa visão da realidade. Hoje os grandes patrimônios não são os patrimônios imobiliários, são os constituídos de papéis, de ações, de títulos mobiliários. Aí estão as grandes fortunas, as grandes riquezas, que não são tributadas nas suas transmissões.

O Supremo disse que imposto real não pode ser progressivo. Mas, infelizmente, o que temos assistido – desculpem-me se prossegue o meu pessimismo – é o descumprimento das lições da nossa mais alta Corte. Deveras, o Supremo está sendo vilipendiado pelo Legislativo; está sendo, entre aspas, "cassado" pelos nossos legisladores. Com efeito, basta o Supremo dizer que a Constituição – ele, que é o legítimo e único verdadeiro intérprete do texto constitucional – deve ser interpretada nessa ou naquela conformidade, para vir uma emenda constitucional dispondo diversamente do assentado pelo Supremo, soterrando tudo o que se estudou, tudo o que se meditou a respeito.

Lembro-me de que, de certa feita, o Ministro do STJ, José Delgado, julgador de brilho invulgar, disse: "ora, nós decidimos assim porque o STJ tem 800 anos de experiência". Ele se reportava à soma das idades dos e eminentes Ministros, com toda sua sabedoria. Mas eu lhes digo, embora com profunda tristeza: de que adianta essas centenas de anos de experiência do Poder Judiciário, notadamente dos excelentes Ministros que compõem o STJ e o Supremo, se, por exemplo, basta o Supremo dizer como deve ser interpretada a Constituição para vir uma emenda constitucional estabelecendo outra solução, fraudando, inclusive, o alcance do campo das emendas constitucionais, uma vez que incursionam no campo das cláusulas pétreas.

Quero referir agora questão ligada à reforma tributária, não no plano constitucional, mas no plano infraconstitucional, porque aí temos grandes modificações, embora ainda pouco sentidas, especialmente no campo dos tributos municipais. Uma dessas primeiras modificações decorre da introdução de uma legislação visando a possibilitar a chamada progressividade no tempo, prevista no art.182 e § 4º do texto constitucional, no caso do IPTU.

Essa lei, que prevê no âmbito nacional, a progressividade no tempo, se autodenominou de Estatuto da Cidade (Lei n. 10.257/2001). Aqui já não há sequer pessimismo, mas, penso, realisticamente, que esse documento, essa lei, deveria chamar-se Estatuto da Calamidade. Primeiro, porque aprendi que tributo não pode ter efeito de confisco. Claro, sabemos que os impostos sobre a produção, circulação e consumo, como regra, não são confiscatórios, salvo se incidindo sobre a receita bruta não for possível repassar o valor respectivo ou se a lei disser que não se pode incorporar o imposto ao preço. Lembro-os de que isso não inclui os impostos sobre patrimônio e sobre a renda. Relativamente a estes, se houver subtração significativa do patrimônio ou da renda, há imposto confiscatório.

O que ocorre no caso desse estatuto da voracidade, perdão, desse estatuto da cidade? Ali está dito que a alíquota pode dobrar ano a ano, até o limite de cinco anos, chegando a 15% por cento. É dizer, em sete anos se subtrairá não apenas parte da propriedade, mas toda a propriedade e ainda faltarão 5%, que haverão de ser satisfeitos com a venda de um outro imóvel (se existir) para pagar o imposto sobre o primeiro.

Estou convencido de que essa lei é inconstitucional, seja por ofensa ao princípio que veda o efeito de confisco, previsto no art. 150, inciso IV, do texto constitucional, seja porque esse estatuto foi editado em função de um registro no texto constitucional da expressão "nos termos de lei federal". Está lá no art. 182. Mas interpretar essa cláusula como implicando a edição de uma lei federal é um equívoco, porque se valora a mera literalidade. Só pode atuar nesse campo uma lei nacional, uma lei cogente à União, aos Estados, ao Distrito Federal e aos Municípios. Portanto, uma lei complementar e não uma lei ordinária da União, como é esse estatuto da atrocidade, perdão, estatuto da cidade.

Se é lei federal, fere a autonomia dos Municípios (que não estão sujeitos à obediência à lei federal). Pelo menos foi isso que aprendi com os professores Roque Carrazza, Paulo de Barros Carvalho, Eduardo Bottallo, Misabel Derzi e com tantos outros mestres que aqui estão. Ademais, o texto constitucional diz: se não houver atendimento às condições estabelecidas no plano diretor, o IPTU poderá ser progressivo no tempo, desde que o proprietário, instado a cumprir as exigências do plano diretor, não o fizer depois de um determinado tempo. Ora bem, no passo seguinte, está dito que se não for eficaz a progressividade do IPTU, o imóvel poderá ser desapropriado, mediante pagamento do valor real acrescido de juros, embora em títulos da dívida pública. É dizer que, numa ordem de sucessão – o texto constitucional é claro, não cogita de alternatividade, mas de sucessividade –, descumprido o primeiro item – não atender o plano diretor –, admite-se o IPTU progressivo. Se isso não for eficaz, pode o imóvel ser desapropriado. Ora, se na desapropriação, hipótese extrema, o proprietário tem que ser indenizado, ainda que com títulos da dívida pública, pelo valor do imóvel, como se pode admitir que no item antecedente se venha a confiscar a propriedade mercê de uma tributação que pode atingir 15% do valor venal e, se não forem satisfeitas as exigências, em cinco anos, o IPTU poderá continuar a ser gravado com essa alíquota de 15%, *ad seculorum*?

Mutatis mutandis, isso me lembra um colega que, certa feita, disse o seguinte: "Está havendo confusão entre nua propriedade e proprietário nu".

A outra calamidade nesse estatuto da maldade, digo estatuto da cidade, vem sob o nome pomposo, mas nem por isso equivocado, de outorga onerosa, que é uma variante do solo criado, que, por sua vez, é inovação que, penso, não se compadece com o texto constitucional. A Constituição assegura que a propriedade é plena. Isso eu extraio, *a contrario sensu,* quando analiso o art. 176 da Constituição, que diz que as jazidas, para efeito de exploração, constituem propriedade distinta da do solo e pertencem à União. É dizer, essa é a única restrição em termos de propriedade que está no texto constitucional. Claro, a propriedade tem de ser utilizada com função social. Mas o de que aqui se cuida não tem nada a ver com função social da propriedade.

A propriedade tem dimensão cúbica. A propriedade não é apenas a superfície. Aliás, essa visão de superfície é uma visão equivocada de quem não passou pelos bancos escolares em termos de aritmética. A noção de propriedade é cúbica, abrangendo o solo, o subsolo e o espaço aéreo. Se tenho a propriedade do solo, do subsolo e do espaço aéreo – claro, sem aquela extensão dos romanos *ad inferus* e *ad coelum* –, mas, ainda assim, até onde houver interesse econômico, sou titular de solo, subsolo e espaço aéreo, com uma única ressalva, posta pela Constituição, que é relativamente à exploração das jazidas.

Como é que se pode cogitar dessa chamada outorga onerosa? Como é que ela surge? Num primeiro momento, admite-se, vem uma lei municipal dizendo que a possibilidade de ocupação e de aproveitamento do solo dar-se-á na seguinte medida, por exemplo: taxa de ocupação = 30%. Significa dizer que considerada a área do terreno, eu posso edificar ocupando apenas 30% já da perspectiva de aproveitamento. A lei municipal pode estabelecer que proprietário só poderá construir uma área equivalente a uma vez a área do terreno. Mil metros de terreno, mil metros de construção. A lei municipal pode dizer isso? Pode. Porque isso diz respeito ao interesse local, que no passado era chamado de peculiar interesse do Município. Mas ao dizer que a minha possibilidade de construir, que antes era de duas, três, quatro vezes, não importa, passa a ser de uma vez a área do terreno, isso não significa que, a partir desse momento a área excedente passa a pertencer ao Município. Não consigo encontrar apoio constitucional para essa autorização. Qual é o passe de mágica por força do qual o Município, de repente, de inopino, vira proprietário do excedente para então me outorgar esse direito? Ora, o proprietário é titular do solo, do subsolo e do espaço aéreo. O Município quer limitar? Limite. Diga que eu só posso construir apenas uma vez a área do terreno. Mas isso não significa que o excedente, em virtude dessa limitação passe a integrar a propriedade do Município. Porque só assim poderia ele outorgar o direito adicional de construir.

Se esse "sistema" for válido, então temos um novo tributo, sem amparo na Constituição, porque assim como a lei municipal pode dizer que o proprietário só poderá ocupar o equivalente a uma vez a área do terreno, temos de admitir, em tese, que ele pode dizer que só poderemos ocupar o equivalente a 0,5% da área do terreno ou 0,1%, ou a 0,001%, isto é, praticamente nada. Todavia, indo ao texto constitucional, vejo que o Município só tem competência para instituir o IPTU, o ITBI e o ISS. Então, imposto não é. Porque a sua hipótese de incidência seria "construir acima de determinado limite". E isso não é nenhum arquétipo que se encaixe naquelas três alternativas postas pela Constituição para a criação de imposto pelo Município.

Poderia ser uma taxa? Parece-me que não. Porque não há aí serviço específico e divisível, nem exercício de poder de polícia. Exercício de poder de polícia há na limitação. Mas não na, entre aspas, "venda do adicional" pelo Município ao particular. Aliás, isso seria venda a *non domino*, porque o imóvel, em sua plenitude, é do particular e não do Poder Público.

Mesmo que fosse possível a criação de uma taxa, a base de cálculo não poderia ser o valor do excedente, porque sabemos que a única base de cálculo compatível com as taxas é o custo da atividade estatal. E qual seria o custo da atividade estatal nesse caso? Nenhum.

Contribuição de melhoria, menos ainda. Os senhores sabem, tanto quanto nós, que contribuição de melhoria é o tributo que incide sobre a valorização imobiliária causada por obra pública. E, aí, não se tem nem obra pública nem valorização dela decorrente.

Quanto a esse aspecto, relembro o que disse Vieira, em um dos seus sermões. Desculpem-me aqueles que já ouviram o exemplo. Mas Vieira, referindo-se à passagem em que perguntam a Cristo se ele teria de pagar tributo a César e Cristo, antes de responder: "dai a César o que é de César e a Deus o que é de Deus", incumbe Pedro de pescar: "vai pescar, Pedro. Abre a boca do primeiro peixe que pescares e nele irás encontrar uma moeda, um dracma com que pagar o tributo a César". E diz Vieira que Cristo não disse que Pedro fosse, mercê do seu esforço, dar o tributo a César. Ele disse que a moeda havia de ser retirada da boca do peixe, não da boca do pescador. Hoje, porém, vivemos uma época em que não se quer tirar tributo da boca do peixe, mas, sim, da boca do pescador. Obrigado. (*Palmas*)

PRESIDENTE DA MESA (PROF. EDUARDO BOTTALLO) – Cumprimento o Prof. Aires Barreto pela sua precisa e didática exposição. Em seguida, passo a palavra à Profa. Misabel Machado Derzi, da Universidade Federal de Minas Gerais, que irá tratar do tema "Reforma tributária sob a perspectiva dos tributos estaduais e federais".

PROFA. MISABEL MACHADO DERZI – É uma alegria estar aqui, nesse XVII Congresso de Direito Tributário do Instituto Geraldo Ataliba, o IDEPE. Quero saudar os professores que compõem esta Mesa e falar-lhes alguma coisa sobre reforma tributária.

Não obstante, quero dizer-lhes ainda que, de fato, sempre fui arredia à reforma tributária e, como discípula fiel de Geraldo Ataliba, sempre me insurgi contra as propostas de reforma que vieram e nasceram, de uma forma muito prematura, logo depois do advento da Constituição de 1988, sem implementação do sistema tributário nela modelado. A resistência à implantação da Constituição de 1988 surgiu imediatamente com a sua promulgação. Cedo se levantaram vozes em todo o País – do próprio Presidente da República na época, que era o Presidente José Sarney –, lembrando a ingovernabilidade da União exatamente porque o sistema tributário posto na Constituição de 1988 tinha realizado e complementado uma descentralização de recursos e, portanto, fortalecido o federalismo.

Houve também uma resistência imediata à instituição da progressividade, ou seja, à redução daquilo que se chamava de injustiça do sistema tributário, ou seja, de sua regressividade, porque ele era, e continua sendo, mais oneroso e mais pesado para os cidadãos de baixa renda, os consumidores de modo geral, considerando que o volume maior de recursos nos advêm dos impostos sobre consumo, em vez de virem dos impostos sobre a renda e o capital.

Esses defeitos que a Constituição de 1988 quis abortar, ou atenuar, continuaram a existir com a mesma intensidade. Logo que surgiu um novo governo (Collor), foi nomeada uma primeira comissão de reforma do sistema tributário, em 1990. No governo Itamar, outra comissão de reforma tributária. De lá para cá, só idéias e projetos. Mil idéias para um novo sistema tributário: imposto único, impostos somente sobre o consumo. A grande massa desses modelos, os senhores se lembram, residia na idéia de que criássemos um grande imposto sobre valor agregado com a expropriação do imposto sobre serviços de qualquer natureza do âmbito da competência municipal, a do ICMS em relação aos Estados e a extinção do IPI, para que todos eles compusessem um único tributo sobre valor agregado de competência da União, com essa pessoa estatal legislando exclusivamente sobre tal matéria. Outros modelos eram ainda mais radicais do que esses. Assim, chegamos, até hoje, ao longo de uma década e meia, discutindo os mais diversificados modelos, pretensamente "ideais".

A sociedade brasileira – como reação natural àquilo de que nos fala Freud: "não se olha a morte de frente, a morte, só se olha de soslaio" – quer ter esperança. Todos os candidatos à Presidência da República prometeram, durante suas campanhas, fazer reforma tributária. E o povo parece ter exigido isso. E os candidatos se elegeram e se elegiam dessa forma. As reformas nos salvariam: seria a previdenciária, a tributária, a política. Essa era uma exigência, que estava clara, nos discursos políticos.

Como sempre fui ardorosa apaixonada da Constituição de 1988, só tenho a lamentar o que aconteceu. O governo atual, na minha opinião, foi o único que propôs uma reforma tributária menos agressiva à autonomia do Município e à dos Estados, por incrível que pareça, apesar de todas as críticas. O grande sonho da União, sem dúvida nenhuma, foi, e continua sendo, apropriar-se do tributo mais produtivo do sistema, que é o ICMS de competência dos Estados.

Infelizmente, apesar de nossa belíssima Constituição, um belíssimo documento humano, que sequer chegamos a implementar em sua forma pura, é um sistema que está no plano do dever-ser, mas que não configura a nossa prática constitucional. Uma Constituição que está assentada em um Estado Democrático de Direito, no pluralismo político, na perseguição de metas sociais relevantíssimas, como construção de uma sociedade livre, justa e solidária, erradicação da miséria, da pobreza, da marginalização; uma Constituição pródiga em normas sociais com redução das desigualdades; uma Constituição carregada de direitos fundamentais e direitos fundamentais individuais, do cidadão de modo geral e do contribuinte, em especial; uma Constituição carregada de segurança jurídica; uma Constituição carregada de direitos fundamentais sociais, dignidade humana, direito à educação, à saúde, à assistência social. E uma Constituição que não ficou só nisso não, previu os instrumentos tributários adequados para implementação do Estado Democrático de Direito Brasileiro; previu as contribuições sociais e as contribuições de intervenção do domínio econômico; previu até exceções ao princípio de que os impostos não devem ser afetados na sua arrecadação a órgão, fundo ou despesa. Abriu exceção a esse princípio em favor da educação e da saúde.

E o que fizemos disso? Eu lhes pergunto: o que fizemos disso? Ao contrário, a miséria cresceu, a concentração de riquezas cresceu e ainda ousamos fazer DRUS, quer dizer, desvinculações da receita da União, de modo que aquelas contribuições afetadas pela própria Constituição à realização dessas metas nobilíssimas postas na Carta podem ter desviados até 20% de seus recursos para outros fins.

Estamos pressionados por uma dívida gravíssima. E essa é a nossa morte, que não ousamos olhar de frente. Não há nenhuma outra solução, ninguém pode dizer, ninguém ousa dizer: é moratória ou vamos rever isto. Mas todos sabemos que temos um déficit gravíssimo, que continua sempre existindo, apesar do superávit primário. Porque quando inserimos o serviço da dívida, as nossas contas não fecham. Como não podemos olhar a morte de frente, nos queixamos de tudo, menos daquilo que é real: uma transferência insuportável de recursos do setor produtivo, roubados à vida dos mais pobres, para o setor financeiro. É isso que temos feito o tempo todo.

Parece-nos que, diante desse contexto, a única solução que se está aventando é o desenvolvimento. Ou saímos da estagnação econômica e social e entramos a pleno vapor no desenvolvimento ou não saímos disso. Então, vamos nos perguntar: em que uma reforma tributária poderia auxiliar no desenvolvimento do país? Seria necessário mudar em algum ponto ou alguns pontos a Constituição? Em que uma reforma tributária poderia atenuar a injustiça do sistema? Ela poderia fazer alguma coisa? Ou isso não é necessário? Bastaria que mudássemos as leis infraconstitucionais? Com esse enfoque, vamos examinar os impostos federais e estaduais rapidamente, para não cansá-los, tecendo certas considerações sobre um tema interessante, mas que está em ebulição.

Como fã ardorosa da Constituição de 1988, de tudo que fizemos com ela, a única coisa intolerável, que me parece não deveríamos admitir, é o enfraquecimento notável da nossa fé nos grandes valores e nos princípios constitucionais. Temos uma Constituição moderna nesse sentido, porque acredita na força normativa do Direito. A Constituição acredita que, através do sistema tributário e de outras normas do sistema, possamos implementar um Estado Democrático de Direito e o desenvolvimento econômico. É uma Constituição que acredita em princípios que densificam valores e, portanto, acredita em universais. É uma Constituição que acredita em subjetivismo, porque fala em capacidade contributiva, que é pessoal e, em progressividade, que é um critério pessoal. Portanto, é uma Constituição moderna e não pós-moderna. O que caracteriza a época pós-moderna é o objetivismo – não o subjetivismo e muito menos os universais – e a racionalidade ou unidade da razão. É uma Constituição que acredita nos grandes valores: na Justiça, na segurança e na liberdade, mas posta, no entanto, num mundo já pós-moderno.

Nós, no Brasil, não implementamos os valores do Estado Democrático de Direito, que deveríamos ter feito há décadas. Estamos com um comando constitucional nessa direção, mas fazemos atuar a nossa Constituição numa sociedade que recebe cada vez mais um fluxo de idéias pós-modernas, caracterizadas pela queda da autoridade, pela queda do Estado. A única regra que conhecemos hoje é não haver regras. Não mais acreditamos em valor. Descremos de tudo. Duvidamos de tudo. Por isso é que desprezamos o que há de mais valioso no próprio texto de Constituição.

Do ponto de vista econômico, o que vigora entre nós é "cada vez menos Estado, cada vez menos imposto e cada vez mais mercado". Neste contexto dos economistas, como Fridman ou Hayeck, o que se preconiza não é uma ação intervencionista à la Keynes. Ao contrário, é o retraimento do Estado, o retraimento do sistema tributário e florescimento do mercado. Embora o pós-modernismo tenha trazido muitas vantagens como a clareza, a transparência, o pluralismo político, ele trouxe desvantagens evidentes: cresceu a economia informal. E todos os novos economistas preconizaram exatamente isso, o crescimento da economia informal, a desregulamentação, portanto, o crescimento da sonegação, como conseqüência evidente da economia, que hoje se preconiza como liberal. Com isso, temos um sistema tributário vigente, real, fundado na descrença, "desbussolado", sem princípio nenhum. Temos princípios que não funcionam. Estamos sem bússola e sob a lei de mercado. Portanto, a economia informal grassa. E o peso dos tributos é insuportável para a economia formal.

Por isso mesmo, estão deixando de lado os modelos verticais. Nada mais é vertical entre nós, porque não existe autoridade. O modelo kelseniano hoje é rejeitado, porque ele é vertical como a pirâmide, e simples demais para explicar a complexa realidade jurídica. Em lugar dele, se fala em sociedade como rede e em sistema entrelaçado como um mosaico. A cada ponto complexo da sociedade corresponde um ponto complexo do sistema tributário. Isso não é uma característica do Brasil, nem do sistema tributário brasileiro, isso é característica dos sistemas tributários contemporâneos. Como o Estado enfraqueceu, a força das corporações cresceu. Não suponham os senhores que a imaginação da União em criar cada vez mais contribuições seja uma imaginação típica do Brasil e da América Latina. Os franceses e os europeus reclamam do neocorporativismo, portanto, da reivindicação de que muitas instituições financeiras e comerciais reclamam para si tributos especiais, estatutos especiais, benefícios especiais, isenções especiais. Fala-se, no mundo inteiro, em um retorno à Idade Média. E são chamados os sistemas atuais, exatamente, de sistemas barrocos ou rococós. (Cf. nosso artigo, "Pós-modernismo e tributos: complexidade, descrença e corporativismo", *Revista Dialética de Direito Tributário* 100/65-80).

Neste contexto é que lhes vamos falar alguma coisa sobre reforma tributária, fazendo duas perguntas singelas para abranger todos os tributos.

Primeiro: os Senhores acham justo que sendo o Brasil pressionado para se incorporar a Alca, não estejamos preparados? Ou seja, nós aqui em São Paulo, os paulistas, devemos ser obrigados a comprar os carros argentinos – estou me referindo ao Mercosul (e no futuro, implantada a Alca, os carros norte-americanos) – em lugar de comprar os veículos produzidos no Brasil? O sistema tributário brasileiro deve estar preparado para que o mercado nacional possa atuar em igualdade de condições? Se os senhores responderem, digo-lhes que é preciso mudar algo no texto da Constituição.

Em segundo lugar, além de não termos implementado o sistema tributário tal como foi posto na Constituição de 1988 – disso já tinha reclamado o Prof. Paulo de Barros Carvalho –, por que não caminhamos efetivamente em direção de mais justiça e progressividade? Por que não nos preparamos para a integração de mercado? Temos uma noção de não-cumulatividade de 60 anos atrás. Elegemos o princípio da não-cumulatividade que os europeus adotavam há 60 anos. É verdade que a doutrina trabalhou muito bem, mas ela não foi filtrada pelo Supremo Tribunal Federal. Esta é a verdade. Estamos nesta matéria como estavam os franceses na década de quarenta. Não estamos preparados nem para enfrentar a América Latina e nem para enfrentar o mercado europeu com o IVA. Para isso, seria necessário fazer algo na Constituição? Sim. É necessário fazer algo na Constituição. O que está acontecendo com o nosso mercado interno? É fundamental que tenhamos o nosso mercado interno perfeitamente integrado. O Prof. Paulo de Barros Carvalho tocou num ponto, e tem toda a razão, que é um princípio relevantíssimo da Constituição. Se há alguma coisa que a Constituição garante e exige é a integração de mercado, mas estamos tomando a trilha oposta.

A segunda questão que lhes farei é muito simples: é justo que, incidindo os nossos impostos sobre o consumo, a base do ICMS esteja diminuindo cada vez mais – isso está acontecendo – e as alíquotas incidentes sobre produtos essenciais, como combustíveis, energia elétrica e telecomunicações sejam elevadíssimas e insuportáveis para os mais pobres? Como atenuar isso?

Essas questões deveriam ser respondidas.

É necessário alterarmos algo no Texto Constitucional. Em primeiro lugar, por que eu seria obrigada a comprar veículo na Argentina em vez de comprá-lo no Brasil? Não se esqueçam de que tivemos de alterar a Constituição para atenuar uma visão, na minha opinião, equivocada, e até compartilhada por grande parte da doutrina, no sentido de que o ICMS não poderia incidir na importação, quando ela não fosse feita por um comerciante, ou seja, por um contribuinte do próprio ICMS. Também não fazemos incidir as contribuições, nem a COFINS, sobre as importações. Por que isso nos obrigaria a comprar veículos fora do País quando completássemos a integração no MERCOSUL ou nos integrássemos à ALCA?

Ora, para enfrentarmos quaisquer pressões externas, em torno da ALCA, do MERCOSUL ou da Comunidade Européia, temos de garantir que os importados sejam tributados como são os nacionais. Porque a característica de uma área de livre comércio ou de integração reside no fato de que as alíquotas de importação são zeradas, para que as mercadorias possam circular livremente, sem barreiras. Os senhores sabem que nos mercados não integrados, no comércio exterior em geral, vigora o princípio do destino, ou seja, saem os produtos do mercado exportador livres de tributos sobre a exportação (inclusive IVA), chegando livres de tributos ao país importador, onde a produção interna está sofrendo, sistematicamente, a pressão tributária nacional. É necessário submeter esses importados, quando não há mais imposto de importação, aos mesmos tributos internos que sofre a produção local, sob pena de não haver o mínimo de harmonia e de igualdade em uma integração de mercado.

O Brasil custou muito a entender e a implantar essa regra. Os europeus há muito tempo adotam o princípio do destino para o comércio exterior com a exoneração total das exportações e tributação sistemática, pelo IVA, das importações. Até que enfim, nessa última reforma adotou-se o princípio correto no comércio exterior: exoneração total das exportações e tributação sistemática das importações. Esta medida prepara o Brasil para a integração de mercado. Mas, para isso, foi necessário alterar o texto da Constituição. Lembremo-nos de que, enquanto não se inseriu a tributação ampla das importações pelo ICMS, com a Emenda n. 33, o Supremo Tribunal Federal decidiu que as importações, feitas por aqueles que não eram contribuintes, estariam livres do ICMS. Quem interpreta a Constituição é o Supremo Tribunal Federal. Ora, a reforma vem exatamente para estender o princípio do destino, no comércio exterior (exoneração total da cadeia de exportações, tributação sistemática das importações), às contribuições.

Em segundo lugar, é necessário adotar a neutralidade dos impostos sobre o consumo. O princípio da não-cumulatividade entre nós é restrito a crédito físico até hoje. É um absurdo que dentro do próprio IPI, o primeiro dos impostos que foi tornado não-cumulativo, ainda em lei ordinária, antes da Emenda Constitucional n. 18/1965, até hoje, não se conceda crédito na aquisição dos bens de capital. Isso é uma aberração. A doutrina sempre tentou uma outra interpretação, mas nada conseguiu. Geraldo Ataliba lutava bravamente para que se compreendesse que, tanto no IPI como no ICMS, a não-cumulatividade posta na Constituição não poderia ser limitada por legislação infraconstitucional. A mesma posição mantinham os juristas que estão aqui assentados nesta Mesa. O Prof. Roque Carrazza igualmente sempre defendeu essa tese. Mas o Supremo Tribunal Federal não a adotou. Acresce ainda que as Receitas Públicas (Federal e Estadual) querem "desconstitucionalizar" o princípio, de modo a que a não-cumulatividade tenha a extensão que lhe seja atribuída em lei infraconstitucional. No IPI, pretendem mesmo que isso ocorra em portarias e resoluções, para que sob qualquer pretexto, por qualquer necessidade de caixa, se restrinja, se violente ou se ampute o princípio da não-cumulatividade.

Entre nós, a não-cumulatividade é amplamente cumulativa, ainda por outras razões. Os contribuintes morrem com seus créditos na mão, quando há créditos excedentes, nas exportações, por exemplo. Não temos um mecanismo de reposição desses créditos imediatamente em dinheiro, como fazem os europeus. Precisamos caminhar muito.

Pela primeira vez no Brasil se deu crédito em relação aos bens do ativo fixo por meio de uma lei complementar federal (n. 87/1996) posta pelo governo Fernando Henrique Cardoso. Antes disso, não. Mas se vier a reforma, pela primeira vez, colocar-se-á na Constituição o princípio da não-cumulatividade de forma ampla, mesmo em relação ao IPI. Ou seja, alcançar o sistema do crédito financeiro e ser inerente a todos os tributos sobre consumo: IPI, ICMS, contribuições como PIS e COFINS. A reforma pretende consagrar, de forma geral, o princípio da *neutralidade*, de modo que os tributos de mercado não onerem a produção, nem interfiram na competitividade entre as empresas. Ela deverá:

a) consagrar a regra de que: "lei complementar poderá estabelecer critérios especiais de tributação, com o objetivo de prevenir desequilíbrios da concorrência, sem prejuízo da competência da União, por lei, estabelecer normas de igual objetivo".

b) inserir um novo inciso ao § 3º o art. 153: "... o IPI terá reduzido seu impacto sobre a aquisição de bens de capital pelo contribuinte do imposto, na forma da lei";

c) em relação ao ICMS, obrigatoriamente determinar a concessão de créditos, correspondentes ao imposto suportado nas aquisições de bens do ativo permanente, para atenuar os ônus dos investimentos;

d) consagrar uma não-cumulatividade ampla em relação às contribuições para o PIS e a COFINS, na forma constitucional, podendo a lei apenas indicar os setores em que se implementará, mas não reduzir ou amputar o princípio.

Dessa forma espera-se preparar melhor o País para a integração de mercado, para o desenvolvimento e para a redução dos custos dos investimentos.

Em terceiro lugar, infelizmente, é necessário reconhecer que o nosso mercado interno está se desintegrando. Ainda que não fizéssemos nenhuma outra mudança na Constituição, teríamos que inserir nela sanções mais graves para coibir as ofensas à Lei Complementar 24/1975. Pois, além das isenções e dos benefícios fiscais postos legitimamente nos convênios, por meio do CONFAZ, todos sabemos que muitos Estados concedem benefícios de gaveta, escusos e ilegais, que desencadeiam uma grande guerra fiscal. Então, como vamos integrar nosso mercado a outro, especialmente no MERCOSUL, se ele está com problemas seriíssimos de integração interna? Essa é a grande questão que tem de ser resolvida. O Supremo Tribunal Federal tem competência para resolver conflitos entre os Estados, e o faz, mas é impotente para combater uma guerra generalizada, para dirimir conflitos em larga escala. Entendemos, em tais circunstâncias, que as medidas preconizadas pela atual reforma, como a uniformização da legislação do ICMS e a proibição da concessão de isenções e de quaisquer outros benefícios fiscais ou financeiros pelos Estados produzirão efeitos altamente benéficos.

Por último, quero dizer, em relação à justiça tributária e à solidariedade preconizada em nossa Constituição, não há reforma que resolva esse problema. Estamos descrentes. Não acreditamos nos valores. E, em razão de uma política econômica liberal, estamos a atacar os princípios. Para solucionar os problemas que criamos, partimos para soluções simplistas, absolutamente objetivas, com o esquecimento do sujeito.

Então, o que é que está acontecendo entre nós?

Na verdade, para coibir a sonegação e a economia informal, inventamos uma CPMF (contribuição provisória sobre movimentação financeira) uma solução simplista, nesse ponto até moderna, porque é universal. Todos pagam. Mas é objetiva. Não interessa que o senhor esteja pagando sobre uma movimentação financeira que corresponda a uma despesa essencialíssima para sua saúde, para sua educação. Isso não interessa. Se o senhor tem renda baixa ou não tem, não interessa. É tributação objetiva. Aquilo que os liberais modernos chamam de *flat tax*, um imposto, um tributo ou uma contribuição em que se extingam todas as isenções, toda a progressividade e todas as considerações subjetivas e se tributem todos de uma forma meramente proporcional.

É o que se preconiza para o imposto de renda em muitos modelos: 10% para todos. Quem ganha quinhentos reais, pagaria 10%. A família que ganha cinqüenta mil reais por mês, líquidos, também 10%. Assim, os ricos pagam menos. Mas sabe-se muito bem que isso é eliminação do sujeito e da capacidade econômica pessoal. Uma família de quatro filhos que ganha quinhentos reais tem nos 10%, nesses cinqüenta reais, uma despesa essencial. Quando uma família de quatro filhos tem como renda líquida cinqüenta mil reais/mês, cinco mil reais não correspondem ao mesmo sacrifício imposto àquela família que percebe quinhentos reais/mês. Lembremo-nos, mais uma vez, de que a Constituição Federal obriga à progressividade no imposto sobre a renda, consagrando o imposto-solidariedade e não a idéia liberal de imposto-troca.

Igualmente os franceses instituíram agora um outro tributo, denominado contribuição social generalizada, CSG, que segue tais princípios. É melhor estruturada do que a nossa CPMF, porque só atinge as famílias, não as empresas, que geram emprego. Trata-se de um desconto na fonte de 7% sobre a receita bruta das famílias. Continua imposto de renda. Os senhores acreditam que a contribuição social generalizada dos franceses, que tem como objetivo custear os benefícios de assistência social com alíquota proporcional de 7% sobre todas as famílias, pobres e ricas, já rivaliza, em termos de arrecadação, nos seus montantes, com o imposto de renda francês, altamente progressivo, cuja alíquota máxima é de 50%? Portanto, inovações recentes apontam essas novas tendências em outros sistemas jurídicos.

Nós temos, para simplificar e implementar a praticidade, a invenção da substituição tributária para frente. Mas no momento em que adotamos uma base de cálculo presumida definitiva, longe da realidade, eliminamos o sujeito e a capacidade econômica de contribuir. Só pensamos em quê? Na arrecadação e nos objetivos fiscais. Estamos abrindo mão de justiça, de progressividade, de subjetividade. Não é à toa que, no Direito Penal, se discute se a culpa é subjetiva ou pessoal. Entretanto, o § 1º do art. 146 aponta em outra direção.

Como se não bastasse, alguns juristas estão a interpretar o parágrafo único do art. 116 do CTN, recentemente introduzido, como uma espécie de desconsideração ou norma de combate à elisão, ao planejamento tributário. O parágrafo único quer simplesmente uma norma anti-simulação, ou seja, coibir a simulação na ordem jurídica brasileira. Para alguns, a segurança jurídica não tem mais o papel e a importância que tinha entre nós, até pouco tempo atrás.

Quero reafirmar a minha posição moderna e dizer-lhes que adoto a mesma visão do filósofo Lyotard, segundo o qual pós-modernismo não é o modernismo em fase terminal, é modernismo na sua fase inicial. E devemos preparar a revisão e o "refortalecimento" desses grandes valores constitucionais. Praticidade, sim. Simplificação, sim. Mas não sem sujeito. Não sem capacidade econômica. Não sem progressividade. Com toda a certeza, a praticidade não tem prevalência sobre a justiça. Muito obrigada aos senhores. (*Palmas*)

PRESIDENTE DA MESA (PROF. EDUARDO BOTTALLO) – Cumprimento a ilustre Profa. Misabel Derzi pela sua excelente exposição.

Temos uma pergunta endereçada ao Prof. Aires e outra à Profa. Misabel. Enquanto a Profa. Misabel descansa um pouco, passo a palavra ao Prof. Aires Barreto, que responderá a pergunta que lhe foi endereçada.

PROF. AIRES BARRETO – A pergunta é arguta, como não poderia deixar de ser, provindo do Prof. Pedro Lunardelli. Diz ele: "Não devemos considerar, no contexto dessa reforma arrecadatória, o fato relevante de o STF ter julgado: (a) constitucional a emenda constitucional relativa no tributo precedente (CPMF); (b) constitucional a medida provisória versando sobre matéria tributária; (c) constitucional a precedente contribuição sobre o lucro e o COFINS; e (d) constitucional o fato de as contribuições não exigirem prévia lei complementar, mas simples lei ordinária. Não estaria aí a 'segurança jurídica' necessária para o Legislativo pretender uma reforma nesse moldes?"

O Supremo Tribunal Federal também é composto por homens falíveis, que não acertam sempre. Não atentaram, por exemplo, relativamente à edição de medidas provisórias versando matéria tributária, para o excelente trabalho escrito pela Profa. Misabel Derzi, mostrando por várias razões que, em matéria tributária, não pode caber edição de medida provisória, porque não estão presentes os pressupostos da relevância e da urgência, que já estão plasmados no texto constitucional.

Mas não podemos dizer que a culpa é do Supremo. Não me parece que essa seja uma conclusão justa. Dizem, como contraponto a isso, que durante um julgamento do Supremo, o Procurador-Geral foi chamado, levantou-se e saiu. E que o Ministro Sepúlveda Pertence, jocosamente, teria dito o seguinte: "olha, diante do que estamos julgando, ele deve ter saído para cuidar da emissão de uma nova medida provisória, rebatendo o aqui decidido". (*Risos*)

Eu gostaria de mostrar o lado inverso. Vejam: o Supremo Tribunal Federal decidiu que locação de coisas não pode ser alvo de incidência do ISS. Apesar disso, edita-se uma Lei Complementar (a de n. 116, de 2003) que, embora contenha um veto do Presidente da República relativamente a essa cláusula (locação de bens móveis), contempla um série de outras variáveis de locação sob os eufemísticos nomes de cessão de direitos, fornecimento de andaimes e outras da espécie, que são típicas locações.

Desculpem-me se insisto que há uma reforma com nítido propósito arrecadatório, no plano infraconstitucional. Por exemplo, está sendo desconsiderado, relativamente à sociedade de profissionais, o critério adotado pelo Decreto-lei n. 406, reafirmado pelo Decreto-lei n. 834, novamente ratificado pela Lei Complementar n. 56, de 1987, para pretender que os profissionais liberais, integrantes de sociedades, sejam tributados não mais em razão do critério diferenciado – não digo favorecido – a que estão submetidos, para tributá-los em razão do preço do serviço.

Parece-me que essa possibilidade não se revela possível, porque, primeiro, a razão que justificava o tratamento diferenciado entre os prestadores de serviço de um modo geral e aquelas situações em que há trabalho pessoal do próprio contribuinte, isoladamente ou em sociedade prossegue presente. De outra parte, não se pode confundir a situação em que há prestação de serviço com predominância do capital sobre o trabalho daquelas outras em que sobreleva o trabalho, caso das sociedades de profissionais. A natureza do trabalho continuará sendo pessoal. O serviço prestado pelo advogado é idêntico, quer quando ele age como autônomo, quer quando ele é integrante de sociedade. Em ambas as situações tem ele responsabilidade pessoal e, portanto, a responsabilidade é do advogado, ainda que integrante de sociedade.

De outra parte, se o objetivo era pretender revogado o tratamento diferenciado para a sociedade de profissionais, o que se tem na seqüência é a seguinte situação: como inequivocamente não houve revogação do § 1º do art. 9º do Decreto-Lei n. 406, segue-se que, se dispensarmos ao profissional autônomo tratamento da forma *A*, não será possível tratar esse mesmo profissional autônomo da forma *B*, pela circunstância de ser integrante de sociedade profissional, porque esse não é critério idôneo para a desigualação, como se pode ver das lições do Prof. Celso Antônio Bandeira de Mello, em seu notável livro sobre a igualdade tributária. É mesmo até questionável se, efetivamente, se revogou o tratamento diferenciado, ou seja, se é possível, analisando essa Lei Complementar n. 116, à luz dos comandos da Lei Complementar n. 95, que prevê os critérios de revogação, se ela se materializou.

O fato é que isso só prova que os tentáculos do Fisco são monumentais. Que o propósito das "reformas tributárias" não é o de simplificar, nem o de racionalizar, nem o de implementar, como sabiamente disse a Profa. Misabel, o princípio da não-cumulatividade, nem o de respeitar o princípio do não-confisco, nem o de respeitar os direitos e garantias individuais, mas, pura e simplesmente, o de desconsiderar tudo o que se conquistou na Constituição de 1988, destruindo-a em função de um interesse espúrio, meramente arrecadatório.

Presidente da Mesa (Prof. Eduardo Bottallo) – Obrigado, Prof. Aires. Passo a palavra à Profa. Misabel Derzi, para que responda a pergunta que lhe foi anteriormente encaminhada, esperando que a modéstia não a impeça de ler o elogio que lhe foi dirigido pela indagante, ao pé da página.

Profa. Misabel Machado Derzi – Antônio Sá, do Rio de Janeiro, pergunta se a introdução do Supersimples na Constituição Federal nesta reforma já aprovada, no projeto de reforma já aprovado na Câmara, não estaria ferindo o princípio da Federação ao criar um sistema centralizado e obrigatório de arrecadação e tributação para todos os tributos estaduais, federais e municipais. Um Supersimples não seria, portanto, ofensivo à Federação?

Bom, na verdade, o Supersimples é um dispositivo de implementação muito difícil, porque ele não chega a cassar a competência dos entes políticos da Federação, isso continua sendo facultativo para o contribuinte. Tenho minhas dúvidas sobre a possibilidade de sua implementação. Exatamente por isso, não se fala em competência, essa palavra foi evitada para não se criar esse tipo de atrito. Na melhor das hipóteses, se vai fazer uma lei complementar, podendo haver adesão do Município ou do Estado. Mas a cassação da competência estadual ou municipal não acontecerá. Isso não está escrito, nem vai ser possível. É que, em relação ao governo atual, existem algumas parcelas da sociedade que têm uma força muito grande. Uma delas é a pequena e a microempresa. Tudo o que foi pedido por elas foi atendido. Tudo. Claro, com alguma redução de adaptação. Não se cassa a competência nem do Município, nem do Estado.

Os Municípios têm – e o PT sempre foi municipalista – junto ao Governo Federal uma força muito grande. Reclamaram que não tinham sido convidados a discutir a reforma com o Presidente da República, convidados apenas os governadores. Mas não foram convidados porque não perdiam nada. Desde o início, não podem perder nada. Quem poderia perder e, obviamente, perdia, eram os Estados.

Em matéria de ICMS, o que temos, na realidade, não é o que manda a Constituição. As leis complementares são cada vez mais minuciosas, como a lei Kandir (n. 87/1996) e as demais. O que sobra para a lei estadual é pouquíssimo. O resto corre à margem da lei. Vem sendo posto e disposto por secretário de Estado e governador. Ou seja, isenções, benefícios fiscais, regimes especiais, tudo passa ao largo das Assembléias Legislativas. As Assembléias Legislativas não perderam praticamente nenhuma competência, porque já não a tinham. Abriram mão de sua autonomia há trinta anos, com o advento da Lei Complementar n. 24. E a escola paulista, liderada pelo Prof. Geraldo Ataliba, sempre se insurgiu contra isso. O problema não era nem apenas de legalidade. O problema era de legalidade, autonomia do Estado e transparência e clareza. Essa história de secretário de Estado ou governador legislar acabou em quê? Em acordo de gaveta do próprio secretário de Estado, contra o outro ou os demais. Nós permitidos a degenerescência do sistema quando fomos abrindo mão de princípios, como da legalidade e da Federação. E o Supremo Tribunal Federal consentiu na constitucionalidade da Lei Complementar n. 24/1975. Nesse sentido, somente alteração da Constituição restabeleceria a ordem republicano-federativa.

Presidente da Mesa (Prof. Eduardo Bottallo) – Profa. Misabel, temos ainda mais dois minutos. Caso V. Exa. achar que pode responder, são duas perguntas que se concentram numa única indagação. Resumo a pergunta da seguinte forma: pelas mesmas razões que V. Exa. entende que, no caso das exportações, não se justifica a tributação na fonte, mas no destino, poderia ser sustentada a tese de que o ICMS deveria ser cobrado não na origem e, sim, no destino?

PROFA. MISABEL MACHADO DERZI – Ao contrário. A técnica correta de mercado integrado é cobrança na origem. Mas não significa que o produto arrecadado deva ficar com o Estado vendedor ou produtor líquido. A técnica de se cobrar no mercado interno é exatamente na origem, porque aí não se tem interrupção da cadeia de débito e crédito. A interrupção só se justifica quando o mercado não é integrado, porque se cortam todos os impostos que incidem sobre a exportação, o produto chega livre de impostos no outro mercado que não é integrado, comércio exterior, e lá se faz a política interna que se quiser, com isenção, sem isenção, tributando-se o importado da mesma forma que se tributa, pelo menos, o nacional. Quando estamos falando em política de mercado não integrado estamos falando de autonomia plena, total, destes mercados para internamente fazerem o que quiserem. Agora, quando passamos a falar de mercado mais integrado, ou, como é o caso brasileiro, de mercado plenamente integrado, nós falamos da continuidade da política, de modo que não há interrupção na cadeia de débito e crédito. Por isso, a Constituição fala: um Estado é obrigado a receber o crédito relativamente ao imposto pago a outro Estado. Isto é mercado integrado. Então, cobra-se na origem.

Como o ICMS acaba incidindo sobre o consumidor final, que é o único elo da cadeia que não tem direito a crédito (estou me referindo à questão jurídica propriamente dita), acho que é de extrema justiça que o produto arrecadado pertença ao Estado do destino. Para isso, há várias fórmulas sugeridas. No Brasil, ele não pertence integralmente ao Estado do destino, ele é dividido entre um Estado e outro, pois conhecemos a técnica das alíquotas interestaduais diferenciadas. Portanto, em um mercado completamente integrado, a arrecadação tem que ser feita na origem, mas o produto arrecadado deve ser repassado para o Estado de destino.

Nesse ponto, a reforma também acertou. Obrigada.

PRESIDENTE DA MESA (PROF. EDUARDO BOTTALLO) – Quero agradecer a brilhante participação dos nossos palestrantes: o Prof. Paulo de Barros Carvalho, o Prof. Aires Barreto e a Profa. Misabel Derzi. Convido os colegas para a continuidade dos nossos trabalhos de hoje dentro de aproximadamente vinte minutos. Muito obrigado.

CONFERÊNCIA

OS LIMITES DO PODER REFORMADOR NA CONSTITUIÇÃO BRASILEIRA

DESEMBARGADOR FEDERAL ARICÊ AMARAL SANTOS

Distinguiu-me a ilustre Comissão Organizadora do XVII Congresso Brasileiro de Direito Tributário, patrocinado pelo Instituto Geraldo Ataliba, com honroso convite para proferir conferência neste conclave, que reúne os mais lídimos e respeitados cultores do Direito Público, juristas que o são por excelência.

Agradeço, sensibilizado, a distinção que me foi conferida. Falar para juristas é motivo de gáudio e envaidecimento. Compreende também tarefa difícil, em razão das diversas concepções jusfilosóficas que perfilham em relação ao Estado e ao Direito.

O tema que me foi proposto expor: "Os Limites do Poder Reformador na Constituição Brasileira", como ressoa de seu enunciado, assenta-se no duplo terreno da teoria constitucional e do Direito Constitucional Positivo.

Para a teoria constitucional, a problemática do nascimento da Constituição alberga assunto controvertido, polêmico, que se reporta à idéia do Poder Constituinte.

Convém, desde logo, lembrar que se deve a Emmanuel Sieyès, padre, político e jurista, em sua célebre monografia *Que É o Terceiro Estado?*, a concepção de um poder que antecede e cria a Constituição, que denominou de Poder Constituinte.

Consolidou-se, desde então, para o movimento constitucionalista, que a Constituição escrita é o resultado de uma obra do Poder Constituinte. Para os doutrinadores este poder se caracteriza por ser inicial, autônomo e incondicionado. Sua incondicionalidade é questionada por respeitados estudiosos desse característico.

Uma indagação indispensável, então, se faz: o Poder Constituinte é um poder de fato ou de Direito?

Saber a natureza do Poder Constituinte compreende o referencial maior para a identificação da essência e potencialidade do poder criador da Lei Fundamental.

Para a doutrina positivista-kelseniana, o Direito se resume ao Direito posto pelo Estado. Aflora dessa máxima que o fenômeno do Poder Constituinte, por preceder à Constituição, agrega-se ao mundo do ser (político-social), não ao mundo do dever-ser, ou seja, ao mundo normativo. Seu estudo pertence à Ciência Política e à Sociologia, nunca à Ciência do Direito. Daí por que o Poder Constituinte é um poder de fato.

Para os doutrinadores do Direito Natural, das mais diversas escolas, a iniciar de Hugo Grocio, passando por Kant, até os jusnaturalistas contemporâneos, entre os quais se incluem Oudot, na França, e o Prof. André Franco Montoro, no Brasil, a idéia de liberdade e do justo, parelha ao inato direito do homem auto-organizar a sociedade política, consubstanciam princípios e valores eternos de Direito Natural. Alimentando-se obrigatoriamente a operação criadora da Constituição pelos ditames do jusnaturalismo, para esta corrente o Poder Constituinte é um poder de Direito Natural.

Preleciona o Prof. Manuel Gonçalves Ferreira Filho, em sua primorosa obra *O Poder Constituinte*, que a tese positivista e a tese jusnaturalista são bastantes para explicar a natureza do Poder Constituinte.

Para os propósitos desta exposição, no entanto, o desvendamento da natureza do Poder Constituinte carece ser feito também ao lume de outras importantes construções teoréticas a respeito do assunto.

Para o Fundacionalismo de Maurice Hauriou, o Poder Constituinte é um direito de liberdade primitiva, sempre em latência, que se concretiza a partir da instauração da operação constituinte. Tal direito assenta-se num pressuposto, que traduz a idéia da existência de uma "superlegalidade constitucional". Na teorização de Hauriou o poder fundador da Constituição é um poder de Direito, de fundo jusnaturalista.

Ao reverso, para o decisionismo de Carl Schmitt o fenômeno político antecede e prevalece sobre o Direito. A vontade política é tudo. Com base nesse pensamento, Schmitt, escreveu: "O Poder Constituinte é vontade política cuja força ou autoridade é capaz de adotar a concreta decisão de conjunto sobre o modo e a forma da própria existência política, determinando assim a existência da unidade política como um todo". Para o decisionismo, pois, o Poder Constituinte é um poder de natureza política.

Para a teoria dialético-integral de Hermann Heller, o mundo do ser se entrelaça ao mundo do dever-ser. Partindo dessa premissa, o Poder Constituinte expressa a realidade social e princípios de Direito suprapositivo, ético ou lógico-construtivo. Em fidelidade ao pensamento de Heller, o Poder Constituinte consiste na manifestação de uma vontade sócio-jurídica. Esta é a sua natureza.

Para a teoria de Georges Burdeau, o Poder Constituinte não é um poder de Direito Positivo, à afirmação de que para os positivistas constitui dogma que o Estado antecede ao Direito e nunca o Direito ao Estado. Como, porém, o poder criador da Constituição encarna uma nova idéia de direito dominante, que se impõe, por si mesma, não se lhe pode negar tal essencialidade. Trata-se, assim, de um instituto de Direito autônomo, não filiado ao positivismo ou ao jusnaturalismo.

Ante a relevância e complexidade que cerca o assunto para a teoria constitucional, a título de contribuição científica, ousei escrever singela monografia *O Poder Constituinte*, debruçada no enfoque da sua natureza. Fruto de longa meditação, peço licença para externar, em linhas gerais, o resultado de nossa reflexão.

O Poder Constituinte, criador da Constituição, quer se manifeste por uma Assembléia Nacional Constituinte ou por um movimento revolucionário, como ocorreu em Portugal, ainda recentemente, expressa uma força política dominante, de energia social, que traz nela inserta uma nova idéia de Direito destinada à estruturação do ordenamento jurídico estatal.

A nova idéia de Direito é que define a organização do Estado e do Direito Positivo, afeiçoando-a à realidade fenomênica. Esta idéia de Direito, contudo, somente se concretiza com a promulgação da Lei Maior, alavancada pela força político-social que a produz: o Poder Constituinte.

É, assim, o Poder Constituinte uma força jurígena ou parajurídica (político-sociológica quanto à sua origem e natureza, jurídica quanto ao seu efeito).

Dessa breve noção sobre o Poder Constituinte emerge inelutável a importância desse poder para a teoria constitucional como para a teoria do Direito Constitucional Positivo.

A operação constituinte fundacional esgota-se com o surgimento da Constituição. Nesta se radica, sob rigor de sua positividade, no caso de Constituição rígida, o processo constitucional destinado à sua reforma.

O termo reforma não abarca conceito unívoco. Em verdade, trata-se de conceito dotado da maior extensão. Veja-se, por oportuno, que se tomada a expressão ao pé da letra, poder-se-ia entender que o processo de mudança constitucional não teria limites.

Para a doutrina é irrelevante o *nomen iuris* que se dê ao poder constitucional desencadeador do processo de modificação de normas mandamentais.

A expressão "Poder Reformador" é usualmente empregada pelos constitucionalistas. Dito poder é também conhecido como Poder Instituído, Poder Derivado, Poder Revisor e Poder de Emenda. Tais expressões se equivalem.

O Poder Reformador retira seu fundamento de validade da própria Constituição. É, portanto, um poder instituído. Em sua essência, positiva-se apenas para modificar a Constituição, adaptando-a aos novos tempos e suas exigências.

Contrapondo-se ao Poder Constituinte Originário, o Poder Reformador da Constituição apresenta características que bem o distinguem daquele. É um poder secundário, por subordinado à Lei Maior. É limitado. Só pode agir dentro do âmbito de sua regração. Isso vale dizer que seus limites estão demarcados pelas chamadas cláusulas pétreas. É um poder condicionado não só quanto à sua materialidade, como pelas normas regentes do processo de reforma. Nascido na Constituição o Poder Reformador é um poder jurídico.

A Constituição, no seu aspecto formal, compreende o conjunto de normas nela insculpidas.

Constituição rígida é a que prevê a modificação de suas normas mediante um processo mais árduo e especial que o estabelecido para a alteração da legislação ordinária. Este caráter revela-se sob vários aspectos. Disso cuidar-se-á adiante.

Calha dizer que esta abordagem espelha tão-somente uma visão geral do instituto em exame.

É momento, a partir de agora, que se passe a cuidar do Poder Constituinte Reformador ao lume do sistema constitucional positivo brasileiro vigente.

A Constituição da República entronca sua força jurídica no seu Título I – "Dos Princípios Fundamentais" –, que normatiza e sagra um conjunto de normas fundamentais regentes do Estado e do Direito. Tais mandamentos irradiam-se sobre a própria Constituição, bem como sobre todo o ordenamento jurídico.

Neste plexo normativo centra-se a chave para a boa interpretação da matéria constitucional. As normas principiológicas da Constituição, expressão cunhada pelo saudoso Prof. Geraldo Ataliba, não só definem a estrutura do Estado, como consubstanciam os princípios e valores norteadores do sistema constitucional positivo. Destaco-os: princípio federativo, princípio republicano, princípio da separação de Poderes e, primordialmente, o princípio do Estado Democrático de Direito.

O sistema constitucional positivo nacional aloja dois subsistemas superiores, que se entrelaçam necessariamente: o subsistema constitucional das Liberdades, inscrito na Constituição no Título II – "Dos Direitos e Garantias Fundamentais" –, e o subsistema constitucional "Da Organização do Estado", estabelecido no seu Título III. Ao redor deles gravitam o subsistema constitucional tributário, o subsistema constitucional econômico-social e o subsistema constitucional das crises.

Estas considerações iniciais mostram-se imprescindíveis para o equacionamento do tema desta exposição.

A Constituição brasileira é rígida. Tal dicção tem seu núcleo normativo fixado no art. 60, I *usque* V, da Lei Maior.

O poder de reforma da Constituição formaliza-se através do processo de emenda à Constituição. Sua via de expressão é o Poder Constituinte Reformador.

A ação reformadora se desenvolve em duas etapas. A primeira, diz respeito à abertura ou iniciação do processo-técnico que a informa. A segunda, diz respeito à reforma em si mesma.

Quanto à primeira etapa, é de se observar que tanto o processo de emenda como seu procedimento regem-se pela Constituição, como pelos Regimentos Internos da Câmara dos Deputados e do Senado Federal.

Esta operação técnico-processual tem um marco inicial e um termo final. Desenvolve-se através de uma série de fases e de atos encadeados, através de uma série de fases e de atos encadeados.O instrumento veiculador do processo formaliza-se na proposta ou projeto de emenda constitucional.

A iniciativa da proposta é de titularidade única dos agentes expressamente designados no art. 60, I a III, observadas as exigências contidas nesses preceitos.

É da competência privativa da Câmara dos Deputados e do Senado Federal processar a tramitação da proposta de emenda.

Sua fase deliberativa importa a discussão e votação da proposta, em dois turnos, perante cada uma das Casas que compõem o Congresso Nacional. Sua aprovação, nos dois turnos, exige o elevado quorum de três quintos de seus membros. Aprovada a proposta, sua promulgação compete privativamente às Mesas da Câmara dos Deputados e do Senado Federal. Com a promulgação da emenda, ela se incorpora ao Texto Constitucional.

A segunda etapa diz respeito à reforma propriamente dita. Cuida-se, pois, de saber quais são as matérias não suscetíveis de serem reformadas. Fixadas as matérias imunes ao processo de emenda constitucional, decorre que todas as demais matérias estão sujeitas à operação reformadora.

A identificação das matérias objeto de reforma cabe ser extraída à luz do sistema constitucional positivo, a partir da normação instituidora do processo de emenda à Constituição.

Como já assinalado, o Poder Reformador é um poder limitado e condicionado. Tais atributos se imbricam. Tendo-se em vista tais vetores, conforme pacífico entendimento doutrinário o processo de emenda constitucional comporta limitações formais e materiais.

Entre as limitações formais incluem-se as de caráter circunstancial e as de caráter procedimental. A primeira prende-se à vedação de proposta de emenda ter tramitação durante o curso de intervenção federal, de estado de defesa e de estado de sítio (CF, art. 60, § 1º). A limitação procedimental tem assento no § 5º do art. 60, que dispõe: "A matéria constante de proposta de emenda rejeitada ou havida por prejudicada não pode ser objeto de nova proposta na mesma sessão legislativa".

As matérias imunizadas ao processo de emenda têm sua explicação nas limitações explícitas e implícitas. Estas consistem na proibição de emendas referentes às matérias declaradas imutáveis pela vontade do poder criador da Constituição.

As limitações explícitas exteriorizam-se nas chamadas cláusulas pétreas, esculpidas no § 4º do art. 60 da Constituição, que preceitua: "Não será objeto de deliberação a proposta de emenda tendente a abolir: I – a forma federativa de Estado; II – o voto direto, secreto, universal e periódico; III – a separação dos Poderes; IV – os direitos e garantias individuais". A normação petrificada inclui-se na categoria das normas constitucionais de eficácia absoluta, como se haure da lição da Profa. Maria Helena Diniz.

Aclarada a consistência dos limites explícitos da operação reformadora, mostram-se identificadas e individualizadas as matérias não passíveis de serem reformadas. Por sua vez, a compreensão dos limites implícitos reveste-se de temática polêmica, não sistematizada no campo doutrinário. Os constitucionalistas, conforme suas concepções jurídicas, conferem ao assunto extensibilidades diversas. Recomenda, no entanto, a boa técnica jurídica que tal análise se faça ao lume do sistema constitucional positivo.

Anteriormente, nesta oração, enfatizou-se que, no Título I da Constituição, normatizou-se um conjunto de normas e princípios fundamentais refundadores da organização do Estado e do Direito, que se sobrepõem sobre todo o ordenamento jurídico.

Da norma organizacional do Estado, estabelecida no art. 1º da Constituição, lê-se que o Estado brasileiro "constitui-se em Estado Democrático de Direito". Esta norma principiológica encerra a cláusula-chave e calibradora do sistema constitucional positivo. Sua eficácia se irradia sobre todo o ordenamento jurídico nacional.

O conceito de Estado Democrático de Direito, que não se confunde com o de Estado de Direito, traduz, em sua essência, uma redinamizada compreensão do princípio democrático sobre as idéias políticas fundamentais, alargando suas metas sociais e econômicas, conforme valores que o informam.

Balizado o Estado e o Direito brasileiro pelo princípio do Estado Democrático de Direito, extrai-se de sua positividade que esta matéria não pode ser objeto de emenda à Constituição. A norma instituinte do Estado Democrático de Direito, portanto, importa em vedação implícita. Sua imutabilidade é de rigor.

Dentro do quadro da explanação, é de se concluir que o processo de emenda à Constituição comporta limites formais e materiais. Os de caráter formal compreendem limitações circunstanciais e procedimentais.

As limitações materiais são explícitas ou implícitas. Ambas encontram-se cobertas pelo manto da intangibilidade. As explícitas têm suas matérias definidas no § 4º do art. 60 da Constituição.

Fora do âmbito das matérias declaradas petrificadas, uma única outra reveste-se dessa qualidade, ou seja, a norma principiológica do Estado Democrático de Direito.

Exaurida a tarefa que me foi acometida, é de se pôr fecho a esta palestra.

Muito obrigado.

MESA DE DEBATES "C"

TRIBUTOS FEDERAIS

PRESIDENTE DA MESA: PROF. SIDNEY SARAIVA APOCALYPSE
MEMBROS DA MESA: PROFS. JOSÉ ROBERTO VIEIRA,
HELENO TORRES, JOSÉ ARTUR LIMA GONÇALVES, RENAN LOTUFO

PRESIDENTE DA MESA (PROF. SIDNEY SARAIVA APOCALYPSE) – Esta mesa não cuidará apenas dos tributos federais, mas também de outras questões que interessam à Federação e às relações dos cidadãos com o Estado tendo por cenário, tendo por foco a matéria tributária.

Compõem a Mesa os Professores José Roberto Vieira a minha esquerda, o Prof. Heleno Torres, o Prof. José Artur Lima Gonçalves e o Prof. Renan Lotufo – que abordará nesta Mesa o tema que lhe fora destinado para cuidar numa outra mesa de debates.

No curso destes trabalhos poderemos verificar a pertinência da intervenção que ficará a cargo do Prof. Renan Lotufo, porquanto a ele caberá demonstrar ao Congresso os pontos de contato do Código Civil recém-inaugurado na ordem jurídica brasileira, com aquilo que supomos ser uma matéria muitas vezes alheia às relações de que cuida o Código Civil.

Lembro a todos a pertinência do tema atribuído ao Prof. Lotufo, e aqui em homenagem àquele que os inspira a permanecer com esta atividade congressual, o Prof. Geraldo Ataliba, que frisava, sublinhava em todas as suas intervenções, a unicidade do Direito e a pertinência dos diversos preceitos da ordem jurídica com aquilo que se imagina ser didaticamente uma matéria autônoma que é o Direito Tributário. Daí por que nesta Mesa a respeito de tributos federais também trataremos dos reflexos que o novo Código Civil traduz no Direito Tributário.

Sem mais delongas passo a palavra ao Prof. José Roberto Vieira que tratará de IPI e extrafiscalidade.

PROF. JOSÉ ROBERTO VIEIRA – Bom dia a todos!

Registro, desde logo, minha satisfação, que é dupla, em estar aqui. Primeiro, por participar deste tradicional e respeitado evento, graças apenas à bondade do Instituto Geraldo Ataliba – IDEPE, a cuja direção agradeço, na pessoa do Prof. Aires Fernandino Barreto, seu Presidente. Segundo, por integrar especificamente esta selecionada mesa, ao lado dos professores Sidney Saraiva Apocalypse, Heleno Torres, Renan Lotufo e José Artur Lima Gonçalves.

Cumprimento também o presidente da mesa pela felicidade da sua opção em começar por mim, porque realmente penso que é assim que deve ser: começar do menos para o mais importante. E fico curioso por saber quem será o último.

Observo ainda que me sinto muito à vontade porque, embora não tendo estado aqui ontem, tive informações de que os congressistas deste ano são extremamente interessados, que não se preocupam com intervalos, nem com cafezinhos ou bolachinhas, porque se alimentam intelectualmente, de maneira que nós dispomos certamente de um bom tempo para as nossas reflexões, porque temos inclusive a possibilidade de avançar no intervalo, muito embora o Prof. Sidney já tenha olhado, nos dois minutos em que estou aqui falando, pelo menos umas três vezes para o relógio.

Nosso tema é: "Imposto sobre Produtos Industrializados e Extrafiscalidade". E eu começaria lembrando que, em meados do século XIX, no *Manifesto Comunista*, Karl Marx e Friedrich Engels propunham que as massas reivindicassem o uso dos tributos de maneira diferente da meramente arrecadatória. Isso desde meados do século XIX, mais precisamente já em 1848.

Na verdade, os vestígios da utilização de tributos com outras finalidades que não apenas a de arrecadação já começaram antes disso. Acabo de referir-me à proposta de Marx e Engels, de um século e meio atrás, mas antes já era possível depará-la. Quem conhece a bela obra de Antônio Roberto Sampaio Dória – *Princípios Constitucionais Tributários e a Cláusula "Due Process of Law"*, de 1964, depois reeditada como *Direito Constitucional Tributário e "Due Process of Law"* – certamente conhece a sua boa síntese de experiências anteriores, desde o século XVIII, no uso da extrafiscalidade tributária.

Talvez seja interessante lembrar, contudo, que, na etapa que é considerada a fase moderna de utilização extrafiscal dos tributos, há um caso clássico, que aliás determinou o início dessa etapa, dita moderna. Trata-se de um caso do início do século XX, mais exatamente de 1904, estabelecendo uma discussão que alcançou a Suprema Corte Norte-Americana: o caso Estados Unidos *versus* McGray, que discutiu a tributação diferençada da margarina e da manteiga. E a Suprema Corte Norte-Americana reconheceu a procedência da tributação mais gravosa da margarina em virtude de razões extrafiscais, pela vez primeira.

A partir de então, construiu-se, nos Estados Unidos, a duplicidade da visão do tributar com fundamento no *power to tax*, no poder de tributar, na competência tributária, que seria cogitar da tributação habitual, da tributação que visa tão-somente carrear recursos para os cofres públicos; e de uma outra forma de tributação, com amparo no que os norte-americanos chamam de *police power*, que corresponde a uma tributação regulatória, a uma tributação intervencionista, que visa a realizar objetivos de caráter social e econômico.

Recordo vivamente de um texto do Prof. José Souto Maior Borges, dizendo que aqui, no campo da extrafiscalidade, reside um grande perigo, que é o eventual desrespeito ao princípio da capacidade contributiva, decorrência, por sua vez, da igualdade tributária. Esse perigo é tão eminente que nós encontramos com facilidade, no século XX, figuras das mais respeitáveis do mundo jurídico tributário, que se manifestaram por uma absoluta e radical oposição entre a tributação extrafiscal e a capacidade contributiva. Não é por outra razão que Fernando Sainz de Bujanda mencionou-o como um "problema terrível".

Começo lembrando, aliás, um forte pronunciamento desse grande mestre espanhol nesse exato sentido, no terceiro volume de sua obra *Hacienda y Derecho*, de 1963; muito embora haja uma interpretação posterior, de 1975, de Carlos Palao Taboada, num trabalho clássico – *Apogeo y Crisis del Principio de Capacidad Contributiva* –, sustentando que aquela posição de Sainz de Bujanda não era muito bem definida como propriamente contrária à tributação extrafiscal, devendo mais ser entendida como cautela e prudência no encará-la, e não realmente como a sua rejeição.

Mas, além de Sainz de Bujanda, houve muitos outros juristas, no século XX, como, por exemplo, Luigi Rastello, na Itália, Ernesto Flores Zavala, no México, e Giuliani Fonrouge, na Argentina, que simplesmente inadmitem a possibilidade de convivência da tributação extrafiscal com a noção de capacidade contributiva.

É verdade que também existiram tentativas, como, por exemplo, a de Francesco Moschetti, na Itália, de juntar as duas noções, à luz de uma terceira, que é a do dever de solidariedade, para dizer que, quando se trabalha extrafiscalmente com o tributo, isso não significa que um outro princípio esteja superando o da capacidade contributiva, mas, ao contrário, constitui precisamente uma forma de realização da mesma.

É uma tentativa talvez heróica, mas que eu diria muito difícil, e mesmo, na maioria dos casos, de impossível sustentação, sob pena, ao final, da supressão da capacidade contributiva e do aniquilamento da igualdade tributária. Aliás, recordo-me de uma crítica certeira e consistente de Pedro Herrera Molina à decisões do Tribunal Constitucional Espanhol, exatamente pelo fato de que ele não reconheceu esse conflito que é irrecusável entre a extrafiscalidade de um lado e a capacidade contributiva de outro.

É evidente que, no caso da tributação extrafiscal, trata-se de uma atividade instrumental para a realização de determinados objetivos constitucionais. É inevitável voltar aqui a Sainz de Bujanda e atentar para a sua advertência de que o mais importante e delicado problema da extrafiscalidade é exatamente o de reconhecer a sua legitimidade constitucional. E isso varia de Direito positivo para direito positivo.

Acabo de lembrar uma crítica da doutrina espanhola ao seu Tribunal Constitucional. Registro ainda uma segunda crítica, esta feita por Palao Taboada ao mesmo tribunal, por ele insistir inutilmente na frustrada tentativa de adequação da capacidade contributiva à extrafiscalidade, quando simplesmente lhe bastaria o reconhecimento constitucional dos fins extrafiscais, já admitido por aquele tribunal; crítica semelhante àquela que fez Salvatore La Rosa ao tribunal italiano.

Vamos, ao longo da nossa conversa de hoje, que será breve, tentar apontar alguns fundamentos para essa providência cá entre nós, no Brasil, ou seja, perante o nosso Direito Positivo, especialmente perante nossa Lei Magna.

Não há dúvida de que a tributação extrafiscal constitui uma exceção. E isso Aliomar Baleeiro já havia demonstrado, há muito tempo, no Brasil, e hoje muito bem demonstram Casalta Nabais, desde Coimbra (Portugal), e Ferreiro Lapatza, desde Barcelona (Espanha). Sublinhe-se outra vez: a extrafiscalidade é uma medida excepcional em face da via regular dos tributos que é a finalidade arrecadatória, que é o abastecimento dos cofres públicos.

Penso que poderíamos passar, agora, ao exame especifico da tributação extrafiscal relativa ao IPI, talvez apenas com uma última observação acerca da extrafiscalidade em geral, que é a seguinte: há, hoje, algo que nós poderíamos dizer que se aproxima de um certo consenso internacional quanto ao reconhecimento da aplicação de um mínimo de Igualdade à tributação extrafiscal – e esse primeiro raciocínio coube a Emilio Giardina, na Itália – que principia pela necessidade incontornável do respeito da extrafiscalidade ao mínimo existencial ou mínimo vital, como um limite inferior da capacidade contributiva, além da necessidade igualmente imprescindível do respeito à não confiscatoriedade, como um limite superior desse princípio; consenso internacional que prossegue ainda no reconhecimento de que, diante da inevitabilidade do estabelecimento de discriminações para a tomada de providências de caráter extrafiscal, que não só se afaste de plano toda e qualquer exclusão arbitrária, na linha das reflexões de Casalta Nabais, como sobretudo se submeta integralmente o legislador ao mandamento impostergável da proporcionalidade entre os motivos que justificam o tratamento discriminatório e o tratamento discriminatório efetivamente estabelecido, para o qual são valiosas as conhecidas lições, entre nós, de Celso Antônio Bandeira de Mello.

No âmbito do imposto sobre produtos industrializados, é fundamental o papel desempenhado por um princípio específico que se liga umbilicalmente à noção de capacidade contributiva, que é o princípio da seletividade.

Sabemos todos que, no final do século XIX e início do século XX, formou-se uma espécie de acordo tácito internacional no sentido da aversão, e até mesmo da hostilidade, em relação a tributos do tipo do IPI e do ICMS também, como impostos ditos indiretos e que atingem o consumo, em prol dos impostos chamados diretos, que se dirigem à renda e ao patrimônio. Isso felizmente mudou, a partir da Segunda Guerra Mundial, com um movimento de reabilitação desses impostos. Cesare Cosciani falava, na Itália, de uma certa "reavaliação" deles, confirmada por Manuel de Juano, na Argentina, e por Pedro Soares Martínez, em Portugal. Em verdade, mais do que somente uma reavaliação, o século XX presenciou o que o professor italiano Lello Gangemi, invocando Maurice Duverger e Henri Laufenburger, denominou de "revalorização" desses impostos, defendendo para eles uma função complementar à dos impostos diretos; função complementar sim, mas que o nosso Rubens Gomes de Sousa corretamente adjetivava de indispensável e poderosa. Tanto mais indispensável e poderosa, eu ousaria acrescentar, quanto maior for a presença nesses impostos de instrumentos concretizadores da capacidade contributiva, como a seletividade.

É o caso do nosso IPI. E penso também que do nosso ICMS, não obstante algumas interpretações favoráveis à condição facultativa da seletividade do ICMS, que nos parecem decorrer de um pobre entendimento meramente literal do texto da Constituição. Não vou entrar no tema, porque não há tempo suficiente para isso, mas, de passagem, registro que, no concernente ao ICMS, aquele "poderá ser seletivo" da Constituição (art. 155, § 2º, III) melhor se interpreta como "deverá ser seletivo", sob pena de indisfarçável desrespeito aos superiores mandamentos da capacidade contributiva e da igualdade tributária. Razão seja dada, no particular, à tese que vem defendendo Roque Antonio Carrazza.

A seletividade, no campo do IPI, tal como no do ICMS, realiza-se pelo critério da essencialidade, que rege a seleção dos produtos industrializados, das mercadorias e dos serviços. A tributação deve ser graduada, no que tange ao IPI, na razão inversa da essencialidade dos produtos industrializados. Assim, nós teremos os produtos altamente essenciais com uma tributação leve ou com nenhuma tributação, enquanto os produtos supérfluos serão tributados de forma crescentemente onerosa.

Há quem diga – Américo Masset Lacombe já o fez de maneira peremptória e Ricardo Lobo Torres de modo mais brando e atenuado – que não há critério constitucional para a aplicação da seletividade. Conquanto em desacordo com a inexistência de "qualquer critério" constitucional, como assevera Lacombe, há que reconhecer parcialmente procedente a tese de Lobo Torres. Tem razão este respeitado mestre carioca, quando afirma, a respeito: "nenhuma regra de ouro clara e unívoca". De fato, a explicitude textual não oferece uma regra ideal, nítida e luminosa. Contudo, algum critério constitucional parece-me que é difícil deixar de admitir que existe para aplicação da seletividade, bastando que se enverede pela implicitude contextual da Lei Maior para divisá-lo. E eu o vejo, assim como José Eduardo Soares de Melo, no art. 7º, IV, quando o legislador constitucional enuncia as necessidades vitais básicas do cidadão para estabelecer aquela regra atinente ao salário mínimo, que alguns constitucionalistas, como Pinto Ferreira, chamam de "romantismo social". Ora, é perfeitamente possível concluir que os produtos industrializados que se relacionam com moradia, alimentação, educação, saúde, lazer, vestuário, higiene e transporte, desde que dirigidos às necessidades vitais básicas do cidadão, são produtos industrializados aos quais indubitavelmente deve ser reconhecido esse caráter de essencialidade para fins de aplicação do Princípio da seletividade.

Muito bem. Passo enfim ao exame de alguns problemas decorrentes – e essa é a reflexão, que eu diria mais importante, no que diz respeito ao IPI e à sua extrafiscalidade – das regras que dão fundamento e justificativa ao uso extrafiscal desse tributo no Brasil. A primeira possibilidade constitucional que me parece existir para essa utilização encontra-se – todos nós o sabemos, porque ela não é exclusivamente aplicável ao imposto sobre produtos industrializados, mas também a outros impostos – no art. 151, I, quando esse dispositivo estabelece a regra da uniformidade geográfica da tributação e reconhece a possibilidade da concessão de incentivos fiscais para promover o equilíbrio do desenvolvimento socioeconômico entre diferentes Regiões do País. Justifica-se, assim, uma tributação extrafiscal, exatamente para promover esse equilíbrio socioeconômico, através dos incentivos ou benefícios tributários para determinadas regiões do país. Nessa linha, então, quanto ao IPI, nós encontramos aquelas suspensões e isenções relacionadas com Zona Franca de Manaus, as relacionadas com a Amazônia Ocidental, as relacionadas com bens de informática para determinadas regiões do país e *etc*.

Onde, entretanto, parece-nos residir o maior embaraço para a aplicação da extrafiscalidade no âmbito do IPI é no art. 153, § 1º, quando diz o texto constitucional que "é facultado ao Poder Executivo, atendidas as condições e os limites estabelecidos em lei, alterar as alíquotas (...)" de alguns impostos: importação, exportação, IOF e exatamente o imposto sobre produtos industrializados.

Sabemos que Poder Executivo é exercido, no Brasil, no âmbito federal, pelo Presidente da República (art. 76) – com o auxílio dos Ministros, é verdade, mas quem o exerce é o Presidente da República. E sabemos também que o ato típico do Presidente da República, que se enquadra no conceito amplo de Legislação, e que não passa previamente pelas mãos do Congresso Nacional, é o decreto. Ora, quando a Constituição outorga essa faculdade ao Poder Executivo, está, na verdade, dizendo que cabe ao Presidente da República, via decreto, alterar as alíquotas de alguns impostos, inclusive do imposto sobre produtos industrializados.

A maior parte da doutrina – penso que indevidamente – encara os impostos mencionados nessa regra, incluindo o IPI, como exceções ao princípio da legalidade tributária, pelo reconhecimento da possibilidade de alteração das alíquotas, inclusive para mais, majorando-se, assim, esses impostos, não por lei, mas pelo caminho de um simples decreto do Executivo. Parece-me que aqui é razoavelmente aceitável o raciocínio de Roque Antonio Carrazza, no sentido de que são exceções apenas "aparentes"; embora aquilo que é aparente tenha apenas a aparência de algo, mas não o seu real conteúdo. Em rigor mesmo, se essas "exceções" são apenas "aparentes", não são efetivamente exceções. E por quê? Porque essa faculdade cabe ao Presidente da República somente nas condições e nos limites que a lei estabelecer. Ora, se a palavra final é da lei e se a lei não fixar condições e limites, o Presidente simplesmente não se pode valer dessa faculdade, parece-me que é um evidente exagero cogitar aqui de exceções à legalidade tributária.

E para o IPI, qual é a lei que estabelece essas condições e limites? E quais são tais condições e limites? Paradoxalmente, eu devo informá-los que essa norma não é uma lei, mas um decreto-lei: o Decreto-lei n. 1.199, de 27 de dezembro de 1971. E aqui nos vemos diante de um problema legal dos mais intrincados, porque a Carta Magna exigiu lei para a fixação dessas condições e limites e foi apenas um decreto-lei que o fez. Não vou explorar essa questão, pois ela é profunda, merecedora de toda uma nova exposição, e demandaria um tempo do qual não dispomos, mas menciono, para breve registro, que a doutrina brasileira é lastimavelmente omissa quanto a essa distinção, com raras e honrosas exceções, como é o caso, por exemplo, de Celso Antônio Bandeira de Mello: refiro-me à diferença profunda e abissal entre ter eficácia de lei, que é o que tinha o antigo decreto-lei e é o que tem a atual medida provisória, e ter natureza de lei que é coisa completa e absolutamente diversa. Se a Constituição exigiu lei – já o ensinava Geraldo Ataliba, há quase quatro décadas –, nunca poderia ser um decreto-lei a tomar a providência, como infelizmente aconteceu. Enfim, o que nós temos aqui é o executivo alterando alíquotas dentro das condições e limites que ele mesmo, Executivo, estabeleceu; ou seja, o Executivo delegando a ele mesmo função pertencente a outro Poder, ao Legislativo!

Mas muito bem. Consignado esse disparate constitucional, retomemos o caminho, na busca das possibilidades extrafiscais do IPI. E o que determinou esse decreto-lei quanto às condições e limites para que o Executivo altere as alíquotas do IPI? Passo à leitura do art. 4º do Decreto-lei n. 1.199/71: "O Poder Executivo, em relação ao Imposto sobre Produtos Industrializados, quando se torne necessário atingir os objetivos da política econômica governamental, mantida a seletividade em função da essencialidade do produto, ou, ainda, para corrigir distorções, fica autorizado: I – a reduzir alíquotas até 0 (zero); II – a majorar alíquotas, acrescentando até 30 (trinta) unidades ao percentual de incidência fixado na Lei (...)".

Quais são então os motivos para que o Executivo venha a manipular as alíquotas desse imposto? Principalmente a busca de objetivos da política econômica governamental, em função dos quais pode o Executivo, por decreto, reduzir a zero as alíquotas do IPI ou aumentá-las em até 30 pontos percentuais. Só que aqui, sublinhe-se o detalhe, o dispositivo legal acrescenta uma relevante exigência: que seja mantida a seletividade em função da essencialidade do produto. É justamente a imposição legal desse requisito que determina a existência de uma série de estorvos na legislação do IPI que faz uso dos permissivos legais para a sua utilização extrafiscal. E é com a denúncia de alguns desses problemas que pretendo concluir esta reflexão.

Nós temos, na legislação do IPI, uma série de isenções concedidas para determinados órgãos, em que todos os produtos adquiridos por esses órgãos são alcançados pelo benefício, independente de quais sejam esses produtos. Um primeiro exemplo: a Itaipu Binacional goza de uma isenção para produtos industrializados adquiridos para uso e incorporação às suas centrais elétricas. Imaginem que a Itaipu Binacional adquire um circuito integrado que vai usar nas suas centrais elétricas produto que normalmente é tributado a 2%; e depois adquire um veículo que também vai utilizar nas suas centrais elétricas, produto que ordinariamente é tributado a 25%. Ambos – tanto o circuito integrado, de alíquota de 2% e de maior essencialidade, quanto o veículo, de alíquota de 25% e de muito menor essencialidade – serão igualmente isentos. Nesse caso, objetivos de política econômica governamental podem explicar a extrafiscalidade das isenções; mas teria sido mantida a seletividade, em função da essencialidade dos produtos, legalmente exigida? É evidente que não.

Num segundo exemplo, tome-se a isenção concedida pelo legislador para a construção do gasoduto Brasil-Bolívia; e imagine-se a aquisição, por parte do executor do projeto, de diodos e transistores que serão utilizados nos equipamentos do gasoduto – que são via de regra tributados a 2%– bem como imagine a aquisição de explosivos, tais como dinamite, tributados a 20%, que serão também usados na construção do gasoduto. Ora, os dois produtos serão beneficiados pela isenção em condições de absoluta igualdade, sejam os diodos e transistores, mais essenciais (de alíquota de 2%), sejam os explosivos, menos essenciais (de alíquota de 20%). Mesmo que a extrafiscalidade da medida encontre boa explicação na política econômica governamental, teria sido observada a seletividade, em função da essencialidade dos produtos, como determina o dispositivo legal? Novamente, é indubitável que não.

E esses raciocínios se aplicam a uma série de outras isenções previstas na legislação desse imposto, como, por exemplo, as relativas a estaleiros navais, a missões diplomáticas, a organismos internacionais etc.

Menciono, num terceiro exemplo, mais um tipo de incentivo tributário problemático na área do IPI: a isenção concedida para embarcações, exceto as recreativas e esportivas; embarcações que eram antes tributadas a 10% e hoje a tributação é nenhuma em virtude da isenção. Comparem-nas com aqueles produtos que sempre foram considerados mais essenciais do que essas embarcações e que continuam hoje sendo tributados: vestuário plástico, janelas e portas, móveis de madeira, sabões, gazes e açúcar – todos tributados a 5%. Porventura esses produtos são hoje mais supérfluos do que as embarcações? E ainda que se invoque a política econômica do governo para justificar a tributação extrafiscal, ter-se-ia conservado, no caso, a seletividade em função da essencialidade dos produtos, nos termos do comando do legislador? Uma vez mais, é patente e notório que não.

Um quarto e último exemplo: há pouco mais de dois meses, um decreto reduziu temporariamente as alíquotas do IPI para veículos automotores. A redução foi de quatro pontos percentuais e aqueles veículos que ficaram com as alíquotas mais baixas passaram a ser temporariamente tributados com as alíquotas de 6% e 7%. E quanto aos produtos que sempre foram considerados mais essenciais do que esses veículos e tributados com alíquotas mais baixas? Eles ficaram, hoje, com alíquotas mais elevadas, como álcool e tijolos, a 8%; pregos, parafusos e talheres, a dez por cento etc. Seriam atualmente esses produtos, mesmo que em caráter transitório, menos essenciais que os veículos beneficiados? Não obstante o possível amparo dessa medida extrafiscal em objetivos governamentais de política econômica, restou obedecido o princípio constitucional da seletividade do IPI, segundo o critério da essencialidade, condição ordenada pela lei? Uma última vez, não.

Vejam que, em nenhum momento – e eu estou a ponto de encerrar esta modesta reflexão, porque o Prof. Sidney já me olha de soslaio e de forma um tanto amedrontadora – em nenhum momento passa pela minha cabeça dizer que essas são providências que não se fundamentam o bastante do ponto de vista de uma política econômica. Não, o meu exercício é puramente de dogmática jurídica: olhando para o nosso ordenamento, eu vejo exigências para essa tomada de providências de caráter extrafiscal que simplesmente não são obedecidas, e, por conseguinte, vejo uma tributação extrafiscal à revelia dos comandos constitucionais e legais, no que tange ao Imposto sobre Produtos Industrializados.

Recordaria, como palavra final, que essa questão pode parecer não relevante, mas se trata de ledo engano, pois seu significado é dos maiores no âmbito tributário. E invoco um constitucionalista que geralmente não é muito bem visto, porque foi o responsável pela elaboração de um documento constitucional francamente autoritário do nosso passado: Francisco Campos, da Constituição de 1937, de Getúlio Vargas; que, no entanto, foi um jurista de mão-cheia. E Francisco Campos afirmava que, se há uma norma constitucional que nós devamos eleger como a mais relevante de todo texto da Lei Mãe – e é ela que está em jogo na questão da extrafiscalidade – é a norma da igualdade. Souto Maior Borges, recuperando hoje o raciocínio de Francisco Campos, assevera que esse é o protoprincípio da nossa Constituição. É pouco dizermos que a Igualdade "está" na Constituição Brasileira: na verdade, diz mestre Souto – e isso confere a exata medida à importância da discussão acerca da extrafiscalidade – a Igualdade "é" a Constituição Brasileira.

Obrigado, Sr. Presidente. (*Palmas*)

PRESIDENTE DA MESA (PROF. SIDNEY SARAIVA APOCALYPSE) – Muito bem. Como sabemos, um congresso se realiza para suscitar temas e questões que muitas vezes o nosso dia-a-dia esconde e não merecem de nós olhos mais atentos. Daí a importância, Prof. José Roberto Vieira, das suas colocações nesta mesa que cada vez mais se torna federal. Lamento discordar quando disse que a mesa de debates se inicia pelo menos importante para se encerrar com o mais importante. Numa mesa federal que é, portanto, uma federação, uma associação, nós sempre nos surpreendemos com intervenções como a que o senhor fez.

Seu tema certamente suscita nos jovens que aqui estão, inclusive esses que compõem a mesa, uma reflexão mais profunda sobre essa questão, muitas vezes deixada de lado, que é a da extrafiscalidade em relação ao imposto sobre produtos industrializados.

Com isso passo a palavra ao Prof. Heleno Torres que irá discorrer sobre Tributação do comércio exterior ferindo aspectos relativos à valoração aduaneira e a um tema que ainda é novo no Direito Brasileiro que é o *transfer pricing* ou preços de transferência.

Prof. Heleno Torres com a palavra, por favor.

PROF. HELENO TORRES – Obrigado! Bom dia a todos!

Excelentíssimo Sr. Presidente, Dr. Sidney Apocalypse, queridos amigos e colegas que participam desta mesa, Prof. José Artur Lima Gonçalves, Prof. Roberto Vieira, Prof. Renan Lotufo. Quero dizer da minha renovada satisfação de poder dirigir-me a todos os presentes que compõem esse XVII Congresso Brasileiro de Direito Brasileiro do IDEPE – Instituto Geraldo Ataliba e tratar de um tema de tal magnitude a respeito do comércio exterior e a relação entre valoração aduaneira e preços de transferência.

É evidente que a todos isso fica muito claro, não é possível esgotar ou ter a pretensão de esgotar qualquer uma dessas temáticas em tempo tão exíguo. Mas a minha pretensão, talvez um pouco mais modesta, seja a de identificar os pontos de conexão entre os dois regimes jurídicos, valoração aduaneira e controle fiscal sobre preços de transferência, naquilo que eles podem harmonizar-se e no quanto é possível alcançarmos, a título de uma espécie de colaboração, entre o que se faz no âmbito da valoração aduaneira e aquilo que se pretende realizar no campo do controle fiscal sobre preços de transferência.

Começaria por dizer que nesse assunto estamos diante de um problema tipicamente relacionado com a demarcação da base de cálculo dos impostos envolvidos, quer do imposto sobre a renda de pessoas jurídicas ou de pessoas físicas, no caso do controle fiscal sobre preços de transferências e da determinação da base de cálculo dos impostos aduaneiros vinculados à importação.

Então, em vista desta particularidade, da apuração de base de cálculo, naturalmente tudo o que aqui discutirmos implica considerar à luz de rigorosa teoria do lançamento tributário, ou melhor, no âmbito do procedimento, sobre o como a autoridade administrativa deve proceder, visando a garantir a respeitabilidade do princípio da capacidade contributiva, se não em plenitude, ao menos em aproximação.

Por isso é que, nesses métodos, tratando-se diretamente com a base de cálculo desses tributos, apesar de tão distintos, um tratando da base de cálculo do imposto sobre a renda e o outro dos tributos aduaneiros, vamos encontrar, de modo inequívoco, pontos de interação incontestes porque ambos se relacionam ou têm que se relacionar, haja vista estarmos diante de um sistema que começa, no Brasil, a partir da Constituição, e que neste ponto não encontra paralelo no mundo.

Insisto em dizer que o princípio da legalidade, assim diziam todos os grandes constitucionalistas – citemos aqui nosso inspirador maior, o Prof. Geraldo Ataliba –, não é o mesmo em toda parte. A legalidade brasileira não pode ser interpretada como a francesa ou a italiana porque a Constituição de cada país a define segundo seus contornos materiais e formais próprios. No Brasil, nossa Constituição a exigiu, em matéria tributária, sob sua feição material, ordenada com prévia identificação das espécies de tributos, em seguida, separando todos estes segundo critérios de discriminação de competência, na forma de fatos reveladores de capacidade contributiva objetiva, ao que se soma uma reserva de lei complementar para dispor sobre normas gerais, quando o legislador nacional deve qualificar o fato jurídico tributário, a base de cálculo e o sujeito passivo dos impostos discriminados na Constituição, para evitar respectivos conflitos de competência. Ora, uma legalidade que surge tão maneteada, tão restrita, como essa ora descrita, precisa encontrar um modelo de ação hermenêutica muito próprio e com notas bem marcadas.

Além disso, quando nós falamos em apuração de base de cálculo, deve vir, de pronto, também a preocupação sobre o princípio da não-discriminação, de que falava há pouco o Prof. José Roberto Vieira. E, também nesse caso, inclusive como pressuposto para uma série de considerações que farei a seguir, faz-se necessário estabelecer, a partir da Constituição de 1988, um estudo sério e profundo da não-discriminação em matéria tributária, que começa no art. 3º, IV, ao estabelecer que não se admite, no Brasil, nenhuma espécie de discriminação, e segue no art. 5º, XVI, ao dizer que a lei punirá qualquer tipo de discriminação.

Então, cumpre indagar, se em matéria tributária admite-se alguma forma de discriminação por meio de normas tributárias? Bom, a única que se admite é exatamente aquela da graduação dos tributos segundo a capacidade contributiva. E isso por força do próprio art. 150, II, quando diz textualmente que é vedado às pessoas políticas instituírem tratamento desigual entre contribuintes que se encontrem em situação equivalente. Proibidas outras formas de discriminação, os contribuintes somente podem ser tratados diferentemente em virtude de não se apresentarem em situação equivalente, o que é o mesmo que dizer: quando demonstrem diferentes expressões de capacidade contributiva, tal como previsto no art. 145, § 1º, da CF, porque esse é o modo adequado de graduação dos impostos.

Mas, para efeitos de aplicação, resta, facultado à Administração tributária, especialmente para conferir efetividade a esses objetivos, identificar, respeitados os seus direitos individuais e nos termos de lei, o patrimônio, os rendimentos e as atividades econômicas dos contribuintes. Aqui está a permissão para que as autoridades possam conhecer a situação patrimonial dos contribuintes, para os fins de apuração da base de cálculo, que é o mesmo que dizer sobre os poderes para conhecer a respeito da demonstração de capacidade contributiva por parte dos contribuintes.

Ora, a metodologia aplicável à apuração de base de cálculo, em regime de valoração aduaneira ou de preço de transferência, corresponde exatamente a isso. Nos termos da lei, respeitadas as liberdades, as garantias individuais, então, caberá à Administração Pública identificar o patrimônio, os rendimentos e as atividades econômicas dos contribuintes.

Muito bem. Coincidindo nesses aspectos fundamentais do nosso sistema é que eu gostaria de isolar os aspectos cruciais desse assunto.

A Constituição, ao dispor sobre o imposto sobre a renda não admitiu exceção alguma ao tratamento jurídico que não fosse veiculado exclusivamente por lei, mas, em matéria de tributos aduaneiros, a situação é distinta porque o § 1º do art. 150, diz que compete ao Presidente da República, mediante decreto, dispor sobre as alíquotas dos impostos de importação, exportação, IPI e imposto sobre operações de crédito, câmbio, seguro, títulos e valores imobiliários. Apenas sobre alíquota, porque a base de cálculo ficara reservada à legalidade.

Esta disposição constitucional precisa ser pensada em profundidade. E pensada em profundidade porque na Constituição de 1967, com a Emenda de 1969, a competência do Presidente da República abrangia também a base de cálculo, o que foi retirado do texto constitucional vigente. Quando digo pensado em profundidade, quero fazer menção à imperiosa necessidade de respeito aos tratados internacionais, ao que voltaremos mais adiante.

Bom, nesse ponto, a apuração da base de cálculo vai encontrando limites muito evidentes. E aqui vamos ver, numa seleção temática, o que cabe a cada um dos casos, mesmo que num breve relato. Primeiro, a partir de uma comparação finalística e funcional das duas figuras. Segundo, sobre o quanto a valoração aduaneira pode ajudar ao controle fiscal sobre preço de transferência, exatamente porque ela se opera numa fase anterior, numa fase prévia.

É importante considerar que entre ambos os instrumentos de apuração de base de cálculo, há duas funções totalmente distintas. A valoração aduaneira tem por finalidade garantir uma tributação aduaneira fundada no critério objetivo do valor das transações, quer dizer, do valor declarado pelo importador, à luz dos ajustes devidos, nos termos dos art. 1º e 8º, do Acordo de Valoração Aduaneira. Não se define mais como método de controle a hipóteses de subfaturamento, como foi no passado o chamado método de "preço normal". Hoje, o subfaturamento passou a ser caso de aplicação de normas sancionatórias, quando já não se aplicam os métodos de valoração aduaneira. Por outro lado, havendo caso de "superfaturamento", a aplicação dos métodos de valoração aduaneira poderão ser reclamados ainda, para saber da adição ou não dos elementos de ajustes, sendo a operação passível ainda de controle sobre preços de transferência, caso estejam presentes os respectivos pressupostos. Quer dizer, são práticas que têm seus devidos limites normativos bem definidos.

Estamos aqui, portanto, falando de técnicas, técnicas de tributação para fins de apurar a respectiva base de cálculo dos tributos. Por este motivo a técnica não pode prevalecer sobre a função que é aquela de identificar a base de cálculo e, portanto, a capacidade contributiva dos sujeitos.

Vejamos o caso do controle fiscal sobre preços de transferência.

O controle fiscal sobre preços de transferência pressupõe a potencialidade técnica de se verificar, a partir dos preços praticados entre pessoas relacionadas ou vinculadas, divergências relevantes nos preços atribuídos aos bens, serviços ou direitos, para definir receitas reconhecidas, para posterior adição, ou custos suportados em tais operações, para ulterior dedutibilidade, considerando a comparação entre os preços efetivamente praticados e aqueles apontados por um dos métodos empregados, a depender da operação.

Deve-se, assim, bem compreender a finalidade e o que é exatamente o controle fiscal sobre o *preço de transferência*, que dista de ser uma técnica inovadora de lançamento tributário ou quejando, mas que se apresenta, outrossim, com o intuito de colaborar com a manutenção de rigores na demonstração do preço praticado, descortinando as divergências relevantes verificadas numa dada operação ou seqüência de operações entre pessoas vinculadas, com pessoa situada em país com tributação favorecida ou onde sejam protegidas informações relativas às composições societárias, esta, a partir da Lei n. 10.451, de 10 de maio de 2002. Por isso, tal medida não permite ao Fisco desconhecer a contabilidade da empresa e bastar-se unicamente com o resultado de tais métodos. Eis por que a eleição do melhor método é um direito do contribuinte, e o Fisco somente a poderá desconsiderar quando em presença de provas substanciais e consistentes que justifiquem sua inaplicabilidade. A esse ponto a Lei 9.430/1996 não deixou dúvidas. Não fosse assim, o Fisco poderia apurar como "renda" valores fictícios, sem qualquer suficiência fática para tanto.

É imperioso lembrar que o fundamento do emprego da sua técnica para atestar transações entre partes relacionadas ou submetidas a um único poder de decisão, envolvendo cessões de bens, financiamentos, utilização de bens imateriais ou prestações de serviços, é que estas podem ser praticadas com *preços de transferência* divergentes dos preços de mercado, praticados em regime destoante daquele de livre concorrência. E só nesses casos, por conseguinte, tais operações passam a ter relevância fiscal, por terem como funções: gerar transferências de bases de cálculo de países de maior tributação para outros de menor incidência, compensar bases de cálculo negativas com positivas, reduzir a base de cálculo dos impostos indiretos ou diferir, espontaneamente, o pagamento dos tributos.

Em vista das conseqüências prejudiciais que tais preços de transferência divergentes do preço de mercado podem gerar, os sistemas tributários de vários países instituíram mecanismos de contenção à sua prática, mediante a utilização de métodos aptos para controlar as operações e ajustar tais preços àqueles de mercado, garantindo, assim, o princípio *arm's length* (de livre concorrência).

O ideal que norteia todo o processo de controle sobre os preços de transferência toma por base a aplicação do princípio *arm's length* ou de critérios objetivos previamente definidos, para os fins de indicar o preço de mercado ou preço de livre concorrência, quer dizer, o preço praticado entre empresas independentes, em condições análogas.

Assim, para recuperar tais condições de mercado e manter a concretização desse princípio, são aplicados os métodos de controle sobre os preços de transferência pelo Fisco, como garantia de atendimento a interesses *fiscais* (recompondo a base de cálculo dos impostos) e *extrafiscais* (efetivando o princípio de livre concorrência). O controle fiscal dos "preços de transferência" efetiva-se mediante a aplicação de métodos que têm como finalidade indicar o preço médio (preço de referência) a ser praticado nas relações com parte interdependentes, ou independentes, cujo resultado poderá, quando divergente, ensejar uma necessária *retificação dos preços* sobre os atos de pagamento fixados em valores divergentes (para mais ou para menos) daqueles que seriam formados em uma transação entre sujeitos independentes em condições de livre concorrência.

Os controles perpetrados sobre os "preços de transferência" têm como motivo atos de importação ou exportação de bens ou serviços que apresentem discordância entre o valor objetivo de mercado, praticado numa dada operação comercial ou financeira (entendido como *valor normal*) e aquele (*anormal*) pactuado entre sujeitos relacionados em condições mais favoráveis.

Assim, por imputação deôntica, dada a ocorrência de fatos jurídicos de transferência de preços, com divergência relevante dos preços de mercado, deve ser a conseqüente obrigação, formada entre o residente (sujeito passivo) e a Administração tributária, cujo objeto consistirá em um fazer algo no interesse da fiscalização (art. 113, II, do CTN), a saber: apresentar, segundo método próprio, a demonstração dos preços, por cálculos e documentos. Verificada qualquer divergência relevante nos preços de transferência, então se aperfeiçoa o fato jurídico tributário da obrigação principal, o qual permitirá a autoridade administrativa lançar de ofício o valor da diferença devida.

Nesse ponto, o Fisco então exige que o contribuinte apresente, e aí ele tem livre escolha de optar pelo melhor método possível, entre os disponíveis, e ele tem essa faculdade exatamente porque estamos falando aí de uma técnica de demonstração, para demonstrar o porquê daquela divergência relevante. E ele o fará justamente para identificar alguma divergência relevante entre preço de transferência entre partes relacionadas e um preço normal que seria aplicado entre partes não relacionadas, de modo a indicar como chegou a esse preço, usando dos métodos disponíveis.

Esses métodos mais não são do que típicas obrigações acessórias que o contribuinte tem que prestar. Por conseguinte, entendo que, uma vez prestadas as informações pelo contribuinte, estas só podem ser desconsideradas quando inidôneas ou veiculem erros, inexatidões, que são exatamente os pressupostos para o lançamento por arbitramento. Ou seja, só deve existir "lançamento por arbitramento" em matéria de preço de transferência quando as informações não forem exatas ou quando as que forem prestadas apresentem-se, perante a Administração tributária, como inidôneas.

Nem precisa dizer que na prática estes problemas relacionados com o controle de preços de transferência são muito complexos, a começar pela própria demonstração, a prova de que se alcançou um determinado valor em face de determinado custo, na hipótese do PRL, na relação entre exportador estrangeiro e importador brasileiro – que é uma relação entre partes relacionadas – e depois na operação entre importador nacional e revenda – que é um sujeito a quem se destina eventualmente o consumo, por exemplo. Basta pensar na questão dos medicamentos, uma séria discussão que se trava atualmente sobre se uma simples embalagem ou transformar um princípio ativo em pomada, pó ou qualquer outra forma de apresentação de medicamentos, se isso seria uma transformação do produto importado em outro bem, suficiente para desencadear uma regra sobremodo rigorosa, do chamado PRL-60.

Ora, a valoração aduaneira não foge a isso, enquanto técnica de determinação de base de cálculo. A valoração aduaneira aplica-se a qualquer operação de importação. Não importa se entre parte relacionada ou não relacionada. Esse limite subjetivo não se aplica em matéria de valoração aduaneira.

Apesar de pouco conhecida dos estudos doutrinários, a valoração aduaneira é instrumento dos mais sofisticados e aprimorados da técnica fiscal, para os efeitos de controle da composição da base de cálculo dos tributos aduaneiros. Pressupõe ausência de agir ilícito do contribuinte, coincide com os valores de objetividade que toda a aplicação dos tributos exige e parte do valor declarado pelo contribuinte, sem permitir superação dos atos de autonomia privada dos atores do negócio jurídico. E não obstante tais rigores, ao que a legislação interna nunca alcançou em aperfeiçoamento, desde que ingressou no nosso ordenamento mediante convenção internacional, como anexo do Acordo Geral sobre Tarifas e Comércio – GATT/94, é técnica que ainda se mantém desconhecida de muitos.

No concerto do tráfico jurídico internacional de mercadorias, mormente no contexto de negociações tarifárias, bilaterais ou multilaterais, sempre houve uma grande preocupação quanto à neutralidade dos sistemas tributários, na aplicação dos tributos aduaneiros, de modo a garantir segurança jurídica aos operadores do comércio internacional e evitar a possibilidade de manipulação unilateral das respectivas bases de cálculo em favor de interesses protecionistas, ou mesmo de discriminações fundadas na origem ou destino das mercadorias.

Impunha-se a necessidade do estabelecimento de um conceito de *valor aduaneiro* e de uma metodologia para sua apuração, internacionalmente padronizada e uniforme, que permitisse uma apreciação da capacidade contributiva de modo o mais neutro possível. E mais, que os critérios de aplicação fossem assentados sobre uma estrutura normativa suficientemente clara, que pudesse garantir objetividade e certeza do direito aplicável e evitasse, ou ao menos reduzisse, a discricionariedade administrativa na oportunidade da valoração.

Esse objetivo somente veio a ser atendido com o conceito de "valor aduaneiro" a partir da Rodada Uruguai do GATT, em 1994, que incorporou esse modelo de apuração de base de cálculo como técnica a ser seguida por seus signatários, de tal modo que qualquer cidadão possa saber, com antecedência, quais são os critérios aplicáveis em quaisquer dos países participantes daquele tratado, no que concerne ao seu controle.

Não podemos deixar de assinalar o particularismo das regras contidas no Acordo de Valoração Aduaneira. Diferentemente dos demais tratados internacionais, não se tem aqui uma carta de princípios ou de intenções, mas um Código, com regulação analítica e suficiente para permitir uma uniformização dos métodos de determinação da base de cálculo dos tributos aduaneiros;

e em todos os países que o incorporaram, o fizeram quase que na sua total literalidade, com mínimas reservas. Por essas razões, a prática das aduanas, bem como a doutrina e a jurisprudência, passaram por uma espécie de harmonização conceitual jamais vista em matéria jurídico-tributária.

Sua importância é capital. Presta-se como medida de ajuste da base de cálculo dos impostos aduaneiros, visando a garantir isonomia de tratamento entre os contribuintes, além de medida para afastar a discricionariedade das autoridades, pelas exigências de objetividade, a exemplo do quanto vigia na apreciação do "preço normal", critério abandonado pela técnica de "valoração aduaneira". Contudo, faz-se mister advertir, sempre, sobre o quanto se deve atentar para as peculiaridades de cada ordenamento, no acomodar-se das regras do Acordo ao respectivo direito interno de cada país. O particularismo da nossa Constituição, em matéria tributária, impõe que se tomem muitas cautelas. Não há outra Constituição similar, dentre todas as que se conhece, no que concerne à sua analiticidade, com um princípio de legalidade sobremodo reforçado.

A opção por um procedimento que pode usar de métodos distintos, empregados de acordo com a apuração de sucessivos pressupostos, é a melhor expressão da *objetividade* reclamada pela noção de "valor positivo", é dizer, que não pode ser feita mediante emprego de critérios discricionários, mas só por adequado manejo dos procedimentos reservados a cada um deles, e após demonstração fundamentada dos motivos que afastaram o recurso ao método principal do *valor de transação*. Nenhuma similitude pode ser reclamada pela doutrina, tanto sobre o que dantes vigia, à época do preço normal, no âmbito aduaneiro; quanto sobre o preço de referência, nas modalidades do controle sobre preços de transferência, salvo o servir à apuração de base de cálculo.

Muito bem. Cuidando da base de cálculo do imposto de importação, o Decreto n. 4.543/2002, atual "Regulamento Aduaneiro", indica as principais premissas do seu regime atual. No art. 75, mantendo fidelidade ao modelo adotado no AVA, reitera que a base de cálculo do imposto, quando a alíquota for *ad valorem*, será sempre o "valor aduaneiro", apurado segundo as normas do Artigo VII do Acordo Geral sobre Tarifas e Comércio – GATT 1994, ou seja, observando-se a aplicação sucessiva dos seis métodos, previstos nos arts. 1 a 7 do Acordo de Valoração Aduaneira, a começar pelo método de "preço de transação", à luz do quanto tenha sido declarado pelo contribuinte-importador.

Em seguida, dispõe uma espécie de princípio da universalidade da aplicação do mecanismo de controle, no art. 76, ao prever que "toda mercadoria submetida a despacho de importação está sujeita ao controle do correspondente valor aduaneiro". Para o exercício da competência da fiscalização, contudo, prescreve limitação fundamental, porque é de fundamento que se trata ao prescrever que o exercício do controle de valoração aduaneira "consiste na verificação da *conformidade* do *valor aduaneiro declarado pelo importador* com as *regras estabelecidas no Acordo de Valoração Aduaneira*". Isso é também previsão que acompanha o próprio Acordo de Valoração Aduaneira, mas que nem sempre é levada às últimas circunstâncias.

Quanto aos métodos de controle, o Acordo de Valoração Aduaneira, com vistas a normatizar procedimentos e ditar técnicas para a apuração do Valor Aduaneiro de Mercadorias, especifica seis métodos por meio dos quais o valor declarado na aduana pode ser comprovado, sendo que sua utilização deve ser seqüencial e por exclusão, e não alternativo ou aleatório. Em outras palavras: como regra, deve ser utilizado o primeiro método. Na impossibilidade de sua utilização, o segundo método e assim por diante.

Com efeito, o art. 1º do Código determina que o valor aduaneiro será o *valor de transação ajustado*, mediante o qual se verifica o preço efetivamente pago ou a pagar pelas mercadorias, em uma venda para exportação para o país de importação, desde que não haja vinculação entre o comprador e o vendedor ou se houver, que o valor seja aceitável para fins aduaneiros (art. 1º, item 1, *d*, c/c arts. 8º e 15). Tal método é denominado "Método do Valor de Transação". Neste, leva-se em conta o preço efetivamente pago pela mercadoria, constante da fatura comercial, acrescido dos custos de importação (caso não estejam incluídos no preço pago ou a pagar). Desta definição, o valor da transação, para os efeitos aduaneiros, não será o mesmo que o preço da fatura, já que este último poderá ser objeto de ajustes (deduções ou adições) a fim de estabelecer uma base de cálculo uniforme para liquidar os direitos de importação. Este primeiro método é o mais utilizado pelas autoridades aduaneiras para o exame de valoração aduaneira.

Todavia, caso fique demonstrado que o valor da transação indicado pelo importador não é representativo de uma venda em condições de livre concorrência, tendo sido influenciado ou afetado por relações de interdependência entre comprador ou vendedor ou ainda no caso de aluguéis e *leasing*, busca-se, através do "Método Segundo", o *valor da transação de mercadorias idênticas* àquela sob valoração para importações realizadas. Este método aplica-se considerando que o valor aduaneiro da mercadoria importada será o valor de transação de *mercadoria importada idêntica* àquela que esteja sob exame da autoridade aduaneira.

Na ausência de mercadorias idênticas àquelas sob valoração, deve ser adotado o "Método Terceiro", qual seja, o *valor de transação de mercadorias similares à importada*, no qual o valor aduaneiro será o valor de transação de *mercadoria importada similar* àquela sob exame da autoridade aduaneira. Para a utilização deste método, serão consideradas mercadorias similares às que forem produzidas no país do exportador, embora não se assemelhem em todos os aspectos àquela importada, mas que tenham características e composição material semelhantes e que lhes permita cumprir as mesmas funções.

Na seqüência, poderá vir a ser utilizado o *método dedutivo*, referido como "Quarto Método", pelo qual se deduz o valor aduaneiro a partir de uma decomposição do valor de revenda alcançado pela mercadoria ou por mercadoria idêntica ou similar àquela objeto da valoração aduaneira.

Caso, porém, não possa ser aplicado o método dedutivo, será utilizado o "Quinto Método", ou *método computado*, que se baseia, principalmente, na verificação do custo ou valor dos materiais e da fabricação ou processamento, empregados na produção das mercadorias importadas.

Por sua vez, na impossibilidade de aplicação dos métodos acima referidos, o valor da mercadoria será determinado por meio do "Sexto Método", denominado *método residual*, usando-se critérios razoáveis condizentes com os princípios e critérios constantes do Código e, ainda, com base em dados disponíveis no país de importação. Neste caso, para a apuração do valor aduaneiro, será feita uma soma envolvendo, entre outros, os custos dos materiais empregados na fabricação, as despesas gerais e a margem de lucro, usualmente encontrados em operações semelhantes. Os valores a que se refere este método serão informados pelo próprio importador e poderão ser checadas pelas autoridades aduaneiras.

Contudo, o *valor da transação* é o método mais usado para o emprego da *valoração aduaneira*, sob as garantias dos princípios de *neutralidade* e respeito aos atos negociais praticados, promovendo a certeza e segurança jurídica, em virtude da *objetividade* que deve nortear toda a prática. Mas não é só, pois ao "preço efetivamente pago ou a pagar pelas mercadorias" somente é possível reconhecer e acrescentar aqueles valores constantes do art. 8º do AVA, quando certos elementos específicos, considerados como parte do valor aduaneiro, são suportados pelo comprador, mas não foram incluídos no preço efetivamente pago ou a pagar pelas mercadorias importadas. Nesses termos, garante-se uma perfeita neutralidade em face dos critérios adotados pelas partes para a definição do preço, fortalecendo o princípio da isonomia e da capacidade contributiva.

Esse sistema funciona perfeitamente, de modo extremamente técnico e com isso o GATT, agora administrado pelo OMC, encontra na valoração aduaneira um instrumento de finalidade fiscal sobremodo relevante.

Esse é um ponto fundamental, e eu já concluo em mais dois minutinhos, Sr. Presidente. A partir de agora, de 2003, com a entrada em vigor a Instrução Normativa n. 327, de 9 de maio de 2003, penso que ao ser afastado aquele regime de canal cinza de escolha de mercadoria e garantindo agora uma execução *a posteriori*, exclusivamente *a posteriori*, de todas as importações, teremos uma aplicação mais incisiva no que corresponde à valoração aduaneira; e este é o entendimento inclusive da Administração tributária.

Um outro aspecto – e aqui encerro a minha exposição – é verificar o seguinte: que muitas vezes a apuração da valoração aduaneira não é acompanhada de uma revisão do ato de lançamento praticado pelos agentes da tributação estadual. Ou seja, falo do ICMS na importação, quando se tem aplicação do acordo de valoração aduaneira, é revisto o lançamento do imposto de importação, do IPI, mas os Estados não se ocupam, apesar de transferências de informações da União para os Estados, da revisão dos lançamentos procedidos em matéria de ICMS, por simples ausência de interesse.

Eu lhes digo que isso é renúncia de receita, cabendo responsabilidade funcional de quem tenha expedido tal ordem, desde o secretário de Fazenda ao funcionário mais qualificado que seja responsável por observar a aplicação dos princípios de valoração aduaneira, cabendo a quem de direito, como o Tribunal de Contas, apurar tal circunstância. Isso é uma renúncia de receita que não se admite num Estado Democrático de Direito. Por quê? Porque é renúncia de receita sem base legal. É renúncia de receita por ato administrativo.

Não me consta que os Estados admitam tais controles, de revisão da base de cálculo do ICMS/importação, a partir da retificação procedida nos termos do Acordo de Valoração Aduaneira, e isso está incorreto porque o patrimônio público é o patrimônio de todos nós. E se o Estado não realiza revisão de base de cálculo em matéria de tributação aduaneira, renuncia a receitas públicas que não deveria fazê-la, com absoluto desrespeito às leis, aos tratados internacionais e à Constituição do País.

Eu gostaria de dizer que é uma satisfação poder motivá-los ou provocá-los sobre as questões inerentes a estes dois temas da maior repercussão, quer no imposto sobre a renda, quer nos impostos aduaneiros, porque está na hora de iniciarmos uma reflexão firme e objetiva sobre o impacto e a importância da aplicação desses métodos para a tributação nacional, com firmeza e grande responsabilidade.

Que assim seja. Muito obrigado. (*Palmas*)

Presidente da Mesa (Prof. Sidney Saraiva Apocalypse) – É admirável verificar o denodo e a coragem do Prof. Heleno em tratar um tema extremamente complexo, árido e moderno. Confesso tenha sido surpreendido agora com a informação de que o Brasil está prestes a ingressar na guerra do camarão, tal como no passado ingressou na famosa guerra da lagosta provocada também por um dos Estados do Nordeste. Os mais antigos certamente se recordarão disso, quando as costas brasileiras eram exploradas por navios estrangeiros a cata da lagosta. Apesar da modernidade, parece muita coisa não ter mudado!

Muito bem, esse é um tema que realmente sugere um longo debate, até porque em homenagem a alguns colegas da área aduaneira transmito ao Prof. Heleno uma outra questão. Tais colegas no sentido profissional, porque vejo que são colegas da Receita Federal, trabalham exatamente nessa área e já suscitaram debate outras vezes com relação ao fato de que o item valoração aduaneira diz respeito a um processo de despacho aduaneiro que podemos dizer constituir o lançamento mais longo da história do Direito Tributário, porquanto esse lançamento persiste por cinco anos.

Sabe o Prof. Heleno que, para um despacho aduaneiro se encerrar, percorre-se todo o *iter* do desembaraço da mercadoria, mas não se encerra ali. Daí por que o Estado de São Paulo ou outros Estados entenderem não haver renúncia de receita por não exigir o ICMS com base em qualquer outro critério até o encerramento desse processo de desembaraço que perdura por um espaço de cinco anos, e que a Receita Federal, a quem incumbe o desembaraço, irá verificar, nesse longo período, se a base de cálculo dos impostos chamados aduaneiros, dentre eles o ICMS, está adequada e correta. Distingue-se, pois, valor aduaneiro do chamado preço de transferência.

A questão do preço de transferência é inserido no Direito brasileiro por uma questão política. Como sabemos, o Brasil não era membro da OCDE, nem sei se ainda o é, e essas questões foram afloradas no âmbito da OCDE, que solicitava, no sentido político e diplomático da palavra, que os países adotassem a estrutura do preço de transferência, a pretexto de evitar que empresas de países distintos pudessem transferir lucros em territórios distintos também em operações de mercado de comércio exterior.

O Brasil adotou essas regras, e essas regras vieram a ser modificadas. Até hoje se desconhece um contencioso propriamente dito entre contribuinte e Fisco. Há muita discussão a respeito.

A questão levantada pelo Prof. Heleno é pertinente (dos laboratórios). Imaginem os senhores que o preço de venda de um medicamento na Europa segue um determinado critério. Leva em conta o deslocamento do caminhão pelas estradas européias – que como conhecem os senhores, são muito boas – é muito distinto daquilo que aqui serve como percurso para esse remédio chegar em São Paulo ou em Fortaleza ou no Recife.

Então, o preço de venda de um produto na Europa certamente não será semelhante ou igual àquele que se pratica quando a venda se dá para a América do Sul. Tomar, pois, experiências de lá para aqui adotá-las implica série considerável de problemas.

Muito bem, mas sem me alongar sobre essa questão que não parece ter pertinência ao Direito Tributário – mas tem – passo a palavra ao Prof. José Artur Lima Gonçalves que, no mesmo tom desses negócios internacionais ou transnacionais, porque não podemos nos furtar à idéia de que o Brasil se insere num mundo globalizado, mundializado, universalizado, vai tratar do imposto de renda calculado sobre lucro de coligadas ou controladas ou subsidiárias, enfim, entes no Exterior que de alguma forma têm o controle ou uma relação societária com empresas brasileiras, tema de extrema qualidade como percebem os senhores.

Professor José Artur, por favor, use a palavra.

PROF. HELENO TORRES – Senhor Presidente eu pediria desculpas a todos e especialmente aos amigos da mesa porque preciso, infelizmente, me retirar agora, mas para o caso de alguma pergunta ser endereçada a mim, eu estarei aqui no período da tarde, inteiramente à disposição. É que ministro aula, às 11:00, para os alunos da Faculdade de Direito da USP, que já me aguardam. Desculpem-me. Obrigado.

PROF. JOSÉ ARTUR LIMA GONÇALVES – Bom dia colegas de mesa, bom dia colegas de plenário. O Min. Sidney Sanches é meu amigo e eu vou outorgar uma procuração para ele propor uma ação contra a organização do Congresso por ter me solicitado que tratasse de um tema que, por acaso, foi tratado na data de ontem, por ninguém menos que o Prof. Tércio Sampaio Ferraz. Isso merece uma ação judicial que o Min. Sidney Sanches vai fazer gratuitamente para mim e o Instituto não vai ter fundos para me indenizar. Mas vamos ao tema.

Eu vou tentar, evidentemente, cobrir as eventuais omissões não voluntárias, mas por opção de definição temática, do Prof. Tércio.

O pano de fundo desta questão é o seguinte: com exceção de um rapidíssimo período décadas atrás, o resultado das subsidiárias, das controladas e das coligadas no exterior nunca foi relevante para a apuração do resultado da pessoa jurídica domiciliada no país, que mantém esses investimentos externos. Isso perdurou até 1995, quando a legislação brasileira optou por considerar relevante, para fins de apuração do resultado da empresa domiciliada no país, o resultado de suas controladas e coligadas domiciliadas no exterior.

Existiam critérios para explicitação dos momentos nos quais os resultados destas controladas e coligadas no exterior seriam incorporados aos resultados das controladoras brasileiras.[1]

Como tudo no Brasil, especialmente em matéria de imposto sobre a renda, esta temática passou a ser objeto de maior atenção e ganância das nossas autoridades. Na prática, o que realmente ocorria é que não se transferia o resultado das controladas e coligadas no exterior para a controladora brasileira, de forma tal que esses mesmos resultados jamais eram alcançados pela tributação do imposto sobre a renda da controladora brasileira. O que se estava buscando com isso era o diferimento da tributação dos resultados desses investimentos.

O Executivo federal, não satisfeito com essa situação, editou a Medida Provisória n. 2.158-35/2001, de que tratou ontem o Prof. Tércio Sampaio Ferraz, que "inventou" um momento de disponibilização desses resultados. De fato, o que consta no parágrafo único do art. 74 pode ser lido da seguinte maneira: "contribuinte, se você não quer realizar juridicamente esse resultado trazendo-o à titularidade da controladora brasileira, nós, por nossa própria conta, vamos inventar que o senhor disponibilizou esse resultado em determinada data".[2]

Em seguida sobreveio a Lei Complementar n. 104/2001, de que o Prof. Tércio também tratou aqui, a qual alterou o art. 43 do CTN, para fim de dizer que a lei ordinária poderia inventar este momento de disponibilização dos resultados percebidos no exterior.[3] Isso está no § 2º do art. 43, introduzido por essa lei. No § 1º, do art. 43 do CTN, também introduzido por esta mesma lei complementar, o legislador usa termos muito estranhos, tentando confundir os conceitos de rendimento, receita e renda, de forma tal que as pessoas que não estiverem muito atentas poderão ser induzidas a erro na análise da materialidade do imposto so-

1. Art. 25 da Lei 9.249/95.

2. "Art. 74. Para fim de determinação da base de cálculo do Imposto de Renda e da CSLL nos termos do art. 25 da Lei 9.249, de 26 de dezembro de 1995, e do art. 21 desta Medida Provisória, os lucros auferidos por controlada ou coligadas no exterior serão considerados disponibilizados para a controladora ou coligada no Brasil na data do balanço no qual tiverem sido apurados, na forma do regulamento. Parágrafo único. Os lucros apurados por controlada ou coligada no exterior até 31 de dezembro de 2001 serão considerados disponibilizados em 31 de dezembro de 2002, salvo se ocorrida, antes desta data qualquer das hipóteses de disponibilização previstas na legislação em vigor."

3. Art. 43 do CTN: "O imposto, de competência da União, sobre a renda e proventos de qualquer natureza tem como fato gerador a aquisição da disponibilidade econômica ou jurídica: I - de renda, assim entendido o produto do capital, do trabalho ou da combinação de ambos; II - de proventos de qualquer natureza, assim entendidos os acréscimos patrimoniais não compreendidos no inciso anterior. § 1º. A incidência do imposto independe da denominação da receita ou do rendimento, da localização, condição jurídica ou nacionalidade da fonte, da origem e da forma de percepção. *(Parágrafo incluído pela LCP 104, de 10.1.2001)* § 2º. Na hipótese de receita ou de rendimento oriundos do exterior, a lei estabelecerá as condições e o momento em que se dará sua disponibilidade, para fins de incidência do imposto referido neste artigo. *(Parágrafo incluído pela LCP 104, de 10.1.2001)*"

bre a renda. Mas sobre isso eu vou voltar um pouco mais adiante.

Este tema, na minha maneira de entender, ressalta a extraordinária importância de se perceber que as materialidades dos impostos têm necessariamente que ser pautadas por algum mínimo de delimitação constitucional. Por quê? Porque as pessoas que não aceitam a premissa de que existe um mínimo de conteúdo semântico delimitador do âmbito de validade das materialidades já na Constituição terão que se ver às voltas com as disposições do Código Tributário Nacional. E se os colegas forem verificar no art. 43, tal como modificado por esta lei complementar, vocês vão encontrar que rendimento, receita e renda é tudo a mesma coisa e que o legislador pode, da maneira que bem entender, inventar um momento em que se considerará disponibilizado este dado resultado.

Mas desde logo fique muito claro, já para a meditação que vamos fazer em seguida, que o resultado da empresa no exterior jamais é a renda da controladora no Brasil! Não se pode fazer esta confusão – aliás, nem a medida provisória faz, como veremos em seguida.

Mas vamos voltar para o básico nessa matéria e olhar um pouco para o seu tema central: o imposto sobre a renda. O imposto é categoria dos tributos não vinculados, aqueles cuja materialidade, após a sua incidência, não está vinculada a nenhuma atuação estatal. E essas materialidades, dos impostos, sempre estarão amarradas a uma manifestação de capacidade contributiva.

Ninguém no Brasil, e não conheço no exterior também, recusa a conclusão de que o imposto sobre a renda está amarrado à noção de acréscimo. Acréscimo é algo que precisa ser verificado e não é possível se tratar de sua verificação, que é uma manifestação de capacidade contributiva, sem que se possa examinar uma realidade econômica subjacente. O exame da materialidade do imposto sobre a renda está irremediavelmente atrelado à verificação da existência de uma capacidade contributiva na realidade econômica subjacente. A capacidade contributiva existe ou não existe. Não é possível tergiversar sobre esta matéria, e a materialidade estará sempre dependente da manifestação desta mesma capacidade contributiva.

E como se descobre a existência da capacidade contributiva? Nós descobrimos a partir da verificação, da busca do conhecimento de eventos econômicos. Esses eventos são captados por uma ciência própria, uma linguagem própria, a contabilidade, e são estocados, organizados e confrontados. Existe um resultado contábil deste confronto, que é qualificado por normas societárias e recebe, ao final de um determinado período, a incidência de ajustes da norma tributária.

Esse procedimento de verificação dos eventos econômicos, a tradução em linguagem contábil, a incidência e organização da lei societária e, por fim, a atribuição de efeitos tributários pela norma própria é que faz com que aquele evento econômico se transforme em um fato jurídico. Só que este fato jurídico está buscando a caracterização jurídica de um instituto jurídico que é a capacidade contributiva e está necessariamente atrelado àquele evento econômico que lhe deu causa, àquela realidade econômica subjacente que vai dizer se existe, ou não, uma relevância econômica neste dado evento.

Então, no que diz respeito à materialidade do imposto sobre a renda, o que a norma pode fazer é identificar os fatos para considerá-los ou não relevantes para fins de tributação. A legislação anterior a 1995 previa a verificação de um evento econômico, resultado da subsidiária e sua qualificação jurídica, ao estabelecer ser o mesmo irrelevante para fins de tributação de imposto sobre a renda da controladora local. A partir de 1995, a legislação sofreu substancial alteração e passou a atribuir um efeito diferente àquele resultado percebido pela subsidiária no exterior.

O importante é notar que, até então, a legislação tratava de um resultado que existia efetivamente. A lei não "inventava" que ele estava lá. Até porque como visto, em matéria tributária, mais especialmente no que diz respeito ao exame da materialidade do imposto sobre a renda, a lei só pode atribuir o efeito *a* ou *b* para o fato jurídico que resulta da efetiva consideração de um dado evento econômico.

Então, é a transformação do evento econômico em fato jurídico que me permite entrar na discussão da ocorrência ou não da subsunção. Por que é necessário fazer essa passagem? Porque a subsunção necessariamente se dá entre iguais, do confronto entre conceitos. A subsunção é a identidade entre o conceito de fato e o conceito normativo. Não se subsume evento econômico com conceito normativo, eu tenho que transformar o evento econômico em fato jurídico e em seguida procurar subsumir ao conceito normativo, como nos ensinaram há muito tempo Karl Engish e Castanheira Neves.

Muito bem, como vimos, é possível a lei tributária optar por considerar relevante ou não-relevante um dado fato jurídico. O que não é possível é a lei "inventar"; fazer de conta que existe um fato jurídico que não encontra supedâneo em um evento econômico. Ou se tem o evento econômico que vai ser traduzido e virar um fato jurídico, ou não se tem um fato jurídico suficiente para ser qualificado como relevante em matéria de tributação.

De outro lado, sempre que se tem um fato jurídico relevante em matéria de tributação, que não encontra correspondente em evento econômico que o próprio fato visa jurisdicizar, está ocorrendo uma disfunção sistêmica para a qual se deve encontrar alguma solução.

Enfim, a norma pode fornecer os critérios para a identificação do fato, mas não pode inventar o próprio evento econômico que é supedâneo do fato.

No caso da legislação em exame, estamos diante de uma disfunção sistêmica sobre a qual não vou discorrer em demasia, uma vez que o Prof. Tércio, melhor do que ninguém, sobre ela já tratou: a ficção. É a questão de a norma tributária admitir fato jurídico que enseja conseqüências tributárias, sem a verificação da ocorrência do evento econômico subjacente que poderia autorizar sua incidência. A norma não pode "inventar" a ocorrência do evento econômico, que denota a capacidade contributiva válida perante a Constituição para ser captado pela tributação. Quando se enche de artificial o suporte fático, como ocorre no caso da norma que "inventa" um momento para o reconhecimento de uma renda, quando não há renda, o fato jurídico tributário não encontra substrato econômico suficiente para autorizar a irradiação dos efeitos da norma de tributação.

É sabido que, em matéria de tributação, isto não é possível, especialmente quando se trata dos tributos não-vinculados porque, como visto, os não-vinculados pressupõem uma capacidade contributiva. De fato, a Constituição Federal, quando trata de materialidade, a usa como critério para atribuir competência, para repartir a competência tributária positiva e, ao fazê-lo, ela está exigindo a observância nos tributos não-vinculados da existência de uma dada capacidade contributiva.

Mas voltando para a consideração dos resultados das controladas e coligadas no exterior, esses resultados podem ser relevantes, e hoje em dia são, para o fim de integrar o resultado da empresa local, que detém o investimento lá. Então, a lei pode dar os elementos para identificar o resultado do exterior e determinar a sua inclusão, a sua consideração no resultado da empresa controladora local.

Contudo, a lei não está autorizada a "inventar" que houve um resultado no exterior e incluí-lo no resultado local, nem tampouco "inventar" que o resultado lá da outra pessoa jurídica do exterior passou a ser titulado pela empresa brasileira controladora, no momento determinado por ela. E é exatamente esta ficção que a MP n. 2.158-35 fez, ela considera que o resultado havido no exterior foi automaticamente, por ficção, disponibilizado para a controladora brasileira o que, como já demonstrado, não é cabível perante o sistema constitucional nacional.

Percebam que eu não estou falando de disponibilidade de renda porque não é de disponibilidade de renda da empresa local que a medida provisória trata. Ela trata única e exclusivamente de considerar disponibilizada uma entrada, que é o resultado da empresa no exterior, no cômputo que vai ser feito para aferição da existência ou inexistência de renda da sociedade brasileira.

Então, eu não estou aqui discutindo disponibilização de renda, quando estou tratando especificamente desta medida provisória. Estou discutindo a disponibilização ou não de um elemento componente da base de cálculo do imposto sobre a renda da controladora no Brasil.

Enfim, o que se faz por meio dessa medida provisória é a utilização de uma ficção, o que é impossível em matéria de verificação de fato jurídico tributário no Brasil. Mas o elemento adicional recente que existe, a partir desse absurdo da utilização da ficção pela medida provisória, é que mais uma vez o Governo Federal não se contém, ele não consegue fazer uma só, ele precisa ir fazendo até que alguém lhe imponha limites.

Pois bem, além desta ficção e por meio de ato administrativo, mais precisamente da Instrução Normativa n. 213/2002 alargou-se a base de cálculo do imposto sobre a renda da controladora brasileira. Esta instrução normativa pretende fazer com que o efeito da equivalência patrimonial do investimento mantido nas subsidiárias no exterior passe a compor a base de cálculo do imposto sobre a renda da controladora brasileira.

O efeito da equivalência patrimonial sempre foi reconhecido nos balanços das empresas controladoras, por razões de realidade e substrato econômico, por razões societárias, por razões creditícias de captação de investimentos etc. É uma maneira de adequar o patrimônio da empresa investidora, no caso a brasileira, à realidade econômica do que está acontecendo com as controladas e coligadas no exterior.

Isso sempre foi assim e sempre foi necessário. Só que a legislação brasileira tributária sempre expressamente excluiu o efeito desta transferência de efeitos patrimoniais, via método de equivalência patrimonial, da tributação por meio de imposto sobre a renda e também de contribuição social sobre lucro líquido, o que continua sendo assim até hoje.

Não obstante, vem um ato administrativo da Secretaria da Receita Federal e pretende desconsiderar o que está escrito na lei que dispõe que o resultado da equivalência patrimonial "não será computada na apuração do lucro real (...)" dizendo que o mesmo "deverá ser considerado" na base de cálculo do imposto sobre a renda das pessoas jurídicas.[4]

Estas são as situações no Brasil que são difíceis de explicar para os investidores estrangeiros. O que já não estava bom com a ficção legal da disponibilidade de renda ficou pior com o ato administrativo abusivo que pretende revogar a lei tributária vigente.

Obviamente não é possível aceitar uma coisa como essa, porque tal conclusão seria incompatível com a nossa sistemática constitucional.

Concluindo – porque o meu tempo já vai acabar –, na nossa Constituição Federal a renda sempre será um conceito que manifesta uma dada capacidade contributiva. Esta capacidade contributiva será

4. Art. 23 do Decreto-Lei 1598/77: "A contrapartida do ajuste de que trata o art. 22, por aumento ou redução no valor de patrimônio líquido do investimento, não será computada na determinação do lucro real"

Instrução Normativa 213/02, art. 7º, § 7º: "Os valores relativos ao resultado positivo da equivalência patrimonial não tributados no transcorrer do ano-calendário deverão ser considerados no balanço levantado em 31 de dezembro do ano-calendário para fins de determinação do lucro real e da base de cálculo da CSLL".

identificada por meio de método contábil, a partir de eventos econômicos efetivamente consideráveis. Esta conclusão contábil vai ser submetida a uma legislação societária e tributária e ao final deste procedimento todo é que seria possível cogitar do nascimento, ou não, de uma relação jurídico-tributária. Portanto, não é legítima constitucionalmente a tentativa de se criar um evento econômico de disponibilização de resultado da controlada ou coligada no exterior, na controladora brasileira, por mera ficção, pois ficção não é admissível em matéria de tributação nesta hipótese. Também não é possível o ato administrativo, representado por esta malfadada instrução normativa, pretender revogar a lei vigente no Brasil, eis que esta expressamente exclui o resultado da equivalência patrimonial da base de cálculo do imposto sobre a renda das controladoras brasileiras. Qualquer iniciativa que se afaste desses parâmetros parece a nós que é constitucionalmente ilegítima.

Agradecendo a paciência dos colegas, devolvo a palavra ao Presidente. Muito obrigado. (*Palmas*)

Presidente da Mesa (Prof. Sidney Saraiva Apocalypse) – Prof. José Artur, o senhor me deixou sem palavras. Portanto, vamos ouvir agora o Prof. Renan Lotufo que vai cuidar propriamente dos pontos de contatos do novo Código Civil ou dos reflexos que o novo Código Civil brasileiro ocasiona no âmbito das nossas preocupações na relação jurídico-tributária.

Prof. Lotufo, por favor, use a palavra.

Prof. Renan Lotufo – Em primeiro lugar, eu queria agradecer a oportunidade de estar presente aqui conversando com os senhores. Em segundo lugar, o Prof. José Roberto falou que quem ficaria para o final seria o mais importante e não é, eu sou o único estranho no ninho.

Então, vamos falar sobre o novo Código Civil e o seu reflexo. Realmente o novo Código Civil muda profundamente todo tratamento do Direito Privado brasileiro e essa mudança é muito significativa.

Aliás, há uma piadinha que saiu na Internet que diz que o mundo está mudando, e mudando muito. Está mudando tanto que o maior *rapper* da atualidade é branco, o campeão mundial de golfe é negro, a figura mais importante da mídia é uma lacraia, a França acusa os Estados Unidos de arrogância, a Alemanha se nega a ir à guerra... O mundo realmente está mudando. Mas, se o Rubinho for campeão da fórmula um e o Lula aprender a falar inglês, corram, pois é o apocalypse. (*Risos*)

O novo Código muda, mas não é o apocalypse. O novo Código realmente traz uma modificação substancial nos princípios. O Código de 1916 era individualista e esse novo está fundado no princípio da socialidade.

O Código de 1916 era fixado em personagens que se caracterizavam exatamente em torno do individualismo; mas era um Código que prestigiava a figura de *status*, ou seja, a permanência num determinado estado simplesmente por ser ou ter aquela condição. O novo Código prestigia a atividade; faz com que todos os sujeitos de direito tenham que desenvolver permanentemente uma atividade.

O Código de 1916 não tinha uma preocupação com a eticidade, que é muito clara neste novo Código. Portanto, nós temos outra diferença: é que o novo Código tem uma profunda ligação com a chamada operatividade. O Código vem para provocar efeitos concretos, e por isso surgem inúmeras modificações. Se essas modificações vão repercutir no Direito Tributário, isto é difícil de se poder afirmar, *a priori*, porque o sistema constitucional confere à legislação tributária a possibilidade de criar as suas realidades e, inclusive, de alterar eventualmente figuras que são próprias do Direito Privado.

O que nós vamos verificar, no entanto, é que certas figuras, certos institutos do Direito Privado, vão continuar sendo trabalhadas pelo Código Civil e vão servir, no mínimo, de fonte subsidiária para aplicação do Direito Tributário na ausência da sua regulação específica. Quer dizer, nesse sentido vamos verificar quais as hipóteses concretas que vamos identificar de fatos e de situações criadas que vão ter repercussão no direito tributário.

Chamo a atenção dos senhores para o art. 7º, logo no início do Código, quando se fala da morte presumida. A morte presumida foi "acelerada" no novo Código, principalmente nas grandes catástrofes – situações como já tivemos, as do Edifício Joelma etc., ou, mais recentemente, na imitação que o prédio onde estamo faz, que é das torres gêmeas, porque nós também estamos no Word Trade Center – mas aqui não tem atentado, graças a Deus!

O que nós temos é que, nestes casos, as pessoas que estavam naquelas catástrofes desapareceram; e não temos meios de fazer a prova de que muitas delas morreram, porque simplesmente não existe nada que comprove. Então, o processo recognitivo da morte passou a ser acelerado; o Direito criou, nesses casos, um mecanismo mais rápido para que se possa abrir a sucessão provisória. Logo, essa morte presumida vai ter repercussão em todos os tributos que se refiram à transmissão por causa da morte.

Afora uma outra hipótese vai trazer, também, para outros impostos, a caracterização da cessação da vida daquele que é sujeito passivo da relação tributária. Essa é uma modificação que terá grande repercussão.

O novo Código traz, pela primeira vez no sistema privado brasileiro, a introdução do chamado Direito da Personalidade. Os direitos da personalidade estão regrados nos arts. 11 a 21 do novo Código Civil e são a projeção direta do art. 1º da Constituição Brasileira no inciso III, que determina que um dos fundamentos da República é a dignidade do ser humano.

Essa projeção torna os dispositivos dos direitos da personalidade inibidores, inclusive, da legislação e da pretensão de legislação administrativa e tributária que agridam a personalidade humana, a dignidade do ser humano, tais como aqueles reiterados projetos de cada governo desta República que pretendem eliminar a identidade da pessoa pelo nome, pelas suas condições pessoais de ligação com a família, querendo identificá-lo por meio de simples números. Essa tentativa de redução, conseqüentemente, agride dispositivos que são reveladores de princípio fundamental da Constituição e que, portanto, não podem ser desobedecidos, principalmente pela violação à identidade do ser humano.

Vamos verificar que, com relação às pessoas jurídicas, o novo Código fez uma modificação, que eu reputo como não sendo das mais felizes. Primeiro estipulou que nós temos as associações, as fundações e as sociedades, dizendo que as associações são entidades que não terão atividade econômica. Ora, na verdade querer transformar todas as sociedades civis em associações foi um erro grave de cálculo do legislador. Por quê? Porque na verdade todas as sociedades civis vão ser forçadas a se transformar em associações e, se tiverem que se reduzir a ponto de não desenvolver qualquer atividade econômica, não poderão alcançar seus objetivos.

Basta pensarmos na atividade exercida pelas sociedades médicas, pelos hospitais etc., que têm atividade econômica. Não têm aquela finalidade permanente da busca do lucro, mas é atividade econômica. Quando se quis tirar a relação destas atividades com o auferimento de lucro se fez a confusão porque atividade econômica todos temos, mas isso não significa que nós estejamos objetivando lucro.

Este, então, é um defeito que está sendo inclusive objeto de estudo de uma ação direta de inconstitucionalidade por parte de clubes esportivos de São Paulo, porque não só estão sendo atingidos por essa transformação, como porque existem outras implicações, eis que, em razão do princípio da transparência, necessária para a atividade social, se impõe que para decidir determinadas matérias somente as assembléias gerais sejam as competentes; o que significa que para que se tome qualquer medida mais grave, como a eliminação de um sócio, por exemplo, tenha que se convocar uma assembléia geral.

Agora imaginem os senhores como é que nós vamos fazer para convocar uma assembléia geral de determinados clubes! Os senhores sabem que existem clubes que têm uma massa associativa enorme. Todo mundo pensa que o Corinthians é o clube que tem a maior massa associativa e a maior torcida. Não é verdade. Isso foi até 1950. Depois surgiu o Pelé, e o Santos passou a ter a maior torcida. Depois veio a década dos anos 60, e nós tivemos um desenvolvimento de massa associativa independente da torcida futebolística. Daí que, desde então e até hoje, o clube que tem a maior massa associativa é o Juventus, que tem perto de cem mil sócios porque ele pegou o filão da Zona Leste totalmente virgem e conseguiu reunir quase cem mil sócios.

Ora, onde o Juventus vai fazer uma assembléia geral com cem mil sócios? Nem no Morumbi. Tem que se requisitar o Maracanã. Não tem condição de se realizar uma assembléia geral com esse porte. Isso inviabiliza a atividade social. E, pior, determinados clubes, que já estão numa condição de absoluta inferioridade – reduzidos de primeira para segunda divisão –, não vão, ainda, poder ter nem o nome atual, porque não poderão mais se chamar sociedade. Além de estar na segunda divisão, o Palmeiras vai se chamar Associação Esportiva Palmeiras. (*Risos*)

Então vejam que reflexos vão trazer essas alterações no Código se não forem sanadas essas inovações.

Outro ponto fundamental para a vida da atividade privada – que já era utilizada fartamente no Direito Tributário e agora se tornou dispositivo legal – é o art. 50 do novo Código, que traz a figura da desconsideração da pessoa jurídica. Então agora nós vamos ter essa repercussão no âmbito privado. Na verdade, se houver uma decisão no âmbito privado, esse efeito vai trazer benefícios à própria atividade da administração tributária ensejando, desde logo, o lançamento sobre aqueles sócios que estavam se ocultando por trás da sociedade.

Com relação ao domicílio necessário, que é uma colocação que não existia expressa no Código de 1916, temos que é *necessário* o domicílio do incapaz, como está no art. 76 do novo Código. Aqui me parece que vamos ter uma interferência séria porque, se aquele domicílio é tomado pela lei como necessário, ele não pode ser afastado por outra lei, como a lei tributária. E aí, então, vai surgir um problema, porque, às vezes, a lei tributária fixa o domicílio do contribuinte, visando aos interesses da administração tributária, mas, se ele é necessário, não pode ser afastado. O novo Código se refere ao domicílio necessário, também aos presos, aos militares, aos marítimos e aos servidores públicos.

Com relação à classificação dos bens há uma curiosidade. Todo mundo reclama porque que o Código Civil continua a cuidar dos bens públicos. Por uma razão simples: pela inércia da turma do Direito Público. Não há nenhuma lei neste país que regulamente os bens públicos – por isso o Código Civil continua a ter que abrangê-los, sob pena de eles ficarem à margem da legislação. E como eles, em alguns momentos, também são objeto de relações da vida privada, tiveram a sua colocação dentro do Código. Não é pretensão de invasão de esfera; é supressão da inércia alheia.

Quando vamos ver, no entanto, o tratamento que é dado a esses bens no âmbito privado vemos que é um tratamento para fins de Direito Privado, de tal maneira que o tratamento que possa ser dado pelo Direito Tributário não implica conflito, pois aqui se está entendendo que se trata de relação dos bens como objeto dos negócios jurídicos entre pessoas de Direito Privado.

A grande inovação desse novo Código está na alteração da figura do ato jurídico para a do negócio jurídico.

Chamo a atenção dos senhores que do art. 110 para frente nós vamos ter essas disposições, que a maioria dos "anotadores" comparatistas de Código – que gostam de vender muito (e vendem p'ra burro!), o que eles fazem? - põem o Código velho e o novo Código um ao lado do outro dizendo que nelas não houve alterações. Isso é a maior mentira, porque a alteração está toda na filosofia. Portanto, o mesmo dispositivo tem de ser relido à luz de outra filosofia, com outro significado.

Como se mudou a palavra de *ato* para *negócio* jurídico – e disseram que era a mesma coisa? Não é. O negócio jurídico começa porque houve a adoção da teoria da confiança, onde é necessário que a parte que manifestou uma pretensão negocial, ao chegar ao destinatário, desperte sua confiança. Logo, gerou-se uma responsabilidade pré-negocial, que envolve uma responsabilidade social dentro do novo Código. Ora, isso não existia na teoria do ato jurídico, pois este sempre foi visto exclusivamente do ponto de vista individual daquele que o promove e, quando muito, nas relações negociais, do ponto de vista do credor. Com o novo Código nós temos dois sujeitos em relação e, portanto, potencializados em pé de igualdade. Isso traz uma transformação muito grande para a teoria do negócio jurídico e as suas repercussões.

Além disso, o art. 113 do novo Código Civil introduz, de maneira definitiva, o conceito da boa-fé objetiva, que passa a ser requisito para a celebração de negócios válidos.

A boa-fé objetiva não se confunde com a boa-fé subjetiva, que encontrávamos no Código de 1916 em algumas figuras. Muito particularmente nós tínhamos as referências expressas no campo da posse – posse de boa-fé, posse de má-fé. Aqui a boa-fé objetiva é fundamental para toda atividade negocial e para validade do negócio.

Logo, se o Direito Tributário pode desconsiderar qualificações jurídicas, diante das nulidades, tem, também, que levar em conta que o regime jurídico privado mudou, na medida em que deixa de ser negócio jurídico típico o que não é válido, e, por isso, nenhuma tributação vai se dar a título deste negócio, principalmente se inexistir eticidade na sua gênese. Portanto, eventual tributação só poderá se dar a outro título.

Verificamos, daí, que as nulidades que foram conservadas e explicitadas têm uma nova característica. É que em todas as hipóteses surge sempre a possibilidade da sanação, da correção. E isso é fundamental para o princípio da eticidade, ou seja, para que tudo aquilo que venha viciado possa ser consertado e convalidado e, por isso mesmo, produzir os efeitos jurídicos esperados.

O Código traz outra novidade ao, expressamente, tratar como ato jurídico o ato ilícito – exatamente porque o ilícito é jurídico. Não há nada que provoque mais efeito jurídico do que o ilícito, por isso ele tem de ser tratado como ato jurídico.

Ao lado do ato ilícito, foi introduzida a figura de abuso de direito. O abuso de direito é considerado também, pelo novo Código Civil, como uma ilicitude. Com isso nós mudamos completamente toda a filosofia da interpretação dos negócios jurídicos, principalmente os de caráter comercial, onde sempre se admitia como plenamente válido o *dolus bonus*. Este se torna inviável diante do princípio da boa-fé objetiva e da característica de que o ilícito tem de ser sancionado. Mesmo porque o *dolus bonus*, no mais das vezes, sempre foi um abuso do direito por parte do negociante. Então, aqui nós temos uma mudança fundamental e que vai ter repercussão na caracterização de negócio válido ou de ato ilícito a ser tratado tributariamente de forma diferente. Ressalte-se que o ato ilícito e o abuso de direito estão nos arts. 186 e 187.

Uma outra questão que sofre uma modificação, eu diria, substancial e que é muito cara ao âmbito do Direito Tributário é em relação à prescrição e à decadência. O Código muda completamente o tratamento, quer de ordem teórica, quer de ordem legislativa.A prescrição está inserida agora na parte geral, porque suas hipóteses estão praticamente esgotadas dentro dela, afora raras exceções. A decadência é somente referida como instituto generalizado na parte geral, e suas hipóteses estão nos livros especiais, que são os livros dos direitos, direitos de obrigações, direitos reais etc.

O que muda fundamentalmente é que, por definição – e essa definição é dada pelo novo Código –, a prescrição está ligada à pretensão, mas a pretensão material. Portanto, tudo que se aprendeu com relação a Agnelo Amorim e Câmara Leal pode ficar no passado, não vale para embasar o estudo do novo diploma. O que nós temos aqui é a pretensão material, é a *Anspruch* do Direito alemão. Ou seja, é a possibilidade que a pessoa tem de exigir o seu direito, mas dentro do âmbito material.

Então, com o surgimento do direito, que nasce pela violação do meu direito, nasce a pretensão de vê-lo reparado – que é o que nós temos expressamente no início do art. 189: "Violado o direito, nasce a pretensão" (a pretensão de ver o direito reparado).

Mas observem que se impõe a releitura, em função disso, do art. 199, que manteve a redação do Código anterior. Portanto, onde se lê "não corre a prescrição", na verdade deve se entender que "não nasceu pretensão" quando existir condição suspensiva, se o prazo ainda estiver correndo e se tivermos pendente ação de evicção. Porque evidentemente se há uma condição suspensiva, não há exigibilidade do direito, por isso não se pode dizer que não nasceu a prescrição. A prescrição vem da exigibilidade. É o mesmo problema do prazo, se eu tenho um título de crédito, eu tenho crédito; mas a exigibilidade só aparecerá com o vencimento. A partir daí nasce a pretensão, e esta não é um problema de ação judicial, mas, sim, do exercício dessa pretensão, de se buscar o crédito, de efetivamente tornar aquele crédito em pagamento.

A busca do crédito significa que estou exercendo a pretensão, não a ação processual. Este é outro problema. Eu posso até usar a via processual para buscar a minha pretensão, o meu direito, porque ao correr o prazo prescricional igualmente nasce, com a extinção do mesmo, o prazo da exceção substantiva. Então, aberto o prazo prescricional e decorrido o mesmo, aquele que era devedor terá uma exceção substantiva paralisante do direito da pretensão do credor, e não do direito em si.

Então, se eu sou credor, não exerci meu direito, não cobrei meu título de crédito e ocorreu o prazo prescricional, eu não tenho mais direito à exigibilidade do crédito, o que não significa que eu não seja mais credor. Por quê? Porque se houver um pagamento por parte daquele que já estaria em condições para opor a exceção, não é possível pedir repetição de indébito, porque ele saldou o débito, que era antigamente chamado de obrigação natural, pois se trata de crédito sem exigibilidade.

O que nós temos, portanto, é que, com o novo Código, a pretensão material, que, até então, era tratada somente à luz do processo, passa a ser exigência do Direito Material. Processo é matéria que não interfere no âmbito do Direito Privado, mas que deve servir de instrumento para sua concretização. A nova lei, inclusive, reduz as hipóteses de interrupção da prescrição a uma única vez, não se permitindo mais a sua continuidade.

O novo Código faz expressa menção à decadência convencional, que é tratada nos seus arts. 207 a 211. E aqui é importante lembrar: prescrição é problema de Direito Público; não pode ser afetado por vontade das partes. A decadência, por sua vez, pode ser estabelecida convencionalmente, porque é a perda do próprio Direito.

No âmbito, ainda, da parte geral, eu chamo a atenção dos senhores para a questão da prova. Este é outro capítulo novo dentro do livro da parte geral. Tratar da prova faz muita gente pensar que se trata de problema de processo – e não é. Prova é questão de Direito Material. O ônus da prova é de Direito Processual. A prova é documentação física dos fatos; tem conotação com a própria existência do fato e, por isso mesmo, não é um problema de processo, mas, sim, de Direito Material.

Aliás, o maior autor sobre o ônus da prova foi exatamente o grande tributarista italiano Gian Antonio Michelli. E ele, no livro *L'Onere de la Prova*, jamais cita a prova em si como Direito Processual. Ele só trabalha no *ônus da prova*, que, como já dito, é problema de processo. A prova mesmo é problema de Direito material.

Chamo a atenção para a figura introduzida neste novo Código da confissão – arts. 213 e 214 – que, se praticada e exercida, terá grandes repercussões no âmbito do próprio Direito Tributário. Contra ela, haverá a impossibilidade de se argüir qualquer novidade, porque passa a ter valor imediato.

Outro artigo que pode ter implicações, podendo estabelecer limitações e ensejar grandes conflitos, é o art. 229, que trata da proteção do sigilo profissional. Nós sabemos que, volta e meia, temos esses conflitos entre a pretensão do Fisco e a posição do advogado quando se quer exigir que se preste informações sobre determinados fatos do cliente. Então, surge o problema da proteção do sigilo profissional. Como a lei protege aqui aqueles que estão com o dever de guardar sigilo, me parece que isso vai refletir de maneira mais clara nas pretensões contrárias por parte eventualmente do Fisco.

No livro das obrigações, a modificação fundamental é que nós passamos a entender e trabalhar a obrigação ou como uma relação complexa ou como um processo, o que a torna muito próxima daquilo que todos os senhores conhecem quando o Código Tributário fala de obrigação principal e obrigações acessórias. Na verdade, toda a obrigação não se reduz ao crédito e débito; ela tem uma série de deveres e obrigações que contornam aquele núcleo principal e que por isso mesmo gravitam em torno dele.

A repercussão maior que precisamos destacar, e que alguns autores, inclusive no Direito Privado brasileiro, ainda não fizeram, é com relação ao inadimplemento da obrigação e ao problema da mora. O Prof. Agostinho Alvim sempre foi o maior autor sobre essa matéria; no entanto, sua obra não teve reedição, o que é uma lástima; mas se tivéssemos oportunidade de veicular melhor a sua obra seria muito fácil para todo mundo entender o que ocorre com a mora e o inadimplemento absoluto.

A mora é sempre sanável, permite a purgação, a sanação, portanto. O inadimplemento absoluto é quando já não há mais interesse do credor em que haja sanação. E desse momento em diante, quando cessa esse interesse – a não ser que já tivéssemos um termo predeterminado –, passa a haver inadimplemento absoluto. O que se sanciona dentro da mora é uma coisa; o que se sanciona no inadimplemento absoluto é outra.

E isso é muito grave porque, dentro da teoria do Direito Privado alemão, a diferença é decorrente do Direito Positivo alemão, onde a mora é somente a demora, é problema temporal. No Direito brasileiro, desde o Código de 1916 até o atual, mora é todo cumprimento imperfeito, passível de sanação. Portanto, não é só a demora, é também o cumprimento defeituoso, o cumprimento a menor, que podem ser sanados, e, por isso, o regime jurídico é diferente. Enquanto os alemães tiveram que desenvolver toda teoria da violação positiva do contrato em razão desses deveres de contorno para se chegar numa solução, nós tivemos tudo isso trabalhado dentro da mora, e, por isso, temos, com eles, essa profunda distinção.

Um artigo que está dando muita confusão é o que fala dos efeitos da mora e da responsabilidade referente aos juros (art. 406). O Código Civil caiu numa esparrela, porque a partir de uma alteração feita no Congresso, dispôs que os juros devem ser aqueles vigorantes para as obrigações tributárias, o que significa dizer: aquilo que o Fisco aplica como juros. E o Fisco aplica, nós sabemos todos, uma fórmula que inclui dentro do seu cálculo algo mais do que os juros que é a atualização monetária.

Ora, o Código fala o tempo inteiro que toda dívida tem de ser atualizada – particularmente a dívida de dinheiro; logo, não caberia dupla atualização. Isso gerou uma grande confusão. Os senhores sabem que houve a emenda constitucional que suprimiu os 12% de juros previstos na Constituição, mas o Código Tributário Nacional continua falando em 12%. Logo, a interpretação que tem prevalecido na doutrina do Direito Privado é de que não se aplica a taxa SELIC, mas, sim, o limite que está previsto no Código Tributário Nacional de 12% ao ano.

Por que entendo que pode trazer reflexos importantes na aplicação, chamo a atenção dos senhores para os parágrafos únicos dos arts. 249 e 251, que são relativos às obrigações de fazer e de não-fazer, nas quais nós temos uma característica nova: a de fazer justiça com as próprias mãos. O credor não é obrigado a ir a juízo para pedir que seja feito aquilo que ainda não o foi. Ele pode de imediato cobrar o cumprimento. Isso, nas obrigações contratuais, nas relações negociais, irá trazer uma alteração e, por isso, mesmo poderá ter repercussão também no aspecto tributário. Por quê? Porque a partir do momento em que eu considero que houve inadimplemento e passo a executar a obrigação pelas minhas próprias mãos ou por meio de terceiros, aquela relação negocial está rompida e por isso passa a ter um outro efeito.

O comportamento do devedor, a partir daqui, é o do inadimplente e não daquele que está satisfazendo o contrato. Portanto, é uma alteração profunda porque o credor mesmo executa o mal pagador; e o devedor inadimplente é quem, se quiser, irá a juízo tentar se recompor diante daquela atividade do credor que já se satisfez.

O art. 421, que inicia o livro dos contratos, traz uma inovação fundamental porque diz que o contrato tem função social. Aqui e no Direito de Propriedade nós vamos ter as mesmas referências. O importante é que por disposição final transitória o Código prevê a imediata vigência dos dispositivos que se refiram a princípios de ordem pública, tais como os da função social.

Logo, desde o primeiro dia de vigência desse novo Código, o problema da função social do contrato e da função social da propriedade passaram a vigorar de imediato e a ser considerados de ordem pública, portanto, inafastáveis por qualquer outra legislação, porque decorrem diretamente dos princípios constitucionais. Por isso não se pode pretender que haja alteração nesse tipo de relação (do sujeito com a coisa) no sentido do mero exercício de direitos, mas, sim, quando os deveres em relação à função social devam ser respeitados, sob pena de se ter, como exemplo, a perda da propriedade de diversas maneiras. Isso também vale para a o contrato, porque o contrato não atinge somente aqueles que estão na sua relação.

Não se que dizer com isso que o *pacta sunt servanda* esteja morto, como muito consumerista afirmou erroneamente. Ele nunca esteve tão forte, porque o interesse social é, exatamente, o de que o contrato seja válido e seja cumprido. Mas o contrato não se restringe aos interesses econômicos das partes contratantes; tem que satisfazer, também, outros interesses sociais, mesmo porque cria deveres a serem respeitados por terceiros.

Muita gente duvida que se consiga dar um exemplo de contrato que não tenha função social. É fácil, fácil. É só lembrar da "marmelada" que a Ferrari aprontou na corrida em que o Rubinho deixou o Shumacher passar. Esse é o tipo de contrato que não tem função social. Se o caso fosse posto diante de um juízo brasileiro, seria totalmente invalidada toda aquela palhaçada, porque ela, de certa forma, agrediu a sociedade. Da mesma maneira, um contrato que preveja a remuneração com base na maior produção e esta produção seja danosa à ecologia ou à questão de fundo histórico também contrariará a sua função social. Então é fácil de se identificar exemplos.

Com relação à propriedade, como dissemos, tem a função social, surge uma figura nova de muita repercussão que é a superfície com a extinção da enfiteuse e cuja aplicação já passou a ter atividade no Estatuto da Cidade.

Na responsabilidade civil, afora a distinção entre mora e inadimplemento, é muito importante lembrar que houve o surgimento da responsabilidade objetiva. A responsabilidade objetiva entra dentro desse Código de maneira muito forte – talvez mais forte do que todo mundo pensasse –, porque atribui, no parágrafo único do art. 927, ao juiz a possibilidade de entender que a atividade é de risco e, por isso mesmo, considerá-la como gravosa, condenando o responsável por esse fato.

O juiz, dentro desse novo Código Civil, tem um papel preponderante. Mas quando falamos juiz nós temos de entender que ele não decide sozinho; também fazemos parte desse processo, como advogados, promotores etc. O juiz só decide com "prato feito pelas partes", só decide diante daquilo que foi posto, quer pelo procurador, quer pelo advogado da parte. E é por isso que nós temos parcela de responsabilidade na atividade do juiz, porque esse é um Código com cláusulas gerais e estas têm que ser integradas.

Chamo também a atenção dos senhores para a parte do novo Código que trata do Direito de Família e das Sucessões, onde as alterações dos regimes jurídicos dos casamentos trazem inúmeras conseqüências nas sucessões, porque, passando a ser regra o regime da comunhão parcial, desde a emenda do divórcio em 1977 e com a lei que o introduziu, tivemos uma grande confusão nas sucessões, e podemos verificar que o cônjuge, porque esse regime passou a ser o legal, concorre com os descendentes e na ausência de descendentes concorre com os ascendentes.

Então, nós temos que entender o porquê. Porque a comunhão parcial é só sobre o que é adquirido após o casamento; aquilo que é privativo, o que é particular não integra. E se for comunhão universal, tudo é comum e, logo, quando há o falecimento, não há transmissão, há somente especificação daquilo que é a meação, por isso que não é tributável. Porque aqui não há aquisição de patrimônio, há especificação com a morte – na comunhão universal.

Já na comunhão parcial só o núcleo do que foi adquirido na constância é que é meação, o que está fora é objeto de herança para todos os outros. Mas aquela parte do cônjuge falecido vai para os filhos, para os descendentes, netos etc. Quando vai concorrer com ascendentes já concorre numa porcentagem menor, ou seja, cada um pode ter 1/3. O cônjuge, portanto, passou a ter essa condição de herdeiro. Por quê? Porque quando houve a introdução da emenda do divórcio em 77 o legislador ordinário puxou, sem que fosse preciso, o regime que estava previsto neste Código com relação ao casamento e esqueceu-se de mexer nas sucessões.

Então, o que aconteceu? A partir do regime da comunhão parcial, da comunhão de aqüestos na convivência, passou-se a ter um regime diferente e quem não conseguiu construir um patrimônio comum nesse período, morrendo o outro cônjuge simplesmente ficava com nada.

Eu sempre conto um fato que eu tive que julgar, quando desembargador no Tribunal de Justiça, um dos que mais me incomodou na minha vida: pai com o filho único saiu da Granja Viana, vindo para São Paulo. Uma moça atravessa a pista e, ao tentar desviar, não consegue evitar o acidente, ela morre e eles, pai e filho, também. Isso configura a chamada comoriência. Na comoriência não há sucessão.

Pai e filho morreram no mesmo momento. Lá na casa deles a esposa e a mãe do marido. A esposa foi casada no regime da comunhão parcial, não havia patrimônio adquirido efetivamente na constância desse casamento. A sogra, porque essa era "a" sogra, (*Risos*) o que fez? Chegou e disse: "se quiser vai morar na edícula no fundo do quintal que é 1/4 do usufruto vidual que você tem direito, porque você não é herdeira e não tem nada para receber. O legislador tinha esquecido que isso poderia ocorrer. O Código sempre previu essa hipótese e é por isso que nós tivemos essa modificação substancial. O cônjuge concorre com os herdeiros; isso tem implicações no Direito sucessório e logicamente nas formas de tributação. Uma coisa é a meação, outra é a parte da herança. E, portanto, vai haver muita confusão nessa fase inicial, porque a maior parte das pessoas está com dúvidas com relação a esse assunto e também com relação à união estável, onde o companheiro também concorre com os descendentes e eventualmente com os ascendentes.

São as principais alterações que eu acho que podem ter uma repercussão no âmbito tributário. Mas, lembrando, mudou, mas não é o caos. (*Palmas*)

Presidente da Mesa (Prof. Sidney Saraiva Apocalypse) – Muito bem, então em homenagem à preocupação dos casados, aviso que haverá um intervalo de dez minutos para reflexão quanto ao novo regime jurídico a que estarão submetidos. Em dez minutos voltamos, agradecendo muitíssimo a participação do Prof. Renan Lotufo. Muito obrigado.

Quanto às perguntas elas poderão ser respondidas pelos palestrantes no curso do intervalo.

MESA DE DEBATES "D"

PROCESSO JUDICIAL

PRESIDENTE DA MESA: PROFA. ELIZABETH NAZAR CARRAZZA
MEMBROS DA MESA: PROFS. REGINA HELENA COSTA,
SONIA CORRÊA DA SILVA ALMEIDA PRADO
E PAULO CEZAR CONRADO

PRESIDENTE DA MESA (PROFA. ELIZABETH NAZAR CARRAZZA) – Colegas congressistas, bom dia a todos. É uma grande honra para mim presidir essa mesa de debates que girará em torno do tema processo judicial. Quero aproveitar a oportunidade para felicitar os organizadores do evento, o que faço na pessoa do Prof. Aires Barreto, digno Presidente do Instituto Geraldo Ataliba – IDEPE.

Esta mesa é integrada pela Desembargadora Federal e Professora da PUC de São Paulo, Dra. Regina Helena Costa, pela Advogada e Professora Dra. Sonia Corrêa da Silva Almeida Prado e pelo Juiz Federal e Professor, Dr. Paulo Cezar Conrado.

Como os colegas congressistas já perceberam, trata-se de um seleto grupo de juristas que unem os vastos conhecimentos teóricos que possuem com a experiência adquirida em suas importantíssimas áreas de atuação.

Sem maiores delongas tenho a satisfação de passar a palavra à Prof. Regina Helena Costa para que, no prazo regimental de vinte minutos, discorra sobre os limites formais e materiais da inclusão dos sócios no pólo passivo da execução fiscal.

Com a palavra a Prof. Regina Helena.

PROFA. REGINA HELENA COSTA – Muito bom dia a todos. Eu gostaria de inicialmente de reiterar meu agradecimento pelo convite para participar desse XVII Congresso Brasileiro de Direito Tributário, na condição de palestrante, fazendo um agradecimento especial à pessoa do Prof. Aires Barreto.

Também quero cumprimentar a audiência porque a reputo como a mais qualificada para os debates no âmbito tributário. É sempre uma honra e um prazer estar aqui para tratar de diversos temas, para aprender, não só com os ilustres professores, mas, também, com as questões suscitadas pelo auditório.

Pois bem, fui intimada a falar hoje sobre o tema de limites formais e materiais da inclusão dos sócios no pólo passivo da execução fiscal. É um tema que, a meu ver, não enseja novidade, pois isso se questiona há muito tempo. No entanto, é um tema recorrente, porque continuamos a ver problemas práticos a respeito dessa inclusão de sócios no pólo passivo da execução fiscal.

É aquilo que, mais recentemente, tanto a doutrina quanto a jurisprudência têm denominado de redirecionamento da execução fiscal. Vale dizer, a execução fiscal, que é proposta contra o contribuinte – no caso a empresa–, pode vir a ser redirecionada aos sócios administradores dessa pessoa jurídica, em algumas hipóteses que o Código Tributário Nacional expressamente prevê.

Trata-se daquela velha questão da possibilidade de se alcançar o patrimônio dos sócios administradores para suportar débitos contraídos pela pessoa jurídica. Vou tentar levantar algumas questões, lembrar alguns pontos que me parecem relevantes acerca do assunto.

Comecemos assinalando que, na prática, o que vem ocorrendo ainda é a invocação, pela Fazenda Pública, de que o não-pagamento de um débito tributário constitui "infração de lei", que habilita, portanto, o Fisco a solicitar a inclusão dos sócios administradores no pólo passivo da execução fiscal.

O foco principal da minha fala, que será muito singela, é esse. Quer dizer, será que realmente é possível fazê-lo? É possível, pelo simples inadimplemento da obrigação tributária, justificar a inclusão dos sócios administradores no pólo passivo da execução fiscal, alcançando o patrimônio pessoal destes?

Em verdade, embora essa questão já tenha sido muito analisada, ainda continuam acontecendo problemas dessa ordem, especialmente porque nós temos, por vezes, uma interpretação inadequada do que diz o art. 135 do CTN, e também porque o Instituto Nacional de Seguro Social – INSS conta com um dispositivo de lei que preceitua expressamente ser possível alcançar o patrimônio dos sócios de sociedade por cotas de responsabilidade limitada – o art. 13 da Lei n. 8.620/1993 – a partir do qual vou fazer algumas considerações.

Esse dispositivo legal tem o seguinte teor: "O titular de firma individual e os sócios das empresas por cotas de responsabilidade limitada respondem solidariamente com seus bens pessoais pelos débitos junto à Seguridade Social".

O parágrafo único, por sua vez, também contém outra prescrição; mas vejam que esse dispositivo, pura e simplesmente, autoriza o INSS a requerer a inclusão dos sócios da sociedade por cotas de responsabilidade limitada sem maiores dificuldades.

A meu ver, não podemos tratar desse tema de redirecionamento da execução fiscal sem falar um pouco de responsabilidade tributária. Nós vamos ter que falar de Direito Material. E eu o faço com bastante singeleza, mesmo porque se cuida de um tema de que não sou especialista, mas também porque vamos ter amanhã uma palestra do Prof. Sacha Calmon especialmente dirigida à responsabilidade dos administradores. Portanto, vou fazer uma análise muito simples.

A primeira coisa que se deve lembrar – e isso será importante também para onde quero chegar mais à frente – é que o tema de responsabilidade tributária há de ser tratado, necessariamente, por meio de lei complementar. Por que isso? Todos nós sabemos a importância do art. 146 da Constituição, que aponta quais são os papéis que a lei complementar deve cumprir em matéria tributária. E nós sabemos mais, que o art. 146, no inciso III, prescreve que "Cabe à lei complementar estabelecer normas gerais em matéria de legislação tributária, especialmente sobre (...)". E aí vem a alínea *b*, para dizer que obrigação tributária deve ser disciplinada por lei complementar.

Logo, como a responsabilidade tributária, evidentemente, diz com obrigação tributária, nós temos de absolutamente reconhecer que qualquer questão relativa à responsabilidade tributária, inclusive a responsabilidade de terceiros, que é do que vou tratar, deve ser necessariamente regrada por meio de lei complementar.

Pois bem, se assim é, precisamos fazer uma breve análise do que prescrevem os dispositivos do Código Tributário Nacional – que todos sabem, tem *status* de lei complementar – a respeito da responsabilidade de terceiros. Por que responsabilidade de terceiros? Porque, se vamos falar da inclusão de sócios na execução fiscal, os sócios são terceiros em relação à pessoa jurídica; a pessoa jurídica é que é o contribuinte. Então, nesse sentido é que o Código trata de responsabilidade de terceiros e vamos focalizar especialmente na questão dos sócios.

Inicialmente, vem o art. 134 declarando o seguinte: "Nos casos de impossibilidade de exigência do cumprimento da obrigação principal pelo contribuinte, respondem solidariamente com este, nos atos em que intervierem, ou pelas omissões de que forem responsáveis" – e aí vem o rol de sete incisos, sendo o que nos interessa é o inciso VII – "os sócios, no caso de liquidação de sociedade de pessoas".

Estamos falando de que tipo de responsabilidade? Essa responsabilidade, primeiramente, é subsidiária, ou seja, o dispositivo deixa claro que apenas nos casos de impossibilidade de exigência do cumprimento da obrigação pelo contribuinte, no caso de ser impossível que a pessoa jurídica-contribuinte possa saldar o débito tributário, por não ter patrimônio suficiente para responder a essa dívida, nesse caso se pode pensar em alcançar justamente os sócios na liquidação de sociedade de pessoas.

Mais ainda, além dessa subsidiariedade, nós vamos encontrar uma solidariedade – mas, frise-se, a solidariedade aqui posta é a solidariedade entre os sócios. Desse modo, a responsabilidade é subsidiária em relação à pessoa jurídica: primeiramente a pessoa jurídica e, no caso de insuficiência ou ausência de patrimônio, aí sim, se pode pensar nos sócios e entre os sócios dessa pessoa jurídica existe solidariedade, o que significa dizer ser possível exigir a dívida integralmente de qualquer um deles.

Mas notem que a responsabilidade que tem esse perfil está restrita aos sócios no caso de liquidação de sociedade de pessoas. E sabemos que não são todas as sociedades, não são todas as empresas que adotam esse tipo societário.

Estamos falando, justamente, das sociedades menos freqüentes, menos comuns, que são as sociedades em nome coletivo e a sociedade de capital-indústria. Nós sabemos que as mais comuns são aquelas de responsabilidade limitada, a sociedade por cotas de responsabilidade limitada e a sociedade anônima. Essa responsabilidade, portanto, cinge-se apenas àquelas sociedades de pessoas.

Muito bem, o que nos interessa especialmente é o que está disposto no art. 135. Vamos ver uma outra responsabilidade lá descrita e o dispositivo, que me permito ler, é o seguinte: "São pessoalmente responsáveis pelos créditos correspondentes a obrigações tributárias resultantes de atos praticados com excesso de poderes ou infração de lei, contrato social ou estatutos: I – as pessoas referidas no artigo anterior; II – os mandatários prepostos empregados; III – os diretores, os gerentes ou representantes de pessoas jurídicas de Direito privado".

Vejam só, trata-se de uma outra espécie de responsabilidade, muito diferente daquela abordada há pouco no art. 134. Por quê?

Aqui estamos falando de uma responsabilidade pessoal, dessas pessoas que estão discriminadas nesse dispositivo legal. Não estamos falando mais de uma responsabilidade subsidiária em relação à pessoa jurídica, não. O que fez o art. 135 foi substituir o contribuinte, pessoa jurídica, por estas pessoas físicas, porque elas cometeram um ato ilícito, agiram com excesso de poder, com infração à lei, ou ao contrato social ou aos estatutos.

O dispositivo está regrando a responsabilidade da pessoa física que integra a pessoa jurídica. Responsabilidade, portanto, de ato praticado com dolo e em substituição ao contribuinte. Neste caso, libera-se o contribuinte, afasta-se a pessoa jurídica e se coloca essas pessoas em foco para que elas venham a responder pelo débito tributário.

É justamente esse art. 135 que tem dado margem a dificuldades na sua interpretação. Talvez uma interpretação mais ampla vá realmente acarretar situações injustas, inadequadas, por isso precisamos pensar mais nesse preceito.

Notem só: essa responsabilidade aqui colocada como pessoal, como decorrente de ato ilícito e como responsabilidade por substituição, e não em caráter subsidiário ao contribuinte, primeiramente alcança as pessoas referidas no artigo anterior, ou seja, no próprio art. 134.

Aqueles sócios das sociedades, no caso de liquidação de sociedades de pessoas, também podem vir a ser responsabilizados não mais subsidiariamente, mas por ato pessoal ilícito na hipótese do art. 135, ou seja, quando tiverem atuado com excesso de poderes ou infração de lei ou ao contrato social ou estatutos.

Cabe, ainda, destacar especialmente o inciso III do 135, que menciona os diretores, gerentes e representantes de pessoas jurídicas de Direito Privado. Estes também podem ser alcançados, podem ser colocados no pólo passivo da execução fiscal, desde que tenham atuado nessas hipóteses com excesso de poder, infração de lei ou a atos constitutivos da pessoa jurídica.

Pois bem, cabe aqui fazer uma distinção que é própria do Direito Comercial, mas necessária para a compreensão do alcance do comando legal. É preciso distinguir o sócio do administrador. Nem sempre o sócio da pessoa jurídica será responsável pela gestão desta.

Na sociedade de pessoas como é a sociedade em nome coletivo, como é a sociedade capital-indústria, o que vai acontecer? O sócio é o responsável pela gestão. Nessas hipóteses não há interesse em fazer distinção entre sócio e administrador, porque o sócio será, nos termos da lei comercial, o administrador.

No entanto, isso não vai acontecer necessariamente com as sociedades onde a responsabilidade dos sócios é limitada ao patrimônio da sociedade.

Na sociedade por cotas de responsabilidade limitada e na sociedade anônima, a responsabilidade do sócio, em princípio, está limitada ao valor da sua participação societária – a qual, se ele não integralizou, será chamado a fazê-lo, ou ao valor das ações, mas, de qualquer maneira, a responsabilidade é limitada. Não é por outra razão que esses são os tipos societários mais utilizados, porque a responsabilidade é limitada ao patrimônio da sociedade desde que integralizadas as cotas ou subscritas as ações.

Logo, é nesse tipo de sociedade de responsabilidade limitada que é relevante a distinção, porque o sócio não poderá jamais vir a ser colocado no pólo passivo da execução fiscal se ele não for responsável pela gestão da pessoa jurídica.

Muitas vezes se tem visto o Fisco requerer a inclusão de certas pessoas no pólo passivo da execução fiscal porque eram sócios da empresa que não pagou os débitos tributários, pretendendo alcançar até sócios que jamais figuraram na administração, que não foram gerentes, que não foram administradores.

Isso é impensável quando eu falo de uma empresa cujo tipo societário é de responsabilidade limitada.

Nesse âmbito, pois, é que temos que fazer essa distinção e chamar a atenção para o aspecto que apenas os sócios que efetivamente exerceram a gerência, a administração da pessoa jurídica, na época em ocorreu esse débito tributário, é que podem vir a ser alcançados. Se o débito tributário for de uma época, de uma data em que aquele sócio não mais exercia administração, ou de quando o sócio se retirou, não se poderá pensar em alcançar o patrimônio dessa pessoa.

A análise vai evoluindo e canalizando-se para o seguinte: afinal, o que vem a ser "excesso de poder ou infração de lei, contrato social ou estatutos", que possibilita que os sócios-administradores – e agora falando especificamente das sociedades de responsabilidade limitada – gerentes, administradores, diretores, representantes, da pessoa jurídica, possam ter o seu patrimônio pessoal alcançado?

Penso que os problemas surjam nos processos em geral, especialmente porque a dificuldade é definir a amplitude do conceito de "infração de lei". O que é "infração de lei" que habilita a aplicação desse inciso III do art. 135 do CTN.

Excesso de poder, primeiramente, já dá bem conta do que nós estamos tratando. O excesso de poder é uma figura de vício que remete à questão da competência dos sujeitos.Quando se fala em excesso de poder – e isso vale tanto para a lei comercial como para o próprio Direito Público, já que o Direito Administrativo também contempla essa figura –, isso significa que temos um órgão da pessoa jurídica atuando além dos limites de sua competência. Ou seja, entendida a competência como sendo o conjunto de atribuições que são cometidas a determinado sujeito, quando esse sujeito, como órgão de uma pessoa jurídica, pratica um ato que extrapola os limites de suas atribuições, ele atua em excesso de poder. Então, o excesso de poder relaciona-se, absolutamente, com a noção de competência.

A expressão "infração a contrato social ou estatutos", por sua vez, significa a ofensa a alguma cláusula dos atos constitutivos da pessoa jurídica.

Agora, "infração de lei" é expressão muito aberta, não é mesmo? Porque se for assim, basta o não-pagamento do tributo para termos uma infração de lei. E isso tem aparecido nas discussões, nos casos concretos, como justificativa para alcançar o patrimônio pessoal do sócio, invocando-se a mencionada responsabilidade pessoal, com ensejo ao redirecionamento da execução fiscal. Será que isso é suficiente, considerando que a obrigação tributária é *ex lege* e, desse modo, o não-pagamento do tributo constitui infração de lei?

Peço que todos meditem sobre o assunto porque, na verdade, se for assim, basta que a pessoa jurídica não quite a sua obrigação tributária, basta que ela tenha um débito tributário, para que, então, o Fisco invoque o art. 135, inciso III, e o juiz entenda que um mero inadimplemento da obrigação tributária é justificativa para alcançar o patrimônio dos sócios, e a pessoa jurídica, simplesmente, não responderá por mais nenhum débito seu. Se for assim, nós podemos até colocar em xeque o próprio conceito de pessoa jurídica, porque basta que ela não pague o tributo e o Fisco pode perseguir o patrimônio dos sócios em qualquer hipótese de inadimplemento.

Penso que esta conclusão chega às raias do absurdo. Quer dizer, nós não precisaríamos ter pessoa jurídica, não precisaria a pessoa jurídica ter patrimônio, porque, vejam, aqui a responsabilidade não é subsidiária. Será que fica a critério do Fisco ver o que é mais fácil fazer? "Ah! Executar o patrimônio dessa sociedade está meio complicado, então vamos executar diretamente o patrimônio do sócio", por exemplo.

Se se interpretar nesses termos o conceito de "infração de lei", com essa amplitude, então realmente a pessoa jurídica não precisa mais ser executada. Não se falaria sequer em redirecionamento, pois se poderia propor diretamente a execução fiscal contra o sócio, desde que se invocasse esse inciso III.

Parece-me que a questão não pode ser assim colocada, mas em termos bem mais restritos. Ou seja, a idéia é que a infração à lei a que alude o Código não é infração à lei tributária, não é inadimplência no pagamento do tributo; é infração à lei societária, é infração à lei comercial ou à lei civil. Significa dizer: o sócio agiu em desacordo com a lei que cuida daquela sociedade, daquele tipo societário, ou ele infringiu, como vimos, o estatuto daquela empresa ou o contrato social, portanto, agiu em desconformidade com o Direito Privado, vamos dizer.

E em assim agindo, ele praticou um ato ilícito e, em conseqüência, assume uma responsabilidade por substituição direta, liberando-se a pessoa jurídica. O que se quer dizer é que essa responsabilidade não tem a ver com a pessoa jurídica. Essa responsabilidade é por atos pessoais praticados por esses sócios, gerentes, administradores ou representantes. Eles estão assumindo uma responsabilidade que é própria deles, porque agiram contra o que diz a lei comercial ou a lei civil sobre aquele tipo de empresa, ou contra o que dizem os estatutos ou o contrato social dessa empresa.

Para lembrar uma lição da Profa. Misabel Derzi a respeito do assunto, pode-se afirmar que foi praticado um ato contrário aos interesses da pessoa jurídica. A pessoa jurídica não quis isso. Por que não quis? Porque o sócio atuou fora dos limites legais ou dos atos constitutivos, então é ato ilícito dele. Ele responde diretamente porque fez algo que para a sociedade não interessa, algo contrário, muitas vezes, aos próprios interesses da pessoa jurídica. É por isso que o patrimônio da pessoa jurídica é liberado e se fala em ir buscar a responsabilidade pessoal do sócio.

Assim, cuida-se de uma responsabilidade muito diferente daquela prevista no art. 134 e, para que nós possamos configurar a possibilidade de alcançar o patrimônio do sócio, é preciso que não haja a mera inadimplência no pagamento do tributo. É preciso, por exemplo, e esta situação é que tem sido mais consagrada na jurisprudência, demonstrar a dissolução fraudulenta da sociedade, para que, sem dúvida alguma, tenhamos a total aplicabilidade do inciso III do art. 135.

Mas vejam que, portanto, nessas hipóteses, o pagamento de tributos não se dá diretamente ou pura e simplesmente. Ele se dá porque antes se cometeu infração de lei, da lei societária, ou antes se cometeu infração aos atos constitutivos da pessoa jurídica. Portanto, o não-pagamento de tributo é conseqüência de uma responsabilidade por ato ilícito, infringência à lei de Direito Privado, à lei civil, à lei comercial. Em conseqüência, é uma responsabilidade totalmente diferente.

A inteligência do dispositivo é, a meu ver, esta. E, já encerrando a minha fala, volto àquele art. 13 da Lei n. 8.620, que principiei mencionando e que outorga ao INSS, justamente, a possibilidade de alcançar diretamente o patrimônio pessoal de sócio. Vou repetir o que diz o dispositivo: "Art. 13. O titular de firma individual e os sócios das empresas por cotas de responsabilidade limitada respondem solidariamente com seus bens pessoais pelos débitos junto à Seguridade Social".

A leitura de tal preceito dá a impressão de que, para o pagamento dos débitos da pessoa jurídica, o patrimônio do sócio pode ser alcançado. Vejam que ele não fala em atuação com excesso de poder, não fala em infração de lei, não fala em infração aos atos constitutivos da pessoa jurídica; a meu ver, realmente não tem esse dispositivo condições de produzir efeitos válidos.

Nesse sentido, já temos um pronunciamento judicial do Tribunal Regional Federal da 4ª Região que, numa argüição de inconstitucionalidade julgada em junho de 2000, declarou inconstitucional a cláusula do *caput* do art. 13 da Lei n. 8.620 que diz o seguinte: "os sócios de empresas por cotas de responsabilidade limitada". Ou seja, reconheceu que seria inviável esse dispositivo de lei ordinária tratar de matéria de responsabilidade tributária, uma vez que, como lembramos há pouco, a Constituição diz caber à lei complementar estabelecer normas gerais em matéria de legislação tributária, especialmente no que diz respeito à obrigação. Como responsabilidade tem a ver com obrigação, não se poderia aqui efetivamente falar em alcançar o patrimônio dos sócios das sociedades por cotas de responsabilidade limitada diretamente. Então, se poderia apenas pensar na hipótese de responsabilidade pessoal destes nos precisos casos estabelecidos no inciso III do art. 135.

Felizmente, podemos observar que a jurisprudência do Superior Tribunal de Justiça consolidou-se no sentido de não entender que a mera inadimplência da obrigação tributária possa autorizar a excussão do patrimônio de sócio de sociedade de responsabilidade limitada, mesmo que ele tenha exercido a gerência ou a administração.

Então, é preciso mais. O STJ tem seguido a linha da melhor doutrina exigindo, para que seja caracterizada essa responsabilidade, a demonstração de que o sócio efetivamente exerceu poderes de gerência no período, de que praticou ato contrário à legislação comercial ou civil e de que tenha tido efetivamente oportunidade de se defender, porque temos que pensar no devido processo legal, uma vez que a jurisprudência também consagrou a desnecessidade de que conste na certidão de dívida ativa o nome dos sócios.

E, já que é assim, é preciso que antes tenha sido realizado um procedimento de apuração, porque se está imputando uma responsabilidade por ato ilícito ao sócio. É preciso que o Fisco efetivamente prove que houve essa tal infração de lei ou que o órgão da pessoa jurídica atuou em excesso de poder ou contra o contrato social ou estatutos.

Não querendo me alongar em demasia, mas estando à disposição para eventuais questões, eu agradeço a atenção de todos. Muito obrigada. (*Palmas*)

PRESIDENTE DA MESA (PROFA. ELIZABETH NAZAR CARRAZZA) Agradeço a Profa. Regina Helena Costa, a quem felicito pela magnífica e oportuna exposição.

Em seguida fará uso da palavra a Profa. Sonia Corrêa da Silva de Almeida Prado que falará sobre o tema "ISS – Local da prestação e estabelecimento prestador: alternativas processuais". Profa. Sonia tem a palavra.

PROFA. SONIA CORRÊA DE ALMEIDA PRADO – Bom dia a todos. Eu quero cumprimentar os meus companheiros de mesa, o Dr. Paulo Cezar Conrado, a Dra. Regina Helena Costa e, na pessoa da Dra. Elizabeth, da Beth, minha grande e querida amiga, cumprimentar o Prof. Aires Barreto e todos quantos organizaram e têm organizado esse Congresso de Direito Tributário que é o reduto das reuniões mais importantes da discussão desta matéria tão instigante. E quero, em primeiro lugar, cumprimentar a Dra. Regina Helena Costa pela palestra brilhante, acho que foi extremamente feliz em pontuar o seu pronunciamento no que tange à definição do que seja infração de lei.

Isso me parece um ponto que tem sido deixado de lado tanto da jurisprudência como da doutrina. Não se tem visto com freqüência a definição e o âmbito de interpretação possível dessa disposição do inciso III do art. 135 do CTN quando se refere à *infração de lei*. Então, felicito pela pontuação dessa matéria que com rara sensibilidade foi exposta para nós todos.

O meu tema é "ISS – Local da prestação e estabelecimento prestador: alternativas processuais". Essa matéria é típica de norma geral de Direito Tributário.

O Prof. Geraldo Ataliba ao tempo da Constituição anterior reconhecia nas normas gerais de Direito Tributário uma dúplice função que eram justamente estabelecer as limitações constitucionais ao poder tributário, dispor sobre os conflitos de competência. Então, no entendimento dele, as normas gerais abrangiam essas duas finalidades.

Hoje sob a Constituição vigente os dispositivos são específicos, enumerando em seu art. 146, nos incisos I, II e III as finalidades da lei complementar que deverá veicular normas gerais de Direito Tributário (inc. III), e também conforme o inciso I, *dispor sobre conflitos de competência em matéria tributária entre a União, os Estados, o Distrito Federal e os Municípios.*

É, portanto, matéria tipicamente de lei nacional, de norma geral, imprescindível para que haja o exercício harmônico da competência, outorgada pela Constituição Federal a todos os Municípios, para instituição do imposto sobre serviço.

O art. 156, III, efetivamente outorga aos Municípios competência para instituição de imposto sobre a prestação de serviços. E, mais adiante, nós vamos verificar que não é sobre o contrato de serviço, mas, sim, sobre a prestação efetiva desse serviço, remetendo ainda, a lei complementar à definição de quais sejam esses serviços tributáveis, porque é evidente que o exercício efetivo da competência vai depender da edição da lei ordinária municipal.

Portanto, a lei complementar ao definir o local da prestação de serviços exerce uma dúplice função, que é, a um só tempo, a de dispor sobre os conflitos de competência tributária – e aí entra o problema da definição do local onde se considera prestado o serviço – e ao mesmo tempo definir a lista dos serviços tributáveis pelos Municípios.

A questão do local da prestação do serviço convém ser relembrada desde o início, a partir do Decreto-lei n. 406/1968. O Decreto-lei n. 406 dispôs no art. 12: "Considera-se local da prestação do serviço: a) o do estabelecimento prestador ou, na falta de estabelecimento, do domicílio do prestador; b) no caso de construção civil, o local onde se efetuar a prestação".

Essas eram as regras básicas com relação ao aspecto espacial, da hipótese de incidência do ISS, no sentido de definir as competências dos Municípios para instituir esse tributo.

Posteriormente foi acrescentado um novo item à lista de serviços pela LC n. 100/1999, inserindo o serviço de exploração de rodovias mediante cobranças de preço dos usuários – serviços de conservação de rodovias etc. –, e para, essa hipótese específica, foi introduzida a disposição do item *c* do art. 12, estabelecendo que o Município em cujo território haja parcela da estrada explorada será o competente para instituir o respectivo imposto.

Vemos, portanto, que na sistemática do ISS a regra geral é a do estabelecimento prestador. Acontece que isso, nós todos sabemos, foi gerando ao longo do tempo uma situação de guerra fiscal, difícil de ser considerada sob o ponto de vista até da Justiça Fiscal, porque nós vemos muitas vezes, principalmente nas regiões metropolitanas – isso veio acontecendo com muita intensidade –, as empresas se situarem em Municípios adjacentes em que a alíquota para um determinado tipo de serviço era menor do que no Município vizinho. Não obstante os serviços fossem efetivamente prestados num determinado Município onde a alíquota era maior, pretendia-se considerar o local da prestação como o do estabelecimento prestador justamente em função da regra geral, instituída pela lei.

Isto foi evoluindo. Houve sempre manifestação doutrinária no sentido de preservar a autonomia municipal entendendo, inclusive, que o aspecto espacial da hipótese de incidência deveria estar limitado ao âmbito territorial do Município, ou seja, quase que identificando esses dois conceitos de aspecto espacial da incidência do ISS com o âmbito territorial do Município.

E com base nesses entendimentos, com invocação de princípio implícito constitucional porque não há expressamente essa disposição, seria um princípio implícito, foi-se direcionando parte da doutrina considerável acabando por consolidar jurisprudência do Superior Tribunal de Justiça no sentido de prestigiar sempre o local da efetiva prestação do serviço, a despeito da expressa disposição do art. 12, letra, *a*, do Decreto-lei n. 406, ou seja, da lei nacional vigente sobre a matéria.

Hoje na jurisprudência pelo menos da Corte Superior, do Superior Tribunal de Justiça é matéria amplamente pacificada. Há reiteradas decisões nesse sentido, e algumas delas deixando absolutamente claro que estava negando aplicação ao art. 12, letra *a*. Essa matéria, pelo que me conste, posso estar enganada, não foi submetida ao Supremo Tribunal Federal. Até poderia, excepcionalmente, desde que a inconstitucionalidade viesse da decisão do próprio Superior Tribunal de Justiça, em tese caberia aí a interposição do recurso extraordinário para que o Supremo Tribunal Federal reexaminasse essa matéria sob o ponto de vista constitucional, já que se trata efetivamente da também implícita declaração de inconstitucionalidade de uma norma da lei complementar.

Mas – pelo menos não é do meu conhecimento – parece que não; parece que essa questão não foi levada ou não foi apreciada pelo Supremo Tribunal Federal.

Então persiste o problema, que é sério, que é justamente do eventual conflito de competência entre as pessoas políticas dos Municípios. Isto acabou sendo também, de certa forma, muito malversado pelos próprios Municípios que, no mais das vezes, elegiam, dependendo do seu interesse circunstancial, aquele critério que lhes parecia mais interessante, ora acatando como critério de competência a sede do estabelecimento prestador, ora aquela outra alternativa que era o local da efetiva prestação do serviço, com uma insegurança jurídica efetivamente alarmante nesta matéria.

Bom, veio essa LC n. 116 e, aparentemente, teria resolvido o problema. E eu digo aparentemente porque me parece que nós vamos ainda continuar aí com uma questão muito séria em termos de conflitos de competência. E isto por quê?

A LC n. 116 realmente estendeu de uma maneira bastante ampla as hipóteses em que o critério para o exercício da competência é o do local da prestação dos serviços, principalmente naqueles casos em que o serviço se dá através da prestação de uma utilidade material, por exemplo, serviços de execução de obras, de engenharia, enfim, serviços de um modo geral, que envolvem execução material e que, portanto, é notória a localização, é notório o local da prestação de serviço.

Então há na extensa lista veiculada por esta lei complementar em vigor coisa de vinte ou vinte e poucos itens em que o local da prestação do serviço é prestigiado para esse efeito da definição da competência impositiva municipal. Mas persiste ainda na lei complementar a regra geral que é a regra do estabelecimento. E eu vou ler a disposição – do art. 3º – que diz o seguinte: "o serviço considera-se prestado e o imposto devido do local do estabelecimento prestador" – que era o que já dizia o Decreto-lei n. 406 – "ou, na falta do estabelecimento, no local do domicílio do prestador", exceto nas hipóteses previstas nos incisos tais quando o imposto será devido no local.

Portanto, a regra geral continua sendo a do estabelecimento prestador, ainda que ampliadas as hipóteses legais quanto à relevância do local da própria prestação do serviço.

Acontece que a LC n. 116 inovou com relação a anterior no que tange à definição do que considera estabelecimento. E aí, no meu modo de entender, vem o grande problema que se coloca. O art. 4º da Lei Complementar diz o seguinte: "considera-se estabelecimento prestador o local onde o contribuinte desenvolva a atividade de prestar serviços de modo permanente ou temporário e que configure unidade econômica ou profissional, sendo irrelevantes para caracterizá-lo as denominações de sede, filial, agência, posto de atendimento, sucursal, escritório de representação ou contato ou quaisquer outras que venham a ser utilizadas".

Parece-me, aí, que houve analogamente à desconsideração da personalidade jurídica, a desconsideração do estabelecimento prestador porque esta disposição do art. 4º amplia de tal forma a possibilidade de o legislador ordinário municipal instituir ou reconhecer o estabelecimento prestador que vamos chegar a um ponto em que não é absolutamente difícil de que continue a ser prestigiado o local da efetiva prestação do serviço.

Uma coisa é considerarmos numa situação de simulação ou numa situação de abuso de exercício de poder – que é um ilícito, abuso de direito –, que um determinado estabelecimento esteja sediado num determinado Município com a única finalidade de fugir da tributação do Município vizinho cuja alíquota fosse um pouco maior.

Esta é uma situação excepcional que se resolve sob outro ponto de vista, mas neste caso aqui é uma norma genérica da lei complementar que autoriza, dá carta branca para os Municípios considerarem qualquer mesa colocada na calçada como estabelecimento prestador de serviço.

No meu modo de entender, muito embora esta lei complementar esteja, no art. 3º, estabelecendo como regra o local do estabelecimento – na medida em que o artigo subseqüente amplia com tal magnitude o que pode se considerar como estabelecimento –, nós estaremos mais ou menos no mesmo pé em que estamos agora. Quer dizer, então, há efetivamente um princípio constitucional implícito no sentido de que deva ser considerado em face da territorialidade da lei municipal o local da efetiva prestação? E se há isto, então seria também inconstitucional o art. 3º que remete ao estabelecimento ou pelo menos inócuo?

Parece-me que a coisa continua do mesmo tamanho: a questão da constitucionalidade da eleição pelo Superior Tribunal de Justiça de um critério diferente da Lei Complementar anterior, a 406, continua um problema que, com uma ótica um pouco diferente, ainda vai nos perturbar bastante e perturbar os nossos tribunais para efeito de determinar qual é a competência de cada um dos Municípios, principalmente sabedores que hoje há uma luta ferrenha pela obtenção de receitas. Há efetivamente uma centralização cada vez maior nesse sentido para a obtenção de receitas e os Municípios estão aí por todo lado, basta ver aqui em São Paulo, tentando, de todas as formas, arrancar o que podem e o que não podem dos contribuintes.

Além disso, nós vamos ter vários Municípios querendo a mesma coisa dos contribuintes. Então, mais ainda um problema sério.

A questão que me foi proposta aqui – as alternativas processuais. Nós temos, nesse caso de conflito de competência em que haja uma ou mais pessoas exigindo o mesmo tributo, caso nítido de consignação em pagamento. Essa é a hipótese típica de consignação em pagamento prevista no art. 164 do CTN: *a importância do crédito tributário pode ser consignada judicialmente pelo sujeito passivo nos casos de exigência por mais de uma pessoa jurídica de Direito Público, de tributo idêntico sobre um mesmo fato gerador.*

Ocorrendo essa hipótese, a situação é típica para facultar ao contribuinte a consignação daquela importância e aí deverão ser citadas as pessoas públicas, os Municípios pretendentes e, uma vez consignada, os pretensos credores vão lá resolver a sua situação e vai se decidir judicialmente quem deve recebê-la.

Agora, a consignação em pagamento não é a única forma que nós temos para impugnar, ou para nos defender ou para nos forrarmos contra eventuais pretensões. Evidente que havendo pretensões manifestamente indevidas – e com certeza haverá –, o contribuinte terá outras opções. Poderá, por exemplo, impetrar mandado de segurança, desde que possa de plano demonstrar o seu direito; poderá, ainda, através de ação declaratória, obter o reconhecimento judicial ou pretender o reconhecimento judicial de que a relação jurídica se dê a um ou a outro Município.

Em qualquer caso – e isso hoje vai tomando uma importância cada vez maior, justamente em função dos percalços do Judiciário –, o que preocupa, o que busca de um modo geral o contribuinte como os postulantes em geral é uma tutela cautelar; nós não temos condições de uma maneira geral de ficarmos aí aguardando cinco ou seis anos o desfecho de uma ação ordinária, por exemplo, sem que estejamos cobertos dos riscos dos ônus de uma eventual inadimplência.

Então, nesse caso, o mandado de segurança, cabendo tipicamente aí a medida liminar e a ação declaratória em que hoje também é mais ou menos assente – houve uma discussão, mas hoje, pelo que me consta, não se coloca de maneira relevante – o cabimento da tutela antecipada e ainda com a recente alteração processual no sentido da fungibilidade da cautelar e da tutela antecipada. Então, todas aquelas questões processuais do que é cautelar, quando cabe a cautelar, quando cabe a tutela antecipada etc. ficam bastante minimizadas com a disposição processual que admite a fungibilidade.

Bem, nós temos aí, uma questão também circunstancial. Mas acho importante levantar a questão do depósito. Muitas vezes eu tenho ouvido: "Ah, mas a ação ordinária de anulação, no Direito Tributário deve ser acompanhada de depósito?". Não.

O depósito tem como conseqüência a suspensão da exigibilidade, mas não é necessário.

O que me parece importante é que o depósito não exige um provimento judicial. O depósito tem como conseqüência automática a suspensão da exigibilidade. Por quê? Porque o Código Tributário Nacional prevê como uma das causas da suspensão da exigibilidade o depósito. Independe de um provimento jurisdicional. Automaticamente, na medida em que eu faço um depósito, quer administrativo ou judicial do débito eu tenho como garantia a suspensão da exigibilidade do débito, independente do provimento judicial, diferente evidentemente das hipóteses em que eu vá buscar uma tutela antecipada, uma medida liminar em mandado de segurança que daí, evidentemente, eu preciso mostrar os pressupostos processuais e me submeter a uma decisão judicial.

Eu sei que meu tempo está se esgotando, mas eu gostaria só de fazer uma consideração última que me parece importante, que não é exatamente sobre a questão do local da prestação do serviço, mas eu penso que toma uma significação muito importante diante da extensão que foi dada a essa nova lista de serviço pela LC n. 116 que é: nós não podemos perder de vista que a competência foi outorgada constitucionalmente para a prestação de serviços.

E nós vemos ali na lista de serviços, também repetindo um problema que já existia na lista anterior, uma série de atividades ou de negócios jurídicos que não se caracterizam como obrigações de prestação de serviços. A obrigação de prestação de serviços tem por objeto uma obrigação de fazer, não uma obrigação de dar, essa é uma das características da prestação de serviços.

Nós vemos ali na lista – não vamos ter tempo para correr a lista e verificar as diversas situações –, mas há vários casos em que estamos diante de obrigações de outra natureza que não obrigações de prestação de serviços. Então, não adianta a lei complementar dizer que aquilo é serviço.

Se ontologicamente aquela atividade não pode ser qualificada como serviço, a lei complementar pode dizer o que quiser; será inconstitucional porque a competência outorgada pela Constituição aos Municípios é competência para a tributação da prestação dos serviços. E não basta contratação; não é o fato de eu contratar um serviço que faz nascer a hipótese de incidência tributária. O fato tributável é a própria prestação de serviço.

Outra coisa que deve ser lembrada é que a base de cálculo é o preço do serviço; portanto, esse serviço tem que ser remunerado. Serviço gratuito não é hipótese de incidência de tributo. Então, não adianta querer arbitrar um determinado valor por um serviço que é prestado gratuitamente como muitas vezes nós vemos na legislação municipal.

E, por último, o que me parece importantíssimo – aqui é outra questão – que é o serviço como meio que também me pareceu que essa lista pretendeu englobar. Eu, como advogada, presto serviços de advocacia, mas para prestar o serviço de advocacia eu tenho lá uma datilógrafa. Hoje não é datilógrafa, mas, enfim, uma digitadora e eu estou prestando para o cliente serviços de advocacia e estão embutidas no meu serviço as atividades todas tendentes àquela finalidade.

Um clube, quando mantém para seus sócios um serviço exclusivo, ele não está prestando serviços para terceiros nem com a finalidade de lucro, isto é um meio para consecução da própria atividade.

Então, esses serviços que se constituem em meios e que, portanto, não são serviços prestados para terceiros, mas são serviços, digamos, *interna corporis*, esses não são abrangidos pela tributação do ISS.

Essas questões me parecem muito importantes porque, muitas vezes, nos fixamos na legislação complementar e nos esquecemos da norma maior constitucional que delimita o âmbito de competência; e nós sabemos que toda outorga de competência implica numa limitação.

São essas as considerações que me pareciam mais importantes e que eu gostaria de levantar. Agradeço a todos. (*Palmas*)

PRESIDENTE DA MESA (PROFA. ELIZABETH NAZAR CARRAZZA) – Depois dessa brilhante e oportuna intervenção da Profa. Sonia de Almeida Prado que é minha amiga desde o tempo da máquina de escrever mecânica – vocês vejam que faz tempo mesmo –, tenho a honra de passar a palavra ao não menos ilustre Prof. Paulo Cezar Conrado que discorrerá sobre a concomitância do processo administrativo com a execução fiscal.

Antes de passar a palavra ao professor eu gostaria apenas de dizer aos colegas congressistas que ao enviarem questões à mesa para resposta dos palestrantes, coloquem seu endereço eletrônico porque provavelmente nós não conseguiremos ter essa fase de debates nesta sessão.

Com a palavra o Prof. Paulo Conrado.

PROF. PAULO CONRADO – Muito bom dia a todos. Cumprimento todos os congressistas e assim também os professores que integram essa mesa, na pessoa especificamente da Profa. Elizabeth Carrazza, que a preside. Devo dizer aos senhores da minha honra em participar desse evento e revelo já de início a linha que vou procurar seguir a respeito do tema que me foi posto.

O tema supõe a predefinição de uma série de conceitos teóricos, mas digo aos senhores que a linha que pretendo seguir não tem absolutamente nada de teórica, senão pragmática. A minha intenção aqui é procurar resolver um problema que aflige a minha prática especificamente e quero crer que também a dos senhores, especialmente aqueles que lidam com o processo de execução fiscal.

O tema proposto exorta a idéia de concomitância do processo administrativo com execução fiscal. É algo que, em princípio, pode parecer paradoxal, contraditório, porque se supõe que ajuizada a execução fiscal o processo administrativo tendente à constituição do fato jurídico tributário tenha sido esgotado, o que quereria significar que a idéia de concomitância em si mesma seria impossível – um impossível lógico –, não fosse, todavia, o problema do autolançamento.

Esse é o primeiro corte teórico que nós supomos aqui necessário para o enfrentamento dessa proposta de tema. Os senhores sabem que a esmagadora maioria dos tributos no sistema de Direito Positivo brasileiro subverte a regra geral do art. 142, que se apresenta, assim, uma *avis rara* na prática efetiva. Os tributos são submetidos na sua maioria, já lhes disse e repito, à idéia de autolançamento. Isso quer significar, em rigor, que nem toda espécie tributária exigiria a forma prevista no art. 142.

Reconhece-se, assim, a possibilidade de edificação do fato jurídico tributário e da respectiva relação de obrigação tributária por norma individual e concreta produzida pelo próprio contribuinte.

Essa particular situação do autolançamento (que infirma a regra geral do art. 142) é que permite a construção do tema aqui proposto: concomitância do processo administrativo com o processo de execução fiscal.

Vejam os senhores que, partindo da idéia de que o tributo, ou melhor, o fato jurídico tributário assim como a própria relação jurídica são elementos jurídicos que podem ser construídos por norma individual e concreta do contribuinte, não se suporia a abertura ou a instauração de processo administrativo, não pelo menos aquele processo administrativo que nós imaginamos na hipótese do art. 142 do CTN, se estivéssemos falando de lançamento de ofício.

A noção de contraditório e de ampla defesa nessas hipóteses de autolançamento se põe efetivamente mitigada. Isso não quer significar, evidentemente, que não se cogite de contraditório nas hipóteses de autolançamento. O único aspecto que tem que ser devidamente cuidado é a inversão da posição do contraditório.

Da mesma forma que nós falamos que o lançamento de ofício é um nada se não for notificado ao contribuinte, o autolançamento feito pelo contribuinte, se não for depositado na repartição fiscal competente, também nada representaria.

Nós temos, então e de fato, a figura do contraditório também nas hipóteses de autolançamento, mas numa posição inversa. Isso significaria, em tese, que o princípio da ampla defesa também seria invertido. Não se falaria aqui, no entanto, em ampla defesa tal qual nas hipóteses de lançamento, porque a Administração Pública não é dotada de faculdades nessa específica matéria; é dotada, sim, de dever: diante de autolançamento que pretenda equivocado, cabe a ela providenciar lançamento substitutivo daquela norma individual e concreta produzida pelo contribuinte.

Nós teríamos, aí, a materialização da idéia de ampla defesa, que ocorreria não pelo exercício do direito subjetivo de impugnar, mas, sim, pelo exercício do dever subjetivo de lançar substitutivamente.

De toda sorte, temos traçado, até aí, um paralelo nas atividades que permeiam o processo de positivação nas hipóteses de lançamento e nas hipóteses de autolançamento: falando de lançamento, hipótese que é raríssima no nosso sistema, teríamos a atividade do Fisco que notificaria o contribuinte, que, desejando, impugnaria, por sua vez, exercendo a idéia de ampla defesa; na hipótese de autolançamento, temos a atividade do contribuinte que é depositada perante a repartição fiscal, que toma conhecimento daquela norma e, não concordando, produz lançamento substitutivo e aí, então, repete-se o primeiro ciclo que havíamos sumariado há pouco.

Essa é a situação que nos permitiria de fato chegar, como lhes disse, ao foco temático proposto.

Vejam os senhores que no nosso sistema a posição do contribuinte se põe extremamente ingrata. O sujeito passivo, além de ter que pagar tributo, tem o dever, na esmagadora maioria das vezes, de construir a norma individual e concreta pela qual se obriga àquela mesma conduta, a conduta do pagamento.

O sistema evidentemente quando dota o contribuinte dessa possibilidade, ou melhor, desse dever de construir a norma individual e concreta, não afasta o controle administrativo. Só que, vejam os senhores, não afasta também a possibilidade do próprio contribuinte diagnosticar a existência de erro na norma que produziu, erro esse que pode derivar de fatos os mais diversos. Nós não temos condições de tabular todas as situações, mas é fato, e assim a prática judiciária nos informa, que, em boa parte das situações, a DCTF e a GIA produzidas pelo contribuinte podem apresentar um equívoco, um erro em relação a números ali postos.

Exemplificando, imagine-se um contribuinte que declare fato jurídico tributário em DCTF, construindo a obrigação tributária, só que paralelamente a esse fato exista um outro que diga respeito à existência de um débito do Fisco; esse débito do Fisco, na medida em que se encontra com crédito tributário declarado, implementaria a noção de compensação.

Em tese, nesse caso, a obrigação tributária posta na DCTF do contribuinte em si não geraria o efeito do pagamento que se esperaria de início. Seria necessária, então, sua correção.

Outros tantos casos há, em termos práticos, que intuem a mesma idéia. A declaração feita pelo contribuinte, que nada mais é que a norma individual e concreta constitutiva da obrigação tributária, tendo que ser corrigida administrativamente. E o sistema, como lhes disse, dota o contribuinte desta faculdade, de tal sorte que, diante dessa situação, vemos caracterizado um nível de processualidade administrativa tributária diferente daquele que se supõe usualmente.

Quando se fala em processo administrativo tributário supõe-se, na maior parte das vezes, a atividade do contribuinte no sentido de impugnar o lançamento de ofício realizado pela Administração Pública, instaurando-se a noção de contencioso fiscal, de contencioso tributário.

Paralelamente a isso, há essas situações extravagantes, em que há nível de processualidade administrativa da mesma sorte, só que em uma posição diferente. Vejam, nós temos o autolançamento produzido pelo próprio contribuinte e ele toma a iniciativa de buscar a Administração e pedir a ela que retifique os dados que foram ali apresentados por razão absolutamente qualquer.

Em última análise, o que o contribuinte está fazendo é apertar o botão para que a Administração faça aquilo que ela deveria fazer desde sempre, e não simplesmente pegar o autolançamento: pegar a DCTF, a GIA do contribuinte, incluir numa máquina que processa tudo automaticamente, tudo isso vestido sob o aparente princípio da boa-fé, o que é absolutamente equivocado, porque a Administração Pública não pode dizer que está vestida de boa-fé para aceitar informação do contribuinte. Não existe princípio de boa-fé nenhum que afaste o dever administrativo de confrontar os dados que são apresentados pelo contribuinte com a realidade.

Então, em última análise, quando o contribuinte aperta esse botão ele está pedindo que a Administração faça aquilo que ela deveria fazer espontaneamente. Ou seja, que ela confronte os dados constantes da DCTF, da GIA, com a realidade para saber se a obrigação tributária declarada pelo contribuinte está correta ou não.

O fato, no entanto, e os senhores sabem, é que a realidade da Administração fiscal, pelo menos no âmbito federal, é absolutamente deplorável. O processo administrativo de que falo aos senhores, esse tendente à correção da DCTF, das declarações do contribuinte, se existe, a mim particularmente ainda não foi apresentado, porque desconheço seus efeitos concretos. O contribuinte que apresenta declaração retificadora junto à Receita Federal ou órgão congênere está, na maioria das vezes, "falando com a porta", (*Risos*) sem qualquer resposta, ou pelo menos sem qualquer resposta oportuna.

Os senhores me perdoem a forma com que coloco a questão, mas é porque de fato é essa a sensação que quem conduz um processo de execução fiscal tem efetivamente; o contribuinte diante da informação de que há processo de execução contra ele vem a juízo e diz: "Olha, eu estou sendo executado por um débito que eu declarei, mas em relação ao qual eu apresentei um pedido de retificação. Esse pedido de retificação foi protocolizado junto ao órgão competente há não sei quantos meses, até hoje não obtive resposta, só que, em tese, eu suponho que não posso ser executado por uma coisa que eu declarei e retifiquei usando uma prerrogativa que a lei me confere". Isso tudo, porque o dever não é simplesmente o de declarar; o dever envolve também essa prerrogativa de corrigir as declarações eventualmente equivocadas.

Diante de petições como essas evidentemente que um juiz de execução fiscal, pautando-se na regra geral de presunção que recobre os títulos executivos, não pode fiar-se simplesmente na informação prestada pelo contribuinte. Abre-se a oportunidade para que a Fazenda, para que a União ou o que quer que seja fale. E não fala! Simplesmente não fala porque existe lá o processo administrativo que representa essa outra realidade de processualidade Administrativa fiscal!

E essa é, assim nos parece, pelo menos diante da prática, do aspecto pragmático, uma das feições mais intensas de processo administrativo pelo menos no âmbito federal. Já não temos mais, pelo menos estatisticamente, processos administrativos – aqueles usuais, decorrentes de impugnação – do que esses outros decorrentes de pedidos de retificação.

Muito bem, o problema está aí posto. É desta relação do processo de execução fiscal com este processo administrativo que nós temos de falar.

O Código Tributário Nacional em princípio nos ofertaria alguma solução para esses processos de execução. Em princípio poderíamos pensar na aplicação do art. 151 do CTN. Poderíamos pensar que sobre a hipótese incidiria a noção de suspensão da exigibilidade do crédito tributário. Isso porque, se aquela atividade do contribuinte gera um processo administrativo, em tese haveria suspensão a exigibilidade do crédito tributário.

Agora nós temos aqui de convir mais uma vez que o crédito tributário declarado pelo contribuinte o é através de uma norma individual e concreta que é dotada, pelo menos em tese, de presunção, de todas aquelas presunções que em princípio recobririam apenas atos administrativos.

Quando a legislação transfere ao contribuinte esse encargo de produzir o autolançamento, essa mesma legislação dá a essa atividade do contribuinte contornos que seriam típicos de ato administrativo. Então, aquilo que o contribuinte declarou, em tese, é presumivelmente válido, de tal forma que poderia ser inscrito no livro de dívida ativa e ser executado. Nós não poderíamos dizer, diante da informação de que o contribuinte apresentou um pedido de retificação, que o crédito tributário está com a sua exigibilidade suspensa.

Agora vejam os senhores, essa afirmação que faço tem em vista primordialmente o que diz o art. 142 do CTN, porque toda realidade do Código Tributário, partindo desse dispositivo, leva em consideração a regra geral (do lançamento). Nós não poderíamos jamais imaginar que o Código Tributário Nacional fora forjado tendo em vista extravagâncias. E o autolançamento é uma extravagância. Tudo bem que é uma extravagância que está presente em todos os momentos (inverteu-se a regra geral). Mas, do ponto de vista do direito positivo não é regra geral. A regra é a do art. 142: nasce a obrigação tributária com o lançamento, evolui, mediante eventual suspensão da exigibilidade, e vai se extinguir na forma do art. 156 do CTN.

Esses seriam dispositivos, nos parece, que teriam sido forjados fundamentalmente para as hipóteses de lançamento de ofício. Então, em rigor, o que suspenderia a exigibilidade do crédito tributário seria o processo administrativo decorrente de lançamento de ofício e não este decorrente de autolançamento.

Paralelamente a isso, no entanto, nós não podemos perder de vista que instaurado o processo de execução fiscal temos, pelo menos por presunção, um título executivo; título executivo esse que é produzido à luz de atividade do contribuinte. A Administração Pública como que encampa a informação prestada pelo contribuinte no autolançamento, submete ao procedimento imaginário de controle de legalidade e, ao final das contas, inscreve no livro de dívida ativa, sacando a respectiva certidão.

Não estamos mais falando, evidentemente, de execução do autolançamento, mas execução do título decorrente deste autolançamento. Este título é que, por presunção, seria dotado de liquidez, de certeza e de exigibilidade. E precisamente aí, me parece, que a solução acabaria sobrevindo para o problema de que lhes falei.

Não podemos falar em suspensão da exigibilidade do crédito. Agora vejam: um título executivo se apresenta executável desde que, em princípio, seja dotado daqueles predicados que foram há pouco mencionados, liquidez, certeza, exigibilidade.

Nós estamos falando de um título que é produzido à luz de atividade do contribuinte que vai a juízo e diz que ele próprio, no exercício daquela atividade, praticou um erro; isso significa, em última análise, que o título executivo inspirou-se numa atividade equivocada. Conseqüentemente, o produto que é o título encontrar-se-ia com esses predicados absolutamente relativizados.

Evidentemente que a presunção que recobre qualquer título executivo é sempre relativa. Agora esta presunção, a presunção do título produzido neste caso, nos parece que é relativa ao quadrado. Temos aí duas circunstâncias de relativização. Na verdade, não é só a lei que diz que a presunção é relativa, senão o modo de produção do título que parte do exercício de função administrativa absolutamente zerada.

A Administração não faz aquilo que deveria fazer, simplesmente com base nesse princípio de que lhes falei antes, da boa-fé, promove a inscrição do crédito declarado pelo contribuinte e nada faz para analisar sua certeza, sua liquidez, e conseqüentemente, sua exigibilidade.

Eu diria aos senhores que, muito embora o art. 151 do CTN refira a idéia de suspensão da exigibilidade do crédito tributário, situações há em que o crédito tributário constituído pode ter sua executabilidade suspensa. Não falaríamos, assim, em exigibilidade, senão em executabilidade.

E é bem esse o caso de que estou lhes falando. Não poderíamos dizer que há processo administrativo que implique a suspensão da exigibilidade do crédito, na medida em que ele teria sido constituído pelo próprio contribuinte. Não obstante isso, em virtude dessas particularidades, teríamos, aí, o comprometimento da executabilidade.

Evidentemente que se falar em suspensão da executabilidade implica a suspensão da própria exigibilidade porque se não se pode executar, enquanto a pendência administrativa não for resolvida, isso significa que o crédito ao final das contas é inexigível.

Desta idéia, porém, sobrevém algo muito maior, muito superior: falar-se em suspensão da executabilidade significa paralisação de toda e qualquer atividade executiva, de todo e qualquer ato executivo, de todo e qualquer ato tendente a tornar real aquilo que consta do título executivo, pura e simplesmente porque tudo aquilo que consta do título executivo aparentemente não seria real.

Eu não gostaria de extrapolar o tempo e agradeço a atenção de todos. (*Palmas*)

Presidente da Mesa (Profa. Elizabeth Nazar Carrazza) – Parabéns Prof. Paulo Conrado por haver conseguido no prazo de vinte minutos lançar luzes sobre o tema que foi objeto da sua exposição.

Antes de encerrarmos os trabalhos eu gostaria de pedir aos colegas que endereçaram questões à mesa antes do aviso que eu dei, que trouxessem o seu endereço eletrônico se quiserem efetivamente receber uma resposta; e de lembrá-los de que a comissão de trabalhos começa ainda hoje às 13:15 e pedir que vocês entreguem as avaliações do congresso que estão nas pastas.

Agradeço a presença de todos e especialmente de meus colegas que participaram desta mesa e a sessão está encerrada.

MESA DE DEBATES "E"

PROCESSO ADMINISTRATIVO

PRESIDENTE DA MESA: PROF. JOSÉ EDUARDO SOARES DE MELO
MEMBROS DA MESA: PROFS. LÚCIA VALLE FIGUEIREDO, MARY ELBE QUEIROZ E EURICO MARCOS DINIZ DE SANTI

PRESIDENTE DA MESA (PROF. JOSÉ EDUARDO SOARES DE MELO) – Em primeiro lugar eu quero dar a palavra à Dra. Lúcia Valle Figueiredo, que tem um *curriculum* muito bonito, é professora titular de Direito Administrativo da Pontifícia Universidade Católica de São Paulo, foi durante muito tempo Desembargadora Federal em São Paulo, além de ser uma pessoa muito querida de nos todos, pois, consegue mesclar o Direito Tributário com o Direito Administrativo, é uma palestrante que sempre traz uma colaboração valiosa.

A Profa. Lúcia irá tratar do tema "Aplicação subsidiária da n. Lei n. 9.874/1999 ao processo administrativo-tributário.

PROFA. LÚCIA VALLE FIGUEIREDO – Senhor Presidente desta mesa Dr. José Eduardo, Dr. Eduardo Bottallo, Prof. Eurico de Santi, Profa. Mary Elbe, senhoras e senhores.

Inicialmente quero dizer da minha grande alegria de, mais uma vez, estar com vocês. Tenho estado praticamente em todos os congressos de tributário, o do ano passado infelizmente não pude comparecer, porém, agora, estou novamente aqui. O tema que pretendo abordar é a aplicação subsidiária da Lei n. 9.784/99, a Lei de Processo Administrativo Federal, ao Processo Administrativo-Tributário Federal.

Como não é possível, no exíguo espaço de tempo destinado ao painel, verificar todos os artigos que se aplicam ao processo administrativo-tributário, escolhi alguns, talvez de minha predileção.

A aplicação subsidiária deve-se ao fato de o art. 69 da Lei de Processo Administrativo Federal dizer, textualmente, que os processos administrativos específicos continuarão a se reger por lei própria, todavia, aplicando-se, apenas subsidiariamente, os preceitos daquela lei. Portanto, nesse artigo, temos fundamento da aplicação subsidiária dos preceitos da Lei de Processo Administrativo Federal ao processo administrativo-tributário, muito embora, obviamente, o Fisco entenda que não se deva aplicar o que está na lei federal.

Desejo enfrentar o problema dos impedimentos e suspeições. E tanto a Lei Orgânica da Magistratura como, também, o Código de Processo Civil claramente dizem que, em órgão colegiado, se houver parentes consangüíneos o primeiro a votar impede o segundo. Isso é um detalhe de suma importância para que não sejam somados votos por força deste parentesco consangüíneo, ou, também colateral até certo grau.

Também é preciso dizer-se que os impedimentos e suspeições atingem da mesma forma os peritos. Todos aqueles que atuaram no processo podem se encontrar impedidos ou suspeitos.

Todos os casos de impedimentos atingem, sim, aqueles que participam do processo como auxiliares e, sobretudo, como perito, também auxiliar direto do órgão julgador e, como tal, esse auxiliar direto, por óbvio, tem de ser imparcial e, para ser imparcial, não pode ter condições objetivas que dificultem ou impeçam sua imparcialidade (impedimentos) e não pode ter condições subjetivas que também impeçam a imparcialidade, que são as suspeições.

Realmente, o objetivo fundamental do impedimento e da suspeição é fazer com que aquele, que deve decidir, seja absolutamente imparcial.

Por outro lado, também vemos no art. 65 da Lei de Processo Administrativo a proibição da *reformatio in pejus* quando se tratar de processos sancionatórios, isso se encontra no art. 65, parágrafo único. Portanto, apesar de se alegar que a função administrativa está debaixo do *princípio da legalidade* e, em decorrência, a qualquer momento poderia ser reformado o ato administrativo, isso não é verdade no que tange aos processos sancionatórios, consoante entendo. Nos processos sancionatórios a sanção não pode ser agravada. Sob pena do *devido processo legal*, inserto no art. 5º, inciso LV, do Texto Constitucional, não poder ser aplicado na sua totalidade, tal seja, o administrado ficaria inibido de recorrer.

Há outro tópico interessante, o art. 54[1] (há vários outros artigos que se aplicariam e vejam que o art. 2º, que trata dos princípios do processo administrativo, para mim, aplica-se *in totum*, até porque a legislação do processo fiscal a eles não se refere).

Há artigo interessante na Lei de Processo Administrativo que versa sobre os *interessados* que poderão se manifestar. Pensando, para falar aqui, no Congresso, fiquei me perquirindo se, na hipótese de uma consulta fiscal, se os interessados no desfecho da consulta poderiam interferir também.

Essa Lei de Processo Administrativo é lei muito moderna, inclui, até mesmo, a audiência pública, dependendo do grau, do nível de interesse. Mas tenho para mim que, num processo de consulta fiscal, pode-se pensar se não seria o caso de se aplicar os artigos da Lei de Processo Administrativo que dizem respeito aos interessados e à possibilidade desses interessados ingressarem no processo, quando houver, sobretudo, relevância de interesses, pois os dispositivos sobre a consulta fiscal são bastante singelos.

Queria lembrar, também, antes de encerrar, o art. 54, que dispõe sobre o direito de a Administração anular os atos administrativos de que decorrer efeitos favoráveis para os destinatários decair em cinco anos contados da data em que foram praticados tais atos, salvo comprovada má-fé.

Vejam que aqui não há nem o benefício de se entender como termo inicial a data do conhecimento do ato por quem teria competência e dever de anulá-lo, mas diz expressamente: *contados da data em que foram praticados*, evidentemente, salvo comprovada má-fé. A má-fé jamais beneficiou ninguém nem poderia beneficiar; a má-fé não teria condições de beneficiar ninguém.

Essas são as questões que, de maneira bastante breve e singela, trouxe. Insisto na parte dos princípios (cuja aplicação é total), *na atuação conforme a Lei e o Direito* e, também, na *aplicação dos princípios do Processo Civil,* quando houver contenciosidade e do Processo Penal, quando houver "acusados" em geral, portanto, a aplicação de sanções.

Destarte, é possível que, nos processos fiscais, tenham de se aplicar ambos os princípios (os do Direito Processual Penal, para os "acusados" e do Processual Civil para os litigantes).

É bom lembrar: tive a oportunidade de ver a não aplicação dos princípios do processo civil. Na verdade, como se aplicam os princípios do processo civil, como já me referi, não é possível a prática do que, na judicatura, se chama "a inversão tumultuária do feito".

Já vi tal inversão em processos administrativos fiscais. Por exemplo: certa pre-

1. O teor do art. 54 é o seguinte: "O direito da Administração de anular os atos administrativos de que decorram efeitos favoráveis para os destinatários decai em cinco anos, contados da data em que foram praticados, salvo comprovada má-fé".

liminar, em que se suscita questão de ordem, em determinado Conselho de Contribuintes, é levantada num processo, a fim de ser discutida preliminar, questão esta não levantada pelo relator (o segundo, que pediu vista, levantou a preliminar), que teria, apenas votado o mérito; o terceiro pede vista; trazido o voto do terceiro, o relator pede, ele próprio, vista para que possa examinar aquela questão de ordem colocada (e isso é possível no Processo Civil).

Ao reexaminar, discorda, e, em vez de todos votarem em seqüência a questão de ordem para, depois, votarem o mérito, já que a questão de ordem é preliminar, faz-se verdadeiro tumulto processual. Uns votam a questão de ordem, outros votam juntamente o mérito e a questão de ordem, sem que o relator possa se manifestar.

Na verdade, decidida negativamente a questão de ordem, que é preliminar, antecedente, se não lhe for dado provimento, o voto do relator volta a comandar a votação.

Isso é muito importante. Entretanto, nesse caso concreto, que tive condições de ver, o segundo, que levantou a questão de ordem, já trouxe o voto de mérito e o terceiro foi também votando o mérito, quer dizer, o voto do relator, que era o voto condutor, deixa de ser.

O resultado acabou por ser muito pernicioso para a parte, inclusive porque houve toda uma inversão tumultuária do feito, como costumam dizer os magistrados. É interessante que o juiz costuma dar despacho típico para situações tais, que é o seguinte: chamo o feito à ordem.

Lembro-me de advogados que diziam assim: "É melhor chamar o juiz à ordem para o juiz despachar direito".

Mas essa inversão tumultuária do feito, no que concerne à ordem de votação, pode provocar desfecho diferente de um caso, como já assinalamos. Muita vez é completamente diferente se observada a ordem de votação, porque, claro, num colegiado, como um voto sozinho não decide nada, o relator, todavia, pode ter influência decisiva no processo.

Vejam, se alguém votar o mérito antes do relator, alguém que tenha ascendência grande sobre o colegiado, isto poderá ir a desfavor da parte, quando lhe for desfavorável. De qualquer forma, acaba por modificar o "juiz" natural. Se, por exemplo, esse voto de mérito for de indeferimento, formar-se-á decisão divorciada do *devido processo legal.*

Por outro giro, a correção da ordem do processo também faz parte do devido processo legal. O *devido processo legal* tem de ser observado em todos os momentos, sobretudo, como já disse e enfatizei, ao observar a questão de impedimentos e suspeições.

Realmente, num órgão colegiado são muito importantes os impedimentos e suspeições exatamente porque a decisão final será um amálgama de todos aqueles votos, dando-lhe novo tratamento. Evidentemente alguns, num órgão colegiado, têm mais ascendência que outros, portanto, há diferenças.

Bom encerro por aqui para ficar dentro do meu tempo e agradeço a paciência com que me escutaram e escuso-me por não ter podido trazer melhor contribuição tendo em vista a exigüidade do tempo.

Muito obrigada. (*Palmas*)

PRESIDENTE DA MESA (PROF. JOSÉ EDUARDO SOARES DE MELO) – Agora nós vamos ter o prazer de ouvir a Profa. Mary Elbe Queiroz. que é mestre e doutora em Direito, pós-graduada pela Universidade Salamanca na Espanha, Presidente do Instituto Pernambucano de Estudos Tributários, foi conselheira do Conselho de Contribuintes do Ministério da Fazenda, é professora da Universidade Federal de Pernambuco, autora de diversos livros e que irá tratar sobre o tema Compensação de Tributos.

PROFA. DRA. MARY ELBE QUEIROZ – O vocábulo compensação deriva do latim – *compensatio, compensare* – e significa contrapesar, contrabalançar, bem assim o ato ou efeito de estabelecer ou restabelecer o equilíbrio entre duas coisas que se complementam ou que são antagônicas.

Exatamente com o sentido de restabelecer o equilíbrio na conflituosa relação entre o Fisco e o contribuinte é que a compensação de tributos configura um direito do contribuinte que tem fundamento constitucional e decorre da consagração de vários princípios ínsitos à imposição tributária, tais como:

i) *Legalidade* – arts. 5º, II; 37; 150, I – nenhum tributo poderá ser exigido sem previsão de lei, e somente se considera devido um tributo quando o fato do mundo real adequar-se em tudo à previsão normativa e forem concretizados todos os elementos que integram a hipótese de incidência abstrata da lei. Portanto, qualquer valor pago que não encontre cobertura legal ou cujo fato do mundo seja diverso da hipótese legal – não há como se considerar tal recolhimento como pagamento de tributo e sim como valor indevidamente entregue aos cofres públicos sem título jurídico que o legitime.

ii) *Isonomia* – art. 5º, *caput* e inciso I; 150, II – a isonomia pode ser visualizada sob dois aspectos: 1) tanto em relação aos próprios contribuinte, pois não se admite que alguém seja compelido a pagar valores em condições diversas daqueles que realizaram idênticos fatos geradores ou que não tenha concretizado qualquer fato gerador; 2) como no tocante à intricada relação entre o Fisco e o contribuinte, pois, se o Fisco tem o dever de exigir tributo decorrente do nascimento da obrigação tributária não cumprida pelo contribuinte, igualmente, este tem o direito de lhe serem devolvidos os valores que, por acaso, tenham sido recolhidos indevidamente, seja por erro (erro de cálculo ou duplicidade de pagamento etc.), ignorância da lei ou por posterior declaração de inconstitucionalidade de lei pelo Supremo Tribunal Federal.

iii) *Proteção à propriedade* – arts. 5º, XXII; 22, II – qualquer recolhimento aos cofres públicos constitui expropriação de patrimônio do particular para a Fazenda Pública, necessitando, portanto, estar baseada em lei e ser efetuada nos limites e contornos legais. Do contrário, seria acolher-se a possibilidade de o Estado poder apoderar-se indiscriminadamente do patrimônio dos particulares. Por decorrência, quaisquer valores recolhidos indevidamente devem ser devolvidos para que seja restabelecido o direito à propriedade.

iv) *Devido processo legal* – art. 5º, LIV – ninguém poderá ser expropriado dos seus bens sem que haja um devido processo legal. No sentido de cumprir o postulado, na hipótese de ser necessária a expropriação de bens para pagamento de tributos, deverá estar concretizado o fato gerador, e o respectivo crédito tributário ser constituído quer pelo contribuinte quer pelo Fisco mediante o lançamento. No caso do lançamento tributário, deverá haver prévia ciência do contribuinte que possibilite o contraditório e o exercício da ampla defesa, bem assim que o processo obedeça à legalidade formal e material e seja submetido a um julgador imparcial.

v) *Moralidade* – art. 37 – a ordem jurídica repugna os abusos, as arbitrariedades e a possibilidade de que o Fisco possa se locupletar de valores indevidos que não lhe pertencem e que ensejem o enriquecimento ilícito do Erário Público. Por conseguinte, constituiria uma imoralidade tributária a demora ou a não devolução de valores indevidamente pagos pelo contribuinte que não pode ser acolhida nem mesmo sob a suposição de uma "ilegalidade eficaz" a favor do Fisco.

vi) *Eficiência* – art. 37 – um dos princípios fundamentais que deve nortear a ação do Fisco deve ser o interesse em restaurar o mais breve possível o equilíbrio da sua relação com o contribuinte, como forma de preservar a própria legalidade. Desse modo, têm que ser admitidas e implementadas alternativas com maior racionalidade, maior utilidade econômica e mais rápidas e ágeis para a devolução de valores indevidamente recolhidos pelo contribuinte. Nesse sentido, a compensação imediata, pelo próprio contribuinte, é a forma que melhor realiza o interesse público de agilizar a devolução de valores, haja vista que os processos de pedidos de restituição são complexos e muito demorados, às vezes, chegando a dois ou três anos para que o contribuinte tenha de volta os recursos indevidamente entregues aos cofres públicos. A agilidade, contudo, não impede o exercício de controles *a posteriori*, com a apuração da responsabilidade daqueles que usaram de má-fé no exercício do direito de compensar.

vii) *Competência tributária* – arts. 145 e 150 – a relação jurídico-tributária é impositiva. É outorgado ao sujeito ativo o direito de instituir e exigir prestações pecuniárias do sujeito passivo nos termos e contornos constitucionais, devendo o sujeito passivo submeter-se à imposição tributária e recolher os valores devidos de acordo com as prescrições legais. Quaisquer valores recolhidos que não encontrem legitimidade da lei não se revestem de causa jurídica e devem ser devolvidos sob pena de se consagrar a possibilidade de o Estado poder apropriar-se de pagamentos sem causa e afrontar a legalidade e a moralidade que devem nortear a relação Fisco e contribuinte.

viii) *Capacidade contributiva* – art. 145, § 1º – somente poderá ser exigido tributo onde se revele capacidade de contribuir. Portanto, se o contribuinte recolhe valor indevido, sem que haja nascido qualquer obrigação tributária, inexiste capacidade contributiva revelada a ser aferida e dimensionada que justifique o pagamento de valores ao Erário Público

ix) *Não-confisco* – art. 150, IV – o tributo não pode ser confiscatório, isto é, não poderão ser expropriados valores ou bens do particular além dos limites da sua capacidade de contribuir ou onde o fato do mundo real não se possa adequar à hipótese de incidência da lei. O confisco poderá resultar, ainda, da locupletação de valores por parte do Fisco sem que haja causa prevista em lei (valor pago sem que haja obrigação tributária) ou quando esse oponha resistência à devolução de quantias pagas sem que exista débito do contribuinte.

x) *Segurança jurídica* – o primado decorre da conjugação e garantia da realização dos demais princípios expressos na Magna Carta e da certeza de que em caso de afronta a qualquer um deles a ordem jurídica deverá ser restaurada. Nesse sentido, no caso de recolhimento indevido por parte do contribuinte, deve-se assegurar a imediata devolução dos respectivos valores para que se restabeleça o equilíbrio da relação Fisco e contribuinte, tendo em vista que, na hipótese inversa, quando o contribuinte deixa de pagar as quantias por ele devidas, a lei dá poderes ao Fisco para exigir o cumprimento da obrigação, inclusive, dando competência para serem impostas sanções e penalidades.

O ordenamento jurídico, por conseguinte, repulsa qualquer exigência sem respaldo legal por caracterizar violação da estrita legalidade e da moralidade que devem ser ínsitas à relação Fisco e contribuinte, bem como não pode abrigar a ilegalidade eficaz, os enriquecimentos ilícitos ou sem causa, nem a locupletação por meio de valores pagos indevidamente, seja por parte do contribuinte, seja por parte do Fisco sob pena de grave insegurança jurídica.

Há uma grande discussão acerca da natureza dos recolhimentos efetuados pelo contribuinte que legitimariam a compensação: se seriam indébitos tributários, ou não. Apesar de uma boa parte da doutrina reconhecer a natureza tributária do indébito, como, por exemplo, o grande mestre Paulo de Barros Carvalho, nos colocamos ao lado daqueles que consideram equivocada a expressão indébito tributário. Entendemos que somente adquirem a natureza tributária os valores recolhidos em decorrência da concretização no mundo factual da hipótese abstrata prevista na lei. Apenas com a subsunção do fato à norma é que nasce a obrigação tributária e o poder da Fazenda Pública de exigir o respectivo pagamento no montante e limites dos contornos legais. O pagamento realizado de acordo com o montante devido extingue o respectivo crédito tributário. O não-cumprimento da obrigação coloca o dever-poder para o Fisco proceder a respectiva cobrança e aplicação das penalidades legais. Portanto, qualquer recolhimento a título de tributo, por configurar o adimplemento de obrigação e a extinção de crédito, não tem como ser devolvido àquele que pagou.

Caso contrário, é quando não há fato gerador e, portanto, o valor pago é considerado como indevido e sem título. Nessa hipótese, exsurge o direito do contribuinte à sua devolução. Se há o reconhecimento do direito à devolução do indébito, o respectivo valor não pode ter natureza tributária. Qualquer valor entregue indevidamente aos cofres públicos não atende aos requisitos formais e materiais para revestir a característica de tributo. Por conseguinte, tais valores têm que ser devolvidos, seja sob a forma de restituição, seja como compensação. Nesse caso, a opção da forma deverá ser do contribuinte.

Tal questão assume especial importância no tocante à contagem do prazo para o contribuinte solicitar a respectiva devolução, sob a forma de restituição ou compensação, e sobre qual a lei aplicável, se o Código Civil ou o Código Tributário Nacional. Tratando-se de um direito que poderá ser exercido pelo próprio contribuinte, inicialmente, perante a própria Administração Tributária, enquadra-se como prazo decadencial. Tratando-se do direito de ação, perante o Judiciário, estaríamos diante de um prazo prescricional. Contudo, independentemente de se considerar uma ou outra hipótese, os prazos a serem considerados deverão ser os previstos no Código Tributário Nacional haja vista que, apesar de não revestir a natureza tributária, os respectivos valores foram recolhidos, inicialmente, sob o suposto título de tributo e com base em relação e normas de Direito Público. Diante de tal circunstância, mister se faz que seja obedecido um procedimento especial, com um maior controle, a fim de que seja apurado efetivamente se se trata de tributo ou não, diferentemente da simples compensação regulada pela lei civil que é regida pelo princípio da autonomia das vontades. No tocante à devolução, prevalece o interesse público no sentido de se ter a segurança de que os valores devolvidos não são efetivamente devidos e não se caracterizam como tributo, para que haja equilíbrio da relação Fisco e contribuinte.

Vale ressaltar, porém, que a necessidade desse controle não poderá resultar em justificativa para ser protelada tanto a compensação como a restituição que implique causar prejuízo para o contribuinte, uma vez que a demora e a retenção de valores indevidamente pagos assume a característica de um empréstimo compulsório e um financiamento público sem respaldo legal ou constitucional.

O Código Tributário Nacional, nos seus arts. 156, II, e 170, expressamente reconhece o direito constitucional à compensação como uma das formas de extinção do crédito tributário, estabelecendo regras para o legislador e colocando como condições para que haja a compensação: i) a existência de lei que estipule garantias e condições; ii) a reciprocidade entre as partes como encontro de relações obrigacionais (ambos serem credores e devedores); iii) a exigibilidade das prestações, pois, não é lícito o credor-devedor opor dívida não-vencida ao outro credor-devedor; iv) a liquidez das dívidas, obrigação certa quanto à sua existência e determinada quanto ao seu objeto; e v) fungibilidade da prestação, relativamente à possibilidade de substituição dos valores devidos por outros da mesma espécie, quantidade e qualidade, uma vez que o credor não pode ser obrigado a aceitar algo diverso do que lhe é devido.

Na compensação extingue-se débito do contribuinte para com o Fisco com crédito do contribuinte junto ao Fisco, e vice-versa.

Na legislação ordinária, a Lei n. 8.383/1991, no seu art. 66, finalmente, estabeleceu as regras para que fosse efetivada a compensação pelos contribuintes nos casos de pagamentos indevidos ou a maior que o devido, com valores a serem recolhidos por eles em períodos subseqüentes. A norma contida no art. 66 destinou-se ao contribuinte viabilizando o procedimento para a compensação de indébitos, corrigidos monetariamente pela UFIR, e determinando que a compensação somente poderia ser efetuada entre tributos e contribuições da mesma espécie, facultando, entretanto, a opção pela restituição. Na época houve uma grande discussão acerca do que seria "mesma espécie", que foi esclarecida, posteriormente por meio da Instrução Normativa SRF n. 15/1994 (aqui não vamos tecer maiores comentários sobre a legitimidade de tal ato normativo para restringir os efeitos da compensação).

A Lei n. 9.430/1996, no seu art. 74, admitiu a utilização de créditos a serem restituídos ou ressarcidos para a quitação de quaisquer tributos e contribuições. A Secretaria da Receita Federal, regulamentando as prescrições legais, através da Instrução Normativa SRF n. 21/1997, expressamente, admitiu a compensação de indébitos com créditos de terceiros.

Por meio da Instrução Normativa SRF n. 41/2000, a Secretaria da Receita Federal vedou a compensação mediante a utilização de créditos de terceiros sob a justificativa de que houve muito abuso por parte de alguns contribuintes (isso realmente aconteceu em alguns casos, entretanto, tal constatação não justifica a vedação). Mais uma vez, tendo em vista a deficiência por parte do Fisco no exercício do controle, a opção foi por vedar totalmente a compensação de créditos de terceiros para todo mundo em prejuízo de muitos contribuintes que, agindo corretamente, tinham muitos créditos a serem compensados e perderam a oportunidade de usar tal direito por não gerarem débitos e não poderem mais transferir esses créditos para terceiros.

No tocante à vedação à compensação de créditos de terceiros, releva observar que somente existem três possibilidades de comportamentos colocadas pela lei: obrigatório, vedado ou permitido. Ora, se não existia lei vedando ou obrigando determinado comportamento, conclui-se que era permitida a compensação de débitos tributários com créditos de terceiros. Desse modo, podemos concluir que a IN SRF n. 41/2000 não tinha o poder de restringir direito do contribuinte onde a lei não o fez, haja vista o princípio da estrita legalidade consagrado constitucionalmente. Para superar tal problemática, a Lei n. 10.637/2002 (sem aqui tecermos maiores comentários sobre a sua constitucionalidade), regulamentada pela Instrução Normativa n. 210/2002, expressamente vedou a possibilidade da utilização de créditos de terceiros para fins de compensação de tributo admitindo, apenas, a compensação de créditos próprios.

Importa ressaltar que, até a edição da Lei n. 10.637, no ano de 2002, era permitida a utilização de créditos de terceiro para a compensação de débitos junto ao Fisco Federal. O operador do direito, seja o contribuinte, o advogado ou o agente público, cumpre observar, antes de qualquer coisa, os valores consagrados constitucionalmente, sob pena de grave insegurança jurídica, haja vista que o interesse na arrecadação ou no combate aos abusos dos contribuintes não deve prevalecer sobre a legalidade que é a pedra fundamental de um Estado Democrático de Direito.

Atualmente, houve um grande avanço do Fisco federal, no sentido de buscar a eficiência das compensações, haja vista a utilização do meio eletrônico para agilizar a utilização desse direito pelo contribuinte, consoante a Instrução Normativa n. 360/2003 que criou o Programa Pedido Eletrônico de Restituição e Compensação – PER/DCOMP.

Ainda sobre a compensação, constata-se que a Lei Complementar n. 104/2001, introduziu o art. 170-A no Código Tributário Nacional, vedando, expressamente a compensação mediante o aproveitamento de tributo que ainda esteja sendo objeto de contestação judicial pelo sujeito passivo e não tenha havido o respectivo trânsito em julgado. Com base em tal disposição o Fisco procurou coibir abusos por parte do contribuinte. Na verdade, tal norma pode resultar em prejuízo para o contribuinte sob o aspecto de que, no caso de uma grande demora do trânsito em julgado da decisão judicial a ele favorável, durante tal período ele deverá continuar a efetuar os pagamentos de outros débitos tributários de fatos geradores efetivamente realizados. Releva observar que tal norma não poderá ser considerada como um óbice para que o juiz, no uso do seu livre convencimento, possa autorizar a compensação de créditos relativos a valores ainda não transitados em julgado.

Outra questão importante, diz respeito à Lei n. 8.437/1992, alterada por Medidas Provisórias, a última delas a de n. 2.180-25/2001, que expressamente vedou a concessão de liminar como instrumento hábil para deferir a compensação de créditos tributários ou previdenciários. Quanto a tal vedação, importa considerar se o suposto interesse público que fundamentou a edição dessa medida provisória justifica a limitação dos poderes do juiz, pois, a partir do momento em que sejam restringidos os poderes do julgador, que deve ser um terceiro imparcial à relação jurídico-tributária, ou que se restrinja os poderes da liminar em mandado de segurança, teremos consagrada grave afronta à segurança jurídica por meio da violação do direito e da garantia fundamental do maior instrumento de que se dispõe contra arbítrios e abusos de poder.

Sobre essa questão, importa observar que existem duas Súmulas do Superior Tribunal de Justiça: i) Súmula n. 212: veda a concessão de liminar em mandado de segurança para efeito de compensação; ii) Súmula n. 213: reconhece que o mandado de segurança é ação adequada para a declaração do direito à compensação tributária.

Vale salientar, com relação ao direito à compensação dos créditos previdenciários, que a Lei n. 8.212/1991, a Lei n. 9.032/1995 e a Lei n. 9.129/1995, regulamentadas pelo art. 251 do Decreto n. 3.048/1999 (Regulamento do Custeio da Previdência), consagram grave afronta ao princípio da moralidade ao limitar o direito à compensação a, apenas, 30% do valor pago indevidamente. Devemos considerar que o direito à compensação é constitucional e refere-se a um valor já recolhido antecipadamente pelo contribuinte. Portanto, deve ser compensado com futuros débitos. Ora, a vedação à compensação de créditos existentes com débitos caracteriza-se, mais, como um verdadeiro empréstimo compulsório.

Outro ponto que merece especial atenção, diz respeito ao prazo decadencial do direito do sujeito passivo à restituição ou compensação de direito crédito decorrente de ação direta de inconstitucionalidade (ADI) que declarar inconstitucional determinada exigência tributária. Tal declaração, por conseqüência, tem o condão de tornar indevidos quaisquer recolhimentos efetuados com base na lei inconstitucional. Independentemente de ser ação direta de inconstitucionalidade ou recurso especial, o direito à restituição ou compensação nasce a partir da decisão do Excelso Pretório que reconhece a inconstitucionalidade e somente decairá após cinco anos dessa data.

O prazo que determina a decadência do direito de crédito que nasce com a declaração de inconstitucionalidade nada tem a ver o prazo colocado no art. 165, I, do CTN, tendo em vista que esse se refere ao pagamento espontâneo decorrente de legislação válida e eficaz ou erro de cálculo ou de sujeito passivo, igualmente, com base em lei vigente. O que legitima a compensação ou restituição na hipótese é a inconstitucionalidade da lei declarada pelo "Guardião da Constituição". Portanto, o direito de pleitear a restituição ou compensação somente nascerá a partir dessa declaração da inconstitucionalidade. Até então, o contribuinte cumpriu seu dever de recolher valores aos cofres públicos sob a suposição da legitimidade e legalidade da imposição tributária, não podendo ser punido exatamente por adimplir prestação pecuniária.

Se a decadência é a inércia, o não agir no exercício de um direito conhecido, não se pode imputar tal efeito contra quem efetuou recolhimento com base em lei válida vigente e eficaz. Até a declaração de inconstitucionalidade toda lei goza da presunção de constitucionalidade. Exatamente para prevenir tais discussões é que se deve reconhecer a possibilidade de as autoridades administrativas, no caso concreto, poderem deixar de aplicar dispositivo de lei que viole princípio constitucional na busca de serem corrigidas distorções nas exigências tributárias.

Cumpre observar, ainda, no tocante às devoluções, uma verdadeira afronta aos princípios da moralidade e da eficiência e, por decorrência, da própria segurança jurídica, com relação à demora da restituição de valores pagos indevidamente. Nesse caso, o contribuinte só tem assegurado por lei o pagamento de juros à taxa SELIC. Inclusive, a lei não fixa qualquer prazo que obrigue ser efetivada a restituição, independentemente da demora do Fisco, sem considerar os prejuízos que isso possa acarretar aos contribuintes, que, têm que continuar a pagar os seus tributos normalmente e, caso não o façam, a ele serão impostas penalidades: multas moratórias no recolhimento espontâneo e pesadas multas de ofício (75% ou 150%, na área federal).

Tomemos como exemplo as restituições das pessoas físicas informadas nas respectivas declarações de rendimentos entregues no mês de abril de todos os anos que demoram, às vezes, até dois anos em alguns casos quando elas ficam "presas em malhas" ou quando o contribuinte não tem como efetuar compensação e solicita via processo a restituição dos valores indevidamente pagos. Inclusive, os valores são "antecipados" ou retidos pelas fontes pagadoras no curso de todo o ano anterior e as restituições somente a serem efetuadas no mês de abril do ano seguinte. Em tais hipóteses, quando há grande demora, mesmo sem que o contribuinte tenha dado causa, a restituição só é acrescida de juros SELIC. Paralelamente, quando se trata de valores devidos e não recolhidos no prazo pelo contribuinte, mesmo quando pagos espontaneamente, exige-se o pagamento, além do principal e da taxa SELIC, também, de uma multa moratória que varia de 0,33% ao dia até o limite de 20% do valor não pago no prazo.

O direito à compensação tem fundamento constitucional e repousa na necessidade de se restabelecer o equilíbrio na relação entre Fisco e contribuinte, se esse deve, tem que pagar na forma imposta pela lei; igualmente, o Fisco colocado na posição de devedor, tem a obrigação e o dever de procurar cumprir as suas obrigações de forma mais ágil e eficiente possível para que se garanta a segurança jurídica. Obrigada.

PRESIDENTE DA MESA (PROF. JOSÉ EDUARDO SOARES DE MELO) – A Mary Elbe não foi bem entendida, ela tinha mais quinze minutos ainda. Tão jovem e tão precoce. Mas seus pais deixaram você vir aqui hoje falar, não é? (*Risos*)

Então está bom. Agora nós vamos ter a honra de ouvir o Eurico Marcos Diniz de Santi, que é mestre e doutor em Direito Tributário, professor titular de São Bernardo do Campo, professor da PUC e dos cursos de especialização e organizador e professor dos cursos do IBET no Brasil todo. Atualmente é juiz do Tribunal de Impostos e Taxas da Secretaria da Fazenda de São Paulo, autor de livros sobre a decadência e lançamento e que irá versar sobre o tema "Contencioso Administrativo".

PROF. EURICO MARCOS DINIZ DE SANTI – *1. Objeto do processo administrativo: a incidência jurídica* – Tratar de processo administrativo, auto de infração, nulidade e anulação é falar sobre incidência jurídica, tal qual a concebe Paulo de Barros Carvalho: a incidência que se materializa e se realiza nos autos do processo, no mundo da linguagem do direito.

No processo administrativo, temos a chamada incidência jurídica: lançamento de ofício. A existência do lançamento enseja a impugnação. A impugnação motiva a decisão de primeira instância que vai propiciar – tomando o processo administrativo paulista como exemplo –, a apresentação de recurso ordinário. Este exige a decisão de segunda instância. Não se tratando de matéria de prova, mas confronto de tese jurídica, abre-se a oportunidade para a propositura do recurso especial, que remete o processo para nova decisão das chamadas Câmaras Reunidas no Tribunal de Impostos e Taxas de São Paulo.

A idéia é expor esse fluxo normativo, explicitando, estruturalmente, cada uma destas decisões.

E, de fato, tantas são as variáveis, que seria difícil expor o que pretendo no tempo de vinte minutos que me foi reservado, sem o *data show*. Aqui este recurso é essencial. A série de imagens que se seguem são dêiticos de idéias, de comentários ligados um a um.

Comecemos pelo conceito central, objeto do processo administrativo: a incidência jurídica: norma tributária, fato gerador e obrigação tributária. Além disso, temos a norma administrativa que vai regular o ato de lançamento tributário, que exercido tem como efeito o lançamento veiculado no documento chamado auto de infração e imposição de multa (AIIM).

A partir da lei construímos a norma mediante ato de interpretação, identificando sua hipótese e sua conseqüência: imagem abstrata do fato e da obrigação tributária. É a incidência como conceito ideal, que realiza o nexo de causalidade concretizando a hipótese, formando o fato gerador, e concretiza o conseqüente, constituindo o conceito de obrigação tributária.

Segue o lançamento, documentado mediante auto de infração e imposição de multa, que reconstitui o fato gerador na motivação desse ato administrativo em implicação com o crédito, conteúdo desse ato administrativo.

O lançamento tributário é norma administrativa que resulta de ato administrativo decorrente de regular exercício da competência administrativa tendente a constituir a incidência tributária: justamente, o objeto do contencioso administrativo.

2. Elementos do ato-fato e do ato-norma de lançamento – Pode-se estudar o lançamento tal qual ato-fato administrativo que é o exercício de competência administrativa, desmembrando-o em quatro grandes elementos: (i) o agente competente que realiza o ato administrativo; (ii) o procedimento com seqüência de atos que dizem respeito à prática desse ato administrativo; (iii) o motivo do ato administrativo, que é a circunstância que justifica a prática do ato e que não é o próprio fato gerador, mas a prova da ocorrência do fato jurídico tributário – daí por que eu não posso lançar sem prova; a prova é a motivação do lançamento tributário; sem ela, o lançamento (meu suporte) é um ato arbitrário que não tem motivo que o justifique; e, por fim, (iv) a publicidade que dá comunicação a esse ato permitindo que se torne intersubjetivo, dando ensejo à possibilidade do contraditório administrativo.

O produto desse processo (ato-fato) é o ato-norma: o conteúdo do AIIM. Neste conteúdo cada prescrição há de se justificar mediante motivação específica: como ensinam os Professores Lúcia Valle Figueiredo, Celso Antônio Bandeira de Mello e Paulo de Barros Carvalho, a motivação é elemento essencial do ato-norma administrativo. A motivação do ato de lançamento é justamente a descrição dos fatos (provados) que justificam os específicos conteúdos prescritos.

Motivação, então, é descrição do fato jurídico tributário, que implica não só a descrição do fato, mas, também, a descrição do motivo legal, a capitulação daquele fato na legislação pertinente. E vai implicar o crédito tributário que é o conteúdo do ato, justamente a formalização da obrigação tributária mediante a linguagem que constitui o lançamento tributário. Como o professor José Souto Maior Borges, pode-se dizer que o lançamento declara a obrigação tributária e constitui o crédito tributário.

3. Intersecção entre teoria e prática: ato-fato e ato-norma na nova lei do contencioso paulista – Testemos, agora, as categorias descritas aplicadas ao novo contencioso paulista: a Lei n. 10.941/2001 que atualmente dispõe sobre o contencioso. Tal legislação regula não só os atos de produção, mas, também, a própria forma dos atos produzidos: (i) o art. 26 trata do agente competente, (ii) os arts. 88, 89 e 94 cuidam do procedimento, (iii) o art. 27 refere-se ao motivo do ato, exigindo a instrução do auto de infração com os documentos pertinentes, e (iv) o art. 27 rege a publicidade do ato. Também os elementos do ato-norma estão expressamente regulados no art. 27 desta lei: (i) motivação do ato e (ii) conteúdo do ato administrativo.

Adentremos, agora, nos vícios do lançamento tributário e das decisões administrativas: erro de fato e erro de direito. Note-se que a idéia de erro de fato está muito relacionada com a questão da prova do fato jurídico tributário, e erro de direito, com problemas de interpretação da legislação tributária.

4. Classificando: vícios de direito material e formal e vícios de fato material e formal – No ato de aplicação do direito têm-se dois momentos diversos. De um lado, o momento em que se interpreta a lei material do Direito Tributário e se apresenta prova material que diz respeito à aplicação dessa lei ao caso concreto, ao chamado fato gerador. De outro lado, tem-se a aplicação da lei que regula o procedimento administrativo.

Posso ter problemas de Direito na interpretação da lei formal – que regula o processo administrativo – ou na lei material – que desenha o arquétipo da incidência. Erros na aplicação desta última são erros de Direito material na interpretação das hipóteses normativas da legislação tributária. Erros de fato material referem-se à prova do fato gerador. Erros de direito formal são vícios na aplicação e interpretação da legislação tributária formal administrativa. E, enfim, erros de fato formais são vícios *in procedendo*, erros materiais no exercício do procedimento administrativo-tributário .

Segue-se a seguinte proposta de classificação, fundamental para arrostar no tema da nulidade e anulação no processo administrativo: vícios formais *in procedendo* (i) de Direito e (ii) de fato; vícios materiais *in judicando* (iii) de Direito e (iv) de fato. Ou seja: vícios formais na aplicação do Direito Formal Tributário e vícios materiais na aplicação do Direito Material Tributário.

Exemplos. Problema de interpretação da legislação e construção da regra-matriz de incidência: vício de direito material. Problemas da prova do fato jurídico tributário: vício de fato material. Problemas sobre a interpretação e aplicação das normas de processo administrativo: vício de direito formal. Problemas que dizem respeito à aplicação no procedimento administrativo concreto dessa regra administrativa: vícios de fato formal.

Por outro lado eu tenho a regra administrativa que, por sua vez, vai regular do procedimento administrativo tendente à produção do lançamento tributário.

5. Exemplificando – A partir daí pode-se montar um quadro interessante sobre os vícios de fato e de direito no lançamento tributário. Posso ter uma grande categoria de vícios formais e de vícios materiais.

Vício formal de direito: diz respeito ao próprio exercício da competência administrativa, ou seja, problema de ausência de fundamento na lei formal. Por exemplo, eu trago uma prova, só que a lei administrativa não permite aquela prova; é prova sem fundamento em lei, sem fundamento na lei formal.

Vício formal de fato: junta-se prova permitida pela lei formal só que no decorrer do processo administrativo o julgador simplesmente não aprecia aquele prova. É o que o professor Paulo Campilongo e o Tribunal de Impostos e Taxas usam chamar de problema de valoração da prova. É problema formal do ato de aplicação. Tenho a prova lícita, permitida pela lei administrativa, trazida aos autos, mas, por erro de apreciação ou interpretação da prova, não se considera a prova na aplicação do Direito. Tal vício causa nulidade formal.

Vício material de Direito: diz respeito à interpretação da legislação tributária material. Cobra-se tributo, lavra-se auto de infração, mas sem fundamento legal, algo que não é hipótese de incidência, ou mercadoria isenta, ou mercadoria imune ou com erro de base de cálculo, alíquota ou sujeito passivo. Há problema no fundamento em lei, ou seja, vício de Direito material.

Vício material de fato: lavra-se auto de infração com todo fundamento legal, mas falta prova do fato ou essa prova é insubsistente. Trata-se de ausência ou insubsistência de prova.

Ou seja, no lançamento eu posso ter nulidades formais que dizem respeito à aplicação da legislação formal e nulidades materiais que dizem respeito à aplicação da legislação material ao fato concreto.

6. Relacionando AIIM e as subseqüentes decisões no processo administrativo – Imagine-se a sobreposição: auto de infração, decisão administrativa de primeira instância, decisão de segunda instância do recurso ordinário e decisão de segunda instância do recurso especial.

Num primeiro momento a impressão que se tem é que essas decisões são substitutivas do lançamento: essa assertiva não me parece correta.

Todas decisões se referem ao lançamento, é certo. O lançamento constitui incidência e impugnação e os recursos cuidam de discutir a legitimidade, a legalidade, os erros de fato e de direito e os erros materiais e formais do lançamento tributário. Ou seja, todas essas decisões se referem ao lançamento tributário, e o conteúdo das decisões não seria norma jurídica em sentido estrito, mas enunciados prescritivos que dispõem sobre os argumentos trazidos na defesa, conhecendo e decidindo sobre o provimento do recurso ordinário ou especial.

Nessa linha, é interessante notar que a inscrição da dívida ativa *não* é feita com fundamento isolado na decisão de segunda instância. Ela é feita com fundamento em todo conteúdo desse processo: os autos do processo administrativo (em sua inteireza), as provas anexadas no auto de infração e as decisões subseqüentes. Como um todo é que servem de suporte documental para se propor inscrição na dívida ativa.

6.1 Julgamento de primeira instância

A mesma teoria do lançamento tributário é aplicável aqui para o ato administrativo de julgamento em primeira instância. Altera-se a autoridade competente que é o julgador tributário. A defesa é o motivo desse ato que justifica a prática da decisão administrativa. No contencioso paulista, o momento para se trazer as provas é o da lavratura do AIIM.

A motivação é análise dos argumentos apresentados na defesa e a parte expositiva é o juízo sobre o conhecimento e sobre o provimento dos argumentos trazidos na defesa.

Qual é o objeto do julgamento de primeira instância? É, praticamente, o auto de infração e imposição de multa. É interessante verificar que o objeto primeiro da decisão de primeira instância é justamente o lançamento tributário. E que problemas eu posso ter no lançamento tributário? Problemas que dizem respeito à realização do procedimento, erros de fato e de direito; problemas de Direito material que dizem respeito à apreciação da lei tributária, erros de fato e de direito.

6.2 Julgamento de segunda instância (recurso ordinário)

O julgamento de segunda instância aprecia o julgamento de primeira instância e também o auto de infração. É como se um estivesse dentro do outro, e com isso eu tenho a decisão de segunda instância.

Na decisão de primeira instância, há vícios de fato e de direito formal e vícios materiais que dizem respeito aos próprios vícios de lançamento.

Se eu tenho nulidade formal da decisão de primeira, retornar-se-á o processo para o juízo *a quo* para que seja proferida nova decisão em razão de nulidade do julgamento de primeira instância. Que nulidades são essas? Por exemplo: vício formal de direito – ausência de fundamento em lei formal. Ou seja, apliquei um procedimento, uma forma de modificação, uma forma de prova que a lei formal, o processo administrativo não permite. Então, da nulidade formal, retorna ao processo para nova decisão em primeira instância.

O vício material objeto da decisão de primeira instância é justamente a matéria de lançamento. Ou seja, o julgamento de segunda instância se aproxima da decisão de primeira instância, verifica a parte formal e depois vai diretamente para o lançamento tributário.

6.3 Julgamento de segunda instância (recurso especial)

A motivação desse ato administrativo é a apresentação de recurso especial. Nesse recurso especial se admite tão-só argumentos de Direito, não se aceita mais argumento de fato e nem se aceita mais matéria de prova.

Vejam, é isso que encanta e outorga complexidade ao processo administrativo: a matéria vai se ampliando e se multiplicando em função dos níveis recursais. A matéria da segunda instância (recurso especial) não é só o auto de infração no que diz respeito ao aspecto material e formal, mas, também, as decisões de primeira e de segunda instâncias, no que diz respeito ao aspecto material e formal.

Na apreciação da matéria do lançamento tributário, temos já todos os aspectos da regra de tributação: aspectos material, espacial e temporal da hipótese de incidência; sujeitos ativo e passivo, base de cálculo e alíquota. Ou seja, tudo isso entra e tudo isso pode ser também matéria de prova, erros de direito material e erros de fato material.

Na realização do lançamento, podem-se ter, ainda, problemas de autoridade competente, de procedimento, de notificação e de motivação do ato. Além disso, pode-se discutir sobre a formalidade do lançamento tributário e, também, sobre a motivação e conteúdo do ato.

Toda essa matéria é discutida em lançamento. Todas as variáveis são discutidas também na decisão de primeira instância. Todas essas variáveis materiais e formais de fato e de direito são rediscutidas na decisão de segunda instância. E, por fim, nesta fase do recurso especial, discute-se todas essas variáveis aplicadas de fato e de direito, formal e materialmente, nas decisões anteriores que se sucederam no processo administrativo.

Qual é o objeto da decisão administrativa de segunda instância no recurso especial? Vai ser justamente a decisão *a quo* de segunda instância no recurso ordinário, a decisão anterior. Essa decisão pode apresentar vício formal ou material. O vício formal pode ser de direito ou de fato que se assemelha muito ao que nós vimos anteriormente.

Os vícios materiais dessa decisão dizem respeito justamente à apreciação da decisão anterior no que diz respeito ao julgamento de primeira instância que, por sua vez, tem como matéria justamente o julgamento da decisão anterior que foi a apreciação do lançamento tributário. Aqui, já se afigura o esquema do contencioso administrativo enquanto múltipla sobreposição de níveis decisórios sobre forma e matéria.

O recurso especial envolve como matéria tudo que foi objeto da decisão de recurso ordinário. Dentro dessa matéria, adentrando no recurso ordinário, encontram-se os problemas de aplicação da formalidade do recurso ordinário e, além desta, a matéria de fundo do recurso ordinário: o próprio lançamento.

Ou seja, ao entrar na matéria de fundo do recurso ordinário encontro decisão de primeira instância, quando entro na matéria de fundo de primeira instância eu encontro o lançamento tributário: há o revestimento de forma da decisão do recurso ordinário, há o revestimento de forma da decisão de primeira instância, há o revestimento de forma do lançamento tributário, até chegar-se ao conteúdo do lançamento tributário para invalidar o lançamento por erro de fato material.

Há uma decisão de primeira instância – impugnação – que reaprecia o lançamento, mas traz consigo todos os problemas de vício formal da própria decisão de primeira instância. Há uma decisão de segunda instância – recurso ordinário – que tem por objeto justamente a argüição de invalidade, de improcedência, da decisão de primeira instância e, dentro dessa decisão, há de se apreciar todos os problemas formais da primeira instância mais todos os problemas formais do lançamento e a matéria de fundo do lançamento tributário. E, por fim, há uma decisão administrativa de segunda instância – recurso especial – que vai analisar a formalidade e a adequação do recurso ordinário, vai avaliar a formalidade e a adequação da decisão de primeira instância, vai analisar a formalidade do lançamento tributário e o conteúdo do lançamento tributário.

Em suma, processo administrativo consiste nessa sobreposição de atos e decisões administrativas que começam do auto de infração, passam para decisão de primeira instância, decisão de segunda instância (recurso ordinário até o recurso especial), tendente ao controle do ato de inscrição na dívida ativa e constituição da respectiva certidão.

7. Conclusões: 7.1 Julgamento na impugnação – A nulidade formal do AIIM não impede sua convalidação por determinação do órgão julgador (*ex vi* do art. 14, parágrafo único, da Lei n. 10.941/2001).

A nulidade material torna inconvalidável o AIIM.

7.2 Julgamento no recurso ordinário – Nulidade formal da decisão de primeira instância implica o retorno do processo ao juízo *a quo* para nova decisão.

Nulidade material da decisão de primeira instância é mérito sobre a forma e a matéria do lançamento, *não* implica o retorno ao juízo *a quo* e pode permitir, ou não, novo lançamento.

7.3 Julgamento no recurso especial – Nulidade formal da decisão de segunda instância implica o retorno do processo ao juízo *a quo* para nova decisão.

Nulidade material da decisão de segunda instância é mérito sobre a forma e a matéria da decisão de primeira instância: *se formal*, implica remessa para nova decisão de 1ª instância; *se material*, *não* implica o retorno ao juízo *a quo* e pode permitir, ou não, novo lançamento.

Nulidade material da decisão de segunda instância permite o juízo sobre a nulidade material da decisão de primeira instância, implicando a nulidade do lançamento por vício formal ou material: *se formal*, lançamento convalidável; *se material*, inconvalidável.

Presidente da Mesa (Prof. José Eduardo Soares de Melo) – Você pode falar esses cinco minutos porque a Mary Elbe não esgotou o tempo. (*Risos*)

Presidente da Mesa (Prof. José Eduardo Soares de Melo) – O Dr. Eurico tomou dez minutos do tempo do Prof. Bottallo. Agora temos a grande honra também de ouvir o Prof. Eduardo Domingos Bottallo que diz que era um lactante na época da Mary Elbe.

O Prof. Bottallo é mestre e doutor em Direito há mais de três décadas, é professor da USP, professor da PUC, decano da

Faculdade de São Bernardo – e agora vai ser *honoris causa* numa homenagem em São Bernardo; ex-presidente da Associação dos Advogados de São Paulo, diretor do Idepe, foi, durante muito tempo, juiz do Tribunal Regional Eleitoral, já foi presidente do Congresso, autor de várias obras de natureza diferenciada, IPI, direito público eleitoral, é uma verdadeira entidade tributária, e vai falar sobre o Código de Defesa do Contribuinte do qual é um dos autores.

PROF. EDUARDO BOTTALLO – Meus prezados companheiros da mesa, Profa. Lúcia, Profa. Mary Elbe, Prof. Eurico, minhas colegas e meus colegas congressistas, é uma desvantagem falar em último lugar, de um lado, porque tudo de interessante já foi dito pelos expositores que me antecederam e, de outro, porque há o cansaço natural da platéia, que deve ser respeitado.

Por isso, vou procurar ser bastante sintético, para falar alguma coisa a respeito do projeto do Código de Defesa do Contribuinte.

Eu começo citando uma das obras mais conhecidas de Norberto Bobbio, *A Era dos Direitos,* onde ele relata que, em certa ocasião, foi indagado a respeito da seguinte questão: se via alguma expectativa de futuro radioso para a humanidade, considerando o panorama do mundo tal como se revela nos dias que correm, assolado pela superpopulação, pela degradação do meio ambiente, pela proliferação de armas nucleares, enfim, pelos problemas que todos conhecemos.

E Bobbio respondeu que, no meio de tantas desgraças, um caminho promissor para a humanidade é exatamente o dos direitos, expondo que, desde o Século XVIII quando, na Revolução Francesa, esse tema se expressou em um documento de imediata repercussão universal, a preocupação com os direitos não parou de tomar corpo.

Referiu-se, então, à Carta da ONU, à Declaração de Direitos dos Menores, à Declaração de Normas Contra a Discriminação da Mulher, à Declaração de Direitos dos Idosos, dos Doentes, sem deixar de projetar a idéia para o futuro, mencionando os direitos daqueles que ainda virão, e, até, os direitos dos animais, hoje tidos como objeto de normas de tutela ou proteção, mas jamais titulares de direitos, o que, segundo esse vaticínio de Bobbio, um dia, poderá ocorrer.

Então, é com este pano de fundo que talvez possamos entender a importância do tema que me foi reservado, um estatuto, uma ampla e abrangente coleção de normas de defesa dos contribuintes.

Creio que não erro em afirmar que a primeira expressão normativa concreta de tutela de direitos em favor de um determinado segmento da sociedade brasileira foi a Consolidação das Leis do Trabalho, promulgada nos anos quarenta do século passado.

A Consolidação das Leis do Trabalho, sem dúvida nenhuma, bem exteriorizou, a seu tempo e a seu modo, a preocupação interventiva do Estado com o objetivo de usar sua força normativa para suprir a fraqueza de uma das partes envolvidas numa determinada relação jurídica de grande significação social, qual seja, a relação de trabalho.

Hoje muitos entendem – e até com bons argumentos – que já não mais se faz necessária a normativização tão intensa do contrato de trabalho, seja individual, seja coletivo, uma vez que as partes revelam equilíbrio em nível capaz de dispensar ou minimizar a intervenção do Estado, substituindo-a pelo entendimento direto das categorias. Mas, esse exemplo da Consolidação das Leis do Trabalho é emblemático no sentido de apontar o espírito do tipo de tutela a que agora me refiro.

E a Constituição de 1988 deu grande importância ao tema, pela adoção de uma série de preceitos voltados para a valorização da pessoa nas suas relações com o Estado ou nas suas relações recíprocas.

Dentro dessa perspectiva, tenho para mim que uma das mais expressivas conquistas da sociedade brasileira, que deve ser creditada diretamente à Constituição de 1988, é o Código de Defesa do Consumidor, que, nestes últimos quinze anos, alterou profundamente – e para melhor – as relações entre consumidores e empresas fornecedoras de produtos e de serviços.

As gerações mais jovens não se surpreendem com certas situações que, há vinte, vinte e cinco anos, eram absolutamente impensáveis, como essas convocações, os *recalls* que, com crescente freqüência, encontramos nos meios de divulgação, e que, em essência, são medida da preocupação de fornecedores com a segurança e a qualidade dos produtos que colocam no mercado. Na mesma linha, coloca-se a ação dos órgãos de defesa de consumidores, tudo isso gerando um novo tipo de compreensão que bem se harmoniza com a era dos direitos de que falava Bobbio.

Neste ano de 2003, nós tivemos dois outros momentos bastante reveladores desta tendência. Primeiro, o "Estatuto do Torcedor", que reconheceu no torcedor de futebol, categoria titular de direitos e, assim, apta a reivindicar o seu cumprimento. E depois o "Estatuto do Idoso", que o Prof. José Eduardo, com extrema crueldade, fez questão de mencionar em relação à minha pessoa... (*Risos*)

Então, todos estes precedentes são bem vindos para justificar existência e da utilidade de um Código de Defesa do Contribuinte.

O Código de Defesa do Consumidor no seu art. 4º diz o seguinte: "a política nacional de relações de consumo tem por objetivo o atendimento das necessidades dos consumidores, o respeito à sua dignidade, solidez e segurança, a proteção de seus interesses econômicos, a melhoria de sua qualidade de vida, bem como a transparência e harmonia das relações de consumo atendidos os seguintes princípios" (e aqui eu chamo a atenção para o primeiro desses princípios): "reconhecimento da vulnerabilidade do consumidor no mercado de consumo".

Este tipo de enunciado é bem próprio de um estatuto de "defesa", ou seja, o reconhecimento da fraqueza de uma das partes de determinada relação jurídica quando colocada em confronto com a outra parte dessa mesma relação.

No caso da relação tributária onde reside esta, digamos assim, fraqueza?

Respondo esta pergunta afirmando que as leis de defesa do contribuinte visam, antes de tudo, contrabalançar o poder normativo e arrecadatório do Estado. Se de um lado, se reconhecem ao Estado esses poderes, de outro, é necessário que exista um estatuto, a ser por ele observado, no sentido de assegurar que o desempenho de suas competências fiscais se faça dentro de um plano de respeito a certos postulados, como a isonomia, a segurança jurídica e as demais normas assecuratórias de garantias aos contribuintes.

Vejam que o código não tem por objetivo diminuir o número de tributos nem cuidar do regime jurídico dos institutos de direito tributário. Para isso existe a Constituição e o Código Tributário Nacional.

Então, o campo de atuação de um estatuto de defesa do contribuinte é exatamente o da dinâmica das relações entre poder tributante e sujeitos passivos. É nessa dinâmica que ocorrem os desequilíbrios que podem eventualmente ser corrigidos por um corpo normativo com essa configuração.

Em 1999, com a coordenação do Prof. Torquato Jardim, de Brasília, foi constituída comissão composta pelos Professores Paulo de Barros Carvalho, Roque Carrazza, Ricardo Lobo Torres, José Souto Maior Borges e eu tive a honra também de integrar essa comissão, à qual foi dada a missão de elaborar um anteprojeto de Código de Defesa do Contribuinte.[1]

O projeto foi apresentado ao Senado pelo Senador Jorge Bornhausen, passou por todas as Comissões, sofreu algumas mudan-

1. O inteiro teor deste anteprojeto, acompanhado de sua justificativa, está publicado no vol. 78 da *Revista de Direito Tributário*, pp. 210 e ss.

ças, e agora aguarda a oportunidade de ser levado a votação.

A iniciativa teve – e continua tendo – repercussão bastante positiva. Em 2000 realizou-se um grande encontro nacional, aqui mesmo onde se realiza o Congresso, com o propósito de discutir o anteprojeto e, então, algumas contribuições muito importantes foram apresentadas, inclusive por participantes deste conclave entre eles o Prof. Aires Barreto.

É sabido, também, que alguns Estados da União já aprovaram leis visando à tutela dos direitos dos contribuintes. O Estado de Minas Gerais já fez isso e, recentemente, no Estado de São Paulo, foi aprovada a Lei Complementar n. 939, de 3 de abril de 2003, que instituiu o seu "Código de Direitos, Garantias e Obrigações dos Contribuintes".

Tal lei assimila uma série de preceitos que constam do anteprojeto que está no Senado, além de outros extraídos da lei federal que trata do processo tributário (Lei n. 9784/1999), que a Profa. Lúcia teve a oportunidade de examinar na abertura do painel.

Portanto, estamos diante de contexto que, cada vez mais, se mostra propício à existência de corpo normativo capaz de fundamentar aquela que poderia ser chamada de "revisão cultural" das relações entre contribuintes e Fazenda Pública, a qual, a meu ver, é mais importante, sob a óptica social, até do que as decantadas e intermináveis reformas tributárias.

Os que me precederam, tratando destas reformas, fizeram questão de destacar que, delas, não se pode esperar redução da carga tributária. Esse é objetivo que deve ser afastado, sem gerar falsas ilusões para o contribuinte.

A seu turno, o contribuinte poderá ter esperanças concretas de melhoria de suas condições, independentemente de mudanças da Constituição, se, um dia, vier a tornar-se lei o projeto, aqui comentado, de Código de Defesa do Contribuinte.

Cito um exemplo, para não ficar no plano das proposições teóricas. Falou-se muito da progressividade. Em outro painel deste Congresso, a matéria foi debatida, com destaque para alguns aspectos sobremodo intrigantes, porque o imposto sobre a renda, tradicionalmente progressivo antes da Constituição de 1988, na prática, deixou de sê-lo a partir do momento em que a Lei Maior transformou esta característica em imperativo expresso.

Todavia, a mim me parece que a progressividade não é tão decisiva para a tutela do contribuinte do imposto sobre a renda quanto o são os critérios de determinação das bases de incidência desse tributo. É que, nos últimos anos, as tabelas do imposto de renda deixaram de ser corrigidas, assim como deixaram de ser corrigidos os valores possíveis de serem deduzidos a título de dependentes, por exemplo. Ora, em razão dessas omissões, o contribuinte, indiretamente, sofreu pesada elevação da carga tributária sem que houvesse modificação formal da lei, mas, sim, pela simples inércia do Estado em fazer aquilo que, até por mero ato administrativo, é possível, qual seja, a correção da tabela de incidência do imposto de renda pelos índices oficiais de inflação.

Então, direitos desse tipo é que podem ser tutelados por um estatuto do contribuinte, com muito maior eficácia e sem necessidade do fantástico aparato que sempre se arma em torno da idéia de uma reforma tributária.

Brevemente, vou me permitir destacar do texto do anteprojeto alguns preceitos que me parecem bastante reveladores de seus propósitos.

Para simplificar, farei referência apenas a três das linhas de preocupação da proposta ora examinada.

A primeira delas é assegurar que as garantias constitucionais em matéria tributária sejam efetivamente acatadas.

Por exemplo, o art. 150, I, da Constituição, declara o seguinte: "sem prejuízo de outras garantias previstas nesta Constituição, é vedado à União, aos Estados, ao Distrito Federal e aos Municípios (...) instituir ou majorar tributos sem lei que o estabeleça".

Mas, qual é o alcance concreto dessa garantia? A doutrina não tem dúvidas a respeito. Mas é preciso que a "certeza doutrinária" seja convertida em "certeza normativa" para afastar equívocos quanto ao conteúdo do princípio, ainda que isso possa implicar verdadeira demasia.

Então, o art. 4º do projeto elucida: "a legalidade da instituição do tributo (art. 150, inciso I, da Constituição), pressupõe a estipulação expressa de todos os elementos indispensáveis à incidência, quais sejam, a descrição objetiva da materialidade do fato gerador, a indicação dos sujeitos do vínculo obrigacional, da base de cálculo e da alíquota, bem como dos aspectos temporal e espacial da hipótese de incidência".

Esta caracterização, repito, é encontradiça em livros de doutrina, nos manuais mais elementares de Direito Tributário. Parece, entretanto, que em certas áreas do "Estado Fiscal Brasileiro" esses livros e manuais de Direito Tributário não são conhecidos. Talvez explicitados em lei, eles passem a ser respeitados.

Um outro exemplo é extraído também do art. 150, na parte em que trata do princípio da anterioridade. A propósito, o art. 5º do projeto explicita o conceito de "publicação", nos seguintes termos: "O jornal oficial, ou periódico que o substitua, deverá, no caso de instituição ou majoração de tributos submetidos ao princípio da anterioridade (art. 150, III, 'b', da Constituição), ter comprovadamente circulado e ficado acessível ao público até o dia 31 de dezembro, anterior ao da cobrança do tributo".

Então são preceitos de conteúdo até óbvio, porém de importância fundamental, que se busca explicitar através de um estatuto com as características ora destacadas.

Tais regras, como se percebe, não têm nenhum sentido revolucionário. Elas apenas exteriorizam aquilo que já está perfeitamente adequado, em termos de fundamento de validade, ao texto constitucional em vigor.

Este é, pois, um dos enfoques do projeto.

Outro propósito por ele buscado é o de assegurar maior estabilidade nas relações entre o Fisco e contribuintes, *e.g.*, reservando apenas ao Judiciário o poder de promover a desconsideração da pessoa jurídica ou de aplicar a determinados negócios jurídicos as chamadas "normas antielisivas". Não que se busque, por estes caminhos, tutelar a sonegação como chegou a ser sustentado por alguns setores fazendários.

Na verdade, o propósito a que se volta o projeto nesta área é apenas garantir a observância do princípio do *devido processo legal*: definitivamente, não é possível reconhecer-se competência a agentes fiscais para, unilateralmente, negarem validade a negócios ou estruturas societárias apenas movidos pelo propósito de favorecer a arrecadação fiscal.

De outra parte, o sonegador não precisa da lei para defendê-lo porque vive à margem da lei e quem assim se conduz, dispensa a tutela legal.

Ademais, e por mais que críticas pontuais e periféricas possam ser feitas ao projeto, até agora ninguém foi capaz de descobrir nele algum preceito inconstitucional. Então, se não existe inconstitucionalidade no projeto, a "defesa" do sonegador não está nele, está na própria Constituição. Melhor seria, pois, acabar com ela e aprovar outra, afinada com os interesses arrecadatórios do Fisco. Uma Constituição apenas "coletora"...

Por fim, uma terceira preocupação do projeto se expressa no conjunto de preceitos que impedem a utilização de meios indiretos para forçar a cobrança de tributos, como, por exemplo, a aplicação de sanções àqueles que pretendem discutir imposições tributárias, a não-expedição de certidões negativas, a inscrição do nome do contribuinte em cadastros de devedores, a proibição de participar de licitações ou de obter financiamentos em órgãos oficiais e assim por diante.

Práticas, na verdade, que sempre foram rejeitadas pela ordem jurídica brasileira. O Supremo Tribunal Federal produziu nada menos do que três súmulas – as de números 70, 323 e 547 –, que são corporificadoras da rejeição, pela ordem jurídica, a esses mecanismos indiretos de coação do contribuinte para que pague tributos ou que renuncie ao direito de defesa contra exigências tributárias.

Este é o rápido bosquejo que me permito traçar a respeito de algumas das idéias contidas no projeto que, em sendo convertido em lei, com certeza, muito contribuirá para a valorização da cidadania e concretização do ideal constitucional de dignidade da pessoa humana.

Eu agradeço a atenção de todos. Muito obrigado. (*Palmas*)

PRESIDENTE DA MESA (PROF. JOSÉ EDUARDO SOARES DE MELO) – Como os prezados amigos cumpriram rigorosamente o horário, eu penso que, em dez minutos, poderão ainda que telegraficamente, responder às inúmeras questões e depois iremos para o intervalo.

PROFA. LÚCIA VALLE FIGUEIREDO – Inicialmente quero parabenizar os expositores desta mesa, a Profa. Mary Elbe, o Prof. Eurico, o Prof. Bottallo pelas brilhantes exposições e inclusive gostaria de ressaltar, só um minutinho antes de começar a responder, que tudo que o Prof. Bottallo colocou em termos de Código de Defesa do Contribuinte nada mais é do que a preocupação de que a Administração seja uma Administração leal e moral. É a lealdade da Administração que está em jogo e, infelizmente, normalmente as relações Fisco e contribuinte não estão sempre pautadas por esses ditames, a ponto de fazer aquela afirmação absurda.

1. A minha primeira questão é a seguinte: como eu entendo a aplicação do *princípio da informalidade* no processo administrativo e, continuando a questão, o processo administrativo possui um caráter menos formal do que o processo judicial? A busca da verdade real seria uma justificativa para a informalidade processual? Essa pergunta é de Paula Godoy.

Começo a responder pela terceira subpergunta. Na verdade a busca da verdade real é tão importante no processo administrativo, que se cunhou o *princípio da informalidade* do processo administrativo, desde que não seja em processos competitivos, porque, no processo competitivo, a informalidade faria desaparecer o direito do outro. Mas a informalidade é muito importante para a busca da verdade real.

No processo judicial vigora o princípio dispositivo. Então, o juiz não pode ser informal pelo *princípio do contraditório* das partes e também porque o juiz tem de se ater exclusivamente àquilo que foi postulado pela parte, decide se é A ou B, mas não pode ou não deve, sobretudo no processo cível; já não é a mesma coisa no processo criminal, perquirir qual é a verdade real. Essa seria a resposta.

2. Agora a outra pergunta é de Rafaela Benetti da Cunha que é a seguinte: se acredito ser possível para uma autoridade administrativa, que responde a uma consulta formalmente dirigida pelo contribuinte à Secretaria da Receita Federal, figurar como autoridade impetrada em mandado de segurança, caso a resposta elaborada pela referida autoridade seja desfavorável ao procedimento realizado ou a ser levado a efeito pelo contribuinte?

Enquanto os outros falavam, estive revendo os dispositivos sobre a consulta e creio que poderia, sim, haver impetração de mandado de segurança, por exemplo, caso a consulta fosse declarada ineficaz e houvesse provas no processo da eficácia da consulta e, no entanto, assim mesmo, a ela fosse declarada ineficaz com as conseqüências jurídicas dessa ineficácia.

Também é possível serem levadas ao Judiciário outras questões. Vamos supor que aquele que vai prolatar a decisão esteja totalmente impedido. Já estou falando em impedimento, e não suspeição porque, em mandado de segurança, não poderia ser levado o problema da suspeição. Esta questão do impedimento poderia ser levantada, porque o impedimento é objetivo e, isso, poderia levar aquele, que conhecer a consulta, a declarar, por exemplo, sua ineficácia, quer dizer, poderia deixá-lo menos imparcial. Portanto, acho que examinadas as questões, que possam surgir da consulta, em tese, é possível a impetração do mandado de segurança.

3. A outra pergunta é de João Martins e é a seguinte: por que não se leva a sério o prazo para defesa ou recurso no processo administrativo? No Judiciário ele é rigoroso. Entendo não justificar o fato de o processo poder ser revisto no Judiciário; assim, havendo intempestividade administrativa, dever-se-ia rejeitar o ingresso no Judiciário.

Aqui não entendi, "havendo intempestividade na interposição do recurso", mas se a parte interpôs um recurso serodiamente nada impede, porque não posso quebrar o texto constitucional, art. 5º, inciso XXXV, que afirma taxativamente a possibilidade de todas as lesões de direito poderem ser submetidas ao Judiciário sem haver necessidade, segundo o mesmo dispositivo, de que, preliminarmente, haja processo administrativo.

Já tentaram fazer isso, mas essa prerrogativa total da jurisdição para todas as lesões ou ameaças de lesões ficou consignada na Constituição. Portanto, é direito do contribuinte deixar correr o prazo e ingressar judicialmente – se estiver dentro do prazo para ingressar judicialmente.

4. A última pergunta é de Antônio Ricardo que é a seguinte: se entendo possível a aplicação da Lei n. 9.784/1999 aos Estados e Municípios, tendo em vista a inexistência de previsão constitucional expressa acerca da competência para legislar sobre o Direito Administrativo. Se pode ser subsidiária? E em relação ao processo administrativo-tributário?

Bem, o processo administrativo-tributário é legislação federal. Apliquei subsidiariamente a ele a Lei n. 9.784/1999 – não apliquei de modo geral porque nós não temos, em Direito Administrativo, norma geral, a não ser quando haja competência expressa da Constituição, como, por exemplo, as normas gerais de licitação, competência privativa da União *ex vi* do art. 22, inciso XXVII, do Texto Constitucional.

Todavia entendo o seguinte: que Estados e Municípios (o Município pode legislar expressamente nos termos do art. 30, inciso IV, sobre os assuntos de seu interesse, portanto, o processo administrativo pode ser municipal) devem legislar sobre a matéria.

Agora, se me perguntarem – essa é uma questão que surgiu no curso que, até o semestre passado, eu estava dando na PUC, na Pós-Graduação, sobre processo administrativo – se, na ausência de disposições sobre processo administrativo no Estado ou no Município – o Estado de São Paulo pelo menos tem, então vamos pensar em termos do Município – se não houver legislação, seria possível aplicar-se analogicamente?

Sinceramente não entendo haver óbice porque essa Lei de Processo Administrativo, como o Código de Defesa do Contribuinte de que o Prof. Bottallo falava, na verdade extrai praticamente tudo do art. 37, do Capítulo sobre a Administração Pública; então, na verdade estar-se-ia aplicando a própria Constituição.

Então, não há rejeição, consoante penso, à aplicabilidade da Lei n. 9.784/1999 quando não houver legislação local. Claro que se houver legislação local, isso não seria possível porque Estados e Municípios são entes da Federação com autonomia, não existe hierarquia, mas, sim, autonomia e competência diversas para União, Estados e Municípios.

Muito obrigada. (*Palmas*)

PRESIDENTE DA MESA (PROF. JOSÉ EDUARDO SOARES DE MELO) – Antes de encerrar, esclareço que a Profa. Mary Elbe e o Prof. Eurico já esclareceram as dúvidas levantadas no seu texto.

Muito bem. Quero agradecer a presença dos quatro ilustres juristas professores e amigos e acho que imediatamente o Prof. Estevão Horvath virá aqui para o plenário para proferir sua palestra.

Muito obrigado. (*Palmas*)

CONFERÊNCIA

DAS CONTRIBUIÇÕES DE INTERVENÇÃO NO DOMÍNIO ECONÔMICO

PROFESSOR ESTEVÃO HORVATH

Boa tarde a todos, senhoras e senhores, colegas congressistas, Prof. Alcides Jorge Costa, presidente desse congresso, Prof. José Eduardo Soares de Melo, a quem agradeço as gentis e amáveis palavras que dirigiu à minha pessoa e em nome dele eu saúdo os demais componentes da mesa, os demais professores aqui presentes. Devo registrar em primeiro lugar a minha satisfação, a minha honra muito grande, de estar participando desse Congresso na condição de conferencista, Congresso do qual eu participo praticamente desde sua primeira edição e que tem como alma – e eternamente terá, provavelmente – o Prof. Geraldo Ataliba, e isso me dá essa satisfação maior ainda do que em outras circunstâncias eu teria.

O tema que escolhi para tratar é o das contribuições de intervenção no domínio econômico. Evidentemente, não vou esgotar o tema, primeiro porque não estaria ao meu alcance fazê-lo e depois porque esse tema das contribuições de intervenção é um universo à parte. Procurarei passar pelos pontos que me parecem mais importantes no que a ele se refere.

O primeiro ponto que eu queria deixar patente é que não cogito da possibilidade de entender-se essas contribuições como outra coisa que não sejam tributos. Isto hoje parece pacificado, com pouquíssimas vozes doutrinárias dissonantes. Mesmo os que dizem que não são acabam afirmando que elas se subsomem ao regime tributário. Então, de qualquer forma as conseqüências, me parece, seriam em princípio as mesmas.

Outro ponto de partida é o de perquirir se elas são as mesmas contribuições especiais de que trata a doutrina estrangeira. Porque se elas forem assim consideradas nós já temos alguns parâmetros mais sólidos sobre os quais fixar a interpretação dessas contribuições no nosso sistema de Direito Positivo.

Afinal, o que seriam essas contribuições?

Na Ciência das Finanças os tributos foram divididos de acordo com certas características básicas. Então, comecemos por uma classificação de tributos que me parece a mais adequada hoje no Sistema Constitucional de 1988.

Proclama a Ciência das Finanças, em linhas gerais, que se paga uma taxa porque alguém se utiliza individualmente de uma atuação do Estado. No Brasil, atuação essa consistente na prestação de serviço público específico e divisível ou no exercício do poder de polícia.

Assim, não teria sentido, não seria lógico, não seria justo que toda a sociedade arcasse com este peso se só poucas pessoas ou só alguém individualmente se valesse dessa atuação do Estado.

A contribuição de melhoria se pagaria, teria seu fundamento filosófico, provavelmente, na circunstância de que alguém obteve uma especial atuação do Estado, ou uma atuação do Estado causou um especial benefício, no caso consistente em valorização imobiliária. Então as pessoas retribuiriam, devolveriam ao Estado uma parte daquilo que a sociedade por inteiro contribuiu para que elas tivessem aquele especial benefício.

Os empréstimos compulsórios são receitas excepcionais. São receitas não ordinárias, extraordinárias, portanto, que a própria Constituição acaba por dizer que podem ser arrecadadas em situações de emergência: calamidade pública, guerra externa, iminência de guerra externa, necessidade de investimento público em caráter urgente e relevante interesse etc.

Os impostos, por que eles não podem ter o produto da sua arrecadação vinculado a nenhum órgão, fundo ou despesa a não ser naquelas exceções que a própria Constituição determina?

Porque é justamente com o dinheiro resultante da arrecadação de impostos que se vão realizar os gastos chamados gerais do Estado. Então, para que o Governo tenha recursos para executar o seu plano de governo, seriam necessários recursos, dos quais os tributários mais importantes proviriam dos impostos.

E as contribuições? As outras contribuições, estas do art. 149 dentro do qual se encaixam as contribuições de intervenção do domínio econômico?

Estas seriam contribuições, receitas que o Estado arrecadaria tendo em vista que o próprio legislador constituinte já se tinha dado conta de que o Estado não teria como arcar com certas atuações com as receitas ordinárias então existentes.

Na doutrina em geral se chama isso de contribuição, e eu digo: essas contribuições do art. 149 podem ser contribuições especiais, poderiam ter sido chamadas de ajudas, de auxílios, de colaborações, de qualquer outra coisa que não contribuição.

No meu modo de ver, o nome "contribuição", constante do art. 149, só perturba o raciocínio, em última análise, porque que elas podem até se encaixar na figura propriamente, tecnicamente chamada de contribuição especial, mas não necessariamente o são, ou devem sê-lo.

De qualquer forma, já como eu disse, o próprio legislador constituinte originário percebeu que certas finalidades deveriam ser perseguidas pelo Estado, mas que o Estado não teria recursos para perseguir essas finalidades com as receitas, simplesmente, até então como eu disse, ordinárias.

E permitiu para quê? De acordo com certas finalidades que ele próprio escolheu no art. 149: as chamadas contribuições sociais, as contribuições interventivas, as contribuições cobradas no interesse de categorias profissionais ou econômicas. Para estas finalidades, essas amplíssimas finalidades – vamos chamar assim num primeiro momento –, ele permitiu que se cobrasse uma quantia a que ele denominou de contribuição.

E a partir daí, então, voltamos àquelas noções da teoria geral do Direito Tributário, da doutrina estrangeira, no que se refere às contribuições. Especialmente a doutrina italiana, mas não só ela, trata das contribuições especiais focando em dois tipos. Aqueles que se encontram numa determinada situação, aquelas determinadas pessoas que se encontram numa determinada situação obtém uma especial vantagem por parte do Estado e por isso deveriam pagar uma contribuição especial, um tributo especial, um contributo especial, de acordo com o que se queria chamar. Ou pessoas que provoquem uma atuação especial do Estado deveriam também pagar essas contribuições chamadas especiais.

Essa especial vantagem, esse especial benefício seria a característica mais importante dessas contribuições especiais.

No Direito Positivo brasileiro, ao que me parece, as contribuições especiais inspiraram, talvez ou implicitamente, o legislador constituinte em 1988, mas lhe deram uma roupagem própria, diferente em alguns pontos, própria do nosso Direito Positivo. Não necessariamente elas se enquadrariam, portanto, na figura de contribuições especiais, a não ser a contribuição de melhoria. Neste ponto, parece-me, o Prof. Geraldo Ataliba disse com toda clareza – e eu não consigo encontrar outro exemplo – que não há outra contribuição, no Brasil, a não ser a contribuição de melhoria, uma contribuição especial na acepção da doutrina estrangeira, da teoria estrangeira.

Outro ponto que se costuma tratar ao cuidar dessas contribuições seria a questão de classificá-las como um tributo vinculado ou um tributo não vinculado à atuação do Estado. E a tendência é sempre a de dizer que as contribuições são tributos vinculados, aliás, seguindo até lição do próprio Prof. Geraldo Ataliba que foi, aqui no Brasil pelo menos, quem inspirou todo esse pensamento.

No meu modo de ver, não é mais suficiente para classificar os tributos a distinção entre vinculados e não vinculados. Ao que me parece, existem cinco espécies tributárias no nosso ordenamento jurídico e não somente três: os impostos, taxas e contribuições de melhoria. Essa vinculação à atuação do Estado, no caso das contribuições do art. 149, não se dá no sentido que a doutrina lhe imprime, ou seja, a vinculabilidade ou não da contribuição a uma atuação, a vinculabilidade ou não do fato a uma atuação do Estado. É a vinculação do fato imponível, a vinculação da hipótese de incidência, do critério material, do núcleo da hipótese de incidência a uma atuação do Estado ou não a uma atuação do Estado de que se trata, e não a mera existência da contribuição.

Ou seja, a contribuição só se pode dizer que é necessariamente vinculada a uma atuação do Estado quanto a sua razão de ser. Ela existe justamente porque o Estado atua, mas o fato escolhido para ser objeto de tributação por uma contribuição do art. 149 não é necessariamente um fato vinculado – aliás, no mais das vezes, não é um fato vinculado – a uma atuação do Estado.

Então eu chegarei à conclusão de que existem duas regras que têm que ser observadas quando se trata das contribuições do art. 149, assim como, na verdade, de uma certa maneira, como quando se cuida dos empréstimos compulsórios.

Existe uma *regra de competência*, que é a que diz: se houver atuação do Estado nesta determinada atividade, então se pode cobrar uma contribuição, seja social, seja interventiva, seja de interesse de categoria profissional ou econômica. Agora, esta regra de competência – ou uma regra de estrutura como diria o Prof. Paulo de Barros Carvalho – é a que vai dar validade à regra-matriz de incidência propriamente dita; mas ela é prévia à regra-matriz de incidência. Isto é, não havendo, não se perfazendo a conseqüência dessa regra de competência não pode ser editada a lei que crie essa contribuição.

Haveria, então, dois tipos de regra: a regra de competência e a *regra-matriz de incidência* da própria contribuição.

A contribuição de intervenção de domínio econômico somente pode ser instituída se houver atuação do Estado no domínio econômico, o que é óbvio. Isto é reforçado no próprio *caput* do art. 149 da Constituição, que diz que a União cobrará aqueles três tipos de contribuição *como instrumento de sua atuação nas respectivas áreas*. Isso tem implicação também na outra característica importante dessas contribuições, que é a destinação do produto da sua arrecadação àquela determinada finalidade para a qual ela foi criada.

Assim, na contribuição de intervenção de domínio econômico a atuação estatal é pressuposto de existência e de validade da sua regra-matriz de incidência. O núcleo da regra-matriz de incidência será qualquer fato da competência da União, que pode até ser um fato vinculado a uma atuação do Estado, mas não necessariamente o será.

Aí, de novo, a distinção que eu faço nessa conceituação de tributo vinculado ou não vinculado. Assim, vinculabilidade no sentido vulgar existiria quando se diz que a contribuição é um tributo que se cobra por força de haver uma atuação do Estado, mas quando a doutrina se refere à vinculabilidade, está a referir-se a que o fato escolhido pelo legislador para servir de base à tributação (o *fato gerador*, *fato imponível*) poderá ou não ser um fato vinculado à atuação do Estado.

Então não se trata, na concepção clássica de tributos vinculados ou não vinculados, de colocar um elemento intermediário no critério material da hipótese de incidência, como prega o Prof. Geraldo Ataliba com relação aos tributos vinculados, ou com relação às contribuições de melhoria.

Isso evidentemente acontece, mas não necessariamente com a contribuição de intervenção. O elemento intermediário seria a valorização imobiliária, que não aconteceria, obviamente, quando se fala de contribuição de intervenção de domínio econômico, já que, na verdade, elas se validam pela sua finalidade e pela destinação. E o elemento intermediário, que na contribuição de melhoria é a valorização, não precisa necessariamente existir nas contribuições interventivas. O especial benefício, que é uma característica – que a doutrina insiste em proclamar como obrigatória – advinda da doutrina internacional sobre a contribuição especial, se refere a um *determinado setor* no qual o Estado atue e esse benefício pode se estender às pessoas, aos sujeitos passivos; mas, de qualquer forma, tem que se dirigir ao setor que está sendo objeto de intervenção pelo Estado.

E a sua regra-matriz de incidência, então, teria como condição de validade a existência de uma finalidade constitucionalmente prevista que justifique a sua criação e a previsão expressa da destinação do produto da arrecadação àquela finalidade para a qual ela foi criada.

Os critérios da regra-matriz de incidência, aí sim, seriam como em qualquer regra-matriz de incidência de qualquer tributo, com a única peculiaridade de que o seu núcleo, o seu critério material nuclear dever reportar-se àquela finalidade para a qual a contribuição foi criada. Isto é, contrariamente ao que acontece com relação aos outros tributos, existe um necessário nexo causal entre o núcleo da regra-matriz de incidência da contribuição e a regra de competência, que é justamente a que imprime a sua finalidade.

Algumas características das contribuições de domínio econômico: a primeira de todas – como eu diria para qualquer contribuição – é a finalidade. Finalidade é a *palavra-chave* toda vez que se fala em contribuição; finalidades que o legislador constituinte escolheu para serem objeto de atuação por parte do Estado e, por isso, permitiriam a cobrança desse tributo chamado contribuição.

Então, a finalidade não pode ser desvirtuada, como, por exemplo, parece que aconteceu com a chamada CIDE *royalties* instituída pela Lei n. 10.168/2000. Essa lei tem como proposta estimular o desenvolvimento tecnológico brasileiro mediante programas de pesquisas científica e tecnológica, cooperativa entre universidades, centros de pesquisa e o setor produtivo.

Ora, essas finalidades, por mais nobres que sejam, não são finalidades que correspondem a uma contribuição de intervenção de domínio econômico, porque isso, pelo prisma constitucional, não seria domínio econômico passível de ser objeto de intervenção por parte do Estado, pelo menos apto a criar uma contribuição de intervenção. Sobre isso eu vou me deter um pouco mais tarde novamente.

Como me parece também inviável juridicamente o que está sendo discutido hoje no Congresso Nacional, aquela proposta dos governadores de ficarem com um percentual da arrecadação da CIDE sobre combustíveis. Parece-me que isso é simplesmente um outro desvio de finalidade e que não poderia acontecer nem por meio de emenda constitucional. Existiria um núcleo imodificável na repartição de competências tributárias feitas pela Constituição, e isto faria parte do núcleo e, portanto, nem esse percentual, me parece que de 25%, que se quer transmitir aos Estados, seria possível por força de que isso implicaria desvio de finalidade do produto da sua arrecadação.

Segunda característica importantíssima: o destino do produto da arrecadação.

Esta é uma característica própria dos empréstimos compulsórios e das contribuições do art. 149.

Sem que haja a finalidade absolutamente imbricada com a destinação do produto de arrecadação ou, o contrário, sem que o destino do produto da arrecadação tenha a ver cabalmente com a finalidade para a qual a contribuição foi criada; não foi, portanto, criada validamente essa contribuição.

E daí eu cito uma frase de Marco Aurélio Greco que diz que a finalidade que justifica a exigência não é mero pretexto para sua cobrança, é a sua razão de ser. Portanto, o destino dado aos respectivos recursos compõe o perfil da figura.

E eu cito um exemplo em que me parece que há também um desvio de finalidade, na verdade por falta de destinação própria dos recursos, que é quanto à chamada CIDE combustíveis, que foi autorizada pela Emenda Constitucional n. 33, por meio da inclusão do § 4º do art. 177 da Constituição. Eu vou só ler o que interessa, que diz: "A lei que instituir contribuição de intervenção de domínio econômico relativa às atividades de importação ou comercialização de petróleo e seus derivados, gás natural e seus derivados e álcool combustível deverá atender aos seguintes requisitos: (...) II – os recursos arrecadados serão destinados: a) ao pagamento de subsídios a preços ou transporte de álcool combustível, gás natural e seus derivados e derivados de petróleo; b) ao financiamento de projetos ambientais relacionados com a indústria do petróleo e do gás; c) ao financiamento de programas de infra-estrutura de transporte".

Esta terceira destinação me parece claramente contrária à finalidade para a qual a contribuição poderia ter sido criada. Por mais nobre que seja este mister de refazer as estradas brasileiras – que todos sabemos estão em petição de miséria há muito tempo –, esses recursos, por enquanto, parece que só poderiam provir do caixa único da União, das receitas gerais do Estado, em princípio dos impostos e não da arrecadação de uma contribuição de intervenção no domínio econômico. As duas outras finalidades me parecem perfeitamente possíveis (pagamento de subsídios a preços ou transporte de álcool combustível, derivados de petróleo etc., financiamento de projetos ambientais relacionados com a indústria do petróleo e do gás), pois isso está de acordo com a finalidade para a qual a contribuição foi (e poderia, legitimamente haver sido) criada; estão absolutamente imbricadas a finalidade e destinação.

Agora, para o financiamento de programa de infra-estrutura de transporte...? Alguém diria: mas uma emenda constitucional não poderia dizer isso? Isto está dito na Emenda Constitucional n. 33 – e isso foi repetido na lei ordinária que criou a contribuição, a Lei n. 10.336/2001.

E aí eu volto àquele ponto que eu já tinha me referido. Existiria, no meu modo de ver, um núcleo imutável na Constituição; eu me refiro evidentemente às cláusulas pétreas, mas numa abrangência um pouco maior no que tange a isso. Existiria uma estrutura tributária – a possibilidade dos tributos que poderiam ser criados na nossa Federação – ao lado do chamado Estatuto do Contribuinte. Esta estrutura somente poderia ter sido levada a cabo pelo constituinte originário. Então, nenhum constituinte derivado poderia alterar isso em detrimento do contribuinte.

Há algumas características próprias no que às contribuições de intervenção de domínio econômico se refere. Se nós chegarmos a um acordo de que elas existem e quais são e sedimentarmos essa idéia, atingiremos a conclusão de que elas foram postas pelo constituinte originário e uma emenda constitucional não poderia desvirtuar isso. E a letra *c* do inciso II do § 4º do art. 177, no meu modo de ver, faz exatamente isso que eu estou dizendo que não poderia fazer. Ou seja, ela interfere com aquela estrutura que está na Constituição originária (infelizmente hoje em dia nós temos que falar em Constituição originária e Constituição do dia de hoje, porque houve tantas mudanças – muitas, talvez a maioria, indevidas –, que, às vezes, é até difícil você lembrar do que foi feito em 1988).

Entre esses desvirtuamentos está o desvio de finalidade, de destinação do produto da arrecadação de CIDEs, que, como eu disse, no meu modo de ver, nem por meio de emenda constitucional poderia ser previsto, sob pena de desnaturar a própria criação, de como foi engendrada, originaria(e definitiva)mente a contribuição de intervenção no domínio econômico.

Isso sem contar que ela interferiu na competência dos Estados, ao dizer que incide sobre comercialização desses combustíveis, e teria invadido a competência dos Estados para tributar por via de ICMS, e de a lei que a criou, a de n. 10.366, ter transferido à lei orçamentária a possibilidade, a competência, para determinar a destinação do produto dessas contribuições de intervenção.

Isto, por si só, já seriam motivos mais do que suficientes para justificar o entendimento pela sua inconstitucionalidade, mas eu trouxe somente a título de exemplo.

Outra característica sobre a qual se fala bastante quando se trata de contribuição de intervenção é a extrafiscalidade. E daí me parece que, embora seja um traço importante, é ao mesmo tempo um pouco obscuro nos autores que versaram esse tema.

Normalmente se diz que o tributo é extrafiscal quando ele é cobrado por razões outras que não o mero abastecimento do caixa do Tesouro e seria fiscal em caso contrário, quando a sua arrecadação serviria exatamente, simplesmente ou mais especialmente para abastecer os cofres públicos de dinheiro.

Então, no que se refere às contribuições, justamente por elas terem esses dois momentos, segundo me parece: o momento da competência para a sua instituição e o momento normal dos outros tributos, que é justamente a sua regra-matriz de incidência, neste ponto da extrafiscalidade também as coisas acabam se complicando um pouco porque todo mundo – ou a maioria – diz que as contribuições interventivas são extrafiscais.

Sim, se nós partirmos da sua idéia pré-legislativamente esboçada, ou seja, antes de posto o texto constitucional, para que elas existem? Exatamente porque o Estado vai estimular ou desestimular certas atividades quando intervier nessas atividades e a Constituição permite que se cobre uma contribuição para isso.

Agora o seu fato, o fato escolhido para ser objeto de tributação, este em princípio não poderá ser extrafiscal, segundo penso, até porque uma outra característica importante das contribuições é que ela tem como limite de arrecadação o que for gasto naquela situação de intervenção. Por mais difícil que isso possa ser, em termos práticos pelo menos, deve haver uma estimativa para que se chegue a um valor aproximado daquele efetivamente utilizado para agir naquela atividade de intervenção.

Eu diria, resumidamente, que a extrafiscalidade nas contribuições interventivas existe no momento pré-legislativo. Na sua regra-matriz de incidência não seria possível cogitar da sua extrafiscalidade.

Outra característica importante é justamente o seu próprio *nomen*: além de ser uma contribuição, é uma contribuição de intervenção. Intervenção, como o próprio dicionário diz, é intromissão naquilo que não lhe pertence, não é próprio daquele que pratica a intervenção; então intervenção em coisa própria não é intervenção.

Quando se fala, portanto, em intervenção na atividade econômica, quer-se reportar à circunstância de o Estado agir, atuar numa situação que em princípio não é dele. Ele pode até, por meio da legislação, atribuir para si, trazer para si esta atividade, mas em princípio não é dele.

Existiria, assim, o domínio econômico, a chamada atividade econômica; melhor dizendo em sentido amplo, ela abrangeria – pelo menos segundo o Prof. Eros

Grau – dois tipos de situações: a atividade econômica em sentido estrito, reservada aos particulares, e os serviços públicos do outro lado. O Prof. Geraldo Ataliba também insistia bastante nessa distinção, nessa dicotomia: atividade econômica e serviço público.

Quando se fala intervenção na economia ou na atividade econômica, evidentemente se está falando numa intervenção possível dentro da atividade econômica em sentido estrito, ficando de fora os serviços públicos, a não ser que estes sejam delegados, a sua execução seja delegada a particulares. Em certas situações talvez se pudesse cogitar de admitir que isso significasse uma intervenção.

E aqui eu trago uma passagem da Profa. Lúcia Valle Figueiredo, que parece bastante sugestiva e resume muita coisa nesse ponto: "a intervenção do Estado na ordem econômica justifica-se se e na medida da consagração dos valores assinalados no texto constitucional e pertinentes sobretudo à ordem econômica".

De uma certa maneira é a mesma coisa que diz a Profa. Misabel Derzi; é o que dizem alguns outros autores. É bastante difícil saber-se exatamente o que significa "domínio econômico". O Prof. Celso Antônio Bandeira de Mello acaba dizendo que domínio econômico é uma expressão fluida, um conceito fluido, um conceito prático, um conceito indeterminado, como inúmeros outros que nós temos no Direito.

Então, em várias situações todos vão saber que se trata de domínio econômico; em outras situações também todos vão saber que não é domínio econômico. Agora, existe a zona de penumbra, zona de incerteza, zona cinzenta, como sempre existe nesse tipo de conceito, que vai significar justamente o problema.

E o que nós estamos procurando fazer aqui – e eu acho que todos os doutrinadores e a jurisprudência de uma certa maneira vão acabar fazendo – é desbastar este amplo leque de possibilidades de interpretação do que seja domínio econômico porque aí está a chave, me parece, para se dizer da possibilidade ou não de se cogitar de contribuições de intervenção de domínio econômico. Isso porque, acho que todos já notamos a esta altura, o Estado se apercebeu de que a tributação por meio de impostos praticamente já se tinha esgotado.

Até a criatividade do legislador brasileiro, que é extremamente farta, já não tinha mais como imaginar outros impostos, então, redescobriu-se o filão das contribuições de intervenção no domínio econômico.

Então, aquilo que as chamadas contribuições parafiscais foram há algumas décadas atrás – como dizia, sugestivamente, o Prof. Geraldo Ataliba o "abre-te Sésamo", que servia para justificar qualquer coisa, fugir ao regime tributário e criar-se receita de qualquer jeito –, parece que é isso o que se está querendo atribuir às contribuições de intervenção do domínio econômico hoje em dia. Ou seja, não pode ser imposto, então vamos criar uma contribuição de intervenção de domínio econômico.

Entendo que o trabalho da doutrina é procurar delimitar esta atuação do Fisco, do Fisco eu digo *lato sensu* evidentemente, porque nós esquecemos muitas vezes de nos dar conta de que não é só o Governo Federal que propõe a mudança na legislação tributária e às vezes até com proposta de mudança de emendas constitucionais que se referem à área tributária. Nós não podemos nos esquecer que essas emendas têm de passar pelo crivo de 3/5 do nosso Congresso e em dois turnos de votação. Então, a culpa não é isolada, somente do Poder Executivo.

De qualquer forma, para saber-se o que é intervenção no domínio econômico, nós temos que seguir algumas balizas. E parece que as mais próximas do que seria aceitável são aquelas que a própria Constituição traz nos capítulos referentes à ordem econômica, especialmente dos arts. 170 até, em última análise, o 192 – mas principalmente até o art. 181.

Então, aqueles postulados que constam do art. 170 da Constituição: a livre iniciativa, a soberania nacional, a propriedade privada e a função social da propriedade privada, a livre concorrência, a defesa do consumidor, a defesa do meio ambiente, a redução das desigualdades regionais e sociais, a busca do primeiro emprego, o tratamento favorecido para as empresas de pequeno porte, tudo isto embaralhadamente pode dar ensejo a uma intervenção do Estado e, dentro dessa intervenção, saber-se qual tipo de intervenção pode ser objeto de instituição de contribuição interventiva.

Em primeiro lugar o domínio econômico excluiria, como eu disse, os serviços públicos, já que isso, pelo art. 175 da Constituição, compete ao Estado, ou a quem lhe fizer as vezes. Tampouco a chamada intervenção direta na economia não poderia ser objeto de tributação por essas contribuições.

O que se chama de intervenção direta? Seria aquela que uma parte da doutrina chama de pura participação ou "por absorção", quando o Estado intervém diretamente, por exemplo, criando as chamadas empresas estatais. Este tipo de intervenção não poderia, como não podia no regime anterior também, render ensejo a uma contribuição interventiva.

E o que seria domínio econômico? Trago de novo uma lição da Profa. Lúcia Figueiredo: "domínio econômico compreende o conjunto das atividades desenvolvidas pela livre iniciativa, portanto, constitui-se no centro de onde gravita a possibilidade de fazer riqueza, ou seja, a atividade econômica. Domínio é a área de abrangência. Portanto, domínio econômico é a extensão na qual se compreendem as ações que envolvam atividade privada no seu mister de fazer riqueza. Domínio econômico opõe-se a domínio público, área de abrangência da atividade estatal".

Ou o Prof. Roque Carrazza quando diz: "entendemos por domínio econômico o campo reservado a atuação do setor privado ou, por outras palavras, ao desempenho da atividade econômica em sentido estrito".

Este, parece-me, é o ponto mais difícil no estudo das contribuições. Existem outros cuja interpretação demanda um sério esforço para ser feita, mas o principal talvez seja esse: o de saber-se o que é domínio econômico passível de intervenção e, num segundo momento, dentro dessa possibilidade de intervenção, qual é a parte dela que pode ser objeto de criação de contribuição.

De qualquer forma, creio firmemente que nós temos de procurar na própria Constituição os valores protegidos por ela que se refeririam à ordem econômica e eles estão, especialmente, nos arts. 170 e 3º, também, da Constituição, trazendo, este último, os fundamentos da República.

Então, a intervenção direta sobre o domínio econômico, que alguns autores denominam de "*no* domínio econômico", não seria passível de incidência de contribuição interventiva, que seria aquela por absorção; e o que sobraria seria a intervenção sobre o domínio econômico. É claro que nem a Constituição nem as leis fazem essa distinção – isso a doutrina é que fez – essa intervenção *sobre o* domínio econômico seria o Estado agindo como agente regulador e o fazendo por meio de direção ou de indução de comportamentos.

Aqui uma frase do Prof. José Artur Lima Gonçalves: "a mera declaração de intenção por parte da União de intervir no domínio econômico não é suficiente para satisfazer a condição imposta para exercício válido da competência tributária relativa a esta espécie impositiva".

Evidentemente tem que ser assim, até porque essa mera intenção pode ser referir a qualquer coisa – como parece que já passou pela cabeça do legislador ao criar a CIDE sobre *royalties* e, de qualquer forma, é preciso haver uma estruturação, em primeiro lugar, por meio da lei de intervenção que justifique, que preveja a intervenção, *onde* será feita, para que, depois, se estiver de acordo com os postulados presentes no capítulo da ordem econômica, sobre aquilo fazer incidir ou instituir-se uma contribuição interventiva.

O especial benefício – passando para outras características que me parecem importantes – é um outro ponto em que eu discordo um pouco da maioria dos autores que li a respeito (se bem que há alguns que dizem a mesma coisa que eu).

O especial benefício, ao contrário da contribuição especial da doutrina estrangeira, não necessariamente tem que se referir aos sujeitos passivos que estão na área de atuação interventiva do Estado. O que tem, sim, que haver sempre (me parece) é um *benefício ao "setor da economia" que é objeto de intervenção*.

Muitas vezes a criação de uma contribuição interventiva pode até significar um prejuízo por parte do sujeito passivo afetado por ela, mas o setor da economia tem que ser beneficiado, sem o que não se poderá cogitar da instituição dessa contribuição.

Para mais, diria eu, o planejamento, que é uma das atividades de intervenção que o Estado pode ter, segundo o art. 174 da Constituição, é, *lato sensu* falando, o que possibilitaria a regulação por meio de intervenção e por sua vez a cobrança de uma contribuição interventiva.

Quanto ao sujeito passivo, baseandome nas lições de Hector Villegas, que falava do destinatário legal tributário – aqui no Brasil eu acho que podemos e devemos sempre falar do destinatário *constitucional* tributário –, temos que o núcleo, o aspecto material da hipótese de incidência ou critério material da regra-matriz de incidência tem que ter algo a ver com a finalidade para a qual a contribuição foi instituída. Uma vez escolhido o fato que será objeto de tributação, o sujeito passivo desta tributação somente poderá ser alguém ligado àquele fato e que faça parte daquela categoria de pessoas atingidas pela atuação do Estado naquela específica situação.

Então, existiria uma seqüência: a finalidade, o núcleo da regra-matriz de incidência e o sujeito passivo, tudo concatenado, tudo ligado, e somente poderá ser sujeito passivo aquele que estiver vinculado ao grupo sujeito à intervenção.

No que se refere à materialidade, como todos sabemos, com relação às contribuições, a Constituição pouco disse. Quanto às contribuições para a seguridade social, mencionou aquelas bases de cálculos do art. 195. Agora, com a Emenda Constitucional n. 33, a CIDE sobre combustíveis também se reporta – de maneira ainda que indireta – às possibilidades de materialidade, mas em geral não escolheu o fato.

Então eu indagaria: qual pode ser o fato objeto de tributação por meio de uma contribuição interventiva? Um fato que sempre constituirá ou uma atuação do Estado (o que normalmente não ocorre) ou um não consistente numa atuação do Estado, mas dentro da competência do ente político União, porque é só ela que pode criar contribuição interventiva.

Assim, a União não pode, como já aconteceu no exemplo que eu mencionei anteriormente, invadir competência de Estados e Municípios ao criar a materialidade de um tributo, e, evidentemente, o fato escolhido há de ter algo a ver com a atividade que está sendo objeto de intervenção.

A base de cálculo, por sua vez, deve guardar correspondência com o fato eleito como núcleo da hipótese de incidência. E – aí me parece importante – a mensuração desse fato deverá levar em conta, até melhor dizendo deverá ter por limite o custo da atuação interventiva. Isso sim me parece que é claríssimo – e uma característica importantíssima e que fecharia um pouco o esquema das possibilidades arbitrárias de serem criadas essas contribuições, para que pelo menos deixem de ser extorsivas, ainda que aparentemente não violem o princípio da vedação do confisco.

Outro ponto a que eu quero me referir: a necessidade de lei complementar para sua instituição. Alguns entendem que o Supremo Tribunal Federal já decidiu que para essas contribuições não precisaria haver lei complementar; outros entendem que não foi bem a isso que o Supremo chegou. Mas vou dar minha opinião para que fique mais simples de se entender e daí cada um pense como quiser.

Parece-me claro que quando o art. 149 se reporta ao art. 146, III, da Constituição, mandando aplicá-lo às contribuições, ele está exigindo que haja uma lei complementar que diga, em linhas gerais, as características das contribuições previstas naquele dispositivo.

Então eu diria que, embora a criação de uma determinada contribuição interventiva não necessitasse de lei complementar, se não houver – como não há – lei complementar prévia traçando as características gerais dessa contribuição, a lei que instituiu a contribuição, por enquanto, tem que ser lei complementar; se não, no meu modo de ver, não se respeitaria o *caput* do art. 149 da Constituição E não digo, com isso, que a União fica tolhida na sua competência. Exemplifico com o IPVA. Nós não temos lei complementar que trace as normas gerais do IPVA e, no entanto, todos os Estados o cobram validamente, porque eles detêm a competência para cobrá-lo, porquanto as características gerais que a lei complementar poderia esmiuçar, desdobrar, já estão na própria Constituição.

Diria: a CIDE combustíveis também, com a Emenda Constitucional n. 33, apontou as características dela. Outros tipos de contribuições interventivas não têm isso previsto na Constituição. Então me parece que previamente ou existe uma lei complementar para dizer dessas características gerais ou ela própria tem que ser criada por meio de lei complementar.

E agora já vou terminando com quatro pontos que vão reforçar um pouco o que eu disse.

A proporcionalidade do montante arrecadado – A intervenção, como eu já disse, deve ter como base de cálculo o valor dessa intervenção totalmente considerado entre os sujeitos pagantes; não pode exceder aquele montante que deverá ser gasto – que será gasto pelo menos de forma estimada – com a atividade de intervenção. Aí sim, me parece que se violaria o princípio da vedação do confisco, caso isso acontecesse.

A capacidade contributiva – Se ela tiver a materialidade de um imposto, tem que respeitar o princípio da capacidade contributiva, embora eu entenda que a contribuição interventiva é uma espécie diferente da dos impostos, taxas e contribuições de melhoria. Porém, se ela se revestir da materialidade de um imposto tem que seguir o princípio da capacidade contributiva, obrigatoriamente.

A temporalidade – Isso pode ser muito comum: cessadas as causas que motivaram a intervenção, aquela determinada atividade de intervenção, deve cessar também a cobrança da contribuição, diferentemente do que acontece com os outros tributos.

A relação entre a razoabilidade e a finalidade – Quando se pode cobrar a contribuição de intervenção? Apliquemos aquela teoria alemã que já se tornou bastante difundida aqui também, que fala da razoabilidade: a adequação da medida trazida para atingir a finalidade.

O questionamento que se deve fazer é: a contribuição é adequada para atingir o fim que a Constituição pretende ver atingido com aquela atividade de intervenção? É necessária a cobrança de um novo tributo para aquilo, para que essa finalidade seja atingida? Porque é bastante possível que haja uma atividade de intervenção sem que haja necessidade de que se cobre mais alguma quantia a esse respeito. E, finalmente, há proporcionalidade entre a necessidade para a qual será cobrada a contribuição e a finalidade para a qual ela vai servir e vai ser objeto de atingimento?

Quer-me parecer que, com esses poucos – pelo menos pouco esmiuçados – argumentos e pontos que foram trazidos aqui, já dá para se ver que este "abre-te Sézamo" não é tão mágico assim; quer dizer, os governos não ficam tão arbitrariamente aptos a criarem a contribuição de intervenção sobre qualquer coisa. Embora não sejam as CIDEs, necessariamente ao menos, aquelas contribuições especiais da doutrina estrangeira exatamente com aquele perfil em todos os seus aspectos, elas contém algumas características que foram trazidas pelo legislador constituinte originário e que devem ser preservadas para justamente balizar os limites da atuação do legislador infraconstitucional.

Por fim, diria que também vai caber a nós, enquanto estudiosos e operadores do Direito *lato sensu* (embora eu não goste dessa expressão), mas mais especialmente às nossas Cortes e às Cortes Superiores, tentarmos de impor os limites a essa sanha do Fisco, para que possamos efetivamente atingir um Estado Democrático de Direito em matéria de tributação – do qual, ao que parece, estamos cada vez mais nos distanciando, tendo em vista principalmente essas emendas constitucionais que vão surgindo a cada semana e, daqui a pouco, a cada dia. Certamente, não era isso o que tinha em mente o constituinte originário de 1988 ao elaborar a "Constituição Cidadã", e é a ela (na sua versão original) que devemos todos nos voltar.

Era o que eu tinha a dizer. Muito obrigado. (*Palmas*)

MESA DE DEBATES "F"

CONTRIBUIÇÕES

PRESIDENTE DA MESA: PROF. EUGÊNIO DOIN VIEIRA
MEMBROS DA MESA: PROFS. BETINA TREIGER GRUPENMACHER, HELOISA DERZI, JOSÉ EDUARDO SOARES DE MELO E OSÍRIS DE AZEVEDO LOPES FILHO

PRESIDENTE DA MESA (PROF. EUGÊNIO DOIN VIEIRA) – Professora de Direito Tributário na Universidade Federal do Paraná, com estudos de pós-graduação feitos em Salamanca, foi membro do Conselho de Contribuintes da Prefeitura de Curitiba e é autora de tratados internacionais – o que é coisa muito importante; portanto, com todas as credenciais para bem representar a "Terra das Araucárias" neste nosso encontro. Tem a palavra a Profa. Betina Treiger Grupenmacher.

PROFA. BETINA TREIGER GRUPENMACHER – Bom dia a todos.

Inicialmente gostaria de agradecer ao IDEPE pelo convite que me foi feito para, mais uma vez, compor a mesa num Congresso anual tão prestigiado e tão importante – quiçá o mais importante de Direito Tributário do Brasil. Em todos esses anos tudo o que se produz aqui é essencial, o que tem sido, realmente, de muita utilidade para todos aqueles que atuam na área tributária. A satisfação, de fato, é muito grande e agradeço à direção do IDEPE por isso.

Gostaria de deixar aqui consignada também minha satisfação por compor uma mesa ao lado do Prof. Osíris, da Profa. Heloisa, do Prof. Eugênio Doin e do Prof. José Eduardo Soares de Melo.

Inicio a minha exposição com um pedido antecipado de – vamos assim dizer – desculpas por uma eventual repetição que eu possa fazer em relação ao que foi dito aqui ontem pelo Prof. Estevão Horvath, que proferiu uma conferência sobre contribuição de intervenção no domínio econômico. Em função disso, é possível que eu não consiga deixar de abordar alguns dos temas que já foram objeto de exposição na conferência de ontem. Mas, como a direção do Congresso me incumbiu de falar sobre esse tema, procurarei fazê-lo a contento.

Em verdade, como vamos verificar, é impossível, eu diria, uma homogeneidade de posições acerca de tal tema. Isso quem sabe facilite um pouco a minha exposição, especialmente diante da divergência de entendimento que tenho em relação a alguns dos pontos colocados ontem aqui pelo Prof. Estevão Horvath.

Estive presente no Congresso praticamente desde o início e notei (o que é comum em congressos que abordam a matéria tributária), em quase todas as exposições que me antecederam, um tom bastante pessimista em relação aos temas abordados; mais pessimista, eu diria, do que já aconteceu em outros anos. Ao refletir sobre tal situação, conclui que esse pessimismo que existe e está impregnado em todos nós – na comunidade jurídica de maneira geral, mas especialmente em quem hoje estuda a matéria tributária – deve-se ao momento histórico bastante delicado que estamos vivendo e que, em especial envolve o tema da reforma tributária, a qual (isso já foi dito e repetido) em muitos dos seus pontos afronta direitos fundamentais, não realiza a justiça social, investe contra o pacto federativo etc. Enfim, é difícil a precisa identificação. Existem alguns pontos positivos no projeto de reforma do sistema tributário nacional, mas realmente é um momento que nos deixa de sobressalto.

Mas não é só a reforma tributária que causa perplexidade. Falou-se aqui sobre a Lei Complementar do ISS, recentemente publicada e que revela no seu todo um aumento considerável da carga tributária para aqueles que prestam serviços.

Na verdade, o tom de pessimismo ao qual eu me referi deve-se a esse cenário, a esse momento histórico que nós estamos vivendo, de aumentos reiterados da carga tributária, em afronta – e isso é fundamental, esse é o ponto no qual eu quero me centrar –, especialmente, aos direitos fundamentais. É sabido que aproximadamente 55% o texto constitucional já foi alterado, e todas as emendas que direta ou indiretamente atingiram a matéria tributária investiram contra os direitos fundamentais e cláusulas pétreas.

Então não há outro tom a se imprimir a uma fala em um Congresso desta natureza, que não o de pessimismo, como ressaltei, que ocorreu em muitas das exposições que assistimos até aqui. O meu não será melhor. Vocês certamente notaram que eu já comecei a minha exposição também de forma pessimista, porque ora a gente está falando sobre a reforma, ora sobre essa lei do ISS, e ao final não consegue dar uma boa notícia para o contribuinte; nem sequer a de melhora dos serviços públicos decorrente do aumento da carga tributária.

Mas essa questão das contribuições de intervenção no domínio econômico é uma matéria tão atual quanto controvertida. Na verdade não se consegue chegar a um ponto de consenso. É matéria que envolve um permanente estado de indagação, quer em relação aos aspectos constitucionais que vou colocar aqui, quer em relação à concretização dessa previsão constitucional através da legislação que introduz essas cobranças no meio jurídico.

Acho que como o tema a mim atribuído envolve os parâmetros constitucionais da contribuição de intervenção no domínio econômico, seria importante ler, ainda que rapidamente, o art. 149 da CF, que estabelece os contornos fundamentais das contribuições de intervenção no domínio econômico e das demais contribuições e que diz o seguinte: "Compete exclusivamente à União instituir contribuições sociais de intervenção no domínio econômico" etc., observado o disposto no art. 146, III, no art. 150, I e III, e sem prejuízo do previsto no art. 195, § 6º.

A primeira conclusão que extraímos da citada disposição constitucional, e, nesse aspecto o entendimento é pacífico, é que esta é uma cobrança de competência exclusiva da União. Assim, com relação à competência para instituição não há polêmica, não há divergência de entendimento: a competência efetivamente é privativa da União. No entanto, neste mesmo art. 149, há outros elementos que devem ser objeto de reflexão e, ao estudar as contribuições de intervenção no domínio econômico, julgo que esse estudo deva ser feito tomando-se em consideração dois momentos distintos: antes da EC n. 33 e depois da EC n. 33.

Antes da EC n. 33, de 2001, tínhamos esse art. 149, que traçava, em linhas gerais, o perfil das contribuições de intervenção no domínio econômico. A EC n. 33, em relação à qual eu pretendo me manifestar na seqüência, introduziu, como todas as outras que introduziram regras em matéria tributária, inúmeras inconstitucionalidades e até certo ponto, no meu entendimento, desvirtuou o que já estava previsto no art. 149. Em que sentido? O art. 149 diz que a competência é exclusiva da União, mas não apresenta, como o Prof. Estevão Horvath disse aqui ontem, as materialidades dessa contribuição de intervenção no domínio econômico. A EC n. 33 procurou de certa forma restringir a amplitude de competência da União e previu a incidência, no seu § 2º, II, da contribuição de intervenção no domínio econômico sobre a importação de petróleo e seus derivados, gás natural e seus derivados e álcool combustível.

Esta é uma questão que está sendo muito discutida na doutrina. Houve uma restrição à competência da União? O que é esta materialidade? Dentro da classificação dos tributos, o que teríamos aqui? Uma contribuição com natureza de imposto? Enfim, é isso que vamos analisar na seqüência.

Em relação à materialidade da contribuição de intervenção no domínio econômico, houve realmente uma alteração e uma redução em certa medida da competência exclusiva da União. Mas é, igualmente importante, antes de fazer essa análise, definir (e é um tema que permanece sendo questionado pelos doutrinadores) o que é o domínio econômico. O domínio econômico é aquele setor da economia em que é dado à atividade privada desenvolver as suas ações. Genericamente falando, isso seria o domínio econômico. E a intervenção no domínio econômico? É legítima? É legítima num Estado Democrático de Direito? É possível ser feita através de tributação, como é o nosso caso? Penso que não só é legítima, como realiza o Estado Democrático de Direito.

Estudando a evolução histórica de nossas Constituições, verificamos que a intervenção do Estado na economia se deu em função da transição do chamado Estado liberal para o Estado social, com o objetivo de reduzir as desigualdades na sociedade. Criou-se então o chamado *wellfare state,* o Estado de bem-estar social, que busca a realização da justiça social. O constituinte brasileiro fez a opção jurídico-política por um Estado Democrático de Direito, que é exatamente a condensação desse Estado liberal com o Estado social, aliada à representatividade popular.

Nos Estados Democráticos de Direito em geral (não é uma regra) o regime econômico que vige é o regime capitalista. E sendo certo que um Estado Democrático de Direito é aquele que pretende a realização da justiça social, nada mais legítimo do que criar amarras a esse sistema capitalista, que usualmente é composto por empresas, pessoas físicas e jurídicas, que praticam atos tendentes a suprimir a concorrência. É legítimo que o Estado intervenha nessas atividades que atuam no âmbito do domínio econômico para criar restrições de forma comedida e regular a economia. Este é o grande objetivo, legítimo, constitucional, adequado e que realiza o Estado Democrático de Direito: a intervenção do Estado na economia para regular determinado setor que necessita de tal intervenção .

O fato é que o grande desafio nesse plano é saber qual é a medida dessa intervenção, porque essa intervenção não pode ultrapassar os limites razoáveis, que são exclusivamente de regular a economia atuando em relação a determinado setor demanda tal atuação.

É necessário admitir que o legislador deve observar (e não o faz) que a intervenção do Estado na economia deve respeitar os princípios gerais de Direito e os direitos fundamentais. Esses são os limites.

Aliás, a nossa Constituição não prevê, mas a de 1946 tinha dispositivo que dizia o seguinte: "A União poderá, mediante lei especial, intervir no domínio econômico e monopolizar determinada indústria ou atividade, e a intervenção terá por base o interesse público e por limite os direitos fundamentais assegurados na Constituição". Portanto, em um texto constitucional anterior esses limites foram previamente estabelecidos. Penso que seria de bom tom, uma providência importante, que aqueles limites outrora estabelecidos tivessem sido reproduzidos na Constituição Federal de 1988, o que representaria a observância dos direitos fundamentais.

Outra questão no âmbito constitucional, em matéria de contribuições de intervenção no domínio econômico – essa, acho, é a mais importante e polêmica e que permanece insolúvel –, é a questão da classificação destas contribuições. Há na doutrina quem diga que as contribuições são impostos ou taxas com finalidade ou com destinação especial. Então, dentro daquela classificação inicial proposta pelo Prof. Geraldo Ataliba, de impostos, taxas e contribuições de melhoria, elas poderiam efetivamente ter esse perfil, com uma destinação específica.

Há inúmeras propostas classificatórias com relação às contribuições de intervenção no domínio econômico, mas penso que não podemos admitir que essas contribuições sejam em si mesmas impostos ou taxas. Elas podem ter aparência de imposto ou taxa, conforme a sua materialidade, mas nunca o serão (impostos ou taxas) efetivamente. Por quê? Aí adoto também a posição do meu mestre, mestre de todos nós, Prof. Geraldo Ataliba, que em uma fase mais adiantada da sua investigação científica afirmou que os tributos no Brasil são impostos, taxas ou contribuições. As contribuições, dizia ele, se incluem dentro de duas categorias, conforme a atuação estatal seja posta no cerne da hipótese de incidência, sendo esta atuação estatal provocante ou provocada. Dizia ele que a atuação estatal provocante é aquela relacionada à contribuição de melhoria: o Estado realiza a obra pública que causa valorização imobiliária e isso leva o contribuinte a pagar o tributo. A atuação estatal provocada é aquela em que o contribuinte realizando determinada ação provoca a atuação do Estado – que julgo ser a classificação adequada para as contribuições de intervenção no domínio econômico.

Dentro de tal classificação teríamos, na contribuição de intervenção econômica, uma contribuição com atuação estatal provocada, e não um imposto ou uma taxa. Em função de a materialidade do tributo em questão estar em aberto, como destaquei, é possível que alguns a classifiquem como um imposto ou uma taxa, mas imposto ou taxa não será. Por quê? Porque o regime jurídico que se aplica às contribuições de intervenção é distinto daquele que se aplica aos impostos e às taxas, como, por exemplo, é o caso das imunidades, do art. 150, VI. Então teríamos contribuições, na classificação do Prof. Geraldo Ataliba, onde há no cerne da hipótese de incidência uma atuação provocada do Estado.

E com relação a essa previsão do inciso II, o que seria importação de combustíveis? No meu entendimento, isso seria na verdade uma previsão de (quem sabe?) um adicional do imposto de importação, que julgo também não ser legítimo e por isso entendo que é inconstitucional. De fato, a União pode criar as suas materialidades para contribuição de intervenção no domínio econômico desde que evite instituí-la com base imponível de outros impostos da sua competência impositiva, para não incorrer no efeito confiscatório. Se já está cobrando imposto de importação sobre produtos procedentes do exterior, ela não poderia criar um outro imposto de importação, porque isso, eventualmente, poderia, dependendo de cada caso, levar a uma situação de confisco.

No caso da contribuição de intervenção no domínio econômico, temos (o que é fundamental) a questão da finalidade para a qual está sendo instituída, o que é diferente da destinação dos recursos. Ela dever ter, como diz o Prof. Heleno, uma motivação. Essa é a característica essencial desta contribuição. Instituída por uma lei que estabelece uma motivação, que é a intervenção no domínio econômico, é perfeitamente possível a criação da contribuição de intervenção no domínio econômico em obediência aos ditames constitucionais. O que deve ser observado com rigor é a motivação – ainda que esses recursos venham a integrar os cofres da União e sejam posteriormente aplicados nos motivos para os quais a contribuição de intervenção no domínio econômico foi criada.

A classificação, portanto, é uma questão que de fato merece maior atenção. Não tenho mais muito tempo para falar sobre isso e vou procurar caminhar para o final, mas acho que não podemos adequar essa classificação àquela primeira de impostos, taxas e até contribuições ou contribuições de melhoria com destinação especial. Elas não são. Elas são contribuições com regime jurídico próprio, que devem ser instituídas com finalidade e motivação, e os recursos dela advindos devem ser aplicados necessariamente no motivo para o qual elas foram criadas, porque, caso contrário, ocorrerá o chamado desvio de finalidade, que é o que de fato está acontecendo.

As contribuições que hoje representam um verdadeiro aumento na arrecadação, que são as contribuições sobre os *royalties* e as contribuições sobre os combustíveis, não são aplicadas na finalidade específica de intervenção no domínio econômico. Portanto, são formas que a União encontrou para aumentar o seu espectro de arrecadação. A dos *royalties*, por exemplo, acaba tendo como base de cálculo os recursos enviados ao exterior, por empresas franqueadas de multinacionais no Brasil e que anteriormente a ela eram tributados à alíquota de 25%. Depois da criação da contribuição dos *royalties*, esses recursos são tributados a 10%, se não me engano, e 15% de contribuição de intervenção no domínio econômico, ou ao contrário.

Mas por que a União procedeu dessa maneira? Porque as contribuições de intervenção no domínio econômico não são repassadas para os Estados e Municípios. Então ela diminuiu a arrecadação do imposto sobre a renda, e arrecada a mesma coisa porque os 25% se totalizam da mesma maneira. No entanto, o que a União cobra a título de contribuição de intervenção no domínio econômico não deve ser repassado aos Estados como acontece com o imposto sobre a renda. E é o que eles estão propondo na reforma tributária, o que também é inconstitucional: o repasse (isto foi dito pelo Prof. Estevão) de uma parcela da contribuição de intervenção no domínio econômico para os Estados e Municípios. Isso realmente é uma afronta ao que estamos colocando aqui.

Há uma outra questão importante a ser colocada, que é a questão dos princípios que se aplicam à contribuição de intervenção no domínio econômico. Alguns professores defendem que, em virtude do caráter da extrafiscalidade, o princípio da capacidade contributiva (isso foi dito pelo Prof. Vieira ontem pela manhã) não se aplicaria aos impostos que são norteados pelo caráter da extrafiscalidade – que é o caso da contribuição de intervenção no domínio econômico. O Prof. Vieira citou aqui Sainz de Bujanda e Giuliani Fonrouge, que entendem dessa maneira, mas disse também que o Moschetti tem uma posição diferente e entende que, ainda que haja a extrafiscalidade, o princípio da capacidade contributiva pode e deve ser observado.

Eu, nesse aspecto, estou com o Moschetti. Efetivamente, a contribuição de intervenção no domínio econômico tem um caráter extrafiscal – em relação a isso não vou divergir, não vou discutir quanto a esse ponto. No entanto, questiono a não-aplicabilidade do princípio da capacidade contributiva às contribuições de intervenção no domínio econômico, por duas razões. Primeiro porque, como coloquei, as leis que instituem tributos recaem sobre fatos que manifestam riqueza e todas as atividades que se desenvolvem dentro do chamado domínio econômico são formas de manifestação de riqueza. Isto posto e considerando que, no meu entendimento, o princípio da capacidade contributiva se aplica não só aos impostos, mas aos tributos de maneira geral, parece-me que dentro do limite mínimo da capacidade contributiva (que é o chamado mínimo isento) e do limite máximo (que é o da vedação do confisco) nós podemos dizer que às contribuições de intervenção no domínio econômico também se aplica o princípio da capacidade contributiva, porque tais tributos não podem ser confiscatórios. Penso também que ditas contribuições devem observar o chamado mínimo isento em relação àquela riqueza que é obtida através do desempenho de atividade econômica que está sendo objeto de intervenção e que não pode ser tributada, sob pena de inviabilizar o desenvolvimento da referida atividade.

O mínimo isento, entendo, se aplica a todos os tributos, inclusive às contribuições em questão, cuja materialidade não é predeterminada pela Constituição. E em função disso, me parece que seja perfeitamente possível observar o chamado mínimo isento e a conseqüente intributabilidade do mínimo necessário para o desenvolvimento daquela atividade inserta no domínio econômico; sendo-lhes aplicável também o princípio da vedação da cobrança de tributo com efeito de confisco.

Assim, em se tratando de contribuições de intervenção no domínio econômico, o princípio da capacidade contributiva não pode ser afastado.

Apenas para concluir o meu raciocínio, entendo que, cumpridas as finalidades para as quais foram criadas as contribuições de melhoria, elas devem ser extintas; ou seja, a cobrança deve ser encerrada. Com relação ao sujeito passivo e aos beneficiários da contribuição de intervenção no domínio econômico, penso que os beneficiários desta contribuição devem ser aqueles sujeitos passivos da respectiva obrigação tributária. Ou seja, os recursos devem ser aplicados em benefício daqueles que efetuam o pagamento do tributo.

Mas confesso que numa lição que certamente não esquecerei mais, ontem, conversando com o Prof. Alcides Jorge Costa, passei a repensar um pouco essa questão. Dizia ontem o Prof. Alcides: "Imagine a possibilidade de cobrarmos uma contribuição dos miseráveis para ajudar a eles próprios". Ao que indaguei: "Mas, professor, isso não é intervenção no domínio econômico". Ele falou: "Então eu vou dar um outro exemplo". E ele tem toda a razão, eu fiquei realmente pensativa sobre esse assunto. Ele disse: "Nós vamos cobrar uma contribuição para regular um setor da economia que está pouco ou mal desenvolvido e que o Estado tem interesse em que se desenvolva mais. São pequenas empresas etc., que não teriam condições de fazer frente a esse custo tributário. É perfeitamente possível que um outro setor da economia venha a contribuir para que esse setor enfraquecido seja fortalecido, porque se dele mesmo for cobrada a contribuição de melhoria ele realmente não vai conseguir se desenvolver na medida em que o Estado está pretendendo que isso seja feito".

Enfim, como já fui alertada pelo presidente da Mesa de que o meu tempo se esgota, concluo dizendo que o que espero hoje não é ter trazido soluções – porque este é um tema que não vai ter soluções de imediato – e sim ter plantado neste momento mais indagações, mais dúvidas, para que possamos refletir sobre o assunto e evitar mais uma vez a afronta aos direitos fundamentais do contribuinte.

Muito obrigada pela atenção, e eu devolvo a palavra. (*Palmas*)

PRESIDENTE DA MESA (PROF. EUGÊNIO DOIN VIEIRA) – Agradecemos à Profa. Betina Grupenmacher pela exposição bem substanciosa, clara, lúcida e que satisfez plenamente aos nossos anseios e às nossas expectativas. A Professora pode voltar, certa de que cumpriu bem o seu dever, para a cidade de Curitiba, que como vocês sabem é uma cidade muito simpática, cheia de curitibanos. (*Risos*)

Era para ter dado uma informação que vai com algum atraso. Informo aos colegas que já desliguei o meu celular.

Na ausência do Prof. Wagner Balera, a exposição sobre "INSS: retenção na fonte" vai ser feita pela Profa. Heloisa Derzi, que está aqui à minha esquerda e que é mestra em Direito pela Universidade de Nova York, doutora em Direito pela nossa PUC de São Paulo, onde é também professora de Direito Previdenciário, e é procuradora do INSS. Com esses títulos está, portanto, habilitada a nos fazer uma exposição substanciosa sobre o tema que foi proposto.

Tem a palavra a Profa. Heloisa Derzi.

PROFA. HELOISA DERZI – O tema de minha palestra é "A retenção na fonte criada pela Lei n. 10.666/2003 e as contribuições sociais".

I – Introdução – A Lei n. 10.666, editada em 8 de maio de 2003, dentre outras medidas de natureza previdenciária, instituiu a obrigatoriedade de *retenção na fonte* de contribuição social devida sobre *remuneração de serviços* prestados à pessoa jurídica por *contribuinte individual*, que por sua vez deve ser recolhida ao INSS, para financiar a Seguridade Social.

Com a finalidade de implementar a *universalidade* no sistema de proteção social de modo a albergar todos os trabalhadores, referido diploma legal nada mais fez do que estender aos *tomadores de serviços* a responsabilidade por *substituição tributária* que já existia em relação aos trabalhadores com vínculo empregatício. O que nos interessa de perto analisar é se o legislador – ao recorrer a esse instituto tributário – agiu de conformidade com os princípios constitucionais e com as normas positivadas, uma vez que a Constituição não deixou a seu livre-arbítrio a utilização desse mecanismo arrecadatório; ao contrário, o Texto Constitucional determina, de antemão, quem são os sujeitos passivos das obrigações tributárias, mas não proíbe que o sistema legal se aperfeiçoe mediante adoção de procedimentos arrecadatórios mais eficientes e ágeis.

Tomando-se como exemplo analógico o imposto sobre a renda, verifica-se que a Constituição exige a identificação do sujeito passivo que aufere renda no período-base. Mas permite – pelo mecanismo da *substituição tributária* – que aquele que remunera o trabalhador *retenha na fonte* o imposto de renda devido e em seu nome efetue o recolhimento aos cofres públicos. A legislação permite que o *substituto* figure na relação jurídica tributária para efetuar o recolhimento em nome do *substituído*.

Na Previdência Social, desde sempre, o financiamento esteve a cargo de dois atores: empregadores e trabalhadores, ambos vinculados ao "fato imponível", que é a *realização do trabalho remunerado*. E a atual Constituição não foge a esse modelo fundamentalmente *contributivo,* por força do art. 195. Entretanto, por uma questão de praticidade, o legislador atribui à pessoa jurídica – além da obrigação de pagar a contribuição devida em seu nome – a de "reter" e "recolher" a contribuição devida pelo trabalhador que percebeu a remuneração. Trata-se, pois, de um mecanismo arrecadatório utilizado desde os primórdios do Seguro Social, em finais do século XIX.

E por que razão busca o legislador, em matéria de tributos, a utilização desse mecanismo legal de responsabilidade por *substituição*? Porque torna mais ágil e menos dispendiosa a atividade arrecadatória, consoante ensinava o saudoso Prof. Geraldo Ataliba nas suas magnificentes aulas proferidas nos Curso de Pós-graduação da Pontifícia Universidade Católica, em São Paulo. Não deixava, porém, de observar o ilustre jurista que tal sistemática jamais poderia funcionar como instrumento de subversão de padrões constitucionais rigorosamente estabelecidos. E não nos parece que tenha sido esta última a intenção do legislador previdenciário ao editar a Lei n. 10.666.

É de se observar que um dos maiores desafios colocados diante do sistema de proteção social é o de *promover a inclusão de todos os trabalhadores brasileiros*, especialmente os que exercem atividade por conta própria, i.e., trabalham sem vínculo empregatício e – justamente em razão do exercício de *atividade laboral remunerada* – ficam automaticamente filiados ao regime previdenciário, e, por conseguinte, merecedores de todos os *benefícios* e *serviços* por ele providos. Entretanto, o art. 201 da Carta Magna exige um *regime previdenciário contributivo,* em razão de que a *solidariedade* entre a população ativa e inativa é uma exigência do modelo protetivo, que precisa ser necessariamente equânime no financiamento e *equilibrado financeira e atuarialmente*. O grande desafio do legislador previdenciário, eu diria, consiste em aperfeiçoar a legislação de modo a tornar o sistema mais eficiente, não apenas do ponto de vista tributário, mas do ponto de vista da *inclusão social*.

Antes de iniciarmos a análise do ponto de vista rigorosamente positivo, gostaríamos de trazer algumas reflexões julgadas indispensáveis quando se trata da exegese de um tributo destinado a financiar o sistema de Seguridade Social, em especial, o subsistema da Previdência Social.

II – O Sistema de Seguridade Social na Constituição de 1988 – A nossa Constituição de 1988 implantou o mais ambicioso sistema de Seguridade Social, com fundamento no *valor social do trabalho* e o objetivo de construir uma sociedade *justa* e *solidária*, para o *bem-estar* de todos.[1] O referido sistema está definido como um "conjunto integrado de ações entre o Poder Público e a sociedade, para prover os serviços de saúde, previdência social e assistência social".[2] Nas palavras do eminente jurista espanhol, Prof. Luis Enrique de La Villa Gil,[3] o sistema de Seguridade Social alberga aquilo que o homem mais almeja: *la salud* (saúde), *el dinero* (previdência) *y el amor* (assistência social)!

Como parte integrante desse abrangente sistema de proteção, a Previdência Social tem finalidades específicas, que se desenvolvem através de mecanismos próprios, rigorosamente tecidos pelo legislador constitucional. O art. 201 da Constituição estabelece que a Previdência será estabelecida na forma de *regime geral*, com *filiação obrigatória* e *caráter contributivo*.[4]

Além disso, a Emenda Constitucional n. 20/1998 introduziu a obrigatoriedade da busca ao *equilíbrio financeiro e atuarial* do Regime Geral.

Portanto, *identificar o universo de participantes* e *manter equilibrada* a Previdência Social para todos os trabalhadores é – acima de tudo – um dever constitucional imposto ao INSS, o órgão encarregado de sua gestão e organização.[5] Trata-se de um sistema de proteção *universal*, abrangente, que pretende incluir todos os trabalhadores. A Previdência original utilizava-se do instrumental jurídico do *seguro* para dar proteção ao empregado e foi-se expandindo no sentido da universalidade, para abranger igualmente pessoas que trabalham por conta própria. A partir de 1988, quando o País optou pelo sistema de Seguridade Social, a Previdência permitiu a inclusão de pessoas que não efetivamente trabalham mediante remuneração (*e.g.*, donas-de-casa, estudantes, dentre outros).

A técnica do seguro adotada pelo Regime Geral de Previdência requer, antes de tudo, que o *segurado* esteja previamente qualificado, em razão de que a proteção social de natureza securitária se realiza de forma individualizada. E a participação direta no financiamento do plano previdenciário dá-se por meio de *contribuições*. Tal característica é o que fundamentalmente distingue a Previdência Social das demais prestações de Seguridade que se operam nas áreas de Saúde, onde o "acesso é universal e igualitário" e da Assistência Social, que

1. O art. 193 da Constituição, que é a chave interpretativa do sistema de Seguridade Social, assim dispõe: "A ordem social tem como base o valor social do trabalho e como objetivo o bem-estar e a justiça social".

2. Cf. art. 194 da Constituição Federal de 1988.

3. Cf. "El Modelo Constitucional de Proteción Social", *Revista de Actualización*, n. 3, p. 44, Espanha, Editora Aranzadi, junho 2004.

4. Como fonte primária do ordenamento jurídico, a Constituição estabeleceu no art. 201, *caput*, a rigorosa *estrutura organizacional* e o *fim precípuo* a que se destina a Previdência Social, reservando à *legislação ordinária* a tarefa de colmatá-la, identificando o *universo de participantes* e ao mesmo tempo seus *financiadores diretos* (trabalhadores, empresários e Estado), tipificando cada um dos *riscos* e determinando o nível de *proteção* em *valores objetivos*, que em grau mínimo está claramente identificado com o valor do *salário mínimo*, não podendo exceder o *limite máximo* fixado pelo constituinte derivado em R$ 1.200,00 (mil e duzentos reais).

5. O órgão gestor do *Regime Geral de Previdência Social* é o Instituto Nacional do Seguro Social – INSS, autarquia federal criada pela Lei n. 8.029/1990, com personalidade jurídica de Direito Público e natureza autárquica. Importantes funções são atribuídas ao órgão previdenciário: *a função de administração e gerenciamento dos recursos financeiros, a função de aplicação das leis e regulamentos, o registro de dados e a aplicação de sanções em caso de descumprimento das obrigações previdenciárias*. Através da autarquia previdenciária se expressa um *interesse público* e uma *responsabilidade formal na garantia da prestação*.

deve ser "prestada a quem dela necessitar", nos termos dos arts. 196 e 203 da Carta Magna, respectivamente.[6]

Quando o legislador estabelece na Previdência Social a sistemática de contribuição direta por parte do trabalhador, diferenciando-a dos dois outros subsistemas, pautou-se no fato de que o modelo previdenciário presta *benefícios* em espécie que visam substituir a *remuneração* do trabalhador até certo limite.[7] E o princípio da *solidariedade* impõe que essa massa de trabalhadores ativos financie *benefícios* previdenciários àqueles que se encontram temporariamente inativos ou que se tornaram inválidos para o trabalho.

Não se pode perder de vista que a Previdência Social é um modelo institucional de proteção concebido para amparar o *trabalhador* nas situações em que o mesmo fica impedido de exercer trabalho que permita sustento a si próprio e a sua família. Atualmente, um dos maiores problemas colocados diante do organizador desse modelo de proteção é a inclusão do trabalhador por conta própria que vive na informalidade – isto é, sem emprego formal, comprometendo o crescimento do País, deixando de recolher tributos – e, principalmente, desprovidos de proteção social. Essa é a realidade brasileira, em que os estudos revelam índices assustadores de trabalhadores à margem do mercado formal.[8] Estima-se que 60% da população economicamente ativa (PEA) – o que corresponde a 40 milhões de trabalhadores – esteja fora do sistema de proteção social. Isso significa que tais trabalhadores não apenas ficarão sem *aposentadoria* ou *pensão* para seus dependentes como não terão direito a outros benefícios previdenciários, tais como *auxílio-doença* e *salário-maternidade*. E, num futuro próximo, dentro de 10 a 15 anos, esse contingente de desprotegidos baterá às portas da Assistência Socia ou terá que viver às expensas de suas famílias, já tão oneradas com o alto custo de vida.

Assim, urge que se criem – e até mesmo se aperfeiçoem – mecanismos legais que propiciem a inclusão desses trabalhadores ao regime previdenciário, uma vez que essas pessoas que hoje não contribuem, no futuro, não terão direito aos *benefícios* e *serviços*.

III – O financiamento da Previdência Social e a retenção na fonte criada pela Lei n. 10.666 – Na Previdência Social, a obrigação de contribuir é condição essencial da natureza do Regime Geral que outorga *prestações* graduadas em função dos *salários de contribuição*, isto é, de valores tomados como base da *contribuição*, fixados por lei. Os *benefícios* previdenciários constituem verdadeiros direitos assegurados por uma relação securitária cujo objeto é a concessão de um valor em espécie, computado sobre as bases contributivas, que guardam correlação com o valor das *contribuições*, respeitados os limites legais.

Consoante os ensinamentos de Paul Durand,[9] as prestações previdenciárias, num sentido técnico, não se confundem com "salário", em razão de não serem a contrapartida de um trabalho prestado, mas se destinam à mesma finalidade: *garantir a subsistência do trabalhador*.

6. De acordo com a Constituição de 1988, o Sistema Único de Saúde não exige para a prestação dos serviços a comprovação de meios financeiros; já a Assistência Social condiciona-os à prova da incapacidade material de prover o próprio sustento ou tê-lo provido por sua família.

7. Cf. art. 201, § 2º, da Constituição de 1988: "Nenhum benefício que substitua o salário de contribuição ou o rendimento do trabalho do segurado terá valor mensal inferior ao salário mínimo".

8. Um estudo produzido pela consultoria McKinsey, a pedido do Instituto Brasileiro de Ética Concorrencial – ETCO, revela que a informalidade já atinge 39% do Produto Interno Bruto do País, índice que supera em mais de 20% a média de 133 países. No *agronegócio*, a situação é mais dramática, atingindo 90% da força de trabalho (cf. artigo publicado no *Jornal O Estado de São Paulo*, em 8 de junho de 2004, p. B6).

9. Cf. *La Política Contemporânea de la Seguridad Social*, Madrid, Centro de Publicaciones del Ministério De Trabajo y Seguridad Social, 1991, p. 344.

Tal característica é indispensável para a compreensão do modelo fundamentalmente *contributivo* de Previdência Social, em que a participação direta do sujeito protegido no seu custeio é determinante da qualidade jurídica de "segurado" na relação jurídica de proteção, do mesmo modo que determina, como regra geral, o critério quantitativo da proteção, ou seja, o valor do *benefício*. Conforme vimos acima, esses dois pontos de conexão entre o *dever de contribuir* e o *direito aos benefícios previdenciários* apresentam-se como regra absoluta do modelo previdenciário.

Para as empresas ou entidades a essas equiparadas, a obrigação de contribuir se perfaz pelo mecanismo da *responsabilidade por substituição tributária*, que consiste na atribuição legal de um único sujeito como "responsável direto", frente à entidade gestora, pelo desconto e subseqüente recolhimento das *contribuições* a cargo dos *segurados empregados* e *avulsos*.[10]

A extrema relevância do *caráter contributivo* da Previdência Social faz-se notar igualmente pelas austeras sanções de ordem tributária, administrativa e criminal aplicáveis à empresa, em decorrência do descumprimento da obrigação de contribuir. Assim, consoante o disposto nos arts. 35 e 39 da Lei n. 8.212/1991, sobre as *contribuições* em atraso incidirão – além da atualização monetária e juros – multa de mora, em percentuais que variam de 8% a 100% do valor do débito.[11] De igual modo, o art. 47 da referida lei exige a apresentação de Certidão Negativa de Débito – CND, a ser fornecida pelo INSS, para a prática de vários atos jurídicos, tais como: contratação com o Poder Público, recebimento de incentivos e benefícios fiscais, alienação de bens imóveis, registro de contratos societários, entre outros.

E, completando o leque de medidas coercitivas, o Código Penal foi alterado pela Lei n. 9.983, de 14.7.2000, para introduzir ao mesmo o art. 337-A, pelo qual é considerado "crime de sonegação de contribuição previdenciária", a "omissão da folha de pagamento da empresa informações dobre os segurados empregado, empresário, trabalhador avulso ou trabalhador autônomo ou a este equiparado que lhe prestem serviços"; além de "deixar de lançar mensalmente nos título próprios da contabilidade da empresa as quantias descontadas dos segurados ou as devidas pelo empregador ou pelo tomador de serviços". Além dessas, está prevista a aplicação de *multa de valor variável* entre R$ 827,86 a R$ 82.785,16,[12] por infração de qualquer dispositivo legal, quando não houver penalidade expressa.

Consoante se vê, as rigorosas penalidades previstas para o caso de descumprimento das obrigações para com a Seguridade Social tem como finalidade primordial a proteção do modelo, no sentido de guardá-lo frente a possíveis ações predatórias e torná-lo o mais eficiente possível na arrecadação dos recursos financeiros e na identificação dos seus financiadores *diretos*. O ordenamento jurídico previdenciário prevê penalidades severas para os contribuintes inadimplentes, que ficam impossibilitados de praticar determinados atos de gestão financeira junto ao Poder Público, assim como não lhes é permitido o parcelamento de dívidas junto ao INSS se a mesma já estiver com falência decretada.[13] Tudo no sentido de fazê-lo cumprir com a finalidade a que se destina.

Com relação aos segurados *contribuintes individuais*, no início, a obrigação de contribuir estava sob sua inteira responsabilidade, sem que o legislador tivesse ja-

10. Cf. Lei n. 8.212/1991, arts. 22 , 22-A, 23 e 30.

11. É de se observar que, dentre as penalidades legais aplicadas em razão do descumprimento das obrigações para com a Seguridade Social, especialmente as multas, em função do interesse social em causa, são fixadas em percentuais elevadíssimos, já tendo, em legislações passadas, chegado a atingir o percentual de 150% do valor da obrigação original.

12. Valores reajustados a cada ano através de instrução ministerial do Ministério da Previdência e Assistência Social. Os valores acima citados estão conforme Portaria MPAS 525, de 29.5.2002.

13. Cf. art. 38, § 11, da Lei 8.212/1991.

mais se preocupado em instituir mecanismos que tornassem eficiente a arrecadação. Como o próprio nome identifica, esses contribuintes são chamados "individuais" porque sempre tiveram o encargo de efetuar o recolhimento por si mesmos. Mas, do ponto de vista arrecadatório e de fiscalização, essa sistemática torna impossível ao INSS o efetivo controle sobre os recolhimentos, uma vez que o exercício da *atividade laboral remunerada* dá-se de modo individual, cada trabalhador por si mesmo, e, ao mesmo tempo, em condições as mais distintas, sujeitas às mais variadas oscilações, o que torna extremamente difícil e dispendiosa a tarefa de fiscalizar.

Portanto, o mecanismo de *retenção na fonte* criado pela Lei n. 10.666, além de permitir ao INSS mais eficácia e controle da contribuição previdenciária devida pelo prestador de serviço autônomo, permite igualmente que essa classe de trabalhadores independentes tenha um tratamento isonômico em relação aos assalariados, cujas alíquotas das contribuições variam entre 8% e 11% da remuneração.

A *eqüidade na forma de participação do custeio*, este "protoprincípio" (expressão utilizada por Souto Maior Borges), que expressa a *justiça distributiva* a ser realizada pela Previdência Social – aliada à *isonomia* que deve haver entre a carga tributária atribuída à trabalhadores assalariados e autônomos – *exige que o órgão gestor do sistema crie mecanismos de inclusão dos trabalhadores*, de *forma a alcançar o necessário equilíbrio financeiro e atuarial do Regime para que todos se beneficiem da proteção social.*

Em fevereiro de 2000, o então Ministro da Previdência Waldeck Ornélas lançou o Programa de Estabilidade Social, e percebeu-se por meio de tal Programa que os *trabalhadores por conta própria* precisavam de estímulos para tomar a iniciativa de promover sua inscrição junto ao INSS e efetuar o recolhimento das contribuições previdenciárias. A edição da Lei n. 8.976 tornou possível a redução da alíquota de 20% para até 9%, nas hipóteses de prestação de serviços à pessoas jurídicas e, na ocasião, inscreveram-se aproximadamente 1,2 milhões de contribuintes.

Entretanto, essa tentativa, por si só, não foi suficiente para resolver o problema da inclusão do *contribuinte individual* no Regime Geral de Previdência Social, daí ter sido criada a Lei n. 10.666, em 8 de maio de 2003, estendendo o regime de *retenção na fonte* para a remuneração de serviços prestados por tais profissionais, que passaremos a considerar em detalhes, a partir de então.

IV – A sistemática de retenção na fonte trazida pela Lei n. 10.666 e o Regime Geral de Previdência Social – O estabelecimento de obrigatoriedade à pessoa jurídica a efetuar a *retenção na fonte* no ato da *remuneração* do *trabalhador independente* que lhe presta serviço não é novidade no financiamento da Previdência Social. Tal sistemática sempre foi aplicada aos trabalhadores assalariados quando remunerados por seus empregadores.

Até 1999, com relação aos trabalhadores sem vínculo empregatício, os valores que serviam de base à contribuição previdenciária (*salário-base*) eram tarifados, ou seja, fixados anualmente pelo Poder Público, em escalas que variavam entre o valor do salário mínimo até o limite máximo correspondente a 10 vezes esse valor, independentemente de a *remuneração* ter sido, ou não, recebida. À medida que os anos se passavam, o trabalhador passava a ascender na escala, respeitado um limite mínimo de tempo em cada nível ("interstício").

Com a extinção da escala de *salário-base*,[14] a contribuição previdenciária do

14. Cf. art. 9º da Lei n. 10.666/2003: "Fica extinta a escala transitória de *salário-base*, utilizada para fins de enquadramento e fixação do salário-de-contribuição dos *contribuintes individual* e *facultativo* filiados ao Regime Geral de Previdência Social, estabelecida pela Lei 9.876, de 26 de novembro de 1999".

contribuinte individual passa – em tese – a incidir a uma alíquota de 20% sobre a *remuneração* auferida por *serviços prestados por conta própria*, durante o mês, observado os limites mínimo e máximo (em 2004, os valores seriam de R$ 260,00 e R$ 2.508,72).

Entretanto, se a *remuneração* advém de *serviços prestados à pessoa jurídica*, tal alíquota poderá ser reduzida para 11%[15] e será *retida na fonte* consoante dispõe da Lei n. 10.666/2003:

"Art. 4º. Fica a empresa obrigada a arrecadar a contribuição do segurado contribuinte individual a seu serviço, descontando-a da respectiva remuneração, e a recolher o valor arrecadado juntamente com a contribuição a seu cargo até o dia dois do mês seguinte ao da competência."

Conforme seja o serviço prestado a mais de uma empresa, a *retenção na fonte* em nome do trabalhador sofrerá procedimento específico, considerando que os valores podem diferir de uma empresa à outra e o Regime Geral de Previdência Social está limitado a conceder benefícios que variam entre um valor mínimo e máximo. Vejamos, pois, as diferentes hipóteses:

1ª) Quando o valor da prestação de serviço para a primeira empresa já atinge o valor máximo

Empresa A

R$ 3.000,00	(remuneração total paga por *A*, que ultrapassa o limite máximo dos salários de contribuição)
R$ 2.508,72	(limite máximo do salário de contribuição)
x 11%	(contribuição devida pelo segurado)
R$ 275,96	(valor a ser recolhido ao INSS)

Empresa B

Não haverá retenção.

Se o segurado prestar serviço no valor de R$ 500,00 para a empresa *B*, não deverão ser retidos 11% sobre esse valor. Ou seja, a empresa *B* não está obrigada à retenção na fonte da contribuição do segurado, uma vez que já lhe foi descontado o valor máximo de R$ 275,96 pela empresa *A*.

2ª) Quando o valor da remuneração paga pela primeira empresa é inferior ao limite máximo

Empresa A

R$ 1.000,00	(remuneração total paga por *A* é inferior ao limite do salário-de-contribuição)
R$ 1.000,00	
x 11%	(contribuição devida pelo segurado)
R$ 110,00	(valor a ser recolhido ao INSS)

Empresa B

R$ 3.500,00	(remuneração total paga pela empresa *B*)
R$ 275,96	(valor máximo de contribuição a ser recolhido)
– R$ 110,00	(valor a ser recolhido ao INSS pela empresa *A*)
R$ 165,96	(valor da complementação a ser recolhido ao INSS)

Se na empresa *B* o valor do serviço prestado ultrapassar os R$ 2.508,72 não haverá retenção sobre o que exceder este valor máximo do teto previdenciário. A *retenção* a ser feita na empresa *B* deverá recair justamente sobre a diferença entre o valor retido na empresa *A* e o valor máximo da contribuição. Idêntica sistemática se aplica se o contribuinte mantiver vínculo

15. A partir da edição da Lei n. 9.876/1999, o *contribuinte individual* que presta *serviços a uma ou mais empresas* pode deduzir de sua contribuição mensal 45% da contribuição da empresa, efetivamente recolhida ou declarada na Guia de Recolhimento do FGTS e Informações à Previdência Social (GFIP), incidente sobre a remuneração que esta lhe tenha pagado ou creditado, limitada a dedução a 9% do respectivo salário-de-contribuição.

empregatício e estiver enquadrado – para fins de recolhimento previdenciário – como "segurado empregado" na primeira empresa e receber salário acima de R$ 2.508,72. Nesta hipótese, a obrigação previdenciária já está sendo *retida* pelo empregador no seu patamar máximo, a uma alíquota de 11% sobre esse valor. Como conseqüência, o *contribuinte individual* não está sujeito à regra do art. 4º da Lei n. 10.666/2003.

É de se ressaltar, entretanto, que o contribuinte individual continuará a ser responsável pelo auto-recolhimento da contribuição (por meio de carnê), à alíquota de 20%, nas seguintes hipóteses:

a) exercer atividade por conta própria;

b) prestar serviços à pessoa física;

c) prestar serviços a produtor rural pessoa física;

d) prestar serviço a outro contribuinte individual equiparado à empresa;

e) prestar serviço a missão diplomática e repartição consular de carreira estrangeira.

V – Considerações finais – Da breve exposição traçada, é de se concluir que o mecanismo criado pela Lei n. 10.666 aplicar-se-á às mais diversas hipóteses da *prestação de serviços* por *contribuintes individuais*, consoante o valor auferido pelos mesmos nas mais variadas atividades, e observará as bases mínima e máxima de cotização aplicada ao Regime Geral. Desse modo, resta claro – sob a ótica meramente procedimental – que a *retenção na fonte* implica uma profunda alteração do procedimento obrigacional em relação ao *contribuinte individual*, retirando-lhe a responsabilidade do recolhimento da contribuição e atribuindo-a à pessoa jurídica tomadora de seus serviços.

Entretanto, a partir de então, o *contribuinte individual* deverá proceder a constante vigilância no sentido de controlar – por si próprio – o recolhimento mensal da contribuição para que não ultrapasse os limites impostos ao Regime Geral, assim como proceder à complementação do salário-de-contribuição até o valor mínimo, quando a remuneração recebida for inferior a este.[16]

Consoante ressaltamos anteriormente, fazia-se necessário a criação de um mecanismo para a *inclusão dos trabalhadores autônomos*, uma vez que estes, desde as origens, foram penalizados, pagando a contribuição individualmente, a uma alíquota diferenciada, superior à do *segurado empregado*, e, quando não o faziam, perdiam o direito a aposentar-se. A Lei n. 10.666 atendeu ao desafio de trazê-los à inclusão no Regime Geral de Previdência e ao desafio maior de fazer com que o *tomador do serviço* prestado (aquele que em tese tem maior capacidade contributiva), passasse a recolher a parcela que lhe é imposta, sob a vigilância indireta do prestador de serviços.

Não se pode olvidar que a edição de uma nova legislação no campo tributário sempre causa perplexidade, transtorno para a vida dos empresários etc. Entretanto, o objetivo da *retenção na fonte* criada pela Lei n. 10.666 foi o de trazer aperfeiçoamento aos mecanismos arrecadatórios, para a melhora e expansão do sistema de proteção social, reforçando suas bases *solidaristas*, praticando a *eqüidade na forma de participação do custeio*, na busca de bem-estar e justiça social!

PRESIDENTE DA MESA (PROF. EUGÊNIO DOIN VIEIRA) – Agradecemos à Profa. Heloisa Derzi pela atualizada, competente e oportuna exposição.

Vamos ouvir o Prof. José Eduardo Soares de Melo. Não é preciso adverti-lo do tempo, porque quando o Prof. Osíris começar a tossir, é hora de o Prof. Eduardo interromper, que ele, Prof. Osíris, está ansioso para usar a palavra.

16. Cf. Lei n. 10.666/2003, art. 5º: "O contribuinte individual a que se refere o art. 4º é obrigado a complementar, diretamente, a contribuição até o valor mínimo mensal do salário-de-contribuição, quando as remunerações recebidas no mês, por serviços prestados a pessoas jurídicas, forem inferiores a este".

O Prof. José Eduardo Soares de Melo, é mestre, doutor e livre docente em Direito pela PUC de São Paulo. É professor visitante da Universidade da Califórnia, em Bekerley (vocês vejam quem é o nosso orador). Diretor do IBEPE, conselheiro do Instituto dos Advogados de São Paulo, foi durante bom tempo um excelente juiz no Tribunal de Impostos e Taxas da Secretaria da Fazenda de São Paulo (o famoso TIT), e também foi professor da Fundação Getúlio Vargas. Ele vai nos falar, dentro ainda do tema de contribuições, sobre "Contribuições: receitas tributáveis e não-cumulatividade".

Com a palavra o Prof. José Eduardo Soares de Melo.

PROF. JOSÉ EDUARDO SOARES DE MELO – Eu queria dizer três coisinhas antes de começar. Se o nosso apresentador é sádico, ele encerrará; só que nós vamos ter o prazer de que ele fale muito mais do que o tempo permitido. Em segundo lugar, trocou meu nome, acho que pelo de uma ilustre figura do Paraná, Soares de Camargo, que faleceu, não é? Mas eu estou aqui vivo, presente.

E em terceiro lugar, eu não posso dizer que agradeço o convite porque sou diretor do IBEPE. Então eu não me convidei, eu me coloquei aqui, não é?

Mas eu escolhi um tema e hoje me arrependo, porque não é um tema muito simples, muito agradável, e todos nós que participamos dos congressos de Direito Tributário vamos nos acostumando aos temas novos. Sempre se pensou no imposto de renda como um tributo muito difícil, e ele continua sendo; depois veio o ICMS, que passou a ser um tributo incidente sobre mercadoria por mercadoria, esse drama das contribuições, que também tanto nos aflige; e agora, o novo ISS.

Eu escolhi a questão das receitas tributáveis e a não-cumulatividade porque realmente esse tema apresenta diversas nuances e no final do ano passado foram editadas várias medidas jurídicas que acabam nos apavorando e tornando muito difícil a aplicação do sistema das contribuições sociais no âmbito tributário: aquela Medida Provisória n. 66, que depois não foi integralmente aprovada, uma instrução normativa que acabou disciplinando toda a sistemática do PIS e da COFINS e, finalmente, um decreto, o regulamento, e até a não-cumulatividade.

Então, nesse curto espaço de tempo eu vou procurar refletir com vocês, meditar sobre alguns pontos, sem evidentemente chegar a nenhuma conclusão segura, porque na realidade não existe dono da verdade. Os que são da linha contribuinte acham que tudo é inconstitucional; inclusive existem alguns grandes juristas inconstitucionalistas também; e o Fisco evidentemente defende aqui as posturas jurídicas.

Relativamente a essa matéria, eu penso que nós temos três grandes enfoques. Um é o da contribuição social tributária, em que ontem o Estevão já com grande profundidade e argúcia examinou a questão e que hoje a Profa. Betina expôs também, com enorme maestria, no âmbito tributário.

Vejam, na questão das contribuições sociais, a Betina colocou muito bem a matéria relativa à capacidade contributiva. Se nós olharmos o texto constitucional sem grande exame, sem grande interpretação, vamos verificar tanto na parte da COFINS, que está lá no art. 195, como também na do PIS, que se encontra tradicionalmente no art. 237, que revelam as materialidades de tributo. Quando eu estou diante de receita e faturamento, é evidente que decorreram negócios jurídicos, operações mercantis, prestações de serviços, negócios financeiros. E essa materialidade é típica de imposto; e se é típica de imposto ela é regrada pelo princípio da capacidade contributiva, que tem logicamente de se harmonizar com a igualdade e a vedação de confisco.

Descubro nas contribuições sociais, evidentemente, uma nova especificidade tributária, porque embora elas revelem a materialidade dos impostos, é fundamental a sua destinação, a sua afetação a determinado órgão, ao fundo, e no caso à Seguridade Social. Embora a legislação entenda e diga que primeiro passa pelos cofres da Receita, é evidente que deve haver a destinação final.

Outra coisa que deve ser claramente explicada é que o PIS e a COFINS não são exatamente iguais, a começar da própria legislação; e isto tem uma grande influência na sua aplicação, na sua consideração prática. Se a COFINS está prevista no art. 195, este regramento é diferente do regramento do PIS. O art. 195 estabelece uma imunidade ...(*interrupção da gravação*)...

Não resta dúvida de que os dois têm um tratamento específico e muito mais no que tange à não-cumulatividade, de que vou tecer algumas considerações básicas com vocês.

O que é importante no exame dessa matéria? É o conceito de receita. Se observo a Constituição Federal, vislumbro diversas materialidades diferenciadas, cada uma com seus efeitos jurídicos. Eu não posso confundir a materialidade da renda, a do ganho, a das receitas e a do faturamento. Embora todas essas situações decorram de negócios jurídicos (no caso, de venda de mercadoria, prestação de serviços, operações financeiras, operações imobiliárias), o fundamental, tanto para a COFINS como para o PIS, se revela no faturamento, que depois da Emenda Constitucional n. 20/1998 passou a ser considerado como a receita.

É evidente que o Supremo Tribunal Federal até hoje não decidiu de forma definitiva a questão de a Lei n. 9 718 ter sido editada um pouco antes da Emenda Constitucional n. 20. Ou seja, somente com o evento da Emenda Constitucional n. 20 é que se constitucionalizou essa materialidade relativa à receita; antes não havia.

Há um trabalho muito importante do Prof. Celso Antônio Bandeira de Mello que procurou demonstrar com muita profundidade, seriedade científica e jurídica que não poderia o preceito constitucional constitucionalizar uma lei ordinária. É evidente que depois dessa Emenda Constitucional n. 20 foram editadas diversas medidas provisórias e até uma legislação mais específica.

Mas a questão da receita realmente é tormentosa. Eu posso examinar a receita sob um ângulo meramente contábil, sob uma perspectiva jurídica ou até considerar o elemento financeiro. É evidente que a contabilidade não é, vamos dizer, a ciência que vai nortear, direcionar os estudos jurídicos; mas ela é fundamental para a compreensão do tema. Se faço a leitura da própria lei das sociedades anônimas, quando trata da elaboração do balanço e manda o particular, a pessoa privada, a seguir o regime de competência, é evidente que está sendo prestigiada a contabilidade.

O Prof. Ricardo Mariz de Oliveira, que depois participará do próximo painel, elaborou um estudo profundo, há cerca de dois ou três anos, exatamente sobre a questão das receitas. E leva ele em consideração não apenas o dado contábil, que é fundamental, que são os ingressos e as saídas de bens ou valores no patrimônio, mas fundamentalmente a questão jurídica, entendendo que essa receita seria um *plus* jurídico, tomando em consideração os elementos contábeis.

Nós todos sabemos aqui que não é pelo fato de um empresário receber o dinheiro ou pagar uma conta que está diante de uma receita ou de uma despesa. Então nós pensamos: mas será que essa legislação do PIS e da COFINS deveria ser um pouco mais específica com relação à receita? Qual é a grande influência, qual é o grande desdobramento?

Nós não podemos esquecer um trabalho sério que foi elaborado por Aliomar Baleeiro há mais de 30 ou 40 anos, relativamente à ciência das finanças. E mostrava ele o seguinte: que não são todos os valores – pertinentes às pessoas jurídicas, que são os contribuintes do PIS e da COFINS –, não são todos os valores que ingressam no patrimônio, no caixa da empresa, que devem ser considerados para o pagamento. As chamadas entradas financeiras que não afetam a contabilidade são desprovidas de qualquer efeito jurídico.

Vou tomar aqui um exemplo mais simples. No nosso escritório de advocacia, quando recebemos os honorários, se é para uma sociedade profissional temos de pagar o PIS, a não ser que venhamos a discutir a COFINS na Justiça. Mas pela lei somos obrigados a pagar. Já aqueles valores que recebemos do nosso cliente para fazer um depósito judicial, ou quando levantamos determinada importância em razão de um sucesso judicial, não podemos considerar esses valores como receita tributável, porque eles apenas transitam pela nossa contabilidade. É o mesmo que ocorre com qualquer sociedade. Esses meros ingressos financeiros devem ser afastados. Temos de considerar, sim, o regime contábil, mas com a juridização desses valores.

Vou aqui partir para alguns exemplos, para não ficar um pouco mais no campo conceitual. Recentemente, há questão de uns dois anos ou um ano e meio, o Superior Tribunal de Justiça proferiu uma decisão muito importante no âmbito do ISS, que era aquela relativa a essas empresas que tratam da cessão da mão-de-obra – de Santo André –, e que o Aires Barreto, nosso querido presidente do IBEPE, sustentou oralmente no tribunal.

A ementa desse acórdão, que serve a meu ver rigorosamente para o caso do PIS e da COFINS, dizia o seguinte: que essas empresas que estão regidas por uma lei toda especial, que colocam diversos trabalhadores em outras empresas e que recebem um montante bruto, sendo esse montante aquele valor necessário para fazer face ao pagamento daqueles trabalhadores, com os encargos sociais, não podem e não devem considerar – no caso para efeito do ISS, e acho que pode ser rigorosamente aplicado para o PIS e para a COFINS –, não podem reconhecer como preço do serviço todo o montante recebido, por uma razão muito simples: porque se assim o fizerem estarão violando o princípio da capacidade contributiva.

Então vamos supor que uma empresa tenha cobrado 100 mil reais; colocou aqueles trabalhadores à disposição do contratado e, depois, desses 100 mil reais fez o pagamento de todos eles, com os encargos, e ficou com 20 mil reais. Se ela tiver, no caso, de pagar o ISS de 5% sobre esse total 100 mil, evidentemente essa atividade não vai prosperar por mais de um mês.

Penso que também esse acórdão pode ser aplicado rigorosamente para o PIS e para a COFINS, porque atividade concerne a uma mera intermediação. O próprio decreto do final do ano passado que regulamenta as contribuições para o PIS e para a COFINS explicita, em diversos momentos, inúmeras situações em que há uma exclusão da base de cálculo, que são as operações de intermediação. Ele trata de mercado atacadista de energia elétrica, operações de câmbio, operações de seguro, mas nem sempre olha com carinho para as sociedades cooperativas. Parece que essas sociedades cooperativas acabam ficando à margem desses benefícios sociais.

Esse regulamento que talvez devesse ser exaustivo para preservar o princípio da capacidade contributiva, não o faz. Então qual é o caminho que nós temos para considerar as receitas que devem ser tributadas? É o exemplo do ISS. Embora preço não tenha a mesma equivalência conceitual e ontológica de receita, a razão de ser (princípio da capacidade contributiva e da vedação de confisco) se aplica rigorosamente a ele.

Mais um exemplo: as agências de turismo. Quando alguém vai realizar uma viagem e pergunta quanto sai aquela viagem por 20 ou 30 dias à Europa, e o funcionário fala "olha, você tem que deixar aqui 10 mil dólares", é lógico que esse valor é necessário para pagar a companhia aérea, o hotel, a locação do carro, e a agência vai lá ficar talvez com 10%. A exemplo do caso da cessão da mão-de-obra, se for pagar o tributo sobre aqueles 10 mil dólares, a agência também não vai ter condição de realizar as suas atividades por mais de um mês.

E o Tribunal de Alçada de São Paulo tem decidido no sentido de afastar a exigibilidade do tributo sobre esse montante.

Então, todas as atividades de intermediação, quer estejam explicitamente relacionadas no decreto que regulamenta o PIS e a COFINS, quer não estejam, têm o necessário fundamento para questionar essa exigibilidade tributária.

O outro ponto a respeito do qual eu não tenho visto nenhuma questão judicial e que foi explorado em dois pareceres magníficos – um do Natanael Martins, que é membro do Conselho de Contribuintes do Ministério da Fazenda, e outro do Roque Carrazza, um pouco mais abrangente –, é aquele que diz respeito ao compartilhamento das despesas.

Ou seja: várias empresas – que estão num *shopping*, ou empresas coligadas ou vinculadas – exploram serviços em comum. Uma determinada empresa realiza serviços de transporte, e as empresas do mesmo grupo econômico ou vizinhas se servem desses serviços de transporte; gasta no final do mês 30 mil reais e depois cobra o rateio proporcionalmente das empresas a ela ligadas.

Esses dois autores exploram que a rigor não estamos tratando de um evidente contrato de prestação de serviços, onde haveria direitos e obrigações recíprocas, onde se tivesse vislumbrado o caráter sinalagmático. Ou seja, é apenas um compartilhamento. Não é um eufemismo. Na verdade não há um contrato. É como se cada uma delas (vamos supor que existissem dez empresas) tivesse o seu corpo de transporte e efetuasse o pagamento. Então é muito mais natural, lógico, razoável, e atende até ao princípio da liberdade empresarial, do direito de contratar, que haja esse compartilhamento.

E aqui passo para o ponto mais específico, que é o que diz respeito à não-cumulatividade das contribuições sociais. As Constituições, desde 1967 e a de 1988, procuram prestigiar o princípio da não-cumulatividade apenas no que diz respeito ao IPI e ao ICMS. O ICMS sofreu uma restrição com relação às operações com isenção e não-incidência, a partir da Emenda Constitucional n. 23/1983, e o IPI está provocando toda essa celeuma no Supremo Tribunal Federal a respeito do direito a crédito nas operações não-tributadas e desoneradas de imposto.

Seguimos com essa legislação, embora as normas infraconstitucionais tenham de certa forma cerceado o direito a crédito, o integral aproveitamento da não-cumulatividade. A Lei Complementar n. 87/1996, que é o estatuto do ICMS, coíbe esse crédito de forma integral, de forma plena, o que tem sido combatido até pela boa doutrina.

Vamos verificar o que pode ser aplicado com relação ao PIS e à COFINS. A Medida Provisória n. 66, do ano passado, depois transformada na Lei n. 10 336, com duas outras modificações, procurou disciplinar o regime da não-cumulatividade apenas no PIS. Aquela MP, num artigo que depois foi reiterado em lei, prometeu que agora no final deste ano seria enviada uma mensagem ao Congresso, e parece que isso faz parte da proposta de reforma constitucional, para que também se aplicasse a não-cumulatividade na COFINS.

Surge aqui um ponto interessante. Essa não-cumulatividade já estaria implícita no texto constitucional? É claro que nenhum contribuinte, iria se atrever e aplicar a não-cumulatividade, porque sofreria um auto de infração com pesadas multas e representação por crime contra a ordem tributária.

Essa lei, a de n. 10 336, de dezembro, passou a disciplinar a não-cumulatividade do PIS. Será que isso se tornou uma grande vantagem para os empresários?

Essa sistemática se aplica a alguns contribuintes do PIS, não a todos; não pode ser aplicada às empresas imunes, às optantes pelo SIMPLES, às sociedades que apuram lucro presumido, que seriam aquelas que deveriam talvez estar aproveitando a não-cumulatividade e que são as menos favorecidas. Então, estabeleceu-se essa sistemática para algumas categorias de contribuintes do PIS, que disse o seguinte: relativamente a certos bens que adquirirem, poderão apurar o seu valor e aplicar um percentual de 1,65%. E relativamente aos faturamentos e às receitas que realizarem aplicarão também 1,65. E dessa forma não se usa a expressão "não-cumulatividade" e sim descontos, créditos que podem ser descontados.

Aparentemente poderia ser entendido que esse contribuinte pagaria menos imposto, mas isso não é verdade, porque a prática tem demonstrado que se houver um significativo incremento dessas receitas, esse percentual (alíquota de 1,65) será mais expressivo que aquele crédito de 1,65. Então, a rigor isso se torna uma grande desvantagem. E não se trata de uma medida de caráter excepcional. Ou seja, o contribuinte tem de seguir aquela sistemática.

Há um estudo feito, de que se esse incremento das receitas for da ordem de mais ou menos 40% o contribuinte já estará pagando menos tributo.

Então se criaram essas duas figuras, em que num determinado momento alguns contribuintes seguem a sistemática normal, aplicando 0,65 sobre as receitas. Em outra situação se aplica 1,65, mas tem também de considerar 1,65 sobre os créditos.

O exame da legislação do PIS também demonstra que essa não-cumulatividade leva a algumas distorções e algumas curiosidades. No caso de bens adquiridos para revenda, a legislação não permitiria que se fizesse o abatimento, o tal do desconto do crédito, relativamente a comissões de administradores, a despesas de publicidade e outros valores, porque esses não integrariam o custo. Há também a possibilidade de descontar o crédito relativamente a benfeitorias em imóveis de terceiros; só que a legislação trata das realizadas pelo locatário, esquecendo que aquela pessoa que utiliza o imóvel de terceiro poderá fazê-lo sob outra roupagem jurídica (poderia ser sob usufruto ou até mesmo sob a situação de comodato). Nesse ponto, então, essa legislação também não é tão conclusiva e tão abrangente.

Não se sabe como virá a não-cumulatividade da COFINS, mas espera-se que a não-cumulatividade seja de forma abrangente e exaustiva. E por quê? Porque a significativa razão da não-cumulatividade é fazer com que não haja superposição de cargas tributárias. Nós estamos acostumados apenas a fazer a leitura dos textos dos arts. 195 e 237, e esquecemos de todos os princípios diretivos da atividade econômica. O art. 170 tem um preceito de superior importância, que diz respeito à defesa do consumidor. A não-cumulatividade existe, evidentemente, para que o preço dos produtos seja menos elevado.

Dessa forma, nesse curto espaço de tempo, parece-me que esses eram os elementos básicos para tratarmos do assunto, e fico à disposição para se puder depois responder às questões.

Muito obrigado pela atenção e pela paciência. (*Palmas*)

Presidente da Mesa (Prof. Eugênio Doin Vieira) – Como viram os colegas, Berkeley está de parabéns, com um professor visitante desse quilate. Nós agradecemos ao Prof. José Eduardo Soares de Melo pela exposição, oportuna sem dúvida, competente sem dúvida, e sobretudo pelo seu disciplinamento em atender de imediato à discreta observação da Mesa.

Preparem seus corações! Vai falar o Prof. Osíris, que é sabidamente o mais contundente dos professores de Direito Tributário do Brasil, e sem dúvida nenhuma um crítico mordaz das mediocridades que andam por aí. Ele é professor da Universidade de Brasília, ex-secretário da Receita Federal, graças a Deus (*Risos*), comentarista regular de diversos jornais do país. E quando a sessão está muito bem comportada a gente convida o Prof. Osíris para falar. De modo que nós vamos ouvi-lo, e não reparem se ele disser algum palavrão impróprio para um congresso deste nível (e eu peço a ele que não o faça). Mas o Prof.

Osíris tem uma experiência, uma vivência inclusive dos dois campos – do campo fiscal e do campo do contribuinte – e pode, por isso mesmo, nos dar lições e observações muito oportunas.

Com a palavra o Prof. Osíris de Azevedo Lopes Filho.

PROF. OSÍRIS DE AZEVEDO LOPES FILHO – Obrigado, Dr. Doin. Boa manhã para vocês.

Um velho financista do antigo regime do rei Luiz XIV dizia uma frase fundamental para a compreensão do fenômeno tributário e sua evolução. Ele falou o seguinte: "Os sonhos de hoje são os tributos do amanhã". Aplicado ao modelo brasileiro, os sonhos de hoje são os pesadelos de amanhã. Isso ensejou a criação das contribuições, na sua origem de parafiscalidade, pois, a cada nova atuação governamental, buscavam-se novas fontes de recursos.

Ontem eu estava ouvindo a exposição do professor Estevão Horvat e vi o esforço dogmático que ele fazia para não só abordar as contribuições especiais, na sua generalidade, mas as contribuições de intervenção no domínio econômico. E via que, apesar de todo o esforço teórico, havia uma insuficiência, porque ele examinava cientificamente um fenômeno que fundamentalmente é um fenômeno do surrealismo jurídico brasileiro.

A contribuição está sendo tratada pelo nosso legislador e pelos financistas do Executivo como se fosse a Geni, da música do Chico Buarque, – aquela que topa tudo e faz de tudo. É um modelo de tributo complacente, topa-tudo. E tecnicamente, no exame de qualquer dessas contribuições, vê-se: a base é fundamentalmente de imposto.

Tem uma contribuição que eu não consigo denominá-la sinteticamente, a "contribuição tecnológica para o programa de estímulo à interação da universidade e das empresas", instituída pela Lei n. 10.168, depois alterada pela Lei n. 10.332. Havia uma incidência de 25% nas remessas de *royalties* e de assistência técnica para o exterior. Veio o legislador e disse o seguinte: "reduz-se o imposto de renda na fonte para 15% e cria-se a contribuição de 10%". E tudo continuou com 25%, mudados o batismo tributário e a destinação dos recursos.

A criação da CIDE (contribuição do petróleo e seus derivados) visou a nada mais, nada menos, do que atender a uma necessidade em função da mudança do regime da exploração e importação do petróleo. Logo no início do Governo Fernando Henrique, o que é que foi feito? Abriu-se o monopólio que a Petrobrás tinha, e, portanto, parte da política executada pelo governo, mediante a Petrobrás, de subsídio à produção do álcool ficou comprometida em função da pressão das grandes empresas estrangeiras existentes no Brasil, que queriam realizar as importações propiciadas pela mudança do regime constitucional. Então se criou a CIDE. Só que a CIDE substitui o imposto de importação, mas também entra no campo do ICMS, porque envolve a comercialização no País do petróleo e seus derivados, gás natural e derivados e álcool combustível.

Há uma alegada guerra que foi identificada pelo governo passado, o conflito entre os Estados, cada um querendo oferecer mais incentivos para atrair empresas para seu território. "Quem dá mais? Quem dá mais?" É um leilão que se estabeleceu, e agora, em paroxismo até o dia 30 de setembro, porque se previa que todos os sistemas de incentivo e benefícios existentes nos Estados, no âmbito do ICMS, perdurariam, pelo menos na formulação da emenda de reforma tributária que foi aprovada na Câmara. Então parecia um oferecimento de leilão, os Estados ofertavam: "quero dar mais, quero dar mais!". E o Senado agora está diante disso. Tem-se de tomar uma medida moralizadora.

O que ocorre é que há realmente uma guerra fiscal no Brasil, porque a União invade, algumas vezes com autorização constitucional, mas está invadindo, as bases tributárias dos Estados e do Distrito Federal, e, por conseqüência, deprimindo os 25% da arrecadação do ICMS que são destinados aos Municípios. Essa é a verdadeira e real guerra fiscal existente no País.

No ano passado, vale dizer, em 2002, a arrecadação do ICMS global, de todo o país, foi de 104 bilhões. O PIS, que incide sobre faturamento – quer dizer, receita bruta decorrente de vendas e prestação de serviços –, foi responsável por uma arrecadação de 12,5 bilhões de reais. A COFINS, 50 bilhões. Ora, metade do que se arrecada em termos de ICMS, sobre a mesma base econômica, é arrecadado pelas duas contribuições estabelecidas pela União, 62,5 bilhões de reais. Há uma saturação da base econômica das vendas e da prestação de serviços.

Essa é a verdadeira guerra fiscal, porque a nossa carga tributária global, no ano passado, alcançou 36% do PIB. A estrutura estatal, para se financiar, absorve mais de um terço do que é produzido no País em termos de bens e serviços. A nossa carga tributária é superior hoje, inequivocamente, à dos Estados Unidos e à do Japão, nessa referebilidade ao produto interno bruto. E a renda média do cidadão brasileiro, com todas as distorções, é comparável, equilibrada com a do cidadão japonês, do americano? Não é. Há uma brutal diferença.

Há um sistema tributário exacerbado pelas contribuições que é indutor da evasão. Olha tenho experiência acadêmica, na universidade, na minha carreira na Receita Federal e na advocacia e posso afirmar em realidade, o contribuinte, pessoa natural e a empresa, não conseguem suportar essa carga tributária.

Estão aí os dados, que não são muito mencionados pela mídia, mas no primeiro REFIS, o sistema de refinanciamento das dívidas tributárias, postularam a admissão 150 mil empresas, e muitas foram eliminadas não porque não conseguissem pagar o parcelamento do REFIS, mas porque não conseguiam pagar os impostos, e as outras obrigações paralelas e correntes, que eram mais significativas, os tributos presentes e futuros. Reduziu-se o número de 150 para 80 mil e hoje está em 40 mil. E nesse REFIS 2, o PAES, apareceram 400 mil empresas. Divulgaram anteriormente 270 mil, mas quando conversei com uma pessoa que administra esse problema, ele disse: "Olha, o número de aderentes já está em 400 mil". Significa o quê? Que parcela significativa do universo de contribuintes não consegue pagar a carga tributária existente, posto que é elevada e brutal.

E vem o grande desvio. A maior fonte de arrecadação da União é decorrente das contribuições para a seguridade social. A professora que me antecedeu fez um discurso tão emocionante com relação à importância da seguridade, da previdência, para assegurar uma certa estabilidade de renda para os seus beneficiários, mas desde o Fundo Social de Emergência a União faz saque nessa arrecadação. Primeiro fazia o saque mediante o Fundo Social de Emergência e, na sua prorrogação, pelo Fundo de Estabilização Fiscal, de 20% de toda a arrecadação dos impostos e contribuições federais. Desviam-se as contribuições de suas finalidades. Na última versão houve resistência, pois o pequeno Município do País sobrevive não com a receita própria do IPTU, do imposto de transmissão sobre bens imóveis. O imposto de serviço é impossível de ser arrecadado em 3 mil municípios do País, que são municípios de vocação agrícola e, portanto, com baixa densidade no núcleo populacional. Os imóveis estão na área rural e, além disso, há uma sociedade estática, sem dinamismo, não há transmissão de bens; e sob o ponto de vista do ISS, o que existe lá são prestadores individuais de serviços, mas não empresas prestadoras de serviços. Então, não têm o que arrecadar. O pequeno município, com população inferior a 15 mil habitantes, vive é do Fundo de Participação dos Municípios.

Nos médios e nos grandes municípios a principal fonte de receita é a participação no ICMS, mas, no pequeno, os recursos vêm do Fundo de Participação dos Municípios. E estavam diminuindo. Na última versão, com a incompatibilidade das autoridades fiscais de se adequarem ao que estabelece a Constituição, criou-se a DRU (a gutural DRU – desvinculação das Receitas da União). A principal fonte de arrecadação disponível na União são as contribuições para a seguridade social (PIS, COFINS, CPF, Contribuição Previdenciária), no total 172 bilhões no ano passado. Para ter uma noção de comparabilidade, os impostos, de que a gente ouve tanto falar, não chegaram em arrecadação a 120 bilhões. E o que ocorre? Mediante da DRU, que é o grande desvio consagrado pelos nossos congressistas e, agora, em caminho para uma prorrogação até 2007, faz-se a retirada de, no mínimo, 20% dos recursos destinados à seguridade social prejudicando a saúde, a previdência e a assistência social do povo brasileiro.

Como o fenômeno tributário não entra na consciência da população – ela não entende disso, não participa disso –, o que é que se propõe efetivamente? O governo enfatiza a necessidade de se alterar o sistema de previdência oficial não para aprimorá-lo, mas, para arrecadar. Se o conceito universal de contribuição especial tem variações, aqui no Brasil tem uma variação fantástica. O conceito é de ela estabelecer um benefício, uma vantagem para o seu contribuinte ou referibilidade para o setor contribuinte, e o recurso é vinculado à uma finalidade. Não há finalidade mais nobre e mais moderna do que a do conceito de seguridade, de que se tiram no mínimo 35 bilhões destinados à DRU, para financiar os gastos gerais da União. Daí ter de criar contribuição dos aposentados e pensionistas, para as pessoas que já tiveram a finalidade alcançada, que é a aposentadoria ou pensão. Quer dizer, na realidade é uma contribuição para cobrir a retirada de recursos que a DRU acarreta na seguridade, o desvio de recursos.

Então, ouvindo o Estevão ontem eu pensei: meu Deus do céu! Ele está tentando introduzir uma classificação nas contribuições sem partir do pressuposto de que isso é um problema surrealista! É o surrealismo brasileiro, que é inapreensível cientificamente. É uma alquimia maligna. Daí é que, quando se tem um problema qualquer financeiro, cria-se uma nova contribuição! Porque ela é complacente, ela admite tudo. É o grande desvio que ocorre e ocasiona a verdadeira guerra fiscal. Esse concurso de "quem dá mais" entre os Estados, de oferecer vantagens, na realidade é uma guerra de atrito, uma guerrilha insignificante em face da invasão que a União faz das bases tributárias dos Estados e dos Municípios, principalmente da base tributária do ICMS e do ISS.

Eu sou de Brasília, moro lá há 30 anos. Brasília tem aqueles gramados. Há uma história de Brasília. Passa um repórter e vê um sujeito com uma tesoura de unha cortando o gramado da Esplanada dos Ministérios, que é enorme, milhares de metros quadrados. Pergunta o repórter: "O senhor está fazendo o quê?". E o outro: "Estou cortando a grama". O repórter continua: "Pô, mas tem cortador de grama manual, cortador a gasolina, cortador elétrico, e o senhor aí cortando com uma tesourinha de unha!". Ele respondeu: "Olha, o negócio meu é que eu gosto de fazer da maneira mais difícil". O repórter retrucou: "Meu amigo, como é que o senhor lê?". Ele disse: "Ah, eu pego o livro, ponho no espelho e leio ao contrário". O repórter falou: "O senhor mora onde?". A resposta: "Num apartamento, no sexto andar". "E como é que o senhor chega lá?". "Sempre pela escada, nunca de elevador". Ele vai perguntando uma série de coisas e conclui assim: "Como é que o senhor transa?". E a resposta: "Eu transo na rede". O repórter começou a rir e falou: "Mas todo o nordeste transa na rede". O cortador respondeu: "Mas em pé?" (*Risos*) O governo Lula esta nessa situação.

Esse governo eleito, do Presidente Lula, recebeu mandato explícito para mudar, o que na área tributária significa diminuir a carga tributária, racionalizar as incidências, simplificar a tributação; e essa simplificação, no campo das contribuições, seria exatamente racionalizar, fazer o que dois conferencistas anteriores tentaram: estabelecer princípios gerais e científicos para esse fenômeno fantástico do "quer arrecadar, cria uma contribuição". O governo Lula não mudou no âmbito tributário. Não fez isso e está criando mais contribuição.

Tem uma contribuição que é uma fornicação... Uma contribuição da seguridade a ser cobrada do importador, na importação de bens e serviços. O Brasil é um freguês do GATT, tem um contencioso fantástico. Se aumentar mais a incidência na importação com uma contribuição da seguridade (que eles estão introduzindo no art. 195, inciso IV, da Constituição, mais uma hipótese de contribuição da seguridade via PIS e COFINS sobre a importação), vai dar uma discussão fantástica, porque a regra básica do GATT é a liberação do comércio internacional. Fixado determinado nível de alíquota do imposto de importação, não se pode elevá-lo, a não ser que haja uma crise no balanço de pagamentos. Estão criando mais uma contribuição que nitidamente é um tributo sobre a importação, um adicional ao imposto de importação.

Se propõe criar contribuição de limpeza pública, uma atividade tributada por taxa, como consta do projeto de reforma tributária. A taxa de limpeza pública foi considerada inconstitucional por invasão do campo do IPTU, mas como a titularidade, a competência é do mesmo ente, em verdade é adicional. É aquela velha teoria do controle da constitucionalidade da Suprema Corte americana. Só se decide pela inconstitucionalidade, respeitando o legislador, a vontade do representante do povo, quando não há nenhuma outra alternativa. Em realidade se trata de adicional do IPTU.

Criar essa contribuição de limpeza pública, varrição, coleta de lixo, que nome lhe dê, num serviço que a doutrina já tinha consagrado que era típico para taxa, é um absurdo. Não se aperfeiçoa o sistema tributário. Agravam-se as distorções e dessimetrias. E se eleva a pressão tributária. Aprovada a reforma tributária e implementada a legislação pertinente, ter-se-á carga tributária em torno de 40 % do PIB. Se considerar a progressividade que se tenta colocar sobre a tributação imobiliária, mais carga tributária ainda. E numa concepção atrasada. Uma ressalva. Sempre fui favorável à progressividade. Progressividade gradual e razoável de incidência deve existir, em todos os tributos em que seja suscetível de impor a progressividade. Mas a do IPTU, colocar como se fosse a salvação dos problemas urbanos no País, pode dar uma reversão. Ao fazer a progressividade do IPTU querendo alcançar os ricos, titulares dos imóveis, sem considerar quem é que está ocupando o imóvel, se é o proprietário ou o locatário, se vai tornar insuportável o encargo do locatário, que já é locatário na maior parte dos casos, porque não tem recursos para prover sua casa própria, sua habitação própria.

E tributar progressivamente, no imposto sobre herança, legados e doações, é querer pegar a classe média. Como é a evolução patrimonial da classe média? A primeira coisa é comprar um carro. Depois ir a Miami, comprar badulaque; não espera, como os nossos índios esperavam, o português na praia; vai-se a Miami. Mas a terceira opção é a casa própria. A classe média se capitaliza no imóvel.

E os ricos? É interessante. Coordenei na minha vida de servidor fazendário a administração de dois empréstimos compulsórios, no início da década de 80, que incidiam sobre rendimentos não-tributáveis. E concluí que os novos ricos paulistas – não os ricos por herança familiar, por tradição familiar, mas os novos ricos – moravam debaixo do viaduto. Examinando as declarações e rendimentos nesses dois empréstimos – um no início dos anos 80 e, dois anos depois, outro empréstimo sobre rendimentos não-tributáveis, e tínhamos de ajustar aquilo, porque as declarações estavam muito malpreenchidas –, verifiquei que os milionários paulistas, que os ricos aqui de São Paulo deviam morar debaixo do viaduto, porque não tinham casa própria e não declaravam aluguel. (*Risos*) Havia o exemplo dos pobres, residindo debaixo do viaduto, e conclui que: os ricos também moram debaixo do viaduto.

O que ocorre é o seguinte: rico hoje neste País tem é papel (ação, cotas capital de empresas) e poucos imóveis. E quando há imóvel rural, por exemplo, é da propriedade de empresa que ele controla. Ao se tributar progressivamente em nível elevado, 15% de cara, como se pretendeu na Câmara, vai-se pegar a classe média, o contribuinte hoje do imposto de renda é a classe média. E quem suporta mesmo a carga tributária geral é o nosso povão. Pergunta-se: "O povão como?". É tanta tributação sobre o consumo, sobre a produção, tão intensa essa concentração que ela repercute em cima do povão, que considero a abrigar o nosso Super-Homem.

Se tem um campo em que nós ganhamos dos americanos, é com relação ao Super-Homem. Setenta milhões de super-homens. O cara que consegue sobreviver com salário mínimo, ou menos do que o salário mínimo, pratica grande proeza. O Super-Homem americano, do cinema, da história em quadrinhos, da televisão, é pinto diante do desempenho do nosso Super-Homem. Quem é realmente, fantasticamente, Super-Homem é o trabalhador brasileiro, que ganha salário mínimo, ou menos, para sustento dele e da família inteira e consegue sobreviver; essa, a grande proeza!

A atual carga tributária é brutal, indecente e pornográfica, extraída principalmente do povão padecente. E a qualifico como dotada de indecência pornográfica. Devo, despudoradamente, reconhecer que muitas delas são agradáveis, prazerosas e estimulantes. Não há um mínimo de normalidade nas indecências tributárias.

São dessas nefandas, como a da pessoa que, para se estimular, exige que urine na sua cara, o jato quente despertando-lhe a sexualidade.

Essa carga tem ultimamente se elevado exponencialmente pela panacéia tributária – as contribuições – que vão sendo utilizadas desbragadamente, como se nossos contribuintes, pessoas naturais e empresas tivessem um receptáculo complacente, a se distender elasticamente a cada apetite arrecadatório estatal, sem que houvesse nenhum dano deflorador ou estuprador. O entendimento estatal finge considerar a panacéia das contribuições, como recebida por mecanismo complacente, e a realidade é o defloramento do bolso do povão e do caixa das empresas e o concomitante estupro da Constituição.

Presidente da Mesa (Prof. Eugênio Doin Vieira) – Vamos bater palmas para ele! (*Palmas*) Caros colegas, penso que é a primeira vez que nós vemos um estudo comparativo entre as técnicas de tributação e as técnicas de reprodução. (*Risos*) O Prof. Osíris não desmentiu a apresentação que dele nós fizemos. É lógico que os colegas darão um pequeno desconto sobre isso, e tirem a essência dessa veemência com que ele prega a modificação dos costumes, modificação necessária, e com que ele azorraga, chicoteia toda essa mediocridade pensante que anda por aí, e que procura conservar as coisas como estão porque é do seu interesse. Sem dúvida nenhuma, o Prof. Osíris é um pregador cívico que deve ser ouvido em termos e aplaudido como nós fizemos.

Penso que as exposições foram tão lúcidas, tão didáticas, tão competentes que não deixaram margem para dúvidas, porque as dúvidas não chegaram à mesa. Isso nos satisfaz sobremaneira e alegra aos colegas que estão na expectativa do cafezinho.

Declaramos encerrada esta etapa dos trabalhos, convocando a todos para daqui a 20 minutos prosseguirmos as nossas discussões.

MESA DE DEBATES "G"

NOVO CÓDIGO CIVIL NO DIREITO TRIBUTÁRIO

PRESIDENTE DA MESA: PROF. ESTEVÃO HORVATH
MEMBROS DA MESA: PROFS. SACHA CALMON NAVARRO COELHO, RICARDO MARIZ DE OLIVEIRA E PAULO AYRES BARRETO

PRESIDENTE DA MESA (PROF. ESTEVÃO HORVATH) – Reiniciando os trabalhos desta manhã, vamos passar à mesa de debates que tem por título "Novo Código Civil no Direito Tributário", com exceção de uma das palestras, que versará sobre a base de cálculo do imposto de renda, uma vez que a fala do Prof. Renan Lotufo foi antecipada para ontem, como nós sabemos, e hoje ficará nesta mesa o Prof. Paulo Ayres Barreto. Então, compõem a Mesa o Prof. Sacha Calmon Navarro Coelho, o Prof. Ricardo Mariz de Oliveira e o Prof. Paulo Ayres Barreto.

De imediato, passo a palavra, em primeiro lugar, por razões de ter de se ausentar mais rapidamente, ao Prof. Sacha Calmon Navarro Coelho, que falará sobre a "Responsabilidade dos sócios e administradores".

Com a palavra o Prof. Sacha.

PROF. SACHA CALMON NAVARRO COELHO – Prezadíssimos colegas de Mesa, meus senhores e minhas senhoras, o nosso tema diz respeito à responsabilidade dos sócios e administradores em matéria tributária após o advento do Código Civil. É uma matéria eminentemente técnica jurídica e, portanto, eu rogo a atenção de todos no acompanhar do meu raciocínio.

Mas peço licença para, *brevitatis causa*, fazer um pequeno exórdio antes da minha fala sobre o que dizia ontem a minha querida colega de escritório, de faculdade e de certo modo de vida, porque vivemos juntos há muito tempo (Profa. Misabel e eu), sobre "olhar a morte de soslaio". Eu tenho olhado muito a morte de frente, mas ela se referia à morte de soslaio para falar da dívida pública brasileira, que seria a nossa verdadeira morte. É bem possível que assim seja. Eu apenas queria explicitar o que ela quis dizer e acabou não dizendo: *minus dixit*.

Realmente, nós temos uma dívida que se aproxima hoje, neste mês, de 896 bilhões de reais, para um PIB estimado de 1 trilhão e 550 bilhões de reais; portanto, algo à volta de 60% do PIB brasileiro, é o tamanho da nossa dívida.

A observação que eu queria fazer é que a dívida, ela própria, em si, não é a nossa morte. Os Estados Unidos têm uma dívida de 65% do seu PIB de 11 trilhões e alguns bilhões de dólares; é uma dívida muito grande. A Itália tem uma dívida pública que equivale a 110% do PIB. Contudo, tanto a Itália como os Estados Unidos giram essa dívida num prazo muito longo, com bônus até de 30 anos, com juros na média de 2, 22% ao ano. Portanto, a nossa morte, em verdade, é o modo como administramos a dívida. Ela é rolada a juros muito altos – hoje a taxa CELIC está em 20% – e em períodos muito curtos, o que provoca, evidentemente, um aumento da carga fiscal, que, eu não tenho dúvida alguma, chegará a 40% do PIB tão logo vire o ano. E isso está claro pelo orçamento da República, de 404 bilhões de reais.

Se a União pretende arrecadar 404 bilhões de reais, se temos um PIB de 1 trilhão e 550 bilhões, evidentemente nós já vimos a proporção da garfada do governo na tesouraria das empresas e no bolso das famílias, porque a nossa segunda morte é exatamente a carga tributária extremamente elevada em relação ao PIB. Qual é o efeito da tributação? É exatamente de tirar o dinheiro que está no bolso do consumidor, das famílias, e o dinheiro que está na tesouraria das empresas. Quer dizer, não sobra dinheiro para o investimento e o consumo.

É toda essa massa de recursos que a sociedade civil transfere para os governos, e grande parte desses recursos é dedicada ao serviço da dívida, a servir à dívida. Então, a carga tributária alta e os juros altos realmente travam a economia e o desenvolvimento do País, porque tiram dinheiro do consumo e do investimento, e tanto um como outro se fazem preceder da poupança. Essa poupança está sendo transferida para o governo. E, evidentemente, isso provoca recessão, retração econômica, num círculo vicioso.

Só há dois caminhos. Um é a moratória. O outro é, paulatinamente, aumentar o prazo de rolagem e baixar os juros, e conseqüentemente baixar a carga tributária, para que sobre dinheiro na sociedade, de tal modo que ela possa investir e consumir. Essa é a nossa dramática situação, que precisamos olhar de frente e não de soslaio, como predicado pela Profa. Misabel. A situação é essa, e realmente é grave.

Eu só queria mostrar aos senhores a consciência que devemos ter deste problema, para então ver se saímos desta quadra tão difícil da nossa vida institucional. Mas não posso me furtar a dizer que quem construiu essa enorme dívida foi o período neoliberal, que durou oito anos, do Governo Fernando Henrique Cardoso, principalmente do primeiro mandato, com o populismo cambial do Sr. Gustavo Franco.

Aliás, outro dia me diziam assim: "O Judiciário não funciona no Brasil". Eu falei: não funciona. Outro dia eu fui ao Rio de Janeiro, fui andar no calçadão em Ipanema, e quem eu encontro? Gustavo Franco fazendo uma caminhada, pra lá e pra cá. Isso é a prova cabal de que o Judiciário brasileiro não funciona. Nem tampouco o Ministério Público. É um crime gravíssimo pegar a dívida em torno de 200 bilhões de reais e deixar em 800 e tanto. Quer dizer, ela quadruplicou nesse período governamental em que o câmbio foi artificialmente mantido em paridade com o dólar, gerando o crescimento espantoso da dívida pública.

Dito isso, entro a tratar do tema da responsabilidade. Nessas épocas de crise, a responsabilidade tributária tende a ser intensificada, porque os governos fazem de um tudo para aumentar a tributação. Há a respeito deste assunto um projeto de lei complementar, de autoria do Deputado Antônio Carlos Magalhães Neto, que claramente responsabiliza os administradores de sociedade pelo não-pagamento do tributo, independentemente de dolo ou culpa. Responsabilidade objetiva, evidentemente com o intuito de amedrontar os administradores, gerentes e diretores de pessoas jurídicas.

Tenho quase certeza de que esse projeto não vai passar no Congresso Nacional, mas estou mostrando, dando o exemplo no campo legislativo de como as épocas de crise tendem a intensificar a responsabilidade tributária.

O novo Código Civil tem alguns dispositivos novos, relativamente à matéria. Um deles diz que a retirada, exclusão ou morte do sócio não exime seus herdeiros da responsabilidade pelas obrigações sociais anteriores, até dois anos depois de averbada a resolução da sociedade, nem nos dois primeiros casos pelas posteriores, em igual prazo, enquanto não se requerer a averbação. Outros artigos existem, principalmente relativos à sucessão, e no caso específico (esse que eu acabei de citar é o art. 1.032) o art. 1.016 diz que os administradores respondem solidariamente perante a sociedade e os terceiros prejudicados por culpa – o termo é carregado de sentidos, de significação jurídica (culpa, em oposição ao dolo) – no desempenho de suas funções.

Esse dispositivo do Código Civil se casa bem com o Código Tributário Nacional, que no art. 134 (depois falarei do art. 135, porque não posso falar dele se não falar do art. 134 antes) dispõe que nos casos de impossibilidade de exigência do cumprimento da obrigação principal, pelo contribuinte, respondem solidariamente com este nos atos em que intervierem ou pelas omissões de que forem responsáveis (aí vem aquele rol) os pais, os tutores, os curadores, os administradores de bens de terceiros, o inventariante, o síndico e o comissário, os tabeliães, os escrivães e demais serventuários, e os sócios no caso de liquidação de pessoas.

Pois bem, o que é que se tem a dizer desse artigo? Essa responsabilidade do 134 é solidária ou subsidiária, suplementar? Porque nós sabemos que a solidariedade implica uma responsabilidade *totum* e *totalitur*. Todos os devedores solidários são devedores da mesma dívida, *in solidum*. Tirante o benefício de ordem, cabe ao credor escolher de quem vai exigir o pagamento, e esse é que é o sentido da solidariedade: *totum* e *totalitur*, todos os devedores são amplamente responsáveis pela dívida toda.

Essa responsabilidade do Código Tributário Nacional é solidária? Acho que não, porque se diz: quando for impossível, primeiro, exigir do contribuinte a paga tributária, que se peça o pagamento então àquelas pessoas enumeradas. E essas pessoas são chamadas ao pagamento porque agiram com leniência, com *culpa in vigilandum*. Se percebermos bem, essas pessoas representam incapazes, representam filhos menores, tutelados, curatelados; ou são mandatários, como é o caso dos administradores de bens de terceiros, do inventariante em relação ao espólio, dos síndicos pela massa falida, do comissário na administração da concordata; e os sócios na sociedade, onde se olha mais a pessoa do sócio como garante do que propriamente a sociedade.

Para logo, as sociedades por cotas de responsabilidade limitada, embora tidas como mistas pelo Direito Comercial, não são sociedades de pessoas; nem tampouco sociedades anônimas, até pelo nome, onde o sócio se esconde atrás do anonimato.

Então essa sociedade de pessoas, referida no art. 134, é aquela em que os sócios por si sós, pela reputação que ostentam perante a sociedade, por ela respondem. É uma sociedade que está em dessuetude. Não estamos mais no tempo do fio de barba, do fio do bigode, como garantia das dívidas sociais.

Ou então, se não são representantes de incapazes ou mandatários, são pessoas que simbolizam órgãos de controle paraestatal. É o caso dos delegatários de serviços públicos, serventuários, escrivães, tabeliães etc.

Se essas pessoas agem com leniência, com *culpa in vigilandum*, ficam obrigadas a pagar subsidiariamente. Aí surge a primeira aporia: terão direito de regresso? Se fosse solidária a obrigação, eles teriam um direito parcial de regresso, porque, *totum* e *totalitur*, aquele que paga, o devedor solidário que paga, quita a sua parte, mas se sub-roga perante os outros. Ele é solidário perante o credor, mas torna-se credor em relação aos demais coobrigados.

Já vimos que na responsabilidade não é regra geral que todo aquele que paga a dívida de terceiro se sub-roga nos direitos do credor. Não é o caso de se aplicar nenhum desses axiomas ou princípios do Direito Civil; o Direito Tributário aí cunha efeitos próprios ao instituto da responsabilidade.

Agora, o art. 135 já supõe que essas pessoas, quando ajam com dolo, ficam pessoalmente responsáveis – essas pessoas a que eu acabei de me referir no art. 134 e mais aquelas que o art. 135 ajunta na mesma disciplina jurídica. E aqui evidentemente está presente o dolo, porque não caiam na tolice de achar que a responsabilidade tributária é puramente objetiva. Ela é objetiva na descrição do tipo, mas não na apuração da infração e na atribuição de responsabilidade. E isso veremos daqui a pouco pelo estado da arte na jurisprudência a respeito desse assunto.

Então o art. 135 pega esses terceiros, que antes tinham uma responsabilização leve, por culpa, e eles agora passam a responder pesadamente, com todo o seu patrimônio, ilimitadamente, quando agirem com dolo, ou seja, quando eles ajam contra os interesses das pessoas que representam ou, em função da titularidade de um serviço público e maliciosamente, com *dolus malus*, provoquem o inadimplemento das obrigações tributárias.

O art. 135 traz para este rol, quando fala do dolo, alguns mandatários de pessoas jurídicas e físicas: os prepostos e empregados, os diretores, gerentes e representantes de pessoas jurídicas. Aqui uma segunda aporia, uma segunda dificuldade se coloca: trata-se aí de uma substituição tributária? Quer dizer, essas pessoas já nascem obrigadas pelo débito das sociedades ou elas se tornam obrigadas pessoalmente, liberando a sociedade, depois?

Já houve algum tempo atrás um simpósio do qual eu não participei, mas que foi organizado exclusivamente para discutir essa questão: é caso de substituição tributária o art. 135? Essa responsabilidade é pessoal do diretor, do gerente, do administrador? A sociedade fica liberada de qualquer pagamento, e então o diretor, o gerente, quando age com dolo, fica ele, pessoalmente, responsável como está escrito no art. 135?

A mim parece que não. É que, segundo Rubens Gomes de Souza (e aqui vou me utilizar da sua classificação), a responsabilidade que ele chama de indireta se daria por transferência ou por substituição. Por transferência quando, em razão de um fator de sub-rogação, a responsabilidade migrasse de um sujeito para outro. Por substituição quando a própria lei já substituísse de saída o pagante. Quer dizer, o laticínio é substituto tributário dos produtores de leite. Pronto, está acabado; o laticinista já é de saída sujeito passivo e direto. Nunca antes dele alguém contraiu a responsabilidade, o dever de pagar que para ele depois se transferisse, como não ocorre.

Neste caso aqui é evidente que não se trata de substituição tributária. E por quê? Porque para responsabilizar empregado, preposto, mandatário, diretor, gerente, administrador de sociedade, é necessário o devido processo legal. É preciso conhecer em profundidade, com os vínculos e com o exercício do direito de ampla defesa, para poder dizer "olha, você agiu com dolo e é responsável pela dívida da sociedade". Então há um fenômeno de interposição fática determinando a responsabilidade jurídica subjetiva.

Além do mais, se assim fosse todas as trampas poderiam ser cometidas pelas pessoas jurídicas, que criariam homens de palha, transferindo-lhes a responsabilidade, e ficaria a sociedade flanando em evidente fraude à lei. Então, não se trata de substituição tributária; nem a sociedade, em conluio com o diretor, se livra da responsabilidade (aí sim) solidária.

Duas questões avultam nesse ponto. Primeiro, a infração de lei abarca o simples inadimplemento do pagamento? Isso constitui infração de lei? Pelo que eu aprendi, a infração, na Teoria Geral do Direito, é constituir um rompimento da ordem jurídica. Qualquer descumprimento de lei ou contrato traduz um ilícito e, portanto, uma infração à ordem jurídica; e toda ilicitude é pela ordem jurídica sancionada. Se existe obrigação de pagar o tributo, o seu não-pagamento por culpa ou dolo implica um desrespeito à lei e, portanto, solicita a aplicação de uma sanção. Por esse lado nós não teríamos dúvidas em afirmar que o simples não-pagamento do tributo constitui infração; de fato constitui.

O problema é que isso seria muito absurdo, e por isso, com quatro turmas de pós-graduação, nós escrevemos o novo Código Tributário Nacional, que eu tenho jogado nos *sites*, mas não tenho sentido o retorno. O Código realmente tem algumas impropriedades, e essa é uma delas. Mas a jurisprudência caminha no sentido oposto, em dizer o Supremo Tribunal Federal que o simples descumprimento da obrigação tributária não constitui, para os fins do art. 135, infração de lei. Quer dizer, a jurisprudência corrige com prudência a impetuosidade lingüística do legislador, que se expressou muito mal nesse art. 135.

O segundo problema é saber discernir quando essa responsabilidade pode realmente ser transferida para o diretor, gerente, empregado. O empregado nos causa uma espécie muito grande, porque estando sujeito ao *jus variandi* do patrão, como é que esse pobre coitado, que ganha salário mínimo às vezes, como diz o Osíris, pode ficar responsável? Mas pode. Ele pode, sendo empregado da sociedade, lesar o Fisco e prejudicar a sociedade em proveito próprio. Então eu acho que essa transferência se dá quando o diretor, gerente, empregado, administrador, depois do devido processo legal, é colocado na posição de quem, prejudicando a sociedade em proveito próprio, lesa o Fisco, num conluio com alguém.

Houve um caso assim em Salvador: o diretor financeiro de uma empresa, conluiado com o gerente geral de uma grande instituição financeira, todo mês, cumpridos todos os rituais da contabilidade da empresa, pagava; o gerente de banco dava a quitação, essa quitação ia ao Fisco (o banco no caso era preposto do Fisco) e vinha à empresa. Só que apenas metade do tributo era realmente recolhida; metade era desviada para o bolso dos dois. Instalada a controvérsia, o Fisco disse assim: "Vou cobrar de novo! Quem paga mal paga duas vezes, não tenho nada a ver com isso". A sociedade falou: "Espera aí, eu fui lesada; eu quis pagar, não houve *dolus malus* da minha parte". A decisão judicial foi a seguinte: que se fosse, por exemplo, um contador que tivesse desviado, a sociedade ficava obrigada a pagar a dívida, mas nesse caso não, porque o banco na verdade funcionaria como o antigo exator, o coletor de tributos; e se esse preposto do Estado deu quitação, responde por ela. Então o Estado que buscasse no banco aquilo, porque por *culpa in vigilandum* o banco deixou que acontecesse. E a empresa ficou de fora, mas o seu diretor foi pessoalmente responsabilizado; e posteriormente até com persecução penal, porque se entrou com ação no campo criminal.

Vejam: para que haja a simples transferência para o diretor, liberando a sociedade, é preciso que fique comprovada a existência de dolo em prejuízo da sociedade e em prejuízo do Fisco. Fora disso, respondem a sociedade e os seus gerentes, diretores e administradores. Os dispositivos do Código estão capengas, e o seu equilíbrio é produzido pela jurisprudência.

Então vamos ver aqui o estado da arte, em dois exemplos, para não chateá-los.

Houve uma decisão, que me parece foi paradigma a respeito desse assunto, do Supremo Tribunal Federal, no RE 85.241. Foi uma questão anteriormente decidida pelo Tribunal de Alçada de São Paulo e no Supremo disse o relator o seguinte: "A responsabilidade executória por débito fiscal está hoje disciplinada no Código Tributário Nacional. Além de sujeito passivo da obrigação, o responsável primário, admite o Código a responsabilidade solidária de terceiros (art. 134) e a responsabilidade por substituição (art. 135). Na questão da responsabilidade dos sócios por dívidas da sociedade, dispôs o Código que a solidariedade advém de sua intervenção nos atos ou pelas omissões de que forem responsáveis (art. 134) e que a substituição ocorre quando a obrigação tributária advém ou é resultante de atos praticados com excesso de poderes ou infração de lei e/ou contrato social e estatutos (art. 135)".

Diz ainda o relator: "Pretende a terceira embargada que a responsabilidade dos sócios advém da infração da lei, por não terem solvido a tempo a obrigação tributária". Labora em equívoco. A infração à lei diz com a economia societária; a admitir-se o contrário, os sócios seriam sempre responsáveis pelas dívidas da sociedade, quer nas relações de Direito Público, quer nos negócios jurídicos do Direito Privado, pois o inadimplemento de qualquer obrigação constitui, é claro, ofensa à lei.

Então o Supremo decidiu no sentido que eu acabei de expor. Eu na verdade expus o estado da arte, como o Judiciário vem entendendo essa questão.

Certa feita o antigo Tribunal Federal de Recursos, hoje Superior Tribunal de Justiça, intentou desobedecer ao Supremo Tribunal Federal, e ficou ementada a seguinte decisão: "O sócio responsável da sociedade por cotas é responsável solidária e ilimitadamente (quer dizer, pessoalmente, com os seus bens pessoais) pelos atos praticados com violação da lei. Dentre esses compreende-se a falta de recolhimento do IPI na época própria, o que em tese constitui crime de apropriação indébita".

Vem o Supremo e desmente essa decisão, a reforma. Então diz Djaci Falcão, na época Ministro do Supremo: "Inicialmente esclareço que em nenhum momento ficou alegado e demonstrado que Dietrich Bormann, um dos sócios da empresa executada, houvesse agido com excesso de poderes e infração de lei ao não recolher o imposto reclamado pela recorrente (a União queria o IPI). O que consta é que a executada, numa demonstração de boa-fé, solicitou o parcelamento do seu débito, inclusive afirmando que tal proceder se constituía uma confissão irretratável da dívida. O egrégio Tribunal Federal de Recursos é que extraiu a ilação ora impugnada, no sentido de que ocorreria em tese um ilícito penal. Colocada a questão nesses termos, afigura-se incorreta a conclusão alcançada pelo egrégio Tribunal *a quo*, eis que colide frontalmente com a jurisprudência colecionada, de que é exemplo a RE 97 529, relatada pelo eminente Ministro Francisco Rezek". Essa decisão está no *RTJ* 105, p. 1.262.

É assim essa questão na jurisprudência dos tribunais. O Tribunal de Minas, por exemplo, diz: "A responsabilidade do sócio, seja ele gerente ou não, é condicionada à prática de atos com violação de contrato ou da lei. Mas não constitui violação de lei o simples inadimplemento da obrigação de pagar".

Portanto, até o momento, e mesmo depois do advento do Código Civil, eu não vejo como se possa alterar o entendimento dos tribunais superiores a respeito dessa matéria, com o que encerro a minha alocução. Responsabilidade Tributária é matéria de lei complementar.

Muito obrigado. (*Palmas*)

PRESIDENTE DA MESA (PROF. ESTEVÃO HORVATH) – Muito obrigado ao Prof. Sacha, que como sempre abrilhantou e esclareceu muitos pontos dessa questão por vezes bastante controvertida.

Agora passo a palavra ao Prof. Ricardo Mariz de Oliveira, que vai tratar do "Conceito de empresa e responsabilidade por sucessão".

PROF. RICARDO MARIZ DE OLIVEIRA – Bom dia a todos. Eu fui solicitado a falar sobre conceito de empresa e responsabilidade por sucessão, numa Mesa voltada para o novo Código Civil. O tema é interessante, sem dúvida nenhuma, mas bastante árduo quando se tem em vista primeiramente uma redação deficiente do Código Civil de 2002, em segundo lugar uma dissensão entre os civilistas a respeito de alguns pontos do conceito de empresário ou de empresa, e também um terceiro ponto, porque nós vamos ter de analisar esta questão sob a perspectiva do Direito Tributário.

Este é um Congresso de Direito Tributário, e evidentemente nós não estamos aqui apenas para estudar o Direito Civil por ele, e na sua aplicação às relações jurídicas do Direito Privado. Nós estamos aqui para verificar como essas relações do Direito Privado repercutem no Direito Tributário, a partir até daquela idéia, que todos nós conhecemos e temos em mente, de que o Direito Tributário é um direito de superposição ou de sobreposição. Isto é, ele encontra no mundo jurídico, no mundo negocial, relações entre pessoas disciplinadas por outros ramos do Direito e toma essas relações como substrato para incidências de tributos. Então é nessa perspectiva que nós temos de analisar tanto o conceito de empresa quanto o de empresário, e a seguir a responsabilidade por sucessão.

É claro que o Código Civil trata longamente de responsabilidade (matéria do Prof. Sacha), trata longamente de sucessão e trata longamente de empresa – até empresa que, sabem, tem um livro específico nessa nova lei. E isto tem gerado sempre uma pergunta que, qualquer que seja o objeto específico de indagação, deságua num denominador comum. Seja tratando de uma ou de outra questão tributária, é sempre colocada a primeira indagação, que na verdade é um pressuposto para enfrentamento da questão específica, de que o Código Civil poderia ter alterado o Código Tributário ou as leis tributárias em geral; de que o Código Civil poderia ter revogado disposições das leis tributárias, quando conflitante com elas. E descendo um pouquinho ao detalhe: como aplicar doravante disposições das leis tributárias que se referem, por exemplo, a sociedades civis de prestação de serviços, quando essas sociedades civis não mais existem na concepção do novo Código?

Essas são as indagações que sempre aparecem e que trazem subjacente esta primeira pergunta: qual é o campo de atuação, qual é o limite do campo de atuação do Código Civil, a ponto de poder influenciar nas relações jurídicas tributárias e até mesmo revogar disposições da legislação tributária?

Nós sabemos todos que os conflitos de leis se resolvem pelo critério da especialidade, pelo critério cronológico, pelo critério hierárquico; e são esses evidentemente os critérios que imperam para a solução desta questão, acrescidos das normas da Lei Complementar n. 95, que trata do procedimento de fazimento das leis e que no art. 9º trata da revogação e no art. 12 trata da alteração das leis – disposições essas que por enquanto estão ainda relegadas nas nossas preocupações a um plano secundário, mas que têm grande importância e não podem ser esquecidas, porque penso e outros pensam também que são pressupostos de validade das novas leis. E assim é mesmo, porque têm substrato constitucional de lei complementar. Nesses conflitos, resolvidos por esses critérios, para nossa orientação eu queria colocar como ponto de partida (válido para analisar a questão específica e evidentemente para qualquer outra questão) esta separação que existe entre os campos do Direito e que nós nos habituamos a ouvir e até aceitar que é uma separação meramente didática, para fins de compreensão do ordenamento como um todo; mas na verdade passa a ser muito relevante e a ter efeitos práticos a partir do fato de que determinadas matérias são reservadas, pela Constituição Federal, à competência da lei tributária e de nível hierarquicamente superior, porque de nível complementar.

Eu me refiro ao art. 146 da Constituição Federal, que dá ao CTN, por recepção, a condição de lei complementar. Isso coloca, portanto, o CTN num patamar superior ao do Código Civil, naquilo que diz respeito à matéria própria da relação jurídica tributária, elencada no art. 146 da Constituição Federal. Se algum assunto estiver regulado dentro do Direito Tributário sob a proteção do art. 146, é inderrogável por leis ordinárias, sejam civis ou sejam tributárias por designação.

Portanto, essa é uma primeira barreira. O Código Civil não tem poder para alterar o CTN em qualquer matéria que esteja compreendida no art. 146. E eu vou dizer de maneira geral, sem ter feito uma análise e sem pretender fazer aqui uma análise individual artigo por artigo, que parto do pressuposto de que nenhum dispositivo do CTN até hoje foi declarado inconstitucional; parto do pressuposto de que tudo que está lá é lei complementar formalmente e materialmente. Eu parto desse primeiro pressuposto. Não há possibilidade de revogação de qualquer norma do CTN pelo Código Civil.

Mas há mais, que não é uma mudança de rumo de pensamento, e sim um complemento extraído do próprio CTN, nos seus arts. 109 e 110. Lembram-se de que o art. 109 diz que os institutos, conceitos e formas do Direito Privado são interpretados e utilizados pelo Direito Tributário, por ser direito de sobreposição, tal como eles são no Direito Privado, e apenas cabe à lei tributária atribuir a esses institutos, conceitos e formas do Direito Privado seus efeitos tributários. E o art. 110, que é uma explicitação das normas constitucionais de atribuição de competência tributária, estabelece que quando as competências forem atribuídas em razão de institutos, conceitos e formas do Direito Privado não podem sofrer qualquer alteração pelo Direito Tributário, sob pena de se alterar completamente, para mais ou para menos, o campo de incidência constitucionalmente previsto.

Por exemplo, o imposto sobre a transmissão de bens imóveis requer necessariamente que se entenda o que seja bem e o que seja imóvel pelo Direito Civil, pelo Direito Privado, não sendo possível a lei do poder competente para cobrança desse tributo definir o que é imóvel e o que é transferência.

Mas no art. 109 (com o art. 110 por complemento) nós temos o reflexo desta premissa que eu estou colocando. É o próprio CTN que reconhece que existe matéria que é da competência do Direito Privado e que será recepcionada pelo Direito Tributário para efeitos tributários apenas, mantendo a sua identidade tal como é estabelecida pela lei do Direito Privado.

Isso nos dá, pelo menos sob o ponto de vista de metodologia e teórico, um caminho e uma rota para enfrentar as questões concretas. Claro que a prática vai demonstrar e confirmar muitas dificuldades, mas temos uma rota fundamental.

Eu queria dar como exemplo do que estou mencionando o seguinte: a responsabilidade dos sócios das sociedades limitadas, de acordo com a lei do Direito Privado, sempre foi e continua a ser a de integralização do capital social. Isso é um conceito e uma norma do Direito Privado. E vale para efeito do Direito Tributário? Vale na medida de duas considerações.

A primeira é que a existência, a classificação e a conformação das características das pessoas, naturais ou jurídicas, são próprias do Direito Privado. É claro que o Direito Tributário pode alcançar uma pessoa física e dizer que, para efeitos tributários, ela será tributada tal e qual uma pessoa jurídica, porque apenas a lei tendo a competência tributária específica (no caso, digamos, do imposto de renda) para tributar tanto a pessoa física quanto a jurídica, ela pode perfeitamente, por ser essa competência abrangente das duas categorias do Direito Privado, para quantificação da obrigação tributária, estabelecer: "olha, quem é pessoa física no Direito Privado, no Direito Tributário, especificamente para o imposto de renda, é pessoa jurídica, para efeito de quantificação da obrigação tributária". Não alterou o conceito do Direito Privado; apenas deu efeito tributário a conceitos distintos do Direito Privado.

Agora, quando a lei se refere a sociedade limitada, que tem ínsita na sua característica a limitação da responsabilidade dos sócios ao montante do capital subscrito, à integralização desse montante, essa norma, no meu modo de ver, é própria do Direito Privado e é necessariamente respeitada pelos Poderes Públicos titulares de competências tributárias. Tanto que não conheço, até hoje, nenhuma opinião contrária e não conheço nenhuma decisão que tenha dado poder ao Fisco de cobrar dos sócios enquanto sócios, e puramente sócios, mais do que a integralização do capital. Ou seja, integralizado o capital, cessa a responsabilidade.

Eu me pergunto aqui se seria possível uma norma de Direito dizer que essa limitação de responsabilidade das limitadas não valeria para efeitos fiscais. Eu acredito que sim, desde que fosse uma lei complementar, embasada no art. 146, e que desse para esta exceção uma característica de proteção do crédito tributário, que é própria da lei complementar tributária, de acordo com o art. 146. Mas não havendo essa exclusão, essa limitação da norma de Direito Privado no CTN, ela vale também no Direito Tributário.

Esse é um exemplo de como os campos se aproximam, de como eles se interpõem e de como eles se limitam também. Pelo menos eu pretendo que tenha sido um exemplo elucidativo do que quero dizer.

Quando nós vamos enfrentar o conceito de empresa e empresário e tratar de responsabilidade por sucessão, eu penso que devemos nos orientar por essas premissas.

Aí eu já antecipo que posso até, e pretendo, falar um pouco sobre o que é empresário, o que é sociedade empresária e o que não é empresário. Mas já antecipo que não vejo, pelo menos de momento, muita repercussão no Direito. (*truncamento da gravação*)

Sabemos que até então nós tínhamos figuras como prestador de serviço, comerciante, sociedades civis, sociedade mercantil ou comercial, e tipos societários variados, como sociedade anônima, sociedade por cotas, sociedade em comandita etc. A grande alteração do Código Civil nesse universo, ou nesse ambiente, foi trazer para dentro do Direito (porque já existiam na economia) a figura do empresário e a da sociedade empresária.

Grosso modo, nós diríamos que a sociedade empresária e o empresário corresponderiam àqueles que fossem anteriormente os comerciantes, até por uma comodidade de pensamento, porque eles continuam a ser objeto de registro no Registro Público de Empresas Mercantis, que nada mais é do que a Junta Comercial. E o não-empresário ou as sociedades simples seriam as sociedades antigamente chamadas de sociedades civis, até porque continuam registradas no Registro Civil de Pessoas Jurídicas. Mas esse é um pensamento cômodo, e válido até certo ponto, porque na verdade sociedade empresária e empresário não são mais apenas aqueles que exercem o comércio tal como todos nós aprendemos pelo Código Comercial.

O art. 966 do Código Civil diz que se considera empresário quem exerce profissionalmente atividade econômica organizada para produção ou circulação de bens ou de serviços. Na verdade, as últimas palavras (produção ou circulação de serviços) mostram que quem não era comerciante, e tinha uma categoria jurídica distinta, agora está na mesma categoria dos comerciantes. Para a concepção nova, são todos empresários; e se forem reunidos em sociedade, o objeto da sociedade for esse e se ela estiver organizada dessa forma, será uma sociedade empresária. E o Código Civil diz que não sendo sociedades empresárias e não sendo associações (que são aquelas que não têm intuito econômico), todas as demais sociedades com intuito econômico são sociedades simples. Então é um critério de exclusão: se não for empresária, é sociedade simples.

Mas entre as sociedades empresárias estão as sociedades prestadoras de serviço. E o parágrafo único diz que não se considera empresário aquele que exerce profissão intelectual, de natureza científica, literária ou artística, ainda que com o concurso de auxiliares ou colaboradores (estava ótimo até aqui, não?), salvo se o exercício da profissão constituir elemento de empresa. E isso tem levado os civilistas a discutirem e a discordarem com relação a esse conceito de elemento de empresa e até ao próprio conceito de empresa.

O que é empresa? Se vocês forem a qualquer dicionário, vão verificar que a palavra "empresa" tem duplo sentido, ou pelo menos pode ser aplicada em duplo sentido: como atividade organizada para a exploração de alguma atividade de cunho ou interesse econômico ou como pessoa jurídica dedicada a essa atividade. Até o Direito Privado anterior ao Código Civil também se usava a palavra "empresa" quer para se referir à pessoa jurídica, quer para se referir ao empreendimento da pessoa jurídica. E a própria Constituição usa a palavra "empresa" no sentido de pessoa jurídica. A grande novidade do Código foi ter utilizado "empresa" mais voltada para a noção da atividade, e não da organização jurídica, embora chame de empresárias aquelas que se dediquem à empresa.

Isso fica muito claro quando se lê tanto o art. 966, que eu acabei de citar, quanto o artigo que trata do estabelecimento, que é o art. 1.142 e que diz: "Considera-se estabelecimento todo complexo de bens organizado, para o exercício da empresa", para o exercício da atividade, para o exercício do empreendimento, ou por sociedade empresária. Quer dizer, o estabelecimento é o complexo de bens organizado para o exercício da empresa, por empresário ou pela sociedade empresária.

Voltando ao parágrafo único, ele exclui da condição de empresário o prestador de serviço relativo à profissão intelectual, de natureza científica, literária ou artística, que não use essa profissão como elemento de empresa.

Um entendimento que os civilistas estão se inclinando a adotar, na linha do Prof. Silvio Marcondes (autor desta parte do anteprojeto, ou participante do anteprojeto e redator da exposição de motivos do anteprojeto), é no sentido de que assume papel fundamental para a caracterização da empresa (e eu vou repetir aqui) o seguinte: o empresário ou a empresa, aquele que exerce profissionalmente atividade econômica (primeiro requisito) organizada (segundo requisito) para a produção ou circulação de bens ou serviços (terceiro requisito).

Então, a doutrina nesse ponto não tem nenhuma dúvida de que há três elementos concomitantes, inseparáveis, para que se caracterizem a empresa e o empresário: atividade econômica, que seja organizada e que seja voltada à produção ou circulação de bens ou serviços.

Há atividades econômicas que não são relacionadas à circulação de bens ou serviços. Na prática nós vamos ter de distinguir o que é bem e o que é serviço; teremos de recorrer ao próprio Código Civil para isso. Mas só é empresário aquele que estiver organizado para esses dois objetivos: serviços ou bens produzidos ou circulados.

Segundo a doutrina, baseada em Silvio Marcondes, o elemento essencial da empresa é a organização. A organização no sentido da reunião dos fatores de produção, em maior ou menor intensidade, conforme o caso. Fatores de produção: capital, trabalho e natureza, e atualmente se acrescenta a tecnologia, que é o avanço do mundo moderno. E na visão desses autores não seria sociedade empresária (só para dar o exemplo, que o tempo aqui é curto) ou não seria empresário aquele que intelectualmente produz um resultado que sai da sua própria mente. Ele é o autor do objeto produzido e colocado em circulação.

Quando nós nos associarmos numa sociedade de advogados em que todos os sócios trabalhem, será uma sociedade simples. E se fizermos advocacia em caráter pessoal, seremos pessoas naturais não-empresárias. Agora, se organizarmos uma atividade (organizarmos é a palavra fundamental) com caráter em que participam desse empreendimento capital, trabalho de terceiros e outros fatores de produção de que se gera o resultado colocado em circulação, estaremos perante um empresário e uma sociedade empresária.

Vou parar por aqui porque a controvérsia é muito grande e ela se estende longamente. Eu só queria dizer que não me parece, na perspectiva do Direito Tributário, que haja de pronto quaisquer influências nessa discussão. Alguém será empresário ou não conforme o Direito Civil novo, mas será contribuinte ou não deste ou daquele tributo conforme as normas do Direito Tributário.

Eu quero dizer o seguinte: para determinados tributos, é da essência econômica visada pelo fato gerador o desenvolvimento de um trabalho ou de um resultado econômico que se encaixa exatamente na definição de empresário, de forma que nós podemos dizer que, para ser contribuinte desses tributos, necessariamente será empresário ou sociedade empresária. Vou dar um exemplo típico: o imposto sobre circulação de mercadorias; acho que não há outro exemplo melhor do que esse.

Agora, existem outros tributos para os quais é irrelevante a condição de empresário ou não; pode ser até uma associação e não uma sociedade, nem sequer uma sociedade simples: o imposto sobre a propriedade imobiliária, por exemplo, um imposto sobre doações, que não têm na sua vocação o exercício empresarial. E há outros tributos, como o imposto de renda, que podem até aparentar à primeira vista que somente os empresários serão contribuintes, porque somente eles se organizam numa atividade econômica para produção ou circulação de bens ou serviços, mas não é verdade. Uma pessoa não-empresária, uma pessoa jurídica simples ou uma sociedade simples será contribuinte do imposto sobre os acréscimos patrimoniais que tiver da mesma forma que os empresários.

Então, essa definição e essa controvérsia entre empresários e não-empresários se projeta no Direito Tributário com alguma influência, mas não de maneira a alterar tratamentos tributários até aqui previstos. O fato de as leis tributárias se referirem à sociedade empresária ou à sociedade simples não altera a aplicação das mesmas.

Um exemplo: se um dispositivo legal se referir à incidência de determinado imposto sobre as sociedades civis dedicadas à exploração de atividades próprias de profissões legalmente regulamentadas, apesar de que as sociedades hoje não serão mais chamadas sociedades civis, somente haverá incidência do imposto quando, de acordo com a classificação existente à época da promulgação desse dispositivo legal, uma determinada pessoa jurídica fosse sociedade civil. Hoje ela será o quê? Poderá ser empresária ou não. Ela poderá ter migrado do Registro Civil de Pessoas Jurídicas para o Registro de Empresas Mercantis, para atender ao novo Código, de maneira absolutamente irrelevante para a incidência daquele tributo, porque a essência da definição que se extrai, e aplicando-se o princípio da legalidade e da tipicidade, é a que existia àquela época da promulgação da lei.

Então, as novas leis tributárias, espera-se que devam referir-se às novas categorias; mas enquanto as leis do passado continuarem vigendo, referindo-se a categorias anteriores, elas serão aplicadas sem nenhuma colidência com o Código Civil novo.

E eu tenho de falar também sobre responsabilidade por sucessão. O Código Tributário tem normas sobre sucessão, das quais o art. 133 é o mais relevante, e eu queria fazer uma confrontação com algumas normas do Código Civil, para até ilustrar esta maneira que eu penso seja como se deve encaminhar qualquer raciocínio em qualquer hipótese.

Antes de falar em sucessão propriamente dita, mas numa situação muito próxima, eu queria me referir à situação dos incapazes que exercem empresa. Isso teria mais a ver com a noção de capacidade, e aqui eu estou usando esse exemplo porque não somente é próximo da questão de sucessão, como é diretamente relacionado ao conceito de empresa e está muito perto desse possível conflito entre lei tributária, CTN, e o Código Civil.

O Código Civil tem uma disposição que é uma grande novidade. É o art. 974, do qual nos interessa o parágrafo 2º, que tem as duas hipóteses que mencionei há pouco. O Código Civil, embora tenha usado a palavra "empresa" em determinados dispositivos referindo-se a pessoa jurídica, em outros utilizou a palavra "empresa" para referir-se a empreendimento e em outros de maneira indeterminada. No art. 974, § 2º, ele se refere não a uma pessoa jurídica; está tratando de uma pessoa física incapaz, refere-se, portanto, ao empreendimento: "Não ficam sujeitos ao resultado da empresa os bens que o incapaz já possuía ao tempo da sucessão ou da interdição, desde que estranhos ao acervo daquela, devendo tais fatos constar do alvará judicial que conceder a autorização".

O art. 974 autoriza que o incapaz continue a ser empresário e determina que o juiz estabeleça no alvará quais os bens que se referem à empresa ou não. Aqui nós temos uma posição curiosa, que vale a pena observar. Patrimônio é uma universalidade; nós sabemos que o patrimônio é a totalidade dos direitos e obrigações de determinada pessoa, totalidade das relações jurídicas ativas ou passivas de uma pessoa que tem conteúdo econômico (art. 91 do Código Civil novo). E é uma universalidade.

No caso do incapaz o art. 974 estabelece uma quebra dessa universalidade. Há bens que pertencem à universalidade patrimonial do incapaz, mas não pertencem à empresa; por exemplo, a casa onde ele mora. E há bens que são dele, mas são utilizados na empresa. E a lei diz que não ficam sujeitos ao resultado da empresa os bens que o incapaz já possuía ao tempo da sucessão ou da interdição.

Aqui entram duas hipóteses: bens que eram possuídos por ele quando ele herda uma empresa (quer dizer, o autor da herança que era o empresário) ou então quando ele já era empresário e é declarada a sua incapacidade. Nessas duas hipóteses o Código estabelece que os bens que não se referem à empresa não respondem pelo resultado da empresa. A empresa, evidentemente, como ele é incapaz, será dirigida por um tutor ou representante estabelecido pelo juiz, num alvará judicial.

Este ponto aqui mostra que nós temos uma norma de responsabilização nova, que vem do Direito Privado e que tem plena aplicação no Direito Tributário, por não contrariar o CTN; por estar dentro do art. 109 do CTN e por não estar no art. 146 da Constituição.

Já não é assim com a sucessão de estabelecimento. Estabelecimento, eu já disse, é definido pelo Código como sendo o complexo de bens organizado para o exercício da empresa por empresário ou por sociedade empresária.

Eu queria também rapidamente dizer que essa definição de estabelecimento se aproxima muito do conceito que se tinha de estabelecimento no âmbito privado, de estabelecimento não como local de prestação de serviço ou de exercício de atividade, mas como o complexo de bens ou o fundo de comércio – enfim, aquele complexo de bens utilizados para a empresa, para o empreendimento. E ele vai nessa linha: considera-se estabelecimento o complexo de bens organizado para o exercício da empresa por empresário ou sociedade empresária.

Eu estou fazendo referência a esse detalhe para dizer que o Código Civil também comporta usar a palavra "estabelecimento" no sentido de local, de segmento da pessoa jurídica. Em vários outros dispositivos ele se refere a estabelecimento como segmento – filial, matriz, depósito ou local de prestação da atividade –, que é, afinal de contas, como o Código Tributário e as leis ordinárias de Direito Tributário encaram a palavra "estabelecimento".

O art. 133 do CTN trata da sucessão de estabelecimento quando da sua aquisição, e lá fazendo uma distinção entre aquisição de fundo de comércio ou estabelecimento. E a doutrina e a jurisprudência do Direito Tributário sempre entenderam que esse dispositivo, por ter essa duplicidade de referências (fundo de comércio e estabelecimento), poderia se aplicar quer na hipótese de uma aquisição integral da pessoa jurídica, quando a sucessão tributária do adquirente é plena, quer quando a aquisição seja não da pessoa jurídica integral, mas apenas de um segmento, uma unidade (uma filial, uma fábrica, seja o que for) da pessoa jurídica – hipótese em que a sucessão tributária é relativa apenas aos tributos devidos especificamente por aquele estabelecimento, no sentido de segmento da pessoa jurídica.

Pois bem, nessa confrontação das normas do Direito Civil com as normas do Direito Tributário é que aparece o art. 1.146. O art. 1.146 diz o seguinte: "O adquirente do estabelecimento responde pelo pagamento dos débitos anteriores à transferência, desde que regularmente contabilizados, continuando o devedor primitivo solidariamente obrigado pelo prazo de um ano, a partir, quanto aos créditos vencidos, da publicação, e, quanto aos outros, da data do vencimento".

A publicação a que se refere é porque o Código exige, para a validade da alienação de estabelecimento, que haja uma abertura da possibilidade de credores terceiros se oporem, num prazo contado da publicação do aviso na imprensa oficial. Isso está no art. 1.144.

Nota-se clara colidência entre o art. 1.146 e o art. 133 do CTN, porque este estabelece a responsabilidade tributária do adquirente de estabelecimento quando o adquirente continuar a respectiva exploração, sob a mesma razão social ou firma ou nome individual. E diz mais, lembram-se disso: responde integralmente se o alienante cessar a exploração da atividade e subsidiariamente com o alienante quando ele prosseguir na exploração da atividade ou iniciá-la dentro de um prazo de seis meses.

Então as normas são claramente contrárias. Vejam: para efeitos civis o adquirente só responde pelos débitos contabilizados, regularmente contabilizados, diz a lei; não é só "contabilizados", é "regularmente contabilizados". Não responde pelos débitos ocultos, pelos passivos omitidos ou pelos débitos desconhecidos que não estavam na contabilidade. Isso evidentemente não tem valor perante o art. 133 do CTN. Seria muito fácil até; na órbita do Direito Tributário você só não contabiliza o débito tributário, aliena o estabelecimento, vem o fiscal, "não, não tenho mais responsabilidade nenhuma".

Então o que se tira do art. 1.146, na sua repercussão para o Direito Tributário? Tira-se, sim, a solidariedade do alienante pelo prazo de um ano, porque agora ele é solidário. E o Código Civil não limitou a solidariedade a determinado tipo de obrigação; são todas as obrigações relativas ao estabelecimento. Isso vale para o Fisco também. Por que o Fisco seria excluído? Agora, não vale para o Fisco (porque aqui entra em colidência com o CTN, art. 133) a limitação da responsabilidade do adquirente (não do alienante) aos débitos regularmente contabilizados.

Na limitação de tempo, era isso que eu tinha a dizer. E queria complementar dizendo que segunda-feira vou colocar no *site* do meu escritório um comentário sobre essa matéria, e bem mais abrangente até, de forma que se alguém quiser, tiver o interesse de consultar, o endereço é www.marizsiqueira.com.br. Pode ser que entre hoje à tarde, depende da possibilidade material e temporal.

Obrigado. (*Palmas*)

PRESIDENTE DA MESA (PROF. ESTEVÃO HORVATH) – Muito obrigado, Prof. Ricardo. Infelizmente não teríamos mais tempo; gostaríamos de ouvi-lo por mais meia hora sobre esse tema, mas não temos mais esse tempo.

Sem mais delongas, passo a palavra ao Prof. Paulo Ayres Barreto, que tratará da "Base de cálculo e alíquota do imposto sobre a renda".

PROF. PAULO AYRES BARRETO – Bom dia a todos. É sempre uma satisfação muito grande falar nos congressos promovidos pelo IDEPE. Uma satisfação e uma responsabilidade, dada a excelência dos expositores que por aqui passaram. Falar após o Prof. Sacha Calmon Navarro Coelho e o Prof. Ricardo Mariz de Oliveira é sempre uma dificuldade enorme, pela facilidade, retórica e competência no trato da matéria tributária. E, notadamente, a excelência do auditório também se mostra sempre presente; eu vejo aqui mais de vinte professores de Direito Tributário compondo este auditório, o que torna a minha missão bastante difícil.

O tema a mim atribuído – "Imposto sobre a renda: base de cálculo e alíquota" – está um pouco deslocado desta Mesa, em função de uma viagem do Prof. Renan

Lotufo. Vou ousar cuidar do imposto sobre a renda na presença do Prof. Ricardo Mariz de Oliveira. Ainda há pouco, no corredor, eu ouvia o Prof. Vitorio Cassone que, tão logo o encontrou, exclamou: "Olha o papa do imposto sobre a renda!" Eu, então, vou falar desse imposto na presença do papa!

No início dos nossos trabalhos, o Prof. Aires Barreto nos convidou a estudar, examinar os temas deste congresso à luz do Texto Constitucional. E é por onde eu vou iniciar a minha exposição. Para cuidar da base de cálculo, precisamos enxergar a regra-matriz do imposto sobre a renda e, para isso, temos que identificar os pressupostos constitucionais que informam esse imposto.

Duas grandes colocações se põem de plano. Primeiro, se o conceito de renda está ou não expresso no Texto Constitucional; segundo, quais as conseqüências dos princípios que informam a tributação sobre a renda no país, previstos no Texto Constitucional.

Relativamente à primeira indagação – se o conceito de renda está ou não na Constituição –, surge sempre uma polêmica muito forte. Há várias teorias que se dedicam a definir o que seria renda: teoria que define a renda como acréscimo patrimonial; teoria que define renda de uma perspectiva legal (renda é aquilo que a lei disser que renda é), entre outras. Faço uso de um exemplo – já se disse aqui que um bom exemplo vale mais do que mil palavras – para firmar meu posicionamento, no sentido de que há um conceito pressuposto, cinzelado, desenhado, mínimo, de renda no Texto Constitucional, que haverá de ser, necessariamente, considerado pelo legislador infraconstitucional.

O exemplo é o seguinte: o projeto de lei que deu origem à Lei Complementar n. 104, de 2001, tinha, na sua redação original, os seguintes dizeres: "O imposto sobre a renda e proventos de qualquer natureza tem como fato gerador a aquisição de disponibilidade econômica ou jurídica de receita ou de rendimento proveniente, a qualquer título, do capital, do trabalho, ou da combinação de ambos". Esse projeto nasceu, evidentemente, nos porões da Receita Federal, com o claro intuito de criar-se, com a denominação de imposto sobre a renda, uma nova COFINS, um novo PIS, um novo tributo incidente sobre receita.

Pois bem. O próprio legislador ordinário federal não levou às últimas conseqüências essa intenção da Receita Federal. O projeto acabou sendo alterado, não vingando com essa redação. Mas, a título de exemplo, este fato é importante para mostrar que, fosse renda aquilo que a lei dissesse que renda é, o projeto teria sido aprovado e teríamos, desta forma, que receita é renda. Parece-me que essa interpretação não pode prevalecer a nenhum título!

Recentemente, num trabalho escrito com o Prof. Eurico de Santi, e a partir das lições do Prof. José Artur Lima Gonçalves, nos posicionamos no seguinte sentido: a Constituição apresenta, ainda que singelamente, conteúdo semântico mínimo para a palavra "renda". Ao lado disso, a Constituição faz referência a uma série de outros conceitos: patrimônio, capital, fortuna, grande fortuna e assim por diante. De uma perspectiva positiva, tem-se uma noção, ainda que singela, do que possa ser renda a partir do Texto Constitucional. De uma perspectiva negativa, tem-se que, se patrimônio é um conjunto estático de bens, renda não poderia ser um conjunto estático de bens; se faturamento é a soma de faturas, renda não poderia ser a soma de faturas; e assim sucessivamente.

Desse cotejo, do gênero próximo e da diferença específica, é possível construir um conceito de renda, ainda que genérico, a partir do Texto Constitucional, conceito esse que vem descrito de forma mais minudente pelo Código Tributário Nacional. Tomaremos, para os fins desta exposição, o conceito de renda como acréscimo patrimonial, como riqueza nova, dentro de uma noção genérica adotada pela doutrina.

A tributação da renda deve atender a certos princípios, requisitos de ordem constitucional. São eles: universalidade, generalidade e progressividade, na forma da lei. O Prof. Ricardo Mariz de Oliveira, num de seus trabalhos, propõe que se entenda generalidade em contraste à seletividade. Vale dizer, as diversas espécies de renda não poderiam ser tratadas de forma seletiva, devendo ser considerada toda a renda auferida por uma pessoa, submetendo-a, uma única vez, à tributação de forma progressiva, dado um certo lapso temporal.

Feitas essas considerações genéricas a partir do Texto Constitucional, passemos a enfrentar, de modo específico, questões atinentes à base de cálculo e à alíquota do imposto sobre a renda. O meu propósito é mostrar algumas distorções que o Direito Positivo brasileiro apresenta, seja em relação à alíquota, seja em relação à base de cálculo. Estamos no mês de outubro e, como os senhores bem sabem, a dois meses de prováveis mudanças legislativas no que se refere ao imposto sobre a renda, que usualmente vêm em meados de dezembro, quando não no dia 31.

Cuidaremos primeiramente da alíquota, para, em seguida, tratarmos da base de cálculo.

Relativamente à alíquota, é comum ouvirmos manifestações no sentido de que bastou a progressividade ser alçada ao plano constitucional, para que, verdadeiramente, deixasse de existir, isto é, para que o legislador ordinário federal não a levasse a termo. Esta afirmação me parece correta em relação às alíquotas definidas para pessoa jurídica, porém contempla temperamentos em relação à pessoa física.

Se olharmos a tabela aplicável à pessoa física, verificaremos, de fato, duas faixas, de 15% e 27,5%, e a chamada "parcela a deduzir", cujo efeito é transformar a alíquota nominal em alíquota efetiva. E qual o reflexo que essa transformação produz? Ela impede o que se vê na seguinte situação: o superior hierárquico chama seu funcionário para dizer-lhe: "O seu desempenho tem sido muito bom, você tem trabalhado muito bem, e em razão disso vou lhe dar um aumento. Você passará a ganhar não mais R$ 2.100,00, mas R$ 2.200,00". Esse funcionário, se fosse olhar apenas para as alíquotas nominais, diria: "Pelo amor de Deus, não faça isso! Eu vou passar de uma alíquota de 15% para uma alíquota de 27,5%. Vou perder dinheiro, e não ganhar!". Evidentemente, a parcela a deduzir faz com que isso não ocorra.

Nesse caso específico, com R$ 2.100,00 de remuneração, tem-se uma alíquota nominal de 15%, mas uma alíquota efetiva de 7,4%; para R$ 2.150,00, ou seja, exatamente na mudança de faixa de 15% para 27,5%, a alíquota efetiva deixa de ser 7,4%, e passa a ser 7,6%. E assim por diante, conforme a renda vai crescendo. Para uma renda de R$ 3.000,00, a alíquota efetiva é 13,4%; para R$ 6.000,00, é 20%; para R$ 10.000,00, é 23%; para R$ 30.000,00, é 26%; para R$ 100.000,00, é 27%; para R$ 1.000.000,00, é 27,46%. Ou seja, há progressividade. Se a progressividade é a ideal, se é a dos nossos sonhos, esse é um problema de decisão política. Mas, tecnicamente, parece-me haver verdadeira progressividade.

Se isso ocorre em relação à pessoa física, o mesmo, a meu ver, não se dá na pessoa jurídica. Na pessoa jurídica, com a previsão de duas alíquotas – 15% e o adicional de 10% para o lucro que exceder a R$ 20.000,00 –, tem-se o seguinte quadro, que me parece distorcido: para um lucro de R$ 100.000,00, um lucro talvez pequeno em se tratando de pessoa jurídica, tem-se uma alíquota efetiva de 23%, resultante da conjugação da alíquota de 15% com o adicional de 10%; se esse lucro aumentar para R$ 1.000.000,00, a alíquota efetiva sobe para 24,8%; para R$ 10.000.000,00, a alíquota efetiva é 24,98% (a diferença se dá na primeira casa decimal); se de R$ 10.000.000,00 o lucro passar para R$ 100.000.000,00, a diferença dar-se-á na segunda casa decimal; e se chegarmos no lucro dos bancos e de grandes empresas, vultosos, na faixa do bilhão de reais, então nem diferença em casa decimal se terá; continuaremos nos 24,99%.

Vale dizer, se não há, talvez, maior progressividade quanto à alíquota, isso seria mais evidente em relação à pessoa jurídica.

Nada obstante, o grande problema do imposto sobre a renda, a meu ver, não está nas alíquotas, mas na base de cálculo, notadamente no que se refere à pessoa física. A pessoa jurídica, bem ou mal, recebe um tratamento relativamente adequado pela legislação infraconstitucional. Há o conceito genérico de despesa, expresso no art. 242 do Regulamento do Imposto sobre a Renda, que me parece resolver a grande maioria dos problemas. A partir daí, enfrentaremos aspectos pontuais sobre a base de cálculo, como a legislação que cuida dos preços de transferência, que prevê algumas ficções, presunções absolutas e, em alguns casos, presunções mistas, para usar a classificação do Prof. Alfredo Augusto Becker. Mas, de uma perspectiva genérica, o legislador, no que se refere à conformação da base de cálculo, conferiu tratamento mais benéfico à pessoa jurídica do que à pessoa física.

A base de cálculo, ensina o Prof. Paulo de Barros Carvalho, tem três funções: (i) medir as proporções do fato; (ii) infirmar, afirmar ou confirmar a materialidade da hipótese de incidência; e (iii) compor a específica determinação da dívida. Na missão de medir as proporções do fato, a base de cálculo revela-se muito mais rica que a materialidade da hipótese de incidência.

Se pegarmos o Regulamento do Imposto sobre a Renda – que é um volume enorme –, identificaremos vários dispositivos que servem, pura, única e especificamente, para conformar, compor a base de cálculo do imposto sobre a renda. E, toda vez que há uma distorção em algum desses enunciados prescritivos, os quais delineiam a base de cálculo do imposto, corre-se o risco de haver uma distorção que venha a infirmar a materialidade da hipótese de incidência tributária. É, por exemplo, o que ocorre no caso dos preços de transferência, em relação a algumas ficções, que causam certa distorção na base de cálculo do imposto, de modo a gerar, possibilitar, permitir a tributação de algo que renda não é.

Dizíamos que as distorções maiores em relação ao imposto sobre a renda estão na base de cálculo da pessoa física, notadamente, ou mais especificamente, na base de cálculo da pessoa física do assalariado. Por que do assalariado? Bem ou mal, também a legislação da pessoa física confere tratamento relativamente adequado à renda da atividade rural, por exemplo. O produtor rural tem a possibilidade de uma série de abatimentos em relação às suas receitas, o que faz com que ele, produtor, efetivamente recolha o tributo sobre algo que represente verdadeiro acréscimo patrimonial. Se olharmos para os profissionais autônomos, haverá sempre a possibilidade – hoje já um pouco fora de moda, em função da prevalência das sociedades com tributação com base no lucro presumido – de escrituração do livro-caixa, o que permite uma série de abatimentos, isto é, a consideração de uma série de despesas necessárias à manutenção da fonte produtora. Se olharmos para o mercado financeiro, aqueles que se dedicam à aplicação de valores no mercado de capital, renda fixa ou variável, poderão, na tributação dos ganhos, efetuar algumas compensações, abatimentos, além de considerar prejuízos, o que também não existe no caso do assalariado.

A legislação – agora eu começo a enfrentar os desvios que ela impõe –, parece-me, tem problemas sérios que brigam com aqueles requisitos constitucionais aos quais eu me referi de início. O primeiro deles consiste na determinação de tributação exclusiva na fonte de alguns acréscimos patrimoniais, como, por exemplo, os decorrentes de aplicação financeira.

Veja-se o que acontece: os acréscimos oriundos aplicações financeiras, hoje, são tributados genericamente à razão de 20%, exclusivamente na fonte. E qual o efeito disso? Aquele aplicador que tem R$ 10.000.000,00 para girar no mercado financeiro – de R$ 10.000.000,00, 1% equivale a R$ 100.000,00 por mês – vai pagar o imposto à razão de 20% sobre o ganho auferido. Já o assalariado ou o profissional liberal que tiver uma aplicação de R$ 10.000,00 ou R$ 15.000,00, aplicação essa que vai gerar um rendimento da ordem de R$ 100,00, R$ 150,00, também pagará os mesmos 20%. Se submetermos a renda do primeiro aplicador ao critério de ajuste da declaração, a alíquota provável seria a de 27,5%; de outro lado, se colocássemos a renda do segundo aplicador na tabela progressiva, a alíquota aplicável seria muito menor do que 20%.

Na medida em que se tem essa tributação exclusiva, não se é possível fazer essa ponderação, resultando uma incidência que, a meu ver, briga com a necessidade de se submeter toda a renda, uma única vez, à incidência do imposto, de forma progressiva. Portanto, toda vez que o sistema prevê hipótese de incidência exclusiva na fonte, cria essas distorções, claramente inconstitucionais, segundo meu entendimento.

Além disso, a legislação atual contempla uma série de situações de tributação não exclusiva na fonte, que se dá mediante a aplicação de uma alíquota única. Por exemplo, na alienação de imóveis, cuja alíquota é 15%, ocorre mais uma distorção: alguém terá sua renda tributada a 15%, sendo que, se todos os seus rendimentos fossem considerados uniformemente, a alíquota poderia ser inferior, ao passo que alguém que revela alta capacidade contributiva está dando graças a Deus por ter sua renda tributada apenas e tão-somente à alíquota de 15%.

No que se refere ao assalariado, a grande problemática reside na restrita gama de deduções e abatimentos da base de cálculo do imposto, prevista na legislação. Fundamentalmente, um exíguo valor por dependente, um outro pequeno valor a título de despesa com educação, despesas com saúde, e paramos por aí. Desta forma, não há como tratar desigualmente os desiguais, na razão direta das suas desigualdades.

Não conseguimos mensurar a capacidade contributiva de uma família formada por um casal e cinco filhos, cujo chefe sustenta os sogros e seus pais, os tios, etc., em relação a outra pessoa física que aufere a mesmíssima remuneração, rendimento de trabalho assalariado, mas que mora com os pais, não tendo nenhuma despesa. A circunscrição dos abatimentos, das deduções promove uma verdadeira injustiça de natureza tributária; uma clara ofensa ao princípio da capacidade contributiva.

Fazemos todas essas considerações exatamente no momento em que, ao menos pelo que se lê nos jornais, o que se avizinha é uma restrição ainda maior das deduções e abatimentos pela pessoa física, fazendo com que o imposto sobre a renda passe a ter a cara do tributo mencionado pela Profa. Misabel Derzi, hoje em vigor na França: uma contribuição social de caráter geral, incidente à razão de 7% sobre o rendimento familiar. Essa contribuição, como dizia a Profa. Misabel, tem gerado uma arrecadação muito próxima à arrecadação do imposto sobre a renda francês. Isso porque ela incide sobre mero rendimento, de forma absolutamente linear.

O que se tem no Brasil, em relação ao que seria a renda do trabalho assalariado, pela ausência, pela limitação, pela circunscrição de abatimentos, é praticamente o imposto incidindo não sobre renda, mas sobre somatório de rendimentos, sobre meros ingressos, sem a possibilidade de cotejo com despesas e custos necessários à produção daquela renda.

É necessário que a legislação do imposto sobre a renda, assim como de todos os demais tributos, busque a eficiência, a chamada "praticabilidade": um critério mais simples, mais singelo de tributação, que permita uma fiscalização também mais objetiva, de forma mais sistêmica; enfim, que evite a sonegação, permitindo que a receita tributária seja arrecadada de forma mais eficiente.

Ocorre que, levados esses intuitos às últimas conseqüências, teremos, necessariamente, a produção de distorções, como as que acabamos de referir. Praticabilidade e simplicidade, nesse tipo de incidência tributária, promovem, genericamente, profundas distorções na base de cálculo do imposto; não realizam o princípio da capacidade contributiva; distorcem o conceito constitucional de renda; e não tratam desigualmente os desiguais, na razão direta de suas desigualdades.

Estamos diante de um novo governo que, teoricamente, veio para mudar. Teoricamente, veio para privilegiar o trabalho, a produção, em detrimento do capital especulativo e da atividade financeira. É hora de dar efetividade às promessas de campanha.

Muito obrigado. (*Palmas*)

PRESIDENTE DA MESA (PROF. ESTEVÃO HORVATH) – Muito obrigado, Prof. Paulo Ayres. E passo a palavra ao Prof. Ricardo Mariz, para que ele possa, brevemente se possível, responder às questões que lhe foram dirigidas.

PROF. RICARDO MARIZ DE OLIVEIRA – Eu tenho três questões aqui, e queria usar as palavras do Prof. Paulo, a quem quero cumprimentar pela excelência da palestra. E quero dizer que a referência que você fez ao seu amigo Vitorio Cassone é verdadeira até certo ponto, porque ele usou outra expressão; mas ele é o mais notório brincalhão da Procuradoria da Fazenda Nacional, de forma que a gente leva na brincadeira.

E eu queria usar a sua maneira de se exprimir há pouco, quando disse que um exemplo fala mais que as palavras. As perguntas serão respondidas com exemplos.

Tenho uma pergunta aqui: uma fundação de pesquisas tecnológicas poderia ser considerada como detentora de elementos de empresa à luz do novo Código Civil, tendo em vista a natureza das suas atividades?

Eu queria dizer o seguinte: empresa eu falei que se caracteriza por três elementos indecomponíveis, que são a atividade econômica, a organização (que eu chamaria até de estabelecimento profissional no sentido de habitualidade, de continuidade) e essa organização para exploração da produção ou circulação de bens ou serviços. Faltando um, não há empresa. De forma que se imagina que uma entidade que tenha pesquisas tecnológicas possa estar desenvolvendo serviço, e evidentemente não está desenvolvendo para guardar para si própria; está colocando para fora. Isto só não caracteriza a empresa. O que caracterizaria a empresa seria o somatório daqueles elementos.

No caso específico, existe mais uma outra consideração: o art. 44 do Código Civil reconhece a existência de três tipos de pessoas jurídicas de Direito Privado, três tipos distintos. Além das sociedades (nas quais estão as simples e as empresárias), as associações e as fundações. As associações são exatamente aquelas que não têm intuito lucrativo, embora possam prestar serviço; então se eu fizer uma pesquisa tecnológica, mas colocar o resultado dessa pesquisa à disposição da coletividade, ou do Estado, ou de alguma entidade sem nenhum intuito econômico, não será uma sociedade empresária, será uma associação. E a fundação, por ser fundação (e que também não tem intuito econômico, no sentido de proveito para os seus instituidores e administradores), está excluída, sem nenhuma dúvida, do conceito de sociedade empresária. E um dos elementos de empresa que ela pode ter, que é a geração de serviço, não é suficiente para mudar essa situação.

A segunda pergunta novamente se refere ao problema dos elementos de empresa, que preocupa a todos nós. É uma pergunta longa, que eu não vou ler, mas ele se refere à situação de uma sociedade de engenheiros, que seria sociedade simples enquanto estivessem prestando serviços próprios da engenharia, mas que passaria a ser uma sociedade empresária se utilizassem outros fatores. E ele dá como exemplo aqui uma fábrica de pré-moldados, em que, ainda que composta por engenheiros, o resultado da atividade dessa sociedade não é aquele resultado haurido só do cérebro dos sócios, mas de uma fábrica que está produzindo pré-moldados. Então existe aí uma reunião dos elementos característicos da empresa: há necessidade de capital, de trabalho de terceiros, de tecnologia etc.

É importante essa pergunta; propicia observar o seguinte: voltando ao parágrafo único do art. 966, que diz que "a profissão intelectual não caracteriza o empresário, salvo quando ela constituir elemento de empresa", volto a dizer que os elementos de empresa são três. Então a produção intelectual pode ser elemento de empresa, mas (nisso a doutrina não está dissentindo; aliás, está baseada não apenas em pensamentos doutrinários e nas lições de Silvio Marcondes, como também no próprio Código) a doutrina civilista não dissente que a empresa requer os três elementos. Então, pode ser elemento de empresa a prestação do serviço, desde que haja os outros elementos.

Um exemplo que tem sido muito dado, e que é até tirado daquela velha discussão do ISS, das sociedades profissionais e das sociedades que adquiriam um caráter já empresarial (lembram-se disso, da alíquota fixa ou alíquota proporcional), é o dos laboratórios de análises clínicas. Então vocês têm uma sociedade de médicos que tem um consultório, que atende e produz o seu trabalho; eles são uma sociedade que nós chamávamos de civil e agora é sociedade simples. Se fizerem individualmente, não são empresários; se três, quatro, cinco médicos, onze médicos, cem médicos se reunirem numa entidade de prestação de serviços só deles, não é pela grandeza que ela passará a ser empresária, ou eles passarão a ser empresários, desde que continuem prestando os serviços, e o resultado vendido, colocado em circulação, seja produção pessoal deles.

Agora, basta um, não precisam ser cem; se reunir outros elementos que caracterizam a empresa – por exemplo, numa instituição hospitalar, que já pressupõe enfermagem, já pressupõe ambulância, sala de recepção, sala de cirurgia etc. – já passa a ser uma empresa, ainda que ele esteja trabalhando lá. Então, no caso do médico, cairia naquela exceção da parte final do § 1º do art. 966, se o seu elemento intelectual fosse um elemento da empresa formada pelos demais componentes.

E um exemplo muito característico que se usa, que foi tirado até da jurisprudência relativa ao ISS, é o dos grandes laboratórios. Não vou citar aqui nomes, mas vocês sabem que nós temos pelo menos quatro ou cinco grandes laboratórios que estão espalhados pela cidade, pelo estado e até fora do estado. Evidentemente não são os sócios (que são todos médicos) que produzem o resultado dessas sociedades. Então elas são sociedades empresárias.

A última pergunta vem sempre dentro desse tema, mas ela se volta especificamente para sociedades profissionais que estão questionando ou que pretendem questionar a isenção da Cofins, a partir da Lei n. 9.430, invocando essa discussão que está havendo aí na jurisprudência. Como sabem, o STJ até agora vem entendendo que a Lei n. 9.430 não poderia revogar a isenção, porque estava sendo dada por lei complementar. Há outro entendimento contrário, de que nesse dispositivo a Lei Complementar n. 70 era meramente ordinária, não era materialmente complementar. E é possível até que o STJ esteja sinalizando que venha mudar a sua orientação, a sua jurisprudência.

Mas pondo de lado a discussão específica, e admitindo-se que haja a isenção, ela pergunta – como a lei se referia a sociedades civis de profissões regulamentadas ou alguma coisa do gênero, mas era essa a mensagem da lei – se hoje elas, que são sociedades simples (ou vamos até admitir que sejam sociedades empresárias, dependendo das suas características), continuariam intituladas à isenção.

A resposta é sim, e eu falei na minha exposição que as repercussões das novas classificações do Direito Civil no Direito Tributário são limitadas, porque, é claro, novas leis tributárias que se refiram a sociedades empresárias vão buscar o conceito no Direito Civil atual. Mas leis antigas, que se referiam às categorias antigas, têm de ser interpretadas e aplicadas de acordo com as categorias antigas.

E falei isso não por uma opinião minha. Eu me lembro bem de que me referi, no momento da exposição, ao princípio da estrita legalidade e da tipicidade. Mas posso acrescentar aqui o art. 124 do CTN, que diz que a capacidade tributária independe da regular constituição da pessoa jurídica, de ela estar registrada num Registro Público ou no outro; isso é absolutamente irrelevante. E lembro também que o fato gerador é interpretado, conforme o caso, independentemente da validade jurídica dos atos ou de outros aspectos de validade perante outros ramos do Direito.

De forma que, repito, eu acho que as sociedades que estariam na isenção da Cofins continuarão a estar se a isenção continuar a vigorar. E quem não pleiteou, se quiser, pode pleitear, correndo os riscos da mudança de jurisprudência, independentemente de agora serem sociedades simples ou sociedades empresárias.

Eu queria até referir que, se não me engano, o Prof. Modesto Carvalhosa chega ao extremo de dizer o que a doutrina afirma assim um pouco timidamente: que na verdade as sociedades simples são as antigas sociedades civis. Não é verdade inteiramente, porque muita sociedade civil, que antes só prestava serviço, agora sendo empresa, reunindo os três elementos de empresa, vai passar à categoria de sociedade empresária. Então não é verdade que todas as sociedades civis hoje são sociedades simples. Agora, há uma tendência de que em grande parte as sociedades antigamente civis hoje sejam simples. E o Prof. Modesto Carvalhosa, se não me engano, chega ao extremo de afirmar isto: que as sociedades simples correspondem às antigas sociedades civis; é verdade, mas não inteiramente, até certo ponto.

PRESIDENTE DA MESA (PROF. ESTEVÃO HORVATH) – Muito obrigado. Agradeço especialmente a participação do Prof. Ricardo Mariz de Oliveira e do Prof. Ayres Barreto, pelas suas elucidativas falas, e convido a todos para voltarmos aqui às 14 horas, com a mesa de debates que versará sobre "Tributos Municipais".

Muito obrigado.

MESA DE DEBATES "H"

TRIBUTOS MUNICIPAIS

PRESIDENTE DA MESA: PROFA. SONIA CORRÊA DE ALMEIDA PRADO
MEMBROS DA MESA: DR. EDGARD NEVES DA SILVA, PROFS. MARIA LEONOR LEITE VIEIRA, ANNA EMÍLIA CORDELLI ALVES E RÉGIS FERNANDES DE OLIVEIRA

PRESIDENTE DA MESA (PROFA. SONIA CORRÊA DE ALMEIDA PRADO) – Peço a todos que tomem seus lugares para nós darmos início à sessão da tarde deste XVII Congresso de Direito Tributário.

Em primeiro lugar quero justificar a minha presença, porque esta Mesa deveria ser presidida pelo Prof. Aires Barreto; mas ele me pediu que o substituísse justamente em razão de estar recebendo neste momento o Ministro Sepúlveda Pertence, que vai ser o conferencista da tarde. Então eu estou aqui atendendo um pedido do Prof. Aires, que me pediu inclusive para justificar perante os senhores a razão do não-comparecimento.

Eu quero apresentar os componentes da Mesa. O Dr. Edgard Neves da Silva, que participa conosco, tem participado ao longo de muitos anos dessas questões todas de natureza tributária e especialmente das questões ligadas ao Direito Municipal, em virtude da experiência dele por mais de trinta anos no CEPAM, hoje Fundação Faria Lima de Assessoria aos Municípios; então as questões municipais fazem parte do dia-a-dia do Dr. Edgard Neves da Silva. A Dra. Maria Leonor Leite Vieira, da equipe de Direito Tributário da PUC e advogada militante, também participará como especialista na matéria sobre a qual vai discorrer. A Profa. Anna Emília Cordelli Alves, também da PUC, Direito Tributário, e também com larga experiência em questões de natureza municipal, tendo em vista a sua atividade profissional até recentemente na Procuradoria-Geral do Estado e depois como Secretária de Negócios Jurídicos da Prefeitura. E o e o Prof. Régis Fernandes de Oliveira, que é titular de Direito Financeiro da USP e também, por razões conhecidas e pela trajetória toda da atividade profissional, é um *expert* na matéria sobre a qual vai discorrer, que é justamente "O Estatuto da Cidade".

Então eu passo a palavra à Profa. Anna Emília Cordelli Alves, que vai falar sobre "ISS e deduções da base de cálculo".

PROFA. ANNA EMÍLIA CORDELLI ALVES – Boa tarde a todos. É um prazer estar mais uma vez aqui, neste XVII Congresso de Direito Tributário, revendo a todos, podendo parar, discutir, pensar e debater. Eu gostaria de saudar a nossa presidente, Dra. Sonia, gostaria de saudar a Dra. Leonor, o Dr. Edgard, o Dr. Régis, e começar por abordar a questão que me foi colocada, que é a análise da base de cálculo do ISS e as suas deduções.

Quando falamos em base de cálculo do ISS, nós temos, antes de mais nada, de retomar um pouco o conceito e as funções da base de cálculo, para que a gente tenha a exata noção de sua importância no ISS.

Quer nós entendamos a base de cálculo como quer Geraldo Ataliba, como uma perspectiva dimensível do aspecto material da hipótese de incidência, quer entendamos como quer Paulo de Barros Carvalho, como na verdade um fator do conseqüente da matriz tributária, de qualquer maneira todos os autores concordam sobre a importância que a base de cálculo tem em cada tributo. O próprio Alfredo Augusto Becker chegava a dizer que, na verdade, a base de cálculo era o núcleo da hipótese de incidência, em torno do qual gravitavam todos os outros elementos, que ele chamava de elementos adjetivos. Ou seja, a grande importância ele colocava na própria base de cálculo.

A base de cálculo, portanto, é no dizer de Geraldo Ataliba, a perspectiva dimensível do aspecto material da hipótese de incidência. E se este aspecto material na verdade pode ser reduzido àquela fórmula proposta por Geraldo Ataliba, que é "o verbo mais o complemento", no caso do ISS "o prestar serviços", a base será aquela grandeza capaz de dimensionar esse "prestar serviços".

Paulo de Barros Carvalho, ao analisar a base de cálculo, nos traz as três funções mais importantes desse fator, dessa base. Primeiro, a base de cálculo deve medir as proporções reais do fato. Ou seja: o legislador, ao estabelecer a base de cálculo, tem de estabelecer uma grandeza capaz de dimensionar o conteúdo econômico daquele dever jurídico. O legislador tem liberdade para, dentre múltiplos fatores que podem compor a base de cálculo, múltiplos atributos valorativos, escolher qualquer um deles. Mas ele tem um único obstáculo lógico: o legislador não pode, é proibido ao legislador extrapassar as fronteiras do fato, daquele fato que ele está dimensionando. Ele não pode ir buscar propriedades que sejam extrínsecas, que estejam fora do fato que está medindo.

Uma outra função da base de cálculo é compor a específica determinação da dívida. Ou seja, a base de cálculo vai ser eleita para medir aquele fato, mas a medida do fato não se esgota na eleição da base de cálculo. Após a eleição da base de cálculo (os senhores sabem, é o primeiro passo na verdade), há de ser eleito um fator que é a alíquota, que vai incidir sobre a base de cálculo, para se dizer exatamente qual é o montante do tributo devido.

E a terceira função indicada pelo Prof. Paulo de Barros Carvalho, que a meu ver é a mais importante, é o confirmar, infirmar ou afirmar o verdadeiro critério material da hipótese de incidência tributária. Nós sabemos que as nossas leis, muitas leis na verdade, são imperfeitas, quer por desconhecimento do legislador, quer às vezes por má-fé mesmo. Por quê? Porque muitas vezes se cria um imposto quando se quer criar uma taxa; ou se cria uma taxa quando se quer criar um imposto; se cria uma contribuição quando se pretende criar uma taxa. O que é que vai denunciar esse erro ou essa má-fé do legislador? É na realidade a base de cálculo. Por quê? Porque a base de cálculo, que deve mensurar exatamente o aspecto material, vai confirmar a natureza tributária quando houver perfeita sintonia entre o padrão de medida, a base e o núcleo do fato tributado; e vai infirmar a natureza tributária quando for manifesta a incompatibilidade entre essa grandeza, a base de cálculo e o núcleo do fato da hipótese de incidência.

Não importa o nome que se dê ao tributo, diz o art. 4º do CTN. A real base de cálculo, a verdadeira base de cálculo é que vai dizer diante de que tributo nós estamos.

Portanto, o que está lá no art. 145, § 2º, da Constituição, que diz que as taxas não poderão ter como base de cálculo base própria dos impostos, é uma realidade parcial, porque nem a taxa pode ter como base de cálculo a base de cálculo dos impostos, nem os impostos podem ter como base de cálculo a base de cálculo da taxa. Se o aspecto material da taxa é uma atividade do Estado e o aspecto material do imposto é uma atividade do particular, do ponto de vista lógico é impossível imaginar uma mesma medida que possa dimensionar fatos tão distintos quanto, de um lado, a atividade do Estado e, de outro, a atividade do particular. Então isso, do ponto de vista lógico, é impossível.

Por outro lado, é preciso lembrar também que a base de cálculo é uma grandeza que vai captar, a título de tributo, uma parcela do patrimônio do contribuinte. O que significa isso? Significa que o fato escolhido como fato gerador tem de ter uma capacidade contributiva objetiva. Ou seja, ele tem de na verdade ostentar (esse fato eleito como fato tributário) um sinal de riqueza, um signo de riqueza. Por isto é que os serviços gratuitos não são passíveis de tributação: porque eles não ostentam a chamada (por Paulo de Barros Carvalho) capacidade contributiva objetiva.

Bem, feitas essas colocações, vamos à base de cálculo do ISS. Tanto o Decreto-lei n. 406 como agora a Lei Complementar n. 116 dizem que a base de cálculo do ISS é o preço do serviço. Qual é o conteúdo dessa expressão "preço do serviço"? O que é preço do serviço? A doutrina e a jurisprudência têm entendido tratar-se do valor bruto, sem dedução alguma.

Aires Barreto, analisando a base de cálculo em todos os seus escritos, e agora na sua monografia recentíssima, *ISS na Constituição e na lei*, que na verdade é um dos melhores livros sobre o ISS, diz que dentro dos limites constitucionais a base de cálculo natural do ISS é o preço do serviço, assim entendida a contraprestação que o tomador e o usuário pagam ao prestador de serviço, ou, visto de outro lado, o valor percebido pelo prestador de serviço. Portanto, seria a receita bruta proveniente desse serviço, sem quaisquer deduções.

Aires analisa essa expressão "sem quaisquer deduções" e vai dizer o seguinte: que a administração pública tem feito uma interpretação equivocada dessa expressão "receita bruta sem quaisquer deduções". Por quê? Porque a expressão "sem quaisquer deduções" está, segundo o Prof. Aires, umbilicalmente ligada à proposição antecedente, que é "receita bruta dele proveniente". Então, se a receita for de serviços, não se poderá proceder a deduções; tudo que for auferido daquele serviço não poderá ser deduzido da base de cálculo.

Isso não quer dizer que se possam incluir na base de cálculo quaisquer outras receitas que não aquela efetiva daquela prestação de serviço. É preciso que se analise, portanto, qual o fundamento jurídico da percepção daquela receita. Nós vamos lá e vamos analisar: qual é o fundamento jurídico? Isso decorre de uma prestação de serviço? Ainda que a resposta seja positiva, de que serviço? Se for um serviço de competência do Estado, não poderá integrar a composição da base de cálculo. Não é qualquer serviço que pode integrar a base de cálculo do ISS. Há de se perquirir, na verdade, o tipo de atividade e o fundamento jurídico daquela atividade. Ou seja, devemos analisar o fundamento jurídico do auferimento daquela receita.

Então vamos lá no Decreto-lei n. 406, no art. 9º. E na verdade a base de cálculo está mantida na lei complementar, é o preço do serviço. Só que o art. 9º do Decreto-lei n. 406 permitia a dedução do preço com relação a dois itens: no valor dos materiais fornecidos pelo prestador no caso de construção civil e, segunda possibilidade de dedução, no valor das subempreitadas já tributadas pelo imposto.

A LC n. 116, em seu art. 7º, não fala mais em dedução; ela fala em não-inclusão na base de cálculo do valor dos materiais fornecidos pelos prestadores no caso de construção, conservação, reforma ou reparo.

Vejam que a nova lei complementar não mais prevê a dedução das subempreitadas já tributadas pelo ISS, como estava previsto no Decreto-lei n. 406. E mais: enquanto o Decreto-lei n. 406 falava em dedução, a nova lei complementar fala em não-inclusão na base de cálculo.

Então, o que se costumava dizer era o seguinte: só pode haver deduções da base de cálculo do ISS quando essas deduções forem previstas em lei. Isso é uma falácia, porque na verdade a nova lei agora enfoca o assunto de maneira melhor. Não se fala em dedução da base de cálculo; há de se falar em composição dessa base de cálculo. Ou, seja, só podem compor a base de cálculo as receitas que efetivamente decorrerem daquela prestação de serviço. Qualquer outra receita estranha àquela prestação de serviço não pode entrar sequer na composição da base de cálculo. Por quê? Porque se o legislador municipal prevê uma base maior, mais ampla do que o valor do serviço efetivamente prestado ou ele está ingressando na competência tributária de outro ente tributante, porque está levando em conta não aquela prestação de serviço, mas fatores outros que podem ser objeto de tributação por outros entes, ou está ferindo a capacidade contributiva, porque o valor do serviço é x e ele está cobrando $x + y$; está atribuindo um valor que ultrapassa a capacidade contributiva e, portanto, fere princípio constitucional, e é inconstitucional.

Então a que nós vamos chegar? Nós vamos, na verdade, chegar àquilo que o Prof. Bottallo muito claramente enfrentou num artigo seu publicado na *Revista de Direito Tributário* n. 71, em que ele diz o seguinte: "O conceito de preço de serviço não se confunde e nem pode compreender todo o conjunto das entradas de caixa que venham a ocorrer no curso das atividades desempenhadas pelos contribuintes, na medida em que estas (as entradas) se revestem de distintos fundamentos e origens, e cada qual se sujeita a apreciação própria".

Bom, no dizer do Prof. Bottallo, nesse artigo, têm de ser necessariamente excluídas (ou seja, não podem entrar na composição da base de cálculo do ISS) as receitas financeiras percebidas pelo prestador – porque receitas financeiras não têm conexão com o objeto da prestação de serviço –, o ressarcimento de despesas feitas pelos tomadores aos prestadores de serviços de despesas feitas no interesse dos tomadores de serviço – ou seja, se estamos falando em ressarcimento de despesas, nós estamos falando em reembolso e, portanto, não estamos falando no preço do serviço propriamente dito – e as entradas em geral (todas aquelas entradas que não se caracterizem como fatores de remuneração da atividade de serviço propriamente dita).

Aí o Prof. Eduardo Bottallo propõe uma fórmula muito feliz, porque nós vamos dizer: "Bom, mas como é que eu vou saber o que se inclui ou o que não se inclui? Isso é possível? Juros, indenizações, eu posso incluir? Devo incluir aquilo?". O Prof. Bottallo faz uma distinção muito interessante, que é aquela distinção lá da primeira aula de Direito Tributário no curso de bacharelado: a distinção entre entradas e receitas. Entrada é aquilo que ingressa no patrimônio de determinada entidade, seja particular, seja pública, mas que não aumenta o patrimônio; receita é o tipo, a espécie que entra para aumentar, para incrementar o patrimônio. Uma indenização, um reembolso, não significam incremento do patrimônio.

Então, devem-se incluir na base de cálculo do ISS apenas e tão-somente as receitas provenientes exclusivamente daquele determinado serviço objeto da tributação pelo ISS.

O que nós devemos fazer? No nosso dia-a-dia, quando analisamos um contrato de prestação de serviço, raramente ele tem um caráter singelo, objetivo, salvo nesses serviços mais simples, que não geram maiores problemas. Mas na lida diária, a gente analisa contratos que no mais das vezes envolvem mais de uma relação jurídica; às vezes, relações jurídicas que não estão sujeitas à tributação do ISS e, no mesmo contrato, uma única relação jurídica passível de ser objeto de tributação pelo ISS.

Então o que é necessário fazer? Na verdade, é necessário que a gente analise, como diz o Prof. Aires Barreto, todos os fundamentos possíveis, todas as relações jurídicas contidas naquele contrato, para que possamos fixar a base calculada e estabelecer o que o Prof. Aires chama de base calculada, para, ao final, ir buscar o valor do que vai ser tributado pelo ISS. O Poder Público não pode exigir que o contribuinte ofereça o valor total desse contrato que eu estou exemplificando para vocês; se esse contrato for complexo, o que vai ser oferecido à tributação municipal, por via de ISS, é apenas aquele valor que configure especificamente o do serviço prestado.

Exemplos têm sido postos pela jurisprudência, pela doutrina. No caso de empresas agenciadoras, empresas distribuidoras de filmes cinematográficos que percebem uma comissão, o valor da base de cálculo não pode ser o valor cobrado do exibidor, tem de ser o valor da comissão. No caso de serviços de consultoria, em que o consultor assume despesas de passagem, hospedagem, evidentemente o preço do serviço é o preço do serviço, excluídas aquelas despesas com hospedagem, transporte e refeições, que vão ser objeto de reembolso. Assim também a gorjeta paga na conta de determinado serviço prestado num restaurante não integra o valor do serviço, porque é um direito dos empregados do estabelecimento. Então, a jurisprudência tem se posicionado no sentido de buscar a partir da configuração legal a base calculada no exato tamanho do serviço prestado.

Eu diria que o tema, para mim, não seria base de cálculo e deduções. Eu diria que nós estamos tratando da efetiva composição da base de cálculo do ISS.

Muito obrigada. (*Palmas*)

PRESIDENTE DA MESA (PROFA. SONIA CORRÊA DE ALMEIDA PRADO) – Eu agradeço à Profa. Anna Emília. Efetivamente é uma *expert* nessas questões e eu acho que trouxe esclarecimentos e subsídios bastante importantes para a configuração da base de cálculo.

Mas antes de nós continuarmos, eu quero passar a presidência da Mesa ao Prof. Aires, que acaba de chegar e a quem eu estou substituindo. (*Pausa*) O Dr. Aires está me devolvendo a presidência da Mesa, então nós vamos prosseguir.

Vamos ouvir agora a Profa. Maria Leonor Leite Vieira a respeito do tema "A nova configuração das taxas e contribuições municipais". É um assunto bastante amplo, embora nós tenhamos aqui vinte minutos para abranger esse tema.

PROFA. MARIA LEONOR LEITE VIEIRA – Eu cumprimento a presidente e todos os componentes da Mesa e todos os amigos congressistas; depois de tantos congressos acho que todos já somos amigos, porque eu vejo que quase todos têm estado pelo menos nos últimos congressos. Já estamos no XVII, e sempre encontrando assuntos para que a gente trate aqui, assuntos que não se esgotam. E o nosso intuito realmente é de provocar, de trocar idéias sobre tudo isso que vem sendo proposto. Estamos em tempo de propostas interessantíssimas; de propostas que provocam para que a gente mais pense.

Eu estava aqui até anotando o que a Profa. Anna Emília já disse sobre base de cálculo e sobre hipótese de incidência, uma confirmando a outra, e então grande parte da minha exposição já foi abordada por ela. Mas abordada para que examinemos com mais cuidado o assunto que nos foi proposto.

A taxa criada agora, que vamos discutir – embora esteja também no prospecto do Congresso apenas como as novas taxas e contribuições criadas –, é o que comumente aqui em São Paulo chamamos de taxa do lixo. Na verdade o nome é bem mais complexo e é pomposo; o nome é taxa de resíduos sólidos domiciliares (TRSD, tem até uma sigla), e todos continuamos chamando de taxa de lixo, é mais fácil assim.

Essa taxa de lixo tem a finalidade de custear os serviços públicos de coleta, transporte, tratamento e destinação final de resíduos sólidos domiciliares. Quando fazemos o exame de constitucionalidade, tem sido proposto para todos nós, desde os tempos de faculdade, que sempre busquemos o fundamento de validade de qualquer norma. E buscando o fundamento de validade dessa taxa (vamos continuar aqui chamando de taxa de lixo, é mais fácil falar isso), nós procuramos ali no art. 145 e vemos que, na Constituição, o poder constituinte estabeleceu duas modalidades de taxa: uma em razão do exercício do poder de polícia e a outra pela utilização efetiva ou potencial de serviços públicos específicos e divisíveis, prestados ao contribuinte ou postos à sua disposição.

Examinando essa taxa, será que eu encontro a obediência a esses requisitos? Será que eu encontro a base de cálculo como uma forma de contraprestação do serviço público? A Profa. Anna Emília disse, há pouco – e disse muito bem – que a base de cálculo de qualquer tributo significa a confirmação, a infirmação ou a afirmação da hipótese de incidência. E tem de haver perfeita adequação entre uma e outra. Se a base de cálculo não confirmar, não afirmar, ou se ela infirmar a hipótese de incidência, eu não tenho um tributo; eu não tenho, pelo menos, um tributo válido, um tributo constitucional a ser cobrado.

E (isso é que nos chama a atenção nessa taxa) qual é, entre outros elementos, a base de cálculo dessa taxa? Diz a lei que a base de cálculo será posta, será classificada entre aqueles elementos que a lei municipal estabelece, e que quem vai escolher é o próprio contribuinte, dentre os elementos: se é lixo de residência, de não-residência, o volume desse lixo como varia e a base de cálculo dele, que é o custo do serviço prestado. Mas aqui, no que deveria ser o custo do serviço prestado para qualquer taxa, o que se leva em conta é a quantidade de resíduos produzidos.

Eu procuro e não encontro a confirmação dessa base de cálculo, Profa. Anna Emília. Se a finalidade é para coleta do lixo, eu tenho um caminhão de lixo passando na rua, tenho ali uma loja pequenininha, uma microempresa que venda produtos de armarinho e, ao lado dela, uma casa, a casa do Dr. Edgard, por exemplo (*Risos*), com valores distintos ali apresentados, variando se é residencial ou se é armarinho. E essa loja de armarinho que muitas vezes pode produzir o mesmo lixo, papel que se joga fora, está mudando, está jogando caixas fora, não sei, portanto, o que vai acontecer naquela semana. O Dr. Edgard nem em casa está, está viajando; nem lixo está produzindo, e estará pagando por aquela mesma quantidade de lixo estabelecida.

Como é que eu faço então a composição disso para examinar a veracidade, a validade, a constitucionalidade dessa taxa de lixo? E como é que eu posso chegar naqueles elementos que o Prof. Aires tanto repisa, quando se examina a matéria municipal ou quando se examina não essa especificamente, mas todas as taxas, que é a divisibilidade do serviço? E é o que a Constituição estabelece: desde que o serviço seja divisível. Como eu faço essa divisibilidade, e qual é o elemento que eu agrego a essa divisibilidade para verificar se realmente isso ocorre nessa taxa do lixo?

É aquele princípio da retributividade, princípio que informa as taxas e (tem até uma definição muito bem posta) segundo o qual retribui o serviço público ou as diligências que levam ao ato específico sendo praticado a prestação do serviço público.

Então, só pode ser cobrada taxa daquelas pessoas diretamente alcançadas pela atuação estatal. E nesse caminhão que está passando pela rua onde fica a residência do Dr. Edgard, como é que se vai medir, se as situações aqui já são distintas, se já é tão diversa uma da outra? Como é que eu posso considerar que haja essa divisibilidade, se eu não consigo dividir quem é o contribuinte?

Não há definitivamente, eu penso, essa divisibilidade, porque a quantidade de resíduos sólidos produzidos por cada unidade não se tem como subdividi-la, a não ser que houvesse uma balança na porta de cada casa. Isso realmente é impossível.

Então não me parece que essa taxa, que essa coleta de lixo obedeça a esses parâmetros constitucionais. É mera presunção dessa base de cálculo. À época em que foi baixada a lei as defesas todas foram apresentadas neste sentido: que a Prefeitura fez todo um levantamento para verificar proporcionalmente quanto seria o lixo nos bairros da cidade, mas tudo levando a crer, me parece, que era mera presunção da quantidade desses resíduos sólidos produzidos individualmente pelos contribuintes.

E me parece então que está sendo violada a tipicidade tributária, porque não confere divisibilidade aos serviços prestados pela Prefeitura, e não me parece que essa taxa tenha uma base de cálculo que confirme aquela hipótese prevista.

Por falar em taxa, outros elementos nos aparecem, e a minha incumbência aqui é falar não só dessa taxa, mas da nova configuração das taxas e contribuições. Essas taxas vêm sendo criadas pelo Poder Legislativo, ou por proposta do Poder Executivo assinada pelo Poder Legislativo; assim é que tem sido, mais ou menos. Essas taxas levam em conta muitas vezes outros elementos... (*truncamento da gravação*) ... especificamente a base de cálculo do IPTU, ou trazem uma mistura de IPTU com ISS, e vai se cobrando por aí. Por isso o que a gente encontra sempre é que a base de cálculo não vem confirmando a hipótese.

Mas nesses dias eu ouvia o início da "Voz do Brasil", que tem algumas notícias bastante interessantes às vezes (e no trânsito de São Paulo às vezes convém acompanhá-la); eu ouvia uma proposta, Profa. Sônia, interessantíssima! (Acho que aqui não deve haver nenhum legislador, porque senão a gente vai passar a idéia e a coisa se complica). Um deputado disse que estava encaminhando uma proposta à Assembléia Legislativa para a criação de uma taxa sobre a propriedade de aparelhos de televisão. Eu o ouvi falando, e ele explicava suas razões: que com o resultado dessa taxa poderia melhorar o serviço de comunicações. Interessantíssimo! (*Risos*)

Então vejam que o legislador cria as taxas, acho que muitas vezes sem ler a Constituição, sem ver o que ela diz. E o art. 145 é muito claro, a mim me parece muito claro; essas taxas só podem ser criadas naquelas duas hipóteses ali previstas, dentro de uma e de outra.

Nós temos de ir trabalhando com esses elementos todos, e não me parece que essa taxa do lixo obedeça a esses requisitos de constitucionalidade. Essa taxa de resíduos sólidos domiciliares, de São Paulo pelo menos, acho que está fadada a encontrar problemas por aí. Mas infelizmente (e todos nós fizemos uma pesquisa aqui) pouquíssimos são aqueles que propuseram ação para se discutir a matéria. Porque (até tenho os valores comigo) se acaba pensando assim: se eu posso pagar o mínimo, e sou eu quem escolhe, se eu posso pagar R$ 6,14 por mês, então vou pagar este e pronto, e vou deixar assim mesmo. E assim vamos deixando e as coisas vão ficando.

Nosso compromisso aqui é outro. Talvez realmente não nos interesse como advogados; mas advogado só sabe defender interesse de cliente, não interesse próprio. E aí essa taxa continua sendo cobrada.

A minha outra função era discutir aqui e trazer alguns elementos para que a gente possa provocar um debate, posteriormente, sobre a contribuição de iluminação. Essa contribuição de iluminação foi trazida pela Emenda Constitucional n. 39, que inseriu o art. 149-A. Diz o art. 149-A que os municípios e o Distrito Federal poderão instituir contribuição, na forma das respectivas leis, para o custeio de serviço de iluminação pública, observado o disposto no art. 150, I e III (princípio da legalidade, da anterioridade).

Se nós examinarmos atentamente essa contribuição social, será que ela obedece aos parâmetros que a Constituição estabeleceu (que o poder constituinte estabeleceu na Constituição Federal de 1988), que tem por fundamento básico, como diz o Prof. Souto Maior Borges, o princípio da isonomia? E além dele os outros todos, que tanto a gente tem escutado neste congresso desde o primeiro dia, e nos congressos anteriores, em todos eles, que significam a obediência à Constituição?

Na criação desse art. 149-A, recentemente, em dezembro de 2002, será que essa emenda constitucional obedeceu aos parâmetros constitucionais já estabelecidos? Ouvimos anteontem o Prof. Tércio Sampaio Ferraz Jr. falar (em qualquer exame que se faça) no exame superficial e no exame mais profundo, nas palavras adequadas que ele usou pela filosofia. Então, fazendo esse exame superficial, parece que está bem. Foi posta uma emenda constitucional ali e ela deve ser obedecida. Mas será que no exame necessário, que todo dia somos chamados a fazer, na interpretação sistemática do texto constitucional, será que essa emenda poderia ser imposta em um momento fora do poder constituinte, como sendo uma derivação? Parece-me uma derivação do poder derivado de se estabelecer a ordem pela Constituição.

Parece-me que ofende vários princípios constitucionais, não encontra guarida em nada do que a Constituição estabeleceu, ofendendo cláusula pétrea, que é aquela que diz que o contribuinte tem o direito de ser tributado no quanto a Constituição autorizou. E a Constituição autorizou que fosse, nos termos do art. 153, com os tributos cobrados pela União; nos do art. 155, com os tributos cobrados pelos Estados; e nos do 156, pelos Municípios. E que qualquer outro tributo só poderia ser cobrado, ser instituído pela União, nos termos do art. 154, que cuida da competência residual. Essa competência residual tem também ali requisitos próprios: desde que seja não-cumulativa e que tenha base de cálculo diversa das que estão na Constituição.

Mas, neste exame, nem precisa dos outros, só do primeiro ponto. Somente a União poderia criar tributos novos, nos termos do que diz o art. 154. E vem em momento totalmente diverso daquele estabelecido para mudança da Constituição, inserindo esta nova contribuição para iluminação pública e discriminando uma competência em momento também inadequado – juridica e constitucionalmente inadequado – para a contribuição para iluminação pública.

Essa emenda constitucional diz que os municípios e o Distrito Federal poderão instituir contribuição. Então vamos procurar os outros elementos constitucionais, os outros parâmetros constitucionais para verificarmos isso. Não é uma contribuição de intervenção no domínio econômico, e a Constituição estabeleceu duas formas de contribuição: contribuição de intervenção no domínio econômico e contribuição social. E não me parece que essa tenha características de nenhuma das duas. Ela não é uma contribuição de intervenção no domínio econômico, não tem aquelas características previstas. Não é contribuição social; parece-me que ela não obedece àqueles parâmetros da ordem social que estão estabelecidos de maneira muito fechada na Constituição; ela extrapola flagrantemente aqueles limites.

Quando a Constituição fala nesses parâmetros sociais, nesses elementos sociais, fala da saúde, fala da família, fala do idoso. Contribuição para o custeio de iluminação pública não me parece que eu possa entender como sendo uma contribuição social.

Viola, para mim, então, aquele direito do contribuinte de só ser tributado pelas exações criadas pela Constituição. Nós escutamos isto desde o início da faculdade: a Constituição, em matéria tributária, é exaustiva e rígida; estabeleceu, discriminou as competências, e agora estão sendo criadas essas novas.

A Dra. Anna Emília ainda disse agora há pouco que às vezes o nome não significa a mesma coisa. E o Prof. Geraldo Ataliba dava um exemplo de que a gente sempre se lembra, que é muito interessante. Ele dizia: pode entrar por aqui um bicho com cara de elefante, rabo de elefante, pata de elefante, tromba de elefante, e não vai adiantar nada que a gente o chame de gato; ele vai continuar sendo um elefante.

Essa contribuição acho que é um elefante maior ainda. Ela não é um empréstimo compulsório, porque não está prevista nenhuma devolução; não é uma contribuição de intervenção; não é uma contribuição social; não é um imposto. Que modelo é esse que não está ali posto na Constituição? E mais: é, me parece assim, uma ofensa, é uma criação nova, um alargamento de competência que não obedece em nada e por nada àqueles parâmetros já postos .

Mas se a gente compara com outros, com impostos, por exemplo, qual seria a materialidade e qual seria a base de cálculo, trabalhando, como trabalhamos sempre, com a regra matriz de incidência do imposto? Qual seria o critério material dessa exação tributária? E qual seria a base de cálculo dessa contribuição para iluminação, já que a Constituição não a indicou? Ficou tudo ao alvedrio do legislador municipal.

Se considerar como base de cálculo o consumo de energia elétrica, parece-me que eu vou de encontro à base de cálculo do ICMS. Se levo em conta essa fatura, posso dar de encontro outra vez com o princípio da propriedade e ofender o imóvel rural, o imóvel urbano. Só o imóvel urbano, então, pagaria essa contribuição? Os imóveis rurais, que são tão abandonados, também teriam de pagar essa contribuição? O município só criaria para a zona urbana, ou também para a zona rural? Ou isso estaria dentro daquele Plano Diretor do Município? Parece que tudo foi entregue para o município, a que o município fizesse.

Essa materialidade me parece que se mistura com tudo, se mistura então com o IPTU, com o imposto territorial rural, vai fazendo uma miscigenação de todos esses tributos que são previstos na Constituição. E as leis municipais então, que criaram isso, cada uma foi fazendo da forma que lhe interessava.

Parece-me, Profa. Sonia, que estamos aqui diante de uma contribuição que, se formos examinar o que o Supremo Tribunal Federal tem considerado, jogando tudo numa vala comum de contribuição social, poderíamos dizer que é uma contribuição social genérica. Mas será que eu também consigo encaixar ali como uma contribuição social genérica? Esse termo "genérica" não é muito genérico para o gosto de quem se debruça todo dia sobre a matéria constitucional tributária, se nem naqueles limites em que a própria Constituição cuida do que é o social eu encontro esse limite?

E se eu pretendo pagar a conta de luz (talvez também ninguém tenha prestado atenção nessa conta porque os valores são baixos, e de um em um se vai longe), não consigo pagar se não pagar o tributo junto. Eu não posso individualizar, eu não posso separar. Já está embutida no preço essa contribuição.

Mas o que me parece mais grave é a ofensa dessa emenda constitucional – e nós ouvíamos tanto desde o primeiro ano de faculdade que a lei não contém palavras inúteis, que a lei não contém lacunas, que a lei não contém contradições; acho que era só para provocar a gente que os professores falavam isso no primeiro ano da faculdade (e continuam provocando até hoje). Parece-me que essa emenda constitucional exacerba em muito o próprio limite que a Constituição deu para a emenda constitucional.

O exercício do exame de tudo isso é provocador, e eu gostaria só de encerrar aqui, porque sei que ontem alguns, pelo menos, dos que participaram foram muito provocados, e eu espero também o ser, para que a gente possa chegar num resultado comum da constitucionalidade ou da inconstitucionalidade, embora não seja nossa proposta aqui no Congresso do IDEPE chegar a um resultado único. É justamente isso que nos tem desafiado a levar esses assuntos à apreciação do Poder Judiciário.

Muito obrigada. (*Palmas*)

PRESIDENTE DA MESA (PROFA. SONIA CORRÊA DE ALMEIDA PRADO) – Queremos agradecer à Dra. Maria Leonor pela palestra. E o que me pareceu de fundamental importância em todo o desenvolvimento do tema foi justamente esta subserviência à Constituição Federal, porque é um fato que nós, advogados, no dia-a-dia, somos coniventes até (como lembrado pela Profa. Maria Leonor) com esse procedimento que já vem se tornando padrão em todos os poderes públicos de, mediante pequenas parcelas, pretender instituir sob título de tributos receitas que são absolutamente inconstitucionais, mas que de repente cada um de nós não se sente confortável em buscar o provimento jurisdicional diante de quantias que nos parecem ínfimas.

Mas, o que está em jogo, como foi muito bem lembrado pela Profa. MariaLeonor, é realmente uma questão muito maior, que é o próprio Estado de Direito; e é o reconhecimento de um sistema harmônico que não pode ficar aceitando esses penduricalhos que vêm vindo através das sucessivas emendas, pinçando, botando-se letras *a*, *b* e *c*, principalmente dentro do sistema constitucional tributário, e contrariando todo o arcabouço do sistema brasileiro.

Eu passo a palavra em seguida ao Dr. Edgard Neves da Silva, que vai dar seqüência falando sobre "ISS – Autonomia municipal e a EC n. 37/02" (mais uma vez o assunto aí é emenda complementar).

PROF. EDGARD NEVES DA SILVA – Nosso tema é "A autonomia municipal e a Emenda Constitucional n. 37/2002".

Iniciando nossos argumentos sobre o tema, vale apresentar rapidamente o texto da EC n. 37, de 16 de junho de 2002:

O § 3º do art. 156 da CF passa a ter a seguinte redação:

"§ 3º. Em relação ao imposto previsto no inciso III do *caput* desde artigo, cabe à lei complementar:

"I – fixar as suas alíquotas máximas e mínimas;

"(...)

"III – regular a forma e as condições como isenções, incentivos e benefícios fiscais serão concedidos e revogados."

Inclui no Ato das Disposições Transitórias, o art. 88, que tem a seguinte redação:

"Art. 88. Enquanto lei complementar não disciplinar o disposto nos incisos I e III do art. 156 da Constituição Federal, o imposto a que se refere o inciso III do *caput* do mesmo artigo:

"I – terá alíquota mínima de dois por cento, exceto para os serviços a que se referem os itens 32, 33 e 34 da Lista de Serviço anexa ao Decreto-lei n. 406, de 31 de dezembro de 1968;

"II – não será objeto de concessão de isenções, incentivos e benefícios, que resulte, direta ou indiretamente, na redução da alíquota mínima estabelecida no inciso I."

Desde já, pedimos licença para uma colocação fora do tema, em razão de sua atualidade e os efeitos que poderão emergir no futuro. Acreditamos que a lei complementar pedida não deve ir a lume tão cedo, se é que ela virá.

De outra parte, surge um entendimento no sentido de que houve perda da eficácia do dispositivo do inc. I pela edição da LC n. 116/2003, visto que foi ela editada após a emenda constitucional e tratou do ISS praticamente de forma integral, com exceção do art. 9º do Decreto-lei n. 406, e, ainda assim, não estabeleceu qualquer alíquota mínima.

Em decorrência, não haveria mais a fixação da alíquota mínima, estando os Municípios aptos a estabelecer alíquotas menores. Como não faz parte de nossa preocupação imediata, apenas aguço a curiosidade dos senhores.

Eis nossas razões acerca do tema proposto:

Vale, de início, trazer à colação uma indicação jurisprudencial que entendemos muito importante, extraída do acórdão proferido pelo Tribunal Pleno do STF, por maioria de votos, publicado no *DJU* de 18.03.1994, sendo seu relator o Min. Sydney Sanches, em razão de uma ação direta de inconstitucionalidade proposta em face da EC n. 3/1993, em que se discutiu o IPMF.

É a ADI n. 9377/DF e está publicada na *Lex – Jurisprudência do STF*, vol. 18, pp. 8-181, contendo todos os votos dos Ministros, a qual tinha a finalidade de discutir a constitucionalidade ou não da cobrança do IPMF, especialmente em função do rompimento dos princípios da anterioridade e da imunidade.

Para nós é gratificante e por isso pedimos vênia para ler a manifestação do Ministro Paulo Brossard:

"É a primeira vez que se discutem aspectos constitucionais de uma emenda constitucional. Antes só me recordo que a reforma de 1922 teve sua validade questionada, porque processada e promulgada sob estado de sítio. Como se sabe, ao tempo não havia cláusula que proibisse alteração constitucional nesses períodos supostamente passageiros.

Pela primeira vez, a constitucionalidade de uma emenda constitucional ou de aspectos de uma emenda constitucional chega até o Supremo e é por ele enfrentada, discutida e decidida. Bastaria isso para salientar a importância do caso em exame. De outro lado, também tiveram de ser enfrentadas questões que se entrelaçam com os princípios do Direito Constitucional Tributário; é um ramo novo tanto do Direito Tributário como do Direito Constitucional e, embora relativamente novo, veio a constituir um dos capítulos mais importantes tanto do Direito Constitucional como do Direito Tributário".

Ficamos muito satisfeitos ao depararmos com essa lição, tendo em vista que, até então, nos sentíamos um pouco incomodados e preocupados em enfrentar o tema diante deste auditório. Explicamos. Quando instado pelo amigo Aires a participar deste Congresso para discutir o ISS, foi com prazer que logo aceitamos, embora não tenhamos tomado de pronto conhecimento do tema, vindo só a fazê-lo algum tempo depois, ao receber o convite formal.

Assim, ao tomarmos ciência, e achamos que isso acontece com todos nós, vislumbramos uma estruturação de nossa participação, lembrando o conteúdo da emenda, as cláusulas pétreas e os princípios federativos, mais especificamente a autonomia municipal.

Começando a pesquisar a doutrina e a jurisprudência, especialmente a constitucional, na busca de alguns julgados que pudessem corroborar nossa posição inicial, fomos sentindo uma certa apreensão pela complexidade das figuras que compõem o espectro do tema suas divergências e omissões. Por esta razão, podemos aquilatar o significado das palavras do Mestre Brossard.

Propusemo-nos então, até pelo tempo que nos foi oferecido, a apontar determinadas idéias de forma sistematizada, que permitissem, pelo menos, construir uma visão do tema, mesmo que resumidamente.

Vale lembrar que a Constituição de um país provém do exercício do Poder Constituinte, decorrente de uma situação especial que o originou, sendo que esta para nossa felicidade foi sempre pacífica no Brasil. Sua titularidade pertence ao povo, ou seja, a soberania popular, e representa os seus valores e ideologia num determinado momento histórico.

O art. 1º, § 2º reza: "Todo o poder emana do povo, que o exerce por meio de representantes eleitos e diretamente, nos termos desta Constituição".

Por esta peculiaridade inicial é que se denomina poder constituinte originário.

Entretanto, em função das possíveis mutações daqueles valores no tempo, enseja-se a viabilização de alterações da Constituição então promulgada, estando calcadas com base num determinado tempo e num desenvolver da sociedade, do próprio povo, aliás, como o faz todo o ordenamento jurídico, o Direito, acompanhando tais evoluções.

Existe na doutrina uma classificação das Constituições que toma como critério sua rigidez. Podem ser classificadas em relativas ou absolutas, entendendo a maior parte que não devem ser rígidas a ponto de não permitir alterações.

Não é matéria oportuna para este momento. Pode-se afirmar que a nossa Constituição não é rígida o suficiente para inibir alterações, mas sua flexibilidade tem certos condicionantes formais e materiais previstos no próprio texto original, se inserindo por conseguinte na espécie relativamente flexível. Assim, as alterações têm respaldo no texto de origem, que vai estabelecer o quê e como poderá ser reformado.

É o que se denomina poder constituinte derivado ou, como querem alguns, poder constituinte reformador. Este poder reformador é submetido a um rito processual próprio previsto na Constituição, com a denominação de emenda constitucional. O exercício deste poder reformador está restrito a determinadas limitações preestabelecidas no texto constitucional. A interpretação destas limitações enseja uma série de divergências doutrinária e jurisprudencial em razão de sua complexidade, que, devidamente constatada, nos faz afirmar não ser oportuno qualquer aprofundamento teórico neste instante.

Como dissemos, extrai-se que estas restrições impostas subsumem a dois aspectos: o formal e o material. O limite formal é representado por um processo específico, destinado à apreciação e aprovação. E anotamos que, pela quantidade de emendas até hoje aprovadas, deve ser na certa do conhecimento dos senhores. A outra espécie de limite, o material, é parte essencial para o enfrentamento do nosso tema, sendo mesmo seu o conteúdo o fundamento de validade para analisarmos a emenda em comento.

Às emendas constitucionais propostas pelo poder constituinte derivado são vedadas umas tantas matérias que condicionam seu pleno exercício, chegando a ponto de inibir, como veremos, a sua apreciação. Entre tais, estão inseridas as denominadas cláusulas pétreas, adiante mais bem focadas, arroladas expressamente no texto originário.

A par da existência dos limites expressos, convém constatar uma certa divergência sobre a existência ou não de limites implícitos a este exercício, mas que existem em nossa Constituição, fundados no disposto do art. 5º, § 2º, neste teor:

"§ 2º Os direitos e garantias expressos nesta Constituição não incluem outros decorrentes do regime e dos princípios por ela adotados, ou dos tratados internacionais em que a República Federativa do Brasil seja parte."

Por fim, para corroborar a validade do poder derivado para emendar a Constituição, entendemos suficiente citar as inúmeras emendas constitucionais até hoje promulgadas, tendo mesmo algumas sofrido o crivo do Supremo Tribunal Federal.

Enfocando a EC n. 37, resta saber, antes de tudo, ser ou não ser constitucional. Se aceita a sua inconstitucionalidade, como entendemos, há que se saber quais as razões em que a suportaria ou, mais precisamente, quais os princípios maiores desobedecidos.

Posto isso, cabe um breve comentário – até porque esta discussão deve render ainda muito papel e tinta ou, modernamente, o uso do computador, não só pela doutrina como pelas decisões dos Pretórios –, sobre se, aprovada, a emenda constitucional pode, uma vez questionada junto ao Poder Judiciário, ser declarada inconstitucional.

Eis um interessante julgado, proferido na ADI n. 2024, publicado na *RDDT* 65/216, cuja ementa é a seguinte:

"Ação direta de inconstitucionalidade. Seu cabimento – afirmado no STF desde 1926 – para questionar a compatibilidade de emenda constitucional com os limites formais ou materiais impostos pela Constituição ao poder constituinte derivado. Precedente."

É uma discussão extremamente interessante, que de algum tempo a esta parte vem sendo tratada, encontrando certa origem no Direito alemão, com os ensinamentos de Otto Bachof, mencionado por Misabel Derzi ao tratar da matéria.

O fundamento de validade formal das emendas constitucionais se envolve com o disposto no art. 60, mais precisamente o constante do seu § 4º, que tem esta dicção:

"Art. 60. A Constituição poderá ser emendada mediante proposta:

"(...)

"§ 4º Não será objeto de deliberação proposta de emenda tendente a abolir:

"I – a forma federativa de Estado;

"II – o voto direto, secreto, universal e periódico;

"III – a separação dos Poderes;

"IV – os direitos e garantias individuais. (...)."

Para a EC n. 37, vão nos interessar especificamente os conteúdos dos itens I e IV, isto é, a forma federativa e o respeito aos direitos e garantias individuais.

Em primeiro plano, importa ressaltar que as emendas que veiculem estas matérias pela sua grande significação não podem nem sequer ser objeto de deliberação, quando possam levar a sua abolição.

Esta previsão escrita quanto à tendência de abolir se submete a uma difícil definição, como se constata, mormente na doutrina, demandando mesmo um incessante labor dos constitucionalistas, ao buscarem o seu melhor desenho.

Em breve resumo, abolir não significa a imutabilidade dos limites estabelecidos e daí a imensa dificuldade para se apreender quando o disposto na emenda estaria afetando, por exemplo, a forma federativa, insurgindo-se contra ela a ponto de levar à sua extinção do mundo jurídico constitucional.

Depreende-se, destarte, a importância das decisões de nossa Corte Suprema, dando um norte, uma exegese para o entendimento desta exigência; detecta-se, infelizmente, serem ainda muito poucas.

É certo, todavia, que a primeira interpretação caberia aos membros do próprio Congresso Nacional, por terem esta competência, impedindo a própria deliberação sobre a matéria por entenderem submetida àquele vício.

Por todas estas dificuldades impostas é que se vai entender o porquê da denominação de cláusulas pétreas.

Para tratar da primeira limitação a que se submeteria a EC n. 37, ou seja, a forma federativa, interessante reproduzir o art. 1º da CF, que prescreve os princípios fundamentas do povo brasileiro: "A República Federativa do Brasil, formada pela união indissolúvel dos Estados e Municípios e do Distrito Federal, constitui-se em Estado Democrático de Direito e tem como fundamentos (...)" os cinco valores da sociedade brasileira que são arrolados na letra da lei.

A forma federativa, como os senhores sabem, e por isso vamos apenas rememorar rapidamente seu contexto, é representada pelo Estado descentralizado, contrapondo-se ao Estado unitário, em virtude da qual cada ente federado é detentor de determinadas funções, de modo a permitir uma convivência tranqüila num mesmo território e sob a égide de um povo.

Ao atribuir as funções, as competências, aos entes que compõem a Federação, a Constituição oferece instrumentos para evitar a ocorrência de conflitos entre eles, vez que, no mínimo, materializando-se poderiam trazer o seu enfraquecimento.

Entre os entes federados nós temos o Município, e é sobre sua figura que vamos nos ater. A história do Município brasileiro é estreme de interesse, tendo mesmo se iniciado à época do Império, pela importância política e econômica de algumas cidades, e, em especial, após a primeira Constituição Republicana, com o surgimento da Federação e a integração do Município. Tomando a devida cautela, poder-se-ia dizer que a inserção do Município no pacto federativo seria peculiar ao nosso sistema constitucional.

Desde então, na doutrina se desenvolveu uma discussão, e pode-se dizer até hoje ainda existente, sobre a natureza federada do Município.

Apenas para marcar, lembremos que, se até a Constituição de 1988, a autonomia municipal era assegurada expressamente, decorrente quem sabe da eventual exclusão do Município do pacto federativo, dando razão àquela discussão, diferentemente ocorreu com a atual; por esta razão é ela denominada de Constituição municipalista.

Cite-se, por exemplo, como um grande avanço neste sentido, ter sido outorgado às Câmaras Municipais a competência para promulgar as suas Leis Orgânicas, denominadas por alguns de "Constituições Municipais". Antes, com raríssima exceção, a edição da Lei Orgânica Municipal era da competência estadual.

Mas, efetivamente, o mais importante é que foi relegada aquela forma assecuratória da autonomia, e os Municípios expressamente foram incluídos no pacto federativo, como se vê pelo texto do art. 1º já citado e repetido no art. 18, na seguinte forma: "A organização político-administrativa da República Federativa do Brasil compreende a União, os Estados, o Distrito Federal e os Municípios todos autônomos nos termos desta Constituição".

Como curiosidade, note-se que agora o Município é escrito com letra maiúscula, aliás, como tratado em toda a Constituição; nas anteriores, o Município vinha com letra minúscula.

Sem qualquer dúvida para nós o Município é um federado e, por conseqüência, com plena autonomia, como definida pela Lei Maior.

Como se comportaria esta autonomia? Esta autonomia é garantida pela não subordinação, não dependência de um ente federado a outro, e, no caso do Município, pela sua manutenção no campo político, com a eleição de seu prefeito, vice-prefeito e vereadores; no campo administrativo, com sua auto-organização e, em especial, para nosso interesse, no campo financeiro e tributário, com a instituição e arrecadação dos seus tributos e aplicação das suas rendas.

No capítulo que regra as atribuições das competências dos entes federados, o âmbito da competência municipal é fixada no art. 30, estabelecendo que lhe compete, no inc. I, legislar sobre assuntos de interesse local; no inc. II, suplementar a legislação federal e estadual no que couber; e, no inc. III, instituir e arrecadar os tributos que lhe foram outorgados.

Extrai-se para melhor apreender o sistema que, ao ser outorgada a competência administrativa, o seu exercício normalmente leva a realização de despesas.

Para enfrentá-las, outorga a Constituição a competência tributária, constante da discriminação de rendas, donde são fixadas as respectivas e necessárias fontes de receitas.

É justamente na manutenção do equilíbrio entre as despesas e os recursos provenientes de seus tributos que se garantirá a exigida autonomia.

Os tributos locais são definidos como sendo os impostos, as taxas, a contribuição de melhoria, as contribuições previdenciárias de seus funcionários, e, mais recentemente, a contribuição para custeio dos serviços de iluminação pública; ademais suas instituições e arrecadação se submetem ao estabelecido na própria Constituição e nas leis complementares veiculadoras das normas gerais.

Pode-se concluir que, se houver a redução do campo de competência do legislador tributário municipal, como estabelecida originariamente, de maneira direta ou mesmo indireta, vai atingir a autonomia municipal e, por efeito, a própria federação.

Como a Constituição, ao discriminar as rendas, indica apenas quais os fatos econômicos delegados ao Município como fontes de renda, a instituição dos respectivos tributos é da inteira competência do Legislador municipal, que é feita com, no mínimo, a eleição da hipótese de incidência, dos contribuintes, da fixação da base de cálculo e das alíquotas.

As alíquotas representam os instrumentos para o cálculo do gravame, e, também, os instrumentos básicos para a obediência ao princípio da capacidade contributiva do cidadão e, ainda, para o próprio Município, levando em conta o importe da receita necessária para a consecução dos seus objetivos sociais.

A par disso, também, é outorgada ao legislador municipal a competência para desenvolver o exercício contrário, isto é, a competência tributária negativa, voltada às formas de concessão de renúncia das suas rendas, mormente das isenções. Frise-se serem as alíquotas um dos melhores expedientes para tal.

Além do caráter fiscal da isenção, objetivando, como vimos, a adequação da oneração do tributo à capacidade contributiva do cidadão, ainda ganha realce o fato de que vai ela permitir a aplicação do seu conteúdo extrafiscal, buscando assim dirigir as condutas dos contribuintes, estimulando-as ou desestimulando-as em benefício do interesse público.

Provavelmente, preocupado em resguardar o próprio munícipe de uma tributação desmedida, o legislador constituinte entendeu ser interessante submeter o legislador local ao estabelecimento de alíquotas máximas para um de seus impostos, o ISS. Mas, esclareça-se ser o legislador constituinte originário.

Em resumo, encerrando esta colocação, afirme-se com todas as letras que nosso sistema tributário e, em especial, importante para nós, o tratamento das alíquotas e das isenções foram editadas pelo legislador constitucional originário, e, ainda, para assegurar sua vontade explícita obriga a obediência às cláusulas pétreas.

Adentrando agora diretamente à apreciação dos termos da EC n. 37, vamos verificar, imediatamente, que não atendem as disposições constitucionais mencionadas, ao prescrever que compete à lei complementar a fixação de alíquotas mínimas para o ISS, pois estaria atingindo o desenho feito pelo legislador constitucional originário.

De pronto, vai retirar do legislador local, que tem estreita ligação com a realidade fática da sociedade, a possibilidade de dosar a oneração sobre os serviços prestados, visto que exige estabelecer um agravamento de acordo com a alíquota mínima. Assim, não só inibe o exercício da competência tributária, como previsto no texto maior originário, como pode levar a um aumento da carga tributária, vez que, com seu valor mínimo, atingirá os contribuintes de menos capacidade contributiva.

Por todas as informações e as notícias veiculadas, o objetivo pretendido pela emenda seria terminar definitivamente com a guerra tributária existente entre as municipalidades.

Ora, com esta finalidade, entretanto, impõe um tratamento desigual entre os Municípios; ao tentar restringir a atuação de alguns, e são poucos perto do universo das nossas localidades, que procuravam vantagens ao se utilizar do sistema vigente, acabou, efetivamente, impingindo a todos os demais a obrigatoriedade de cumprir a prescrição contida na fixação da alíquota mínima.

Basta lembrar das desigualdades existentes entre nossos Municípios, e especialmente entre suas economias, para traçar o quadro dos funestos efeitos desta restrição.

Assim, para cumprir uma determinação contida na emenda constitucional, provavelmente, em muitos casos, Municípios terão de renunciar parte da sua receita advinda do ISS, excluindo a alíquota incidente sobre alguns serviços, tendo em vista que o mínimo a ser fixado não seria compatível com a capacidade existente.

A conclusão única é a de que a limitação ao legislador municipal quanto à fixação de alíquota mínima restringe a sua liberdade como representante da sociedade local e tolhe a autonomia, a independência dos Municípios, como outorgada e garantida pelo constituinte originário.

Em decorrência, sem a necessidade de maiores explicações, conclui-se que, sendo afetada a autonomia municipal, o princípio federativo também o será, assim como por conseqüência, as cláusulas pétreas.

Ademais, é fundamental também se alegar que o vício da inconstitucionalidade queda-se mais claro quando se atenta que a norma ementativa, por sua natureza derivada, contraria as prescrições impostas pelo legislador originário.

Lembremos, como argumento, existir uma exceção à fixação de alíquotas mínimas. Refere-se ela ao fato de os Estados poderem vir a se submeter àquelas estabelecidas pelo Senado Federal, no caso do ICMS, porém, esta limitação já foi prevista pelo próprio regramento constitucional originário.

Outros direitos e garantias do cidadão estarão provavelmente sendo feridos, consubstanciados no princípio da capacidade econômica, constante do art. 145, § 1º, pelo qual a incidência dos impostos deve ser graduada conforme a capacidade econômica do contribuinte.

É justamente este princípio que assegura ao legislador local a liberdade para estabelecer a alíquota do imposto. É ele, e somente ele, que tem condições de aferir esta capacidade pelo seu conhecimento direto, como dissemos, da sociedade que representa. Retirando parte ou restringindo esta liberdade, sem sombra de dúvida a obediência àquele princípio será afetada e, o que é pior, quem sofrerá as conseqüências será o próprio munícipe.

Podemos afirmar com certeza quase absoluta que os legisladores do Congresso Nacional não têm o necessário conhecimento para lhes permitir se imiscuírem numa área tão restrita e variada como as das 5.500 municipalidades.

Portanto, como acima já frisamos, procurando restringir a atuação de meia dúzia de Municípios, a emenda constitucional acabou por atingir uma gama muito maior que não participava da guerra fiscal e, o que é mais injusto, um grande número de contribuintes prestadores de serviços que agora poderá se ver obrigado a pagar mais do que a sua capacidade possibilita.

Por conseqüência, a emenda constitucional em questão tem o condão de ferir outra cláusula pétrea, afetando o direito do cidadão, consubstanciado no princípio da capacidade contributiva e implicitamente o próprio princípio da isonomia. E o faz de forma inconstitucional por restringir o que o Legislador originário garantiu.

Por outro lado, é sabido que nada surge sem uma causa, inclusive, para a criação e alterações do ordenamento jurídico. Isso vai embasar a existência do outro princípio, ou seja, o princípio do motivo determinante.

É ele que nos leva a indagar se, para o atendimento do motivo determinante desta emenda, não poderia ter sido utilizado outros instrumentos menos gravosos, sem que fossem atingidas as cláusulas pétreas. Não há dúvida que sim. Por exemplo, naquele momento estava o Congresso Nacional apreciando um projeto de lei complementar regrando, entre outros assuntos, o local da prestação do serviço, restringido a interpretação de ser apenas a sede da empresa e a posição mais ampla adotada pelo Superior Tribunal de Justiça, que veio a ser aprovado, cujo texto é o da LC n. 116/2003. Bastava então que fosse definido o local da ocorrência do fato gerador, o local onde o serviço teria sido prestado.

Com isso, simplesmente, se encerraria a guerra tributária, sem qualquer ferimento às cláusulas pétreas.

Não bastasse a inconstitucionalidade quanto à matéria pertinente ao exercício da competência positiva, com a fixação da alíquota mínima, também, a restrição imposta à concessão de isenção, incentivos fiscais e benefícios fere a autonomia municipal. E poderíamos até dizer que a afetação da autonomia seria muito maior.

Estas formas de exclusão do crédito tributário têm como fundamento o abrandamento da tributação, buscando a real aplicação do princípio da capacidade contributiva ou da igualdade e a utilização da extrafiscalidade em benefícios da sociedade local. Esta competência, pela sua aptidão de representante do povo do Município, cabe aos membros da Câmara Municipal, que não podem ser tolhidos no seu exercício essencial, como lhes garante da autonomia municipal e o respeito à capacidade contributiva dos cidadãos.

Repetimos, no intuito de terminar com a chamada guerra tributária imposta por meia dúzia de Municípios, restringiu-se a atuação da maioria deles, não partícipes desta guerra.

Por outro, acabou por dificultar, para não dizer impedir, que o princípio da capacidade contributiva e os interesses da sociedade local fossem alcançados por meio da concessão de isenção, incentivos fiscais e benefícios.

E o absurdo é tal, que, ao prever o âmbito do efeitos desta exclusão, impõe-lhes além de uma afetação direta, também, o efeito indireto, resultante da redução da alíquota de 2% como estabelecida.

Estaria ainda podendo atingir outras esferas da competência municipal que não necessariamente a tributária, o que lhe daria outros vícios, não cabíveis aqui a sua apreciação.

Permitimo-nos, ao encerrar, o fazer citando o jurista Victor Uckmar, para quem: "Limitar o poder de impor tributos comporta inelutavelmente uma limitação à autonomia da entidade".

Por último, voltando ao mencionado no início quanto à complexidade do tema, agradecemos o convite por nos ter dado a oportunidade de ser muito mais um instrumento provocador da meditação dos senhores do que efetivamente um solucionador da questão.

Em resumo concluímos pela inconstitucionalidade da EC n. 37, objetivamente indicando os seguintes pontos. Fere cláusula pétrea quanto: 1) ao princípio federativo; 2) ao princípio da autonomia municipal; 3) ao princípio da capacidade contributiva; e 4) ao princípio do motivo determinante.

Muito obrigado aos senhores e estamos às ordens para os eventuais debates. (*Palmas*)

Presidente da Mesa (Profa. Sonia Corrêa de Almeida Prado) – Eu quero agradecer a exposição do Dr. Edgard Neves da Silva, que nos deu uma aula de Direito Constitucional muito oportuna, no que tange a essa matéria versada, que diz respeito ao ISS.

Em seguida vou passar a palavra ao Prof. Régis Fernandes de Oliveira, que vai nos falar sobre "O Estatuto da Cidade".

Prof. Régis Fernandes de Oliveira – Agradeço, muito boa tarde a todos, cumprimento as meninas que integram a Mesa, cumprimento os colegas que também aqui estão, o ilustre presidente do IDEPE e todos os queridíssimos amigos de estudo e de preocupações intelectuais.

Eu já me desculpo, desde logo, por eventuais erros que possa cometer na exposição, porque acabei de lançar exatamente o livro sobre receitas públicas não-tributárias. Então, no que eu disser sobre tributos, já fico desde logo absolvido de qualquer engano, porque aqui, ladeado por tributaristas da mais alta qualidade, do mais alto nível, quem sou eu para falar sobre tributos?

E num raciocínio bem cínico, acho que não podia deixar de iniciar dizendo que (como disse Ralph Darendorf) os homens, quando não têm mais idéias, inventam emendas constitucionais. Ele disse isso num recente artigo publicado no *El País*, de Madrid. É o que tem sido feito no Brasil.

E eu queria deixar num congresso destes, embora não seja especificamente da área, a minha manifesta repulsa, o meu manifesto repúdio pela emenda constitucional que tramita no Congresso. Não resolve nada, não diz nada, faz uma mixórdia, termina com a Federação (o que o Edgard acabou de tão bem explicar), concentra todos os recursos na União, chega a ponto de outorgar competência a órgão administrativo para fixar base de cálculo, para mudar qualificação de mercadorias de acordo com o ICMS, muda a pauta – enfim, um desastre total.

Eu não poderia deixar de participar de um congresso destes e de registrar uma palavra dura, contundente, contra a reforma. Se quisermos fazer uma reforma realmente, nós temos de fazer alguma coisa séria, discutir com a comunidade jurídica, discutir num congresso como este um texto futuro; como é que se pacificam os conflitos, como é que se evitam os confrontos políticos, como é que, enfim, a gente prepara o País (como disse o Prof. Souto na sua exposição, e disse a Misabel também, num artigo recente), como nós preparamos o Brasil para enfrentar a globalização. Então, antes de mais nada, eu queria dizer isso.

Segundo, eu também suponho como devem ter ficado o Prof. Aires e a diretoria, pensando: "Como é que a gente encaixa o Régis para falar alguma coisa aí? Então, bom, vamos dar o 'Estatuto da Cidade' e vamos ver como é que ele se vira". (*Risos*) E mais: depois do que o Aires disse ontem (eu não estava presente, e me penitencio por não ter podido estar, porque agora estou em franca advocacia; não estou fazendo propaganda porque somos todos colegas, e, portanto, ninguém vai me mandar serviço), já soube que ele rotulou o "Estatuto da Cidade" de Estatuto da Calamidade, então eu falei: bom, vamos ver o que eu consigo aproveitar disso.

Evidentemente, como homens inteligentes que somos, nós temos divergências, e eu reputo esse texto um grande avanço e vou tentar demonstrar – é claro, submetido depois a toda chuva e tempestade, que eu espero não seja tão forte quanto a de ontem, do Prof. Aires.

Todos nós sabemos que as preocupações urbanísticas, edilícias, são antiqüíssimas. Num outro trabalho que escrevi, também, sobre o Direito na Bíblia, que foi uma pesquisa estritamente jurídica (não tem nada de teologia, que eu não entendo disso), eu relato uma série de exemplos de que lá já se falava, no texto antigo, no Êxodo, no Levítico, em todos os dispositivos bíblicos, das preocupações que se tinham quando Deus começou a ditar regras para as pessoas: "Olha, eu quero um templo assim: tanto de altura, tanto...". Não se falava em metros nem nada, falava-se em côvados, na tradução, claro. Então já havia essa preocupação toda com o Direito Urbanístico, com o Direito Edilício.

E o constituinte derivado, cumprindo sua obrigação constitucional de disciplinar os arts. 182 e 183 da Constituição, trouxe a lume um texto, a Lei 10.257 de 2001, que modifica, na minha visão para melhor, o direito de propriedade e o direito de construir; dá realmente um novo conteúdo a isso. E eu diria: o direito de propriedade sempre foi considerado como alguma coisa sagrada.

Pelo menos no Direito Romano, e nós lemos isso em Fustel de Coulanges, em Platão, em Aristóteles, que o direito de propriedade nasce, na verdade, quando dentro das casas das pessoas existia um núcleo que era o chamado lar, onde eram enterrados os mortos; e ali efetivamente era o local sagrado e religioso da família. Ali era a propriedade da família; ali ninguém podia entrar sem autorização, sem que fosse da própria família para cultuar os deuses, ou os chamados lares.

Então, o direito de propriedade nasce como uma coisa sagrada; e isso vai depois repercutir em toda a história da civilização e desemboca na Constituição francesa de 1789, no art. 17, a "Declaração dos Direitos do Homem e do Cidadão"; o texto diz: "Sendo a propriedade um direito inviolável e sagrado, ninguém pode dela ser privado a não ser quando a necessidade pública legalmente verificada o exigir de modo evidente, sob condição de uma justa e prévia indenização". Assim, na própria "Declaração dos Direitos do Homem e do Cidadão" fica atribuído o caráter sacro da propriedade, que com o evolver da sociedade, com o passar do tempo, com o passar histórico, vai adquirindo uma outra feição.

Já na Constituição mexicana de 1917 se vê que a percepção muda, e ali já se diz que tem de ter alguma função diferente, que é apenas do caráter egoísta do Direito Romano. Depois a Constituição de Weimar vai dizer a mesma coisa, seguido da "Declaração Universal dos Direitos do Homem", que também consagra o caráter funcional da propriedade. Ela não tem mais aquele aspecto egoísta, aquele aspecto exclusivo do direito de usar, gozar, dispor e até abusar da coisa. Não. Ela passa a ter limitações, passa a perder esse caráter sacro.

A Constituição mexicana diz: "A nação terá todo o tempo o direito de impor à propriedade privada as determinações ditadas pelo interesse público". A Constituição de Weimar diz o seguinte: "A propriedade obriga; deve, ademais, servir ao bem comum".

Então começa uma nova visão da propriedade, não mais no seu sentido absolutista e egoísta, mas, sim, uma propriedade voltada ao seu caráter social. Isso vem até os nossos tempos, e hoje temos no inciso XXI do art. 5º da Constituição da República que "é assegurado o direito de propriedade", e o seguinte, o XXII, fala que "a propriedade terá função social".

Portanto, nós temos consignado no nosso texto que a propriedade não mais pode servir simplesmente ao indivíduo, como coisa sua, como disponibilidade sua, mas ela tem de servir à função social. E aí fica um monte de gente tentando descobrir o que é essa função social. Mas eu diria até, copiando um cantor e um grande homem da música, do *jazz*; pediram a ele uma definição de *jazz* e ele falou: "Olha, se você precisar de definição, você nunca vai entender o *jazz*, esquece".

E eu diria: a função social da propriedade não precisa de uma definição; nós sabemos quando ela é simplesmente destinada ao caráter egoístico, à mera exploração financeira, ou quando ela realmente serve à coletividade, quando ela serve à comunidade. E aí o conceito de propriedade realmente muda, e já o próprio Código Civil novo, no art. 1 228, tem um texto que diz: "O direito de propriedade deve ser exercido em consonância com as suas finalidades econômicas e sociais, de modo que sejam preservados, de conformidade com o estabelecido em lei especial, a flora, a fauna, as belezas naturais, o equilíbrio ecológico e o patrimônio histórico e artístico, bem como evitada a poluição do ar e das águas".

Então vejam que nós temos de focalizar hoje a propriedade com esse sentido social que realmente ela tem de ter. O texto veio e traça diretrizes gerais e urbanísticas que eu não vou analisar, nem será apropriado cuidar disso. Mas diz o seguinte: que com o advento de uma lei, e também enfocado no Plano Diretor, "poderá determinar o parcelamento, a edificação ou a utilização compulsórios do solo urbano não-edificado, subutilizado ou não-utilizado, devendo fixar as condições e os prazos para implementação da referida obrigação".

O que ela está dizendo? Tem uma área parada, uma área fechada, com rato, com barata, como tem de monte em todas as cidades – eu não vou criticar São Paulo porque parece que eu sou daqui há 200 anos, e tenho todo o interesse em preservar esta cidade, em fazê-la digna para os nossos filhos –, inúmeros imóveis que estão aí abandonados, servindo a nada; o Município pode determinar ao proprietário (vejam, determina-se ao proprietário) que ele aproveite, que nele construa ou que o parcele.

Vão dizer: "Espera aí, mas o proprietário não tem condição financeira de construir". Problema do proprietário; não é problema mais do Poder Público nem nosso. Ele, se não tem dinheiro, maravilha! Parcela, divide em dois, vende uma parte e aproveita o resto. Se não tem nenhuma condição, venda. Mas em um ano, a partir da notificação do Poder Público, ele é obrigado a apresentar um projeto de aproveitamento do imóvel. Ou parcela, ou constrói, ou vende.

Mas é possível isso no direito de propriedade? É possível no direito de propriedade. Não há nenhum espanto nisso; ao contrário, é importante que assim ocorra, para que não mais esse direito seja exclusivista e egoísta. Ele tem de ceder ante os interesses comuns, os interesses públicos e coletivos. Digamos que ele não faz: "Não vou fazer nada, quero ver o Poder Público ter peito para vir fazer alguma coisa contra mim". Está bom, o que é que o Poder Público pode fazer?

Aí eu entro na área tributária e entro pisando em ovos, porque aqui só tem gente que entende de Direito Tributário. Diz a lei: o poder público notifica para apresentar um projeto; se apresentar o projeto, ele é obrigado a construir em dois anos, ou a parcelar em dois anos; não o fazendo, o poder público faz o quê? Ele usa o instrumento tributário para constranger ou para obrigar o comportamento. Como eu vou rotular isso, se é de extrafiscalidade, se é da capacidade contributiva do contribuinte, enfim, é outra história. A verdade é que ele vai dizer ao cidadão: "Olha, se você não construir, eu vou aplicar um imposto cada vez mais alto".

E o que diz o art. 7º? "Em caso de descumprimento das condições e dos prazos previstos na forma do *caput* do art. 5º", que é o que eu falei agora – notificação para construir, para parcelar ou para aproveitar o imóvel de alguma forma –, "ou não sendo cumpridas as etapas previstas, o Município procederá à aplicação do IPTU progressivo no tempo, mediante a majoração da alíquota pelo prazo de cinco anos consecutivos".

Eu diria que o imposto sobre a propriedade urbana hoje fica na faixa de 1% a 2%, não mais que isso. Aí vem a lei (e tem sido discutido isso) e diz: "O valor da alíquota a ser aplicado a cada ano será fixado na lei específica a que se refere o *caput* do art. 5º desta lei, e não excederá a duas vezes o valor referente ao ano anterior, respeitada a alíquota máxima de 15%".

Vão dizer: "Ahn, 15%? Então em cinco anos ou seis anos o camarada perde a propriedade dele? E o confisco, como é que faz? E a Constituição, que proíbe o efeito confiscatório dos tributos?".

Bom, então eu vou temperar a coisa. Aqui não fala que são 15%; fala "até 15%". Esse dispositivo já foi considerado inconstitucional. Eu não acho que seja inconstitucional. Ele não está dizendo que são 15%, ele não está dizendo isso. Está dizendo: pode o Município ir até 15%. Está abrindo a brecha para o Município fixar em 2%, em 3%, em 4%. A lei concreta eventualmente pode ser discutida. Eu já vi opiniões dizendo que isso é confisco, que não tem nenhum sentido etc. e tal. Esse dispositivo não me parece que seja assim. Ele fixa e diz: pode ir até tanto; não diz quanto. A lei específica é que eventualmente vai dizer que vai ser tanto, ou fixar em 15%.

O percentual de 15% é confiscatório? Aí nós vamos ter de fazer uma longa discussão, vamos ter de pegar o livro do Estevão, livro de outros professores ilustres que já escreveram sobre o confisco, e dizer: qual é o percentual que é confiscatório? 2%? 3%, 4%, 5%, 6%, 7%? Qual é o percentual? Alguns países da Comunidade Européia falam em 3%; já na Argentina falam em 3% ou 5%, alguma coisa desse tipo (tudo que eu disser é chute, em Direito Tributário, mas se alguém for conferir depois diga). Mas eu examinei o Estevão, quando fez a Livre-Docência, e o tema era "O princípio do não-confisco em Direito Tributário". Então eu me lembro de alguma coisinha dessa exposição dele, e ele fez lá uma pesquisa dizendo que alguns países fixavam em 3% ou 4% ou 5%. Bom, aí nós vamos ter de discutir na lei concreta; aí sim, nós vamos nos preocupar com isso.

"Caso a obrigação de não parcelar e de fixar a utilidade não seja atendida em até cinco anos, o Município manterá a cobrança pela alíquota máxima, até que se cumpra a obrigação": este dispositivo já é bem discutível se é confisco ou não, mas eu volto a afirmar que isso vai ficar em aberto, porque nós precisamos saber se realmente esse percentual de 15% se caracteriza em confisco. Diz a Profa. Regina, eminentíssima Juíza Federal, que se trata de confisco esse § 2º. Até o § 1º eu não vi nenhum tipo de problema; no § 2º, aí vai depender da valoração de cada um.

Diz mais o texto, para compelir o Município a tomar uma decisão efetiva: "É vedada a concessão de isenções ou de anistia relativas à tributação progressiva de que trata este artigo". Não se trata de anistia, trata-se de remissão. Mas enfim, não importa, o legislador não é técnico; temos de entender o que ele está dizendo aqui. Se ele fala em anistia e não é anistia, nós temos de entender que é remissão. Portanto, é proibido qualquer tipo de isenção ou de retirada da tributação imposta.

Eu não posso fazer uma lei futura para dizer que aquilo lá não paga mais. Não. Tem esse caráter extrafiscal de compelir – a respeito lembro o grande Ataliba, a quem nós tributamos todas as nossas homenagens, e eu devo a minha ida à USP (sempre digo isso em público) ao próprio Ataliba, que me convidou para assessorá-lo, de início, na Universidade de São Paulo e eu fui, assistindo o Sampaio Dória; o Ataliba foi para a Teoria Geral do Direito e eu fiquei auxiliando o Dória; com o falecimento do Dória postulei a titularidade e lá estou até hoje; isso foi em um ano e meio; quer dizer, vejam como eu fui para lá de abençoado durante muito tempo: chegar na USP e já ser titular em um ano e meio, é muita coisa realmente.

Enfim, nós temos de saber se esse dispositivo agride as normas constitucionais ou não. E aí nós temos de fazer esta análise de estruturar o IPTU como um instrumento efetivo de compulsão sobre o proprietário. Se o proprietário ainda assim falar "olha, não tem importância, deixa inscrever na dívida ativa, não há problema nenhum; deixa executar, eu não vou pagar mesmo, não tem importância nenhuma", o que pode fazer o Município? O Município então pode expropriar, mediante títulos da dívida pública pagáveis em dez anos.

Vão dizer: "Mas não pode isso". Pode, porque está previsto na Constituição da República. Ela diz que, não dando destinação, eu posso fazer a expropriação mediante pagamento de títulos da dívida pública. Aí tem toda uma complicação, tem de pedir autorização ao Senado para expedir os títulos ou não, eu não posso expedir simplesmente para pagamento; mas, enfim, independentemente de qualquer coisa, a verdade é que ao Município é permitido dispor da propriedade, expropriar a área, mediante pagamento de títulos e não mediante prévia e justa indenização em dinheiro; isso aí não se aplica realmente.

Então nós temos todos os instrumentos dados ao Município para que ele possa agir, e deve agir, e tem de agir. O ruim é a omissão do administrador público. Mas agora ele tem os apetrechos na mão; ele tem a intimação para compelir o proprietário a construir, a parcelar ou a vender o seu imóvel. Não o fazendo, eu posso usar um instrumento tributário para compeli-lo a tomar essas medidas todas. E ainda assim, deixando ele de tomar qualquer providência, eu posso desapropriar o imóvel, e aí dar uma destinação a ele em cinco anos.

Aí já surgem problemas: e se o Município não destina o imóvel em cinco anos a qualquer finalidade pública? De duas uma: ou ocorre a retrocessão, eu sou obrigado a devolver o imóvel ao proprietário, eventualmente até com indenização; ou o proprietário eventualmente exercita o seu direito e cabe aí a responsabilidade do prefeito. E já se discutiu, nesse texto que eu escrevi sobre o "Estatuto da Cidade", qual é o prefeito responsável, porque se eu tenho cinco anos para aproveitar e o mandato é de quatro anos: é o prefeito do primeiro ou o do segundo mandato? Eu diria: denuncia os dois e depois vê o que o juiz vai dizer. (*Risos*) É a coisa mais fácil: como a gente não sabe quem é o réu, entra contra um monte; depois o juiz vai dizer qual é que cabe e acerta em alguém. Eu não vou ficar preocupado em dar o tiro errado e depois ficar sem arma, sem bala.

A lei vai ainda instituindo alguma coisa que me parece fantástica: o usucapião ou a usucapião, a lei fala em a usucapião (e não vamos perder tempo em português aqui também), e de outro lado fala na concessão de uso. Usucapião significa o seguinte: eu tenho áreas públicas e particulares, que estão desocupadas. Digamos que seja invadida uma área privada (vou ficar nisto aqui primeiro). Invadiram a área, ninguém contestou. O que fazem os proprietários hoje? Como eu tenho uma área localizada e ladeada por imóveis de pouca renda, o que é que eu faço? Eu não posso utilizar aquele imóvel. Se for seguir rigorosamente a lei do loteamento, eu vou ficar louco, porque vou ter 30% de área institucional, vou fazer as ruas, vou calçar, depois lotear, rodeado de casinhas populares? Ninguém vai comprar. Então o que se faz? Negocia-se com os invasores, tudo combinado, tudo certinho: "No dia tal vocês vão invadir, vamos preparar tudo; eu já vou dividir os lotezinhos; vamos fazer um contratinho aqui e tal". Isso é realidade! E no dia tal todo mundo já vai para o seu lotezinho bonito à noite, todo mundo vai. Aí, como eu não posso ficar sem indenização, o que é que eu faço? Espero uns dois meses e entro com uma ação, dizendo que há três anos eu não passava no imóvel e que, agora, passando no imóvel depois de três anos, eu vi que ele estava ocupado. O juiz vai dizer: "Bom, não é posse nova, então não dou liminar". E eu não quero a liminar mesmo, eu quero que o pessoal fique lá, porque já vendi tudo; vou fazer o quê? Mas eu não gastei um tostão para lotear nada.

E então o que acontece? Vem a lei agora e diz: se passar dos cinco anos sem nenhum tipo de contestação, sem nada, deixa; o pessoal tem usucapião. Maravilha para o proprietário! Eu já vendi, vou dar usucapião para eles. Todo mundo vai me citar? Não me interessa isso. E assim regulariza-se a área. Vejam que fantástico isso! (*Risos*) Todo mundo vai ter um papel na mão! O pessoal não tem onde ficar; quer dizer, não tem nada, a qualquer momento corre o risco de o proprietário ir lá e entrar com ação, e irem os tratores tirar todo mundo e demolir a casinha (parece música, aquela que diz, mais ou menos assim: "cada 'táubua' que caía, doía no coração"); entra o trator e vai tirando tudo: "Então vamos pacificar a coisa, calma! Deixa correr cinco anos e depois vocês entram com usucapião, está tudo certinho!".

É claro, o proprietário não ia mais conseguir vender aquilo, hoje. E não vai vender mesmo, porque está enfiado em uma área com um monte de casas do lado, sem luz, sem água, sem nada. E vai continuar do mesmo jeito.

Na área particular surge o usucapião que resolve o problema. E mais: tem usucapião coletivo. É normal isso, e nós temos de atender a essa realidade. Eu li alguns artigos detonando esse dispositivo, mas acho fantástico. Isso é comuníssimo na nossa cidade. Imaginem que trinta famílias ocupam uma área de 10 x 10, todo mundo amontoado ali. Quem tem o direito ao usucapião? Todos – e recebem a posse de outros. Então, alguém está ali no lugar, por exemplo, por três dias, mas o outro que estava antes dele ficou ali quatro anos e meio ou cinco anos: aquele que está no lugar na hora é titular do usucapião, titular do direito? Em nome de quem vai ser registrado? Em nome de todos. É incrível, mas a lei manda fazer isso. Todo mundo é titular de tudo. De quê? De uma cota-parte, de uma parte ideal. Isso resolve o problema do conflito urbano.

Agora, vamos esquecer o particular; o particular já se acertou. Vamos pensar no Município ou no Estado. Há inúmeros imóveis do Estado abandonados e ocupados por invasão. E vejam: muda-se até o conceito de aquisição de propriedade, porque antes só se admitia o usucapião através de posse boa, de posse útil, de posse justa. Agora é a injusta mesmo que vale.

Vamos então para o outro lado, no imóvel público: a mesma invasão, que aí não se combina com o Poder Público (às vezes até já se combina também, já existem acordos; mas não importa a patologia da coisa, a verdade é que invadiram o imóvel); invadida a área, era muito comum o Poder Público entrar com ação e pedir a reintegração. Hoje não pede, porque o problema social é muito sério. Quem é que vai lá pôr esse pessoal todo para fora? O custo político é muito grande. Mas a qualquer momento o Ministério Público entra com ação para compelir o Poder Público a retirar o pessoal. Por quê? Porque não dá posse, só tem detenção da área; todo mundo sabe que o imóvel público não é objeto de usucapião.

Então o que ocorre? Qual é a saída que o legislador deu? Deu uma saída genial: concessão de uso. Dá concessão de uso para todo mundo, individual ou coletiva, não importa. E vai registrar. E tem mais: o conceito de concessão, que todo mundo achava que era um contrato, não é mais. Pode até ser, mas é um contrato em que a outra parte é obrigada a praticar um ato. Se não praticar, o Judiciário manda praticar, ou serve de ato subsidiário à vontade do Município.

Vejam que fantástica é essa lei! Ela resolve um monte de problemas. Ela soluciona o problema daquele que invadiu imóvel particular, até com a concordância do proprietário. De outro lado, ela compele o Poder Público a resolver um problema que ele, sem essa provocação, não resolve. Então eu tenho direito a ter uma concessão de uso, que é inclusive transmissível. Eu tenho um título; e o que o povão quer é um título, ele quer um papel na mão. Pode ser até o IPTU, mas ele quer um papel na mão. (*Risos*) Quer que saibam que ele está ali, e todo mundo sabe. É verdade, ele quer pagar o imposto.

E vejam quanto se perde em matéria de IPTU, porque não se regularizam áreas – áreas do Poder Público que estão ocupadas sem uma regularização qualquer, ou de particulares (porque o particular, quando invadem, vai ao poder público e diz: "Não vou pagar, eu não estou lá". Responde-se: "Bom, mas você é o proprietário". E o proprietário diz: "Mas está ocupado; então vocês tiram o cara que eu pago"). Em área do Poder Público não se paga mesmo IPTU; mas eu posso cobrar o IPTU daquele pessoal se emitir uma concessão de uso, porque ele é em tese um possuidor.

Aí surge um problema: desafeto ou não a área? Há necessidade de desafetá-la? Eu acho que não. Essa discussão já se colocou em juízo, e me parece que a área já está desafetada. Quando se fala em afetação e desafetação, o imóvel tem de estar afetado a alguma finalidade; por isso é que eu tenho o bem de uso comum do povo, o de uso especial e o dominial. Quando é o dominial, não precisa desafetar nada, já está desafetado, porque ele é predestinado. Enfim, não vamos entrar em discussão jurídica. A verdade é que já existem esses dispositivos hoje que podem ser aplicados.

Aí vem o outro probleminha, que é a chamada "outorga onerosa" (e o Aires já sorriu ao meu lado, porque ele já detonou a outorga onerosa ontem), e eu vou fazer um paralelo aqui. Direito de superfície nem se diga, não mudou nada. Quer dizer, eu posso passar para alguém, ceder o direito de superfície a alguém que use e pague o IPTU, pague o que quiser. Não muda nada para efeito de matéria tributária. Mas a outorga onerosa está coligada com a transferência do direito de construir.

Vou explicar primeiro, para depois fazer a crítica ou o elogio. A outorga onerosa significa: eu tenho os gabaritos, tenho os limites, tenho a lei de zoneamento que me impede de construir a mais; entretanto, em determinadas hipóteses, eu posso obter do Poder Público uma licença (diz aqui outorga, mas não nos percamos pelas expressões) que me permite construir acima dos limites fixados na lei, mediante uma contrapartida. Que contrapartida é essa? Construção de casa popular, doação de cesta básica, sei lá, depende do volume disso; eu posso construir trinta casas populares, cinqüenta, cem, enfim, é irrelevante. Mas eu posso então permitir. O ato é uma licença para construção acima dos limites; depois eu cobro o IPTU de acordo com a construção, e cobro o ato de licença através de uma taxa, evidentemente uma taxa do exercício do poder de polícia.

E na transferência? A mesma coisa. A transferência do direito o que significa? Vamos falar da Faculdade do Largo de São Francisco. Um prédio histórico, um prédio preservado, um prédio tombado, e a USP teria ali, de acordo com a legislação, a possibilidade de construir mais cinco andares. Só que ela não pode; não vai destruir um prédio histórico construindo imóveis em cima. Então ela tem o direito de construção, não ali, mas em outro lugar. E ela vende esse direito tranqüilamente. Agora já se criou (não é novo isso) o CEPAC, que é o certificado de propriedade para transferência em bolsa de valores. E eu vendo o direito que tenho de construir. A USP não pode construir, mas ela emite o CEPAC, joga na bolsa e vende o direito de construir, e alguém vai construir em outro lugar. Onde? Onde quiser, de acordo com a lei: em qualquer lugar da cidade ou em algum lugar que a lei delimite.

Isso também não é muita novidade, porque nós já tivemos aí as operações urbanas, chamadas agora de operações consorciadas, o que é uma alteração urbanística em determinada região, com alteração dos índices de aproveitamento de cada área.

Aí tem impacto de vizinhança, aí tem o Plano Diretor, que é o texto-base que vai servir para tudo isso, além de leis específicas que vão disciplinar cada hipótese dessas de aproveitamento, de uma operação consorciada, ou de uma outorga onerosa, ou de uma transferência do direito de construir etc.

Enfim, creio que esta lei realmente mexe com todos, ela cria aí um chamado direito virtual. Hoje está tão comum! Tem namoro virtual, tem tudo virtual. Então, propriedade também é um fator a mais de transferência via Internet. Não há problema nenhum de se ter o direito possível, o direito que está aí, no espaço, e depois os tributaristas que se virem para tributar isso.

Aqui o restante da Mesa, que é do ramo, fala: "Bom, como é que eu tributo?" Eu não sei. Dependendo da hipótese de cada um, nós vamos criar o IPTU, nós vamos criar o imposto que vai incidir sobre a renda do CEPAC, não sei. Aí nós vamos ter uma série de incidências tributárias que vão recair sobre cada um desses possíveis fatos geradores. Mas o meu tempo já está esgotado, e minha exposição é apenas para dar uma idéia e para espicaçar o interesse de cada um.

Não vou fazer propaganda do meu livro porque não tem, está esgotado. Mas, quando sair, por favor, comprem que é sempre interessante para a gente...

Muito obrigado. (*Palmas*)

PRESIDENTE DA MESA (PROFA. SONIA CORRÊA DE ALMEIDA PRADO) – Doutor Régis, muito obrigada pela exposição instigante, e que nos deixa, a nós todos aqui, uma lição de casa consistente, para estudarmos as repercussões de natureza tributária e as possibilidades dentro do "Estatuto da Cidade".

Antes de fazermos o intervalo, eu quero lembrá-los de que as perguntas poderão ser encaminhadas através de *e-mail*, para que sejam respondidas depois, já que não há tempo suficiente agora, e também avisar que o Prof. Heleno Torres está agora procedendo ao lançamento do livro *Direito Tributário e Direito Privado*, inclusive à disposição para autógrafos.

Eu pediria aos senhores que, por favor, respeitassem o nosso intervalo de 15 minutos, para em seguida passarmos à última sessão deste congresso, com uma homenagem à Desembargadora Federal Anna Maria Pimentel, presidente do Tribunal Regional Federal da Terceira Região, e a conferência do Ministro Sepúlveda Pertence. E como sempre, já tradicionalmente, encerrando com o discurso sempre esperado do Prof. Eugênio Doin Vieira.

Muito obrigada a todos.

SESSÃO DE ENCERRAMENTO

PRESIDENTE DO IGA-IDEPE (PROF. AIRES BARRETO) – (*falha na gravação*) ... de encerramento do XVII Congresso Brasileiro de Direito Tributário, e eu quero convidar para compor a Mesa o ilustre Ministro do Supremo Tribunal Federal Sepúlveda Pertence. (*Palmas*)

Peço que componha a Mesa o ilustre Presidente deste Congresso, Prof. Alcides Jorge Costa; a eminente Desembargadora Federal Anna Maria Pimentel; o Prof. Eduardo Bottallo, dirigente do IDEPE; e a Profa. Maria Leonor Leite Vieira, igualmente diretora do Instituto Geraldo Ataliba-IDEPE. (*Palmas*)

Peço que nos honre também com sua presença à Mesa a Desembargadora Salete Nascimento; o insigne Prof. Roque Antonio Carrazza; e o eminente Desembargador Federal e ex-Presidente do Tribunal Regional da Terceira Região, Prof. Américo Lacombe. (*Palmas*)

Peço que nos honre com a sua presença aquele que é o orador de todos os nossos eventos, o Prof. Eugênio Doin Vieira. (*Palmas*)

Bem, com os meus cumprimentos aos componentes da Mesa e a todos os presentes, eu dou início aos trabalhos desta sessão que é a de encerramento deste XVII Congresso do IDEPE.

E para começá-la dou a palavra à Dra. Maria Leonor Leite Vieira, para saudar a Desembargadora Dra. Anna Maria Pimentel.

HOMENAGEM À DESEMBARGADORA FEDERAL ANNA MARIA PIMENTEL

PROFA. MARIA LEONOR LEITE VIEIRA – Sr. Ministro, Sr. Presidente do Congresso, Sr. Presidente do IGA-IDEPE, Dra. Anna Maria, senhores professores componentes da Mesa, prezados congressistas, a incumbência que me foi delegada em nome do Instituto Geraldo Ataliba, IGA-IDEPE – Instituto Internacional de Direito Público e Empresarial, de homenagear a ilustre Desembargadora Federal Anna Maria Pimentel, em virtude de ser a primeira mulher presidente de tribunal em São Paulo, é uma honra, preocupante embora.

A homenagem de iniciativa da diretoria do Instituto, formada em sua grande maioria, Professora Anna Maria, por homens – Dr. Aires Barreto, Dr. Eduardo Bottallo, Dr. Estevão Horvath, Dr. José Eduardo Soares de Melo, Dr. Paulo de Barros Carvalho e eu, a única mulher –, foi aprovada por unanimidade e teve a sua idéia surgida pelo reconhecimento a uma mulher batalhadora, corajosa, persistente, idealista, inteligente, responsável e firme, sem que a profissão e o cargo que exerce tivessem alterado sua feminilidade e ternura.

Não vou aqui tecer loas aos feitos da Dra. Anna Maria (nascida no Espírito Santo), que muito podemos retirar do seu vasto *curriculum* de Juíza Federal em São Paulo e em Brasília, Juíza de Tribunal Eleitoral em São Paulo, Distrito Federal e Amazonas, Desembargadora Federal, Vice-Presidente e agora Presidente do Tribunal Regional Federal da Terceira Região, professora de Direito Civil, autora de vários artigos, membro de várias bancas examinadoras, condecorada com medalhas de mérito por diferentes ações, e tantos outros feitos profissionais. Nem vou falar das realizações do TRF sob a sua batuta.

Quero, em nome do Instituto, apenas cumprimentá-la pela liberdade de pensamento e de expressão com que sempre permeou sua vida pessoal e profissional, servindo de exemplo para todas as mulheres, que aqui somos muitas, e também (para que não digam que estou fazendo discriminação) para muitos homens, pois que sua postura é de ser humano íntegro, lutador, empreendedor, idealista, o que bem pode ser condensado em excerto que retiro do discurso que proferiu ao assumir, em maio, a presidência do Tribunal, quando transcrevia pensamento de Jorge Luis Borges: "Morrer por uma religião é mais simples que vivê-la com plenitude. Lutar em Éfeso contra as feras é menos duro (milhares de mártires obscuros o fizeram) que ser Paulo, servo de Jesus Cristo; um ato é menos que todas as horas de um homem". Isso ela dizia naquele discurso.

Tem a Dra. Anna Maria como mentores (entre tantos, como ela diz) o saudoso Prof. Geraldo Ataliba – que, se esse é o segredo dos que partiram desta vida, deve vir nos visitar a cada congresso –, o Prof. Celso Antônio Bandeira de Mello, o Ministro Milton Luiz Pereira, o Ministro Sepúlveda Pertence, os quais considera pólos permanentes de inquietação e indicativos de conduta, conduzindo vidas.

Nossa homenageada tem como lema de vida a liberdade. A liberdade exercida no dia-a-dia, em seu grau máximo, julgando pessoas, julgando condutas, sem peias, pois que o seu compromisso maior é com a sociedade, é com o país.

Por tudo isso, é uma juíza atenta à Justiça, participante, sensível, observadora e suscetível à realidade social. É ética, digna, exercendo o seu mister com serenidade e firmeza; enfim, utilizando-se da responsabilidade em ser livre, sempre primando pela observância à Constituição Federal, por tê-la como parâmetro para a vida em sociedade.

Todos aqui estamos precisando acreditar que levar as disputas ao juiz é levá-las à Justiça. E se pudermos contar com pessoas com a estrutura da Dra. Anna Maria, fiquemos tranqüilos: a Justiça será feita.

Doutora Anna Maria, nossos cumprimentos por tudo que tem feito. Que Deus a ilumine. (*Palmas*)

PRESIDENTE DO IGA-IDEPE (PROF. AIRES BARRETO) – Nós vamos ter, logo mais, a oportunidade, que a poucos é dada, de ouvir o eminente Ministro Sepúlveda Pertence, ilustre componente do Supremo Tribunal Federal. Coube-me o privilégio de saudá-lo e, ao fazê-lo, peço licença para destacar as duas faces do eminente Ministro.

A primeira, vou designá-la de curricular. Desse prisma, José Paulo Sepúlveda Pertence, mineiro de Sabará, é bacharel em Direito pela Faculdade de Direito da Universidade Federal de Minas Gerais, turma de 1960, quando conquistou a Medalha Rio Branco, destinada ao melhor estudante da turma, além de vários outros prêmios correspondentes a disciplinas específicas do curso. Fez curso de mestrado na Universidade de Brasília, havendo obtido os créditos de aprovação do plano de dissertação.

Foi instrutor e professor auxiliar na citada Universidade desde a abertura dos cursos, em abril de 1962, até outubro de 1965. Reintegrado, por força da anistia, em 1985, na posição de professor-adjunto, estava, então, licenciado. De 1962 a 1965, na Universidade de Brasília, participou como auxiliar docente dos cursos de Introdução à Ciência do Direito, dirigido pelos eminentes Professores Hermes Lima e Aéri Machado Neto, de Direito Constitucional, de responsabilidade dos Profs. Victor Nunes Leal e Waldir Pires, e de Direito Penal, sob a direção do Prof. Roberto Lira Filho. Ministrou, como responsável, o primeiro curso de Teoria Geral de Direito Público. Em 1973, lecionou Teoria Geral do Processo, no curso de Direito da UDF – Associação de Ensino Unificado do Distrito Federal.

Foi assistente jurídico da Prefeitura do Distrito Federal. Foi aprovado e classificado em primeiro lugar no concurso público para membro do Ministério Público do Distrito Federal. Posteriormente desempenhou o cargo de secretário jurídico no Supremo Tribunal Federal, no gabinete do Ministro Evandro Lins e Silva.

Mais adiante, dedicou-se integralmente à advocacia, em Brasília, Minas Gerais, São Paulo e no Rio de Janeiro. Foi conselheiro da OAB, Secção do Distrito Federal, e membro do Conselho Federal da OAB, como delegado do Distrito Federal. Subseqüentemente, ascendeu ao cargo de Procurador-Geral da República, mas, desprendido que sempre foi e marcado por espírito público incontestável, não furtou-se, abnegadamente, a exercer cumulativamente as funções de Procurador-Geral Eleitoral e de membro do Conselho de Defesa dos Direitos da Pessoa Humana.

Convocado a contribuir com seu notório saber no Supremo Tribunal Federal, não declinou dessa nobre missão de julgador, embora com manifesto prejuízo para sua vida pessoal, privando-o em muito do convívio diuturno com seus familiares.

Em 1994, foi eleito vice-presidente do Supremo Tribunal Federal. Ascendeu à Presidência mediante eleição, em 1995. Nesse Excelso Sodalício, vem dando notável contribuição para o aperfeiçoamento e consolidação do nosso Direito Positivo.

Publicou, entre outros tantos, os seguintes trabalhos jurídicos: *Da competência na teoria do ordenamento jurídico*; *Contribuição à teoria do Distrito Federal*; *Liberdade, direito e asilo*; *A crise institucional brasileira*; *Princípio da maioria absoluta*; *Inelegibilidade*; *Crime contra a Administração Pública*; *Prescrição retroativa*; *Propaganda eleitoral*; *Isonomia*.

Além disso, proferiu inúmeras conferências e palestras.

Entre outras, possui as seguintes condecorações: Ordem do Rio Branco, Gran Cruz; Ordem do Mérito das Forças Armadas, Grande Oficial; Ordem do Mérito Aeronáutico, Grande Oficial; Medalha da Inconfidência, Gran Cruz; Ordem do Mérito de Brasília, Gran Cruz; Ordem do Mérito Judiciário do Trabalho, Gran Cruz.

Eis um pouco da brilhante carreira do Ministro Sepúlveda Pertence.

Mas é preciso agora que conheçam uma outra face, aquela mais importante, aquela que nenhum *curriculum* pode descrever.

É preciso vê-lo especialmente da perspectiva do homem e do julgador. Desse prisma, Sepúlveda Pertence é exemplo de dedicação e de saber. E, sobretudo, exemplo de retidão inquebrantável. É homem limpo de mãos e limpo de respeito.

Talvez tenha sido por isso que, em adequado desabafo, S. Exa. tenha dito à imprensa o que nela arrecadei: "Como é amarga a vida de um juiz correto!". Não sei se foi essa, precisamente, a frase dita por S. Exa.; vezes algumas há em que a imprensa, até mesmo sem maldade, põe nas nossas bocas palavras que não foram ditas. De toda sorte, a máxima é verdadeira porque Ministros, julgadores como Sepúlveda Pertence, trabalham, atuam em ofício, em que as palavras e o correr da pena são decisivos.

O Prof. Régis, há pouco, na nossa última sessão, dizia quantas referências relativas ao Direito ele arrecada lendo a Bíblia. E isso o levou até à publicação de um opúsculo, em que traz à tona todas essas passagens bíblicas relativas ao Direito. Eu também vou incursionar um pouco nessa área.

Vieira, que já invoquei em congresso anterior, tem um exemplo notável, pela força da sua adequação ao Ministro Sepúlveda Pertence, e que ouso repetir neste evento. É que Vieira nos fala da importância do ofício da pena e, para tanto, começa destacando a seguinte frase bíblica: "Ressuscitou, não está aqui". Com essas palavras diz o evangelista que Cristo ressuscitou. Mas com as mesmas palavras um herege pode dizer que Cristo não ressuscitou. "Ressuscitou? Não, está aqui". De modo que só com trocar de pontos e vírgulas, de exclamações ou interrogações, com as mesmas palavras se diz que Cristo ressuscitou, e é fé, e se diz que Cristo não ressuscitou, e é heresia.

Vejam quão sério, relevante e difícil é o ofício da pena; ofício que, com o mudar de um ponto ou de uma vírgula, da heresia pode fazer fé e da fé pode fazer heresia.

Se, da mudança de um ponto ou de uma vírgula pode resultar radical mudança, e sentido tão diverso, que seria se mudássemos palavras? Se subtraíssemos algumas e acrescentássemos outras? E que dizer então de frases, de orações, de todo um discurso? Que seria do mau uso de parágrafos, incisos, artigos, capítulos de uma lei? Que seria se sopesadas não fossem peças, exames, vistorias de relevo? E argumentos decisivos? Vejam o quanto pode o ofício da pena.

Nisso também Sepúlveda Pertence é exemplo. É exemplo porque sempre fez o mais adequado uso da pena. Se lhe imputarmos eventual imperfeição, é porque é humano, é porque é falível. Mas é incontestável que é perfeito em seu propósito, preciso nos seus arrazoados, rigoroso nas suas fundamentações, gerando decisões equilibradas, exaradas todas com os olhos postos na lei e o coração na Justiça.

Eis um rápido perfil do nosso conferencista desta tarde. Vamos ouvi-lo. (*Palmas*)

Passo agora a palavra a S. Exa., o Ministro Sepúlveda Pertence, para proferir a sua conferência.

CONFERÊNCIA

DA EXIGÊNCIA OU NÃO DA DECISÃO FINAL DO PROCESSO ADMINISTRATIVO DE LANÇAMENTO PARA VIABILIZAR A DENÚNCIA POR CRIMES CONTRA A ORDEM TRIBUTÁRIA

MINISTRO SEPÚLVEDA PERTENCE

MINISTRO SEPÚLVEDA PERTENCE – Meu querido amigo Prof. Alcides Jorge Costa, que tenho a satisfação de reencontrar na presidência deste congresso, ilustre Prof. Aires Barreto, presidente do IDEPE – Instituto Geraldo Ataliba, Dra. Desembargadora Anna Maria Pimentel, Presidente do Tribunal Regional Federal da Terceira Região: começo por um agradecimento e ao mesmo tempo uma escusa.

Agradecimento por ser esta a segunda vez em que este Congresso Brasileiro de Direito Tributário do Instituto Geraldo Ataliba, reconhecidamente uma das mais sérias reuniões de estudiosos de Direito deste país, me distingue com o chamado para a palestra de encerramento de suas reuniões, que assume hoje um significado especial, com a generosíssima saudação que acaba de me dedicar o ilustre Prof. Aires Barreto – de certo modo consoladora, porque na primeira parte eram tais as datas referidas que eu comecei a me sentir testemunha ocular da história. (*Risos*) Mas na segunda parte vieram tais elogios que eu falei: não devo ser eu, deve ser outro.

Mas, sinceramente, a esses agradecimentos, devo somar as escusas aos organizadores e ao auditório, porque uma vez mais a distinção – por que não dizer? –, a envaidecedora distinção do convite superou a prudência que me aconselharia a recusa. É tristemente notório que hoje um Ministro do Supremo Tribunal Federal, como tantos outros juízes Brasil afora, afogado em vagalhões de processos inúteis, não pode mais pretender o vagar necessário para reflexões teóricas dignas de um conclave como este.

Por isso já há alguns anos, quando pela primeira vez me coube encerrar este Congresso, fiz mera crônica da jurisprudência assentada pelo Supremo Tribunal em alguns pontos de especial interesse dos tributaristas. Hoje, à García Márquez, o que lhes trago é talvez a "crônica de uma jurisprudência anunciada", porque ainda não decidida. Refiro-me à questão objeto de um *habeas corpus* que pende já de algum tempo, por acidentes na composição do Tribunal, de sua decisão acerca da exigência ou não da decisão final do processo administrativo de lançamento para viabilizar a denúncia por crimes contra a ordem tributária (todos eles ou alguns deles).

O tema – não é preciso dizer aos eminentes especialistas que vou cansar com a recordação dos seus textos – tem sido exaustivamente versado por tributaristas e penalistas deste País. Não obstante, a sua solução nos tribunais ainda é vacilante. Extremamente vacilante nos tribunais de segundo grau; mais ou menos firme, no sentido da inexigibilidade do lançamento definitivo, no Superior Tribunal de Justiça; e indefinido no Supremo Tribunal Federal, desde que pelo menos a questão pôde ser destacada de outra com a qual vinha sendo confundida no início do julgamento, em 2001 ou 2000: do *habeas corpus* 77.002, relatado pelo Ministro Néri da Silveira, em que chegamos a votar em sentido contrário ao de S. Exa., pela exigibilidade da decisão definitiva na órbita administrativa, o Ministro Nelson Jobim e eu. Mas a solução do caso acabou frustrada pela absolvição do paciente antes que a Ministra Helen Gracie pudesse proferir o seu voto vista. Previa que ela seria resolvida numa das últimas semanas, já agora recomposto o Tribunal, com os três novos juízes que substituíram os recém-aposentados. Não foi possível. Talvez ortodoxamente houvesse obstáculos a que pudesse aqui expressar a minha opinião, mas acabei convencido de que não havia constrangimento ético. Minha posição a respeito é conhecida pelas duas manifestações públicas e longas, nos dois casos a que me referi, o *habeas corpus* 77.002 e o *habeas corpus* 81.611. E animei-me a trazer-lhes, assim, apenas para atender ao convite, estas reflexões.

O longo voto visto que proferi no primeiro *habeas corpus* 77.002 concluiu pela falta de justa causa para a ação penal por crimes de resultado contra a ordem tributária antes que, por força da decisão final do processo administrativo, se torne definitivo o lançamento do tributo em causa. O fato novo, do primeiro para o segundo *habeas corpus*, foi o oferecimento de um parecer em sentido contrário, do hoje Procurador-Geral da República, então Subprocurador-Geral, Prof. Claudio Fontelles, a cujos argumentos principais farei referência, mas que não me abalaram a convicção primária.

No primeiro caso, o relator, Ministro Néri da Silveira, fundou o seu voto pela denegação do pedido no acórdão unânime, de cuja formação eu participara, que indeferira a medida cautelar na ADI 1.571. Cuidava-se de ação direta proposta que argüira a inconstitucionalidade do art. 83 da Lei 9.430, segundo o qual, só após encerrado o processo administrativo, a autoridade fazendária poderia encaminhar ao Ministério Público a representação fiscal. Argüia-se então a inconstitucionalidade desse dispositivo, à vista de que implicaria ele condicionar a titularidade do Ministério Público para a ação penal pública ao juízo ... (*Passagem de fita*) ... de uma outra autoridade. O Tribunal negou a liminar, não porque negasse seriedade aos fundamentos da argüição, mas, ao contrário, porque entendeu (e nisso participei inteiramente da linha do voto do Ministro Néri) que na verdade não era aquela uma representação no sentido da condicionante da legitimação do Ministério Público, cuidada no Código de Processo Penal, mas, sim, marcava um momento a partir do qual o agente fazendário, a autoridade fazendária, poderia encaminhar ao Ministério Público uma simples notícia-crime. E visava-se a evitar certas precipitações, certos vazamentos, que ante mera autuação fiscal era encaminhada sistematicamente ao Ministério Público para uma denúncia, antes de qualquer discussão a respeito da existência do crédito tributário alegado.

Quanto a isso, portanto, não houve divergência no Tribunal. Não se cuida de ação penal condicionada à representação, mas cuida-se, sim, de mera norma de Direito Administrativo a reclamar, para que a autoridade fazendária encaminhe o resultado de um lançamento ao Ministério Público, que esteja encerrado o processo administrativo surgido a respeito.

Por isso, ao votar agora pela exigência do processo administrativo como exigência de justa causa para a denúncia, eu não recuo do meu voto na ADI 1.571, mas apenas me pronuncio sobre temas que a rigor nela não foram postos, convencido, na verdade, de que o art. 83 da Lei 8.304, objeto da argüição de inconstitucionalidade na ADI 1.571, não condicionou a legitimação do Ministério Público ao que chamou de representação fiscal para fins penais; de logo, como enfatizado no precedente pelo eminente Ministro Celso de Mello, porque requisitos de procedibilidade não se presumem e reclamam expressa determinação legal.

Mas ainda que a literalidade do texto legal a comportasse, a interpretação que convertesse essa representação da autoridade fazendária em condicionante da ação penal pública, nos termos do art. 24 do Código de Processo Penal, levaria a um rematado absurdo no sistema. É que, com efeito, nas hipóteses previstas de ação penal condicionada, a implementação ou não dessa condição de procedibilidade (a que seria melhor chamar condição de legitimação do Ministério Público) é sempre um ato livre de qualquer vinculação.

É pensar nos casos tradicionais de ação penal condicionada, em que a legitimação do Ministério Público fica, sim, sujeita a um ato livre de vontade de um particular, a quem, por razões conhecidas, se preferiu deixar a escolha entre possibilitar ou não a persecução de um crime que, muitas vezes dizendo respeito à sua intimidade, poderia interessar-lhe que não fosse objeto do estrépito do processo penal.

São os crimes contra a honra do servidor público *propter officio*, a ameaça, os crimes contra a inviolabilidade do segredo, o furto de coisa comum, o furto familiar, os crimes contra os costumes, se a vítima é pobre; em todas essas hipóteses de verdadeiro condicionamento à representação do ofendido, o que se tem como condição da legitimidade do Ministério Público é esse ato livre e incoercível de vontade.

Até em raras hipóteses nas quais a ação penal é, ao contrário, condicionada à manifestação de uma autoridade pública, trata-se de um ato de livre discrição política. É pensar na requisição do Ministro da Justiça para os processos nos crimes contra a honra de altos dignitários nacionais e estrangeiros, que por suas eventuais implicações políticas se deixou a esse livre juízo político do Ministro da Justiça, e na licença para o processo de congressistas antes da Emenda Constitucional n. 32, de 2000, que a aboliu no Direito brasileiro.

Em todas essas modalidades, repito, o ato-condição da ação penal pública depende da vontade do titular – seja ele particular ofendido, autoridade ou órgão estatal competente – donde, repito, agredira o sistema que a esses atos-condição livres se viesse a equiparar a chamada representação fiscal, o que importaria confiar à burocracia fazendária, cuja ação a lei exige seja plenamente vinculada ao Código Tributário (3º, 141 etc.), mais um poder discricionário, um verdadeiro arbítrio para decidir da persecução ou não de crimes contra a ordem tributária.

O absurdo da conclusão evidencia o erro da premissa, de tal modo que nos delitos cogitados a ação pública é, nos termos do processo penal, incondicionada. Isso significa dizer que, o titular privativo de sua promoção, pode o Ministério Público propô-la independentemente de qualquer iniciativa condicionante da administração tributária, a qual, pelo contrário, está vinculada ao atendimento da requisição de documentos e informações que, para instruir eventual denúncia, o Ministério Público lhe enderece.

Mas o problema, de todo diverso, que não é mais meramente de processo, mas também de Direito Penal, é saber (e é sobre isso que lhes pediria a atenção) se antes de resolvida nas vias administrativas a impugnação do contribuinte acerca da existência e do montante do crédito tributário há justa causa para denúncia por crimes tributários. A meu ver, a questão não comporta solução unívoca. A resposta há de partir da distinção, à luz da lei penal incriminatória, hoje a Lei 8.137, se se cuida de crime material de dano ou de resultado, ou, ao contrário, de chamados crimes formais ou de mera conduta.

O Ministro Néri, no *habeas corpus* anterior, parece endossar o parecer do Ministério Público, que sustentava o caráter formal daqueles crimes. Eu creio, no entanto, que é preciso distinguir. No art. 2º da Lei 8.137, é verdade, são todos crimes de mera conduta, e não os vou fatigar com a demonstração dessa evidência. São crimes que se consumam com a mera conduta do agente, praticada para elidir o pagamento do tributo, que, no entanto, não exigem um resultado exterior à conduta do agente, se consumam com a sua própria conduta alhures. O exemplo de um deles, um dos tipos do art. 2º: "Constitui crime da mesma natureza fazer declaração falsa ou omitir declaração sobre rendas, bens ou fatos, ou empregar outra fraude para eximir-se total ou parcialmente do pagamento do tributo". Aqui a enunciação é clara dos chamados crimes de mera conduta. Basta que a vontade do agente se dirigisse para elidir total ou parcialmente o pagamento do tributo para que o crime se realize, ainda que de imediato a sua intenção seja guardada pela Administração.

Inteiramente diversos são os crimes do art. 1º, cuja redação é: "Constitui crime contra a ordem tributária suprimir ou reduzir tributo ou contribuição social de qualquer acessório mediante as seguintes condutas: omitir informação ou prestar declaração falsa às autoridades fazendárias" (e fico na primeira); é o crime imputado nos dois casos que o Supremo examina. Tratase de uma modalidade clara, típica do que os penalistas chamam de tipo misto alternativo, porém de resultado. Não basta a conduta; é preciso que dela resulte a supressão ou redução do tributo devido – inversamente do que ocorria na velha Lei n. 4.729/1964, chamada "Lei do Crime de Sonegação Fiscal", que era, esta sim, caracteristicamente um tipo misto alternativo, mas de crimes formais.

É curiosa, num ponto (o Prof. Hugo Machado acentua com razão), a vacilação das legislações do Direito Comparado a respeito, e, por exemplo, o caminho inverso que o Direito brasileiro seguiu em relação ao Direito italiano. Quando tínhamos nós, sob a vigência da Lei 4.729, a incriminação de um crime formal, os italianos tinham uma redação extremamente similar à nossa, exigindo em numerosas hipóteses que da conduta resultasse a redução ou eliminação do imposto devido. Isso foi suprimido na Itália, anotam os comentaristas, precisamente pela dificuldade que trazem a repressão, a prova e esta imbricação entre a persecução penal e a solução na área fiscal da existência e do montante do tributo.

Mal ou bem, o nosso legislador de um lado exacerbou fundamente a pena, que era na Lei 4.729 de seis meses a dois anos de detenção, para a pena severíssima dos tipos do art. 1º da atual Lei dos Crimes Tributários, de dois a cinco anos de reclusão; mas, por outro, aí coerentemente, passou a reclamar para a sua configuração um resultado lesivo concreto, transformando o velho crime formal num típico crime de dano.

Assentado, assim, que o aperfeiçoamento dos crimes do art. 1º (não os do art. 2º) exige resultado lesivo, duas polêmicas intermináveis poderiam ser chamadas ao proscênio: uma, paixão dos tributaristas; a outra, dos penalistas.

Refiro-me, de um lado, à paixão dos tributaristas, à natureza declarativa, constitutiva ou nem declarativa nem constitutiva do lançamento fiscal. Claro, dado que o crime se consuma com o evento supressão ou redução do tributo e, no momento em que se verifique, uma visão ortodoxamente declarativista do lançamento quiçá pudesse ser chamada, em tese, para sustentar a retroação da sua eficácia ao tempo do fato gerador, que coincidiria com o do aperfeiçoamento do delito e conseqüente viabilidade da ação penal, o que subordinaria a indagação acerca dessa última (viabilidade da ação penal antes da decisão final do processo administrativo) a percorrer os caminhos pedregosos da controvérsia infindável entre os partidários e os epígonos das diversas teorias sobre a natureza e a eficácia jurídica do lançamento em relação à obrigação e ao crédito tributário – se declaratória, constitutiva, preclusiva, processual ou procedimental, e quantas mais.

De sua vez, se se assenta a necessidade de aguardar-se a decisão administrativa fiscal, quando não a de eventual processo judicial que a questione (que é, por exemplo, a opinião do Dr. Hugo Machado), poderia parecer necessário dar a palavra aos penalistas e processualistas penais para saber se o acertamento administrativo do crédito tributário na estrutura do crime constituiria elemento essencial do tipo ou condição objetiva de punibilidade, e, em qualquer hipótese, se a pendência do processo administrativo (ou até do judicial) a respeito configuraria ou não uma questão prejudicial obrigatória do processo penal condenatório.

Confesso que não me arrisquei no Tribunal, e menos me arriscaria aqui (ante esta generosa audiência de um fim de sexta-feira); eu não mergulho em águas tão profundas e procelosas, o que ademais não creio essencial a decidir a questão específica. Ao cabo das leituras dos teóricos e da demorada reflexão a que o caso me induziu, cinjo-me a alinhar uns poucos argumentos que, solidamente alicerçados no Direito Positivo, foram bastantes a firmar a minha convicção. Da dissertação dos tributaristas em torno da natureza do lançamento, embora me valha e me invoque predominantemente da passagem da admirável reconstrução teórica do tema por Alberto Xavier, extraio apenas alguns pontos consensuais, que independem do ponto de partida teórico, e aos quais de resto me parece que o Código Tributário Nacional não permite fugir.

O primeiro é – embora se conceda ao gosto dos declarativistas, e a teor do art. 113 do CTN, que a obrigação tributária principal surge com a ocorrência do fato gerador – que o lançamento ou, se for o caso, a sua ratificação ou alteração em virtude de impugnação do sujeito passivo (diz o Código no art. 145), na decisão final do procedimento administrativo, desempenha função de acertamento da existência e do conteúdo da mesma obrigação tributária, o que, aliás, é próprio de todo ato declaratório, como enfatiza um declarativista assumido, o Prof. Rui Barbosa Nogueira – até porque a rigor, como anotou o nosso mestre Souto Maior Borges, uma eficácia jurídica puramente declaratória corresponderia a algo paradoxal.

A relação jurídica tributária tal como nasce da lei, aclara Alberto Xavier, à luz de sua teoria do lançamento como título jurídico abstrato do crédito tributário, é ontologicamente certa no sentido de que no mundo do Direito ela se constitui imediatamente com a configuração que lhe traça a norma tributária material. Mas o fato de a obrigação tributária ser em si mesma certa não impede que quanto a ela se gere uma situação de incerteza. Não importa, aduz ele, a mera incerteza subjetiva; como fundamento da abstração e do efeito preclusivo encontra-se a incerteza objetiva, resultante da simples potencialidade de uma contestação, de um conflito de apreciação quanto à existência e ao conteúdo da obrigação. O lançamento foi assim concebido pela lei, conclui, como uma forma de remoção ou eliminação da incerteza objetiva que impende sobre a obrigação tributária.

A fortiori, essa função do lançamento ganha relevo na teoria de Souto Maior Borges, que, na trilha teórica de Hans Kelsen, divisa no ato do lançamento a criação de uma norma individual da obrigação tributária concreta, fundada na obrigação tributária de caráter geral e abstrato, nascida com a ocorrência do fato jurídico tributário, mas sempre inovadora e, pois, com carga de constitutividade em relação a ela. Antes do lançamento, assinala Souto Maior, não há débito, obrigação individualizada e concretizada. Há tão-só uma relação entre o dever jurídico do sujeito passivo (contribuinte ou responsável) e o dever do Fisco, que se define como um poder-dever de realizar o lançamento.

Dessa necessidade de acertamento ou concretização da existência e da extensão dela é que arranca, a meu ver, a distinção no Código Tributário – que ainda assusta aos que aprendemos com os civilistas a essencial bilateralidade das relações obrigacionais – entre a obrigação tributária, que segundo o Código surge com a ocorrência do fato gerador, e o crédito tributário, que, diz o Código, compete privativamente à autoridade administrativa constituir pelo segundo lançamento.

Em segundo lugar, os tributaristas se põem de acordo, apesar das dissertações teóricas, em que a eficácia preclusiva é um dos instrumentos com os quais opera o lançamento para realizar sua função de acertamento definitivo, na órbita administrativa, da existência, da individualização e da quantificação do crédito tributário. Efeito preclusivo, como é sabido, se manifesta, no que interessa, contra a Administração, pela impossibilidade de revisão do lançamento em desfavor do contribuinte, salvo hipóteses legais restritas e taxativas enumeradas no art. 145 do CTN.

Daí, malgrado a impropriedade conceitual glosada por Alberto Xavier, a freqüência com a qual se alude, na caracterização da hipótese, à verdadeira coisa julgada em favor do contribuinte, para frisar a definitividade contra a Administração da decisão final do procedimento administrativo, quer no tocante ao conteúdo do lançamento, quer, se for o caso, quanto à inexistência da relação tributária.

O ponto, então, é indagar dos reflexos penais dessa eficácia preclusiva da decisão definitiva do procedimento administrativo de lançamento em favor do contribuinte ou contra ele. Se é contra ele, de modo a reafirmar a evasão fiscal, para não ascender a grita da corrente majoritária dos declaratívistas, que por isso de regra atribuem retroatividade ao lançamento, convém não ir até o ponto de enxergar, nessa hipótese, na decisão administrativa um elemento essencial do tipo que só com o advento dela se consumaria.

O que verdadeiramente elide o juízo positivo da tipicidade, quando se cogita de crime de dano (e os crimes do art. 1º são crimes de dano), é a eficácia preclusiva da decisão administrativa favorável ao contribuinte. Irrevisível essa, corolário iniludível da harmonia do ordenamento jurídico, impede que a alguém de quem definitivamente se declarou, na esfera competente para a constituição do crédito tributário, não haver suprimido ou reduzido um tributo devido se possa imputar ou condenar por crime que tem nessa supressão ou redução do mesmo tributo elemento essencial do tipo.

Se a recíproca é verdadeira em termos de tipicidade, não cabe, entretanto, levá-la às últimas conseqüências. Quer dizer, admitir, em homenagem à alegada retroatividade do lançamento, que a decisão final adversa ao contribuinte não é elemento do tipo, mas só com ela se consumaria, não vale em contrapartida por afirmar que antes dela se possa instaurar o processo por crime de dano contra a ordem tributária.

O art. 146, III, *b*, da Constituição remeteu à lei complementar, como é sabido, estabelecer normas gerais em matéria de legislação tributária sobre obrigação, lançamento, crédito, prescrição e decadência tributária. E, no Código Tributário, malgrado surja a obrigação tributária do fato gerador, o crédito tributário só é constituído pelo lançamento, suscetível de revisão, porém, mediante impugnação do sujeito passivo (art. 145, III), manifestada só ao termo do procedimento ao processo administrativo se terá por definidos a existência e o conteúdo da relação tributária, pondo fim à incerteza objetiva resultante da simples potencialidade de uma contestação, como elucida o mestre Alberto Xavier.

Não se trata de subordinar a denúncia à prévia certeza de todos os elementos de fato necessários à sua procedência. Seria imperdoável retrocesso relativamente à autonomia do direito da ação, pilar de todo o Direito Processual moderno. Cuida, sim, de hipótese extraordinária, posto que não única, em que não a tipicidade, mas a punibilidade da conduta do agente, malgrado típica, está subordinada à decisão de autoridade diversa do juiz da ação penal. Por isso, se não se quer, para fugir da polêmica desnecessária, inserir a decisão definitiva do processo administrativo de lançamento entre os elementos do tipo do crime contra a ordem tributária, a questão apenas se desloca da esfera da tipicidade para as condições objetivas de punibilidade.

A legitimidade científica dessa categoria – as condições objetivas de punibilidade – sabidamente não é aceita sem resistências na doutrina penal, sobretudo pela erosão que dela pode advir (na linha do art.

44 do Código Penal italiano) de princípios do Direito Penal da culpa. Não obstante, penso que afastados os casos em que seria possível a sua inserção no tipo, para então exigir a sua abrangência pelo elemento subjetivo, que há, sim, espaço para a admissão de verdadeiras condições objetivas de punibilidade, inconfundíveis com os elementos do tipo.

Recordo aqui a lição de um mestre saudosíssimo dos meus tempos de pós-graduação na Universidade de Brasília, o douto Roberto Miranda. A punibilidade, dizia ele, enquanto conseqüência do crime, deriva normalmente da conduta típica, pois a punibilidade nada mais é que a aplicabilidade da pena, ou seja, a possibilidade jurídica de impor a sanção. Mas, afora as hipóteses de isenção de pena, anotou, noutras hipóteses há condicionamento de punibilidade; isto é, a punibilidade só advirá quando um elemento posterior à conduta típica acrescentar-se para determinar as conseqüências penais da mesma, que na normalidade dos casos surge uma vez consumado, uma vez realizado o tipo.

O exemplo de que se serve ... *(truncamento da gravação)* ... e sua retroatividade abata do fato gerador da obrigação tributária, ou pelo menos aquela do lançamento originário, o crime material contra a ordem tributária desde então estaria consumado. Não obstante a sua punibilidade, pelas razões sistemáticas antes apontadas, estará subordinada à superveniência de decisão definitiva do processo administrativo e de revisão do lançamento, instaurado de ofício ou em virtude da impugnação do contribuinte ou responsável. Só então o fato, embora na hipótese considerada já aperfeiçoada a sua tipicidade, se tornará punível.

É o mesmo que sucede com o rol dos crimes falimentares, que podem ser anteriores à falência, mas só se tornam puníveis por um fato posterior independente da ação e da vontade do falido: a decretação judicial da falência. Até então, por conseguinte, a denúncia oferecida sem que haja se tornado definitivo o lançamento será de rejeitar-se, nos termos do art. 41, III, do Código Penal, por faltar condição exigida pela lei para o exercício da ação penal.

É certo que aqui se estará (e essa é uma das grandes objeções que tem feito, inclusive agora, o Procurador-Geral Claudio Fonteles) condicionando a instauração de um processo judicial a uma decisão administrativa. Mas, sem assumir compromisso com a tese, então se teria uma questão prejudicial administrativa de um processo judicial? A circunstância não me parece decisiva.

Ainda recentemente, no Supremo Tribunal, tivemos num caso muito notório, da famosa cantora mexicana, o problema de termos de enfrentar o que é, em relação ao curso do processo de extradição, o início de um processo administrativo de pedido de refúgio. Chegamos à conclusão, que me parece inevitável, de que, enquanto pender de decisão administrativa o pedido de refúgio, o processo de extradição há de ser suspenso.

Antes, tivemos o problema da licença para o processo contra parlamentares, que o Supremo chegou a construir como causa suspensiva da prescrição, antes que o dissesse expressamente a Constituição de 1988.

O voto do Ministro Jobim, no HC 77.0.02, chegou à mesma conclusão por outro raciocínio, o qual eu não teria dúvida em subscrever (no primeiro caso, não, por uma questão temporal que não vem ao caso recordar). O que se tem, na verdade, dizia o Ministro Jobim no seu voto, são três normas jurídicas implicadas no problema. Uma, o direito ao contraditório e à ampla defesa em processo judicial ou administrativo (art. 5º, LV, da Constituição). E duas outras infraconstitucionais: nos delitos contra a ordem tributária, o Ministério Público não depende de representação fiscal; e mais (em lei de 1995, salvo engano): voltando-se, em uma verdadeira dança, em uma verdadeira vacilação na legislação penal tributária brasileira, voltando-se a erigir o pagamento antes da denúncia em causa extintiva da punibilidade.

A mim me parece, como pareceu ao Ministro Jobim, inteiramente incompatível que então se possa, se a lei mal ou bem erigiu um ato de vontade do devedor (*inaudível*) de, pagando o tributo, extinguir a punibilidade do fato, forçá-lo a uma opção que viole a sua garantia fundamental à defesa e ao contraditório, hoje explicitamente também no processo administrativo, que é a de discutir a existência e a extensão da obrigação tributária que terá de pagar para evitar a ação penal. O resto seria uma verdadeira chantagem institucional em que ao contribuinte se daria a alternativa de ou não discutir e pagar quanto lhe fosse exigido ou submeter-se às agruras do procedimento penal.

Vou saltar outras considerações que, a esta altura, já seria mais que abusar da tolerância do auditório, para apenas recordar que na discussão oral do primeiro *habeas corpus*, em tudo a partir das sempre lúcidas objeções do Ministro Moreira Alves, se desvelou uma preocupação menos técnica do que de política repressiva. Reclamar o fim do procedimento administrativo fiscal seria exigir a paralisação da repressão penal por um tempo indefinido, dada a demora notória do processo administrativo fiscal, além do sério problema que se põe em toda a equação da questão com o chamado lançamento por homologação, em que se terá o prazo de cinco anos para que haja a decadência do direito de a Administração fiscal rever o lançamento feito a partir da declaração condenante.

As questões, a meu ver, trazem ao proscênio esta discussão fundamental, esta dicotomia fundamental entre a teoria e a prática do Direito Penal contemporâneo. Tanto mais caminha a teoria para o minimalismo do Direito Penal, para a redução da sanção penal a *ultima ratio* na reação do ordenamento jurídico; quando tudo o mais for ineficaz, há esse impulso político emocional, esse apelo desmesurado à sanção penal, que não é novo (o velho Carrara, o maior dos penalistas clássicos, lá pelos meados do século XIX, chamava já de normorréia penal).

Mas não é hora de discutir se efetivamente a sanção penal é adequada ou não à repressão dos crimes contra a ordem tributária. É que há na legislação brasileira a peculiaridade da qual não se pode fugir: a volta, com o art. 34 da Lei 9.249/95, do pagamento do tributo devido como causa extintiva da punibilidade. Por isso é preciso de logo concluir que nós estamos diante, mal ou bem, de fatos muito mais graves (não estou fazendo juízo subjetivo; para mim são graves, sim) que outros crimes patrimoniais do homem da rua, punidos com extrema severidade e rigor pelo nosso Direito Penal patrimonialista. Mas a verdade é que na nossa legislação positiva não se podem atribuir inspirações éticas à repressão de um crime cuja punibilidade se compra pelo pagamento do tributo devido.

Em segundo lugar, a criminalização não pode jamais atropelar garantias fundamentais. Enquanto for causa de extinção da punibilidade o pagamento do tributo (leia-se do tributo devido), o acertamento da existência e a extensão desse crédito tributário necessariamente hão de preceder a instauração da ação penal. De qualquer sorte (eu não quero assumir compromisso no caso), o temor da prescrição talvez não seja irremediável. A regra geral explicativa das causas suspensivas de prescrição é precisamente a existência de uma questão prejudicial, seja ela ou não a prejudicial técnica específica do Código de Processo; vale dizer, a dependência do julgamento do processo penal de uma outra decisão a ser tomada em instância diversa, seja instância judicial, seja instância extrajudicial.

As questões prejudiciais são exemplo típico: elas têm normas gerais e têm normas específicas que só se referem à pendência de outro processo judicial. Mas nem sempre estarão explícitas. O próprio Supremo Tribunal Federal extraiu do sistema constitucional antes de 1988, quando se veio a explicitá-la, a suspensão da prescrição quando era negada ou quando o Congresso Nacional não se manifestava sobre o pedido de licença para processo de deputados ou senadores. Precisamente por um princípio geral, não me aterraria transpor para o problema da ordem tributária de que não pode correr prescrição enquanto a instauração (ou o curso do processo penal; no caso, segundo entendo, da própria instauração do processo penal) está impedida por uma outra decisão.

Em dúvidas em aplicá-la, o caso mais intrigante é o do chamado lançamento por homologação, porque aí seria dar à inércia do Estado efeito suspensivo da prescrição. Agora, quando é a iniciativa do contribuinte que quer discutir na via administrativa a existência ou a extensão do seu débito, nada me parece impedir que também se construa aí uma hipótese de suspensão da prescrição.

São essas as reflexões, e ao terminálas só posso renovar os agradecimentos e as escusas pelo desataviado dessas notas, que foi o possível de trazer entre um agravo e outro daqueles que nos atormentam o sono.

Muito obrigado. (*Palmas*)

Presidente do IGA-IDEPE (Prof. Aires Barreto) – Creio que todos se associam a mim ao agradecer ao Sr. Ministro Sepúlveda Pertence (e agora vou ousar contraditá-lo) a ataviada palestra que ele proferiu.

E passo agora a palavra ao Dr. Eugênio Doin Vieira.

Prof. Eugênio Doin Vieira – "Olin-Pin, senhor de Kin-tipê, era o mais rico homem da cidade. Seus negócios de essências e azeite prosperavam intensamente. Sua magnífica mansão era confortável e ele tinha tudo para ser feliz. Mas havia um duplo problema que o atormentava: de cada um dos lados de sua mansão estava instalada uma ferraria, e desde a madrugada até horas avançadas, o cantar do martelo, da marreta, na bigorna, no ferro em brasa, o zumbido da forja, impediam o seu sossego e a sua tranqüilidade. Um dia resolveu tomar uma providência. Chamou cada um daqueles dois ferreiros em particular e propôs a cada um deles uma indenização de mil ienes, que pela cotação oficial daquele tempo correspondia a cerca de mil euros, para que se mudassem daquele local. Proposta feita a cada um deles, ficaram de pensar. Reuniram-se os ferreiros e dois dias depois compareceram. Vinham com um advogado, como era mister, e cada um deles lavrou um contrato, obrigando-se a mudar a sua ferraria. Receberam os mil ienes cada um e todo mundo pareceu muito feliz. Na manhã seguinte, Olin-Pin acordou com o barulho ensurdecedor habitual: forja, martelo, marreta, bigorna. E estarrecido quis tomar providência, saber o que havia. Chamou o advogado, convocou os ferreiros e verificou que eles haviam cumprido rigorosamente a palavra assumida. O da direita se mudara para a esquerda, e o da esquerda se mudara para a direita...

Moral da história: quando a direita e a esquerda se entendem, todo cuidado é pouco, pois tudo pode acontecer" (Millôr Fernandes). (*Risos e palmas*)

Excelentíssimo Senhor Presidente do XVII Congresso Brasileiro de Direito Tributário, doce, suave e humilde Alcides Jorge Costa; Exmo. Sr. Presidente do Idepe, Prof. Aires Fernandino Barreto; ilustre Ministro do Supremo Tribunal Federal, Dr. Sepúlveda Pertence; Dra. Anna Maria Pimentel, digna Presidente do Tribunal Regional Federal da Terceira Região; digna Desembargadora Federal Dra. Salete Nascimento; ilustres professores que compõem e enriquecem a Mesa – Maria Leonor Leite Vieira, Eduardo Domingos Bottallo e meu querido amigo Roque Antonio Carrazza.

Estamos encerrando o XVII Congresso Brasileiro de Direito Tributário, e quando o fazemos (sabem os colegas que não é a primeira vez que o fazemos) lembramos sempre que, enquanto aqui academicamente nos debruçamos sobre o tributo, para examiná-lo à luz da jurisprudência e da doutrina, lá fora o mundo prossegue e se tumultua.

Numa das ocasiões tínhamos um Presidente que, ao contrário de Inês de Castro, morreu antes de se tornar o chefe maior da nação. Numa outra oportunidade víamos os jovens caras-pintadas ocupando as ruas, num fato inédito, para exigir a moralidade do País e a substituição do seu chefe maior. Num outro ensejo tivemos a presença de colegas estrangeiros que se assustavam com nossa inflação de 80% ao mês, e de repente a vimos reduzida para próximo de zero. Bem recentemente, faz apenas um ano, reunimo-nos e fechamos nossas cortinas dois dias antes de o povo brasileiro decidir nas urnas se ficava com a sabedoria e a experiência ou se preferia a esperança e a vontade de mudar.

E hoje, caros colegas, o que é que estamos vivendo? Há necessidade urgente de podermos tomar uma posição no tempo para melhor examinar a história, porque vemos de um lado aqueles que se encantam com o novo poder de um homem simples que chega ao mais alto posto da nação e que surpreende o mundo com as suas posições; de outro, os que se debruçam sobre os números alarmantes do desemprego, da miséria e da violência, e relembram promessas recentes que ficaram no papel. Penso que precisamos, sim, a análise histórica deste momento difícil, fazê-la imparcialmente, quando pudermos melhor avaliar pela distância que o tempo dá, que transforma os fatos em história.

O nosso Congresso, tenho dito sempre, é o mais brilhante evento tributário do nosso País, e encerrá-lo nos é muito confortável, porque, no momento em que o fazemos, deixamos de lado as preocupações científicas e acadêmicas da pesquisa tributária para cuidarmos das despedidas. E despedidas não se fazem com teoremas, com doutrinas, com equações matemáticas, mas, sim, com a fala do coração.

Num instante como este, antes de mais nada, porque falamos aqui pela planície e pelas cumeeiras, uma palavra de agradecimento àqueles que deram e dão a este Congresso a eficiência e a plenitude que o caracterizam. Seu presidente, essa figura de sábio oriental que se chama Alcides Jorge Costa; o presidente do IDEPE, esse homem tranqüilo e superior que é Aires Fernandino Barreto; toda a diretoria que compõe o nosso Instituto, que leva o nome de Geraldo Ataliba. Mas em especial àqueles que se dedicaram ao trabalho, discreto mas eficientíssimo, nas Comissões, como Marcelo Fortes; na Executiva, como Paulo Ayres Barreto; na Científica, como o nosso senhor de engenho Paulo de Barros Carvalho.

Uma palavra de elogio e de aplauso aos jovens doutores, aqueles que vencendo a timidez dos primeiros anos, elaboraram suas teses e as remeteram para cá; e os outros, igualmente jovens, que compuseram as comissões, e as examinaram e as avaliaram.

Aos mestres que participaram das mesas de debates e que não se vexaram de, em apenas vinte minutos, transmitir o seu conhecimento, a sua competência e a sua ciência; foram muitos deles, e eu os homenageio na figura de Roque Antonio Carrazza, cuja precisão, cuja competência, cujo conhecimento da teoria tributária são conhecidos de todos nós.

E os nossos conferencistas?

Tércio Sampaio Ferraz Júnior! Uma das emoções boas da nossa vida foi, em nossa primeira visita à Universidade de Eidelberg, localizar, em sua biblioteca, os livros de Tércio. Era um pedacinho ilustre do Brasil que nós víamos lá, em meio àqueles monumentos de cultura. Tércio nos falou hoje, com aquela habilidade que só os faquires sabem ter, quando tocam sua flauta mágica, da diferença entre equiparação e ficção, e é inegável que ficamos encantados com a maneira de dizer, com a habilidade com que ele coloca as equações do seu problema, induzindo-nos à solução que deseja.

Tivemos o Desembargador Federal Aricê Amaral Santos: com a sua experiência, uma estrela relativamente nova na nossa constelação de conferencistas. Ele nos relembrou as melhores lições sobre o poder constituinte originário e sobre o poder constituinte derivado.

Participamos do encontro com o Prof. Estevão Horvath, que nos ajudou a deslizar sobre as ondas encapeladas das contribuições de intervenção no domínio econômico, conduzindo-nos à praia tranqüila do conhecimento com a sua tradicional habilidade de surfista.

Houve um tempo em que as Minas Gerais se notabilizaram por inundar o reino com o seu ouro, sustentando o fastígio e a indolência da terra portuguesa. Mas as jazidas se esgotaram quase de todo, e as terras de Sabará, que deixaram de ser férteis do metal precioso, passaram a substituí-lo pelo material humano de primeira categoria. E Sabará nos mandou na noite de hoje uma das suas melhores pepitas: 18 quilates. O Ministro Sepúlveda Pertence. Lamentamos, inclusive, que conferências deste porte sejam feitas no minuto final, quando necessariamente há um cansaço natural. Muito necessariamente, outros Congressistas já retornaram a seus lares, para não perder os seus vôos de regresso. Estava a sugerir ao Prof. Roque Carrazza que a sessão solene de encerramento por grande conferência fosse feita no primeiro dia! Resolvíamos o problema. (*Risos*)

Mas, apesar de todas as sumidades que brilham nesta mesa, o que torna até desnecessário o *flash* do fotógrafo, ainda considero que o ponto alto do nosso encontro é a planície. É esse auditório, hoje próximo das 600 pessoas inscritas e presentes: juristas, professores, agentes do Fisco, advogados, estudantes, executivos, pareceristas, filósofos – e eu não diria desocupados, porque acho que todos estavam muito ocupados (*Risos*) –, que sacrificam as suas atividades cotidianas e vêm de longe, vêm do Amazonas, vêm do Rio Grande do Sul – país amigo, aqui (*Risos*) – e comparecem, e estão conosco; vêm de Votuporanga, que todos sabem onde fica, mas vêm de São Lourenço do Oeste, que só três pessoas aqui presentes sabem onde fica (*Risos*): os dois que vieram de lá e eu.

Os órgãos públicos também prestigiam e prestigiaram este Congresso. Só da Procuradoria-Geral do Estado nós tivemos 26 inscrições. A Secretaria da Fazenda do Mato Grosso, Cuiabá – a pé leva uma semana (*Risos*) – mandou seis representantes. Isso faz com que este encontro talvez não seja o mais numeroso de todos que se realizam no País, mas mantenha aquele nível de universidade que tanto encantou o Prof. Aires, quando soube que o nosso Congresso era considerado uma verdadeira universidade.

E tanto é benquisto e respeitado que um ilustre e ocupadíssimo Ministro, que precisa julgar 80 processos por dia, deixou para trás 80 processos e veio conversar conosco e nos fazer a sua exposição competente sobre os problemas dos crimes contra a ordem tributária.

Dos nossos colegas do auditório, entre eles eu sempre faço questão de destacar as mulheres: cada vez mais intrometidas (*Risos*), cada vez mais onipresentes, cada vez mais ocupando espaço. Nesta mesa, elas já estão se tornando numerosas (eu acho que começam a faltar cadeiras para os velhos professores), assim como no auditório. Porque a mulher tem um poder de persuasão, afora a sua intuição natural; elas têm um poder de convencimento, tanto que são chamadas de "patroas".

Hoje nós, como sempre, devemos dedicar um momento para um pouco de saudade. Saudade daqueles que estavam conosco há bem pouco tempo, mas que pela fatalidade biológica da vida física – embora se torne cada vez mais longa, mas não infinita –, já estão hoje tertuliando à sombra das nuvens de São Pedro, na tranqüilidade dos anjos. Sabem todos a quem me refiro... Permito-me desfilá-los alfabeticamente: Alfredo Augusto Becker, Aliomar Baleeiro, Amílcar de Araújo Falcão, Antônio Sampaio Dória, Célio de Freitas Batalha, Cleber Giardino, Fábio Fanucchi, Gilberto de Ulhoa Canto, Pérsio Oliveira Lima, Rubens Gomes de Souza. Registraríamos, ainda que não fosse da grei tributária, a partida de Celso Ribeiro Bastos, vinculado profundamente ao Direito Constitucional.

Mas há uma homenagem especial a ser prestada pelo mais recente dos que utilizaram a barca de Caronte e partiram para os eternos orientes da vida. Refiro-me a Francisco Octávio de Almeida Prado, meu dileto amigo dos bancos universitários dos cursos de especialização da Pontifícia Universidade Católica de São Paulo, não faz muitos anos; professor dedicado ao Direito Tributário, bacharel pela USP, professor de Direito Tributário, professor de Direito Administrativo em diversas universidades, e uma figura humana muito rica, amigo de seus amigos e muito querido por eles. Nós aqui o lembramos agora com carinho e com reverência.

Geraldo Ataliba: saiu da vida para entrar na história e na nossa legenda, Instituto Geraldo Ataliba. Resumo a homenagem a Geraldo lembrando o que disse o nosso Osíris em artigo de jornal: "A nossa geografia registra um vasto pântano nacional em que vegeta a casta detentora do poder. Figuras cordilheiras e solares como Ataliba fazem falta".

E agora, José? A democracia está aí, tentando caminhar. Nós estamos aqui, discutindo Direito Tributário. O Brasil, em um século, informam os nossos laboratórios de pesquisa, saltou de 17 milhões para 170 milhões de habitantes; de um PIB *per capita* de 516 dólares para 6 mil dólares; de 65% de analfabetismo para 13,6%; de uma expectativa de vida, ilustre Ministro, de 33,6 anos para 68,6 anos, o que é extraordinário; de um número de filhos de 6,2 – eu não sei como é que se calcula uma coisa assim, "ponto" 2 filhos (*risos*) – por mulher para 2,3 filhos por mulher; de uma população urbana de 31% para 81%. Melhorou muito. E continua sendo o sexto País do mundo em má distribuição de renda. Cresceu, mas 1% dos mais ricos tem um poder de compra igual a 40% dos mais pobres. Isso é perverso, isso nos faz pensar.

Os senhores diriam: "E o que é que tem um congresso de Direito Tributário a ver com isso?". E eu responderia: deixo essa decisão ao critério da razão e do coração de cada um, porque muito antes de sermos tributaristas somos cidadãos, criaturas humanas; criadas, dizem as tradições religiosas, à imagem e semelhança de Deus.

O problema não é do Brasil, o problema é do mundo. A ONU informa que há 1 bilhão de miseráveis hoje no nosso mundo; 32% da população urbana de todo o planeta são favelados, dos tais que moram debaixo da ponte.

O país amadurece, é inegável. Nestes dias mesmo comemoramos 50 anos de Petrobrás. Só aqueles que já têm mais de 55, como nós e o Prof. Alcides, lembram e lembram bem o que foram os primórdios da exploração do petróleo no nosso país. Quantas vezes as pesquisas dos laboratórios norte-americanos ressaltavam a evidência de que no Brasil não havia petróleo e que era preciso cobrir os poços com um tampo de cimento. E um homem extraordinário chamado Monteiro Lobato, a luta que manteve para levantar a tese de que "o petróleo é nosso" e de que deve ser explorado! Hoje sabemos que a Petrobrás é uma das maiores empresas do mundo e que temos condições de abastecer-nos em 90% das nossas necessidades.

Mas não é só a Petrobrás que está comemorando aniversário. A nossa Constituição Federal também está comemorando, e há poucos dias. Constituição maravilhosa, chamada de cidadã, "dos direitos sociais e individuais, a liberdade, a segurança, o bem-estar, o desenvolvimento, a igualdade e a justiça como valores supremos de uma sociedade fraterna, pluralista e sem preconceitos". Isso é do preâmbulo da nossa Carta. Em quinze anos, pobrezinha, fez quarenta operações plásticas (*risos*), fora quatro das chamadas emendas de revisão. Eu não digo aos senhores para não os assustar, mas as propostas de emenda somaram 1.736; isso é extraordinário, quando nós sabemos que a estabilidade jurídica é fundamento para o Estado de Direito. E estabilidade significa permanência das leis, porque a mutabilidade cotidiana afasta essa estabilidade, essa segurança.

Vamos desanimar por isso, colegas da planície que fazem a grandeza deste Congresso? Temos um inimigo mais forte a enfrentar. Quando pensávamos que o mundo evoluía (já tínhamos superado o século das luzes) e que a ordem internacional caminhava para a fraternidade e a pacificação, eis que vemos o retorno brutal do direito da força, usado a nível internacional para impor a *pax* romana a nações menores, sob justificativas – eu diria melhor, pretextos – que repudiam à própria dignidade do homem.

Este é o mundo real, como bem ressaltou aqui o Prof. Souto Maior Borges. É este mundo que nós temos de nos preparar para enfrentar. Reforma tributária, reforma previdenciária, atropeladas e feitas à pressa são mais dissensões internas do que soluções para fora. O de que nós precisamos é ter unidade de pensamento e capacidade de diálogo, porque o mundo está como uma realidade que não se pode afastar, e é preciso enfrentá-lo.

Dissemos inclusive, na nossa última peroração, que o problema do mundo tem um nome; não sei se deva repeti-lo, mas esse nome é George W. Bush. Infelizmente a ordem internacional está sendo desafiada de uma forma ostensiva, sob o argumento de que o mais forte tem direito a falar e obedece quem tem juízo. E vemos todos esses fenômenos de invasão de pequenos países, sob justificativas e pretextos desmentidos pela realidade.

A nossa palavra final é de que os problemas são esses. Mas nós somos maiores do que os problemas. É preciso mantermos o otimismo. No falar aos queridos amigos, nós queremos que esse otimismo extravase, que levem esta mensagem consigo. Cada um de nós sabe das suas limitações, dos seus defeitos e dos seus problemas, mas deve saber também das suas qualidades, das suas potencialidades e das suas possibilidades diante da vida.

Vamos sonhar. E convido para sonhar comigo não um filósofo pensador, mas um materialista forte que atendia pelo nome de Trotsky, citado pelo sociólogo Fernando Henrique Cardoso, conhecido de alguns de nós: "Todo verdadeiro criador [dizia ele] sabe que nos momentos da criação alguma coisa mais forte do que ele lhe guia a mão. Todo verdadeiro orador conhece os momentos em que exprime pela boca algo que tem mais força do que ele próprio".

Nós somos privilegiados, não me canso de repetir. Nós tivemos cultura universitária, temos uma vida, no meio de toda a dificuldade, muito melhor do que a dos nossos irmãos que ainda rastejam na sarjeta ou que precisam fazer malabarismos com pauzinhos nos sinais de trânsito para sobreviver. Portanto, nós temos compromissos, e para realizar esses compromissos temos de pensar alto, temos de crer.

Chesterton nos ensina: "Crer só tem valor quando se pode crer nas coisas inacreditáveis, porque, do contrário, crer nas coisas viáveis não constitui mérito nenhum. Esperar, em verdade, só vale a pena quando se espera o impossível, pois esperar o que está acontecendo não constitui virtude nenhuma. Amar só vale a pena quando se ama aqueles que são difíceis de ser amados, porque do contrário o amor não é virtude nenhuma. Precisamos saber crer, esperar e amar enfrentando as dificuldades que a vida nos traga".

Digo as palavras finais deste Congresso, que será encerrado pelo nosso ilustre e querido Presidente Alcides Jorge Costa, que, nós repetimos, é um velho e querido sábio (velho no sentido de experiente) que nos encanta com sua presença e com sua direção.

Encerramos este Congresso lembrando aos colegas a necessidade de nos renovarmos a cada dia.

Aprendamos as lições que nos dá a natureza. A noite cai, escurece, nos assusta, nos entibia. Mas quanto mais forte for a escuridão, mais próximo estará o momento do retorno do sol. E quando o sol chega, quando ele se aproxima, primeiro é um ponto luminoso na linha do horizonte; de repente uma mancha amarelo-ouro que se transforma num rubro de incêndio que inunda toda a floresta. Se nós atentarmos bem, ouviremos ao longe um toque musical. É a alvorada que se aproxima (*ao fundo, ouve-se o Toque da Alvorada*). É o novo dia que nasce. São as emoções e os entusiasmos que se renovam, as aves que cantam, os riachos que correm, as flores que brotam, as esperanças que revivem. Cada dia tem a sua alvorada. É preciso que todos nós saibamos renovar a nossa fé na vida, o nosso otimismo e os nossos objetivos maiores, seguindo esse exemplo do sol, que retorna trazendo a vida, que nos traz a canção do alvorecer, que nos torna maiores do que os problemas que enfrentamos.

Sejamos otimistas. Vivamos a cada dia a nossa alvorada.

Muito obrigado, meus irmãos. (*Palmas prolongadas*)

O ART. 149-A DA CONSTITUIÇÃO FEDERAL INTRODUZIDO PELA EC 39/2002 E A CONTRIBUIÇÃO PARA CUSTEIO DO SERVIÇO DE ILUMINAÇÃO PÚBLICA

AURORA TOMAZINI DE CARVALHO

1. Introdução. 2. Proposições propedêuticas. 3. Competência tributária a e a Emenda Constitucional n. 39/2002. 4. Definição das figuras tributárias. 5. Análise do enunciado do art. 149-A da CF. 6. Competência para instituição da CIP. 7. Os limites constitucionais para instituição da CIP: 7.1 Finalidade específica do tributo; 7.2 Critério material e base de cálculo: 7.2.1 Adoção do critério material vinculado; 7.2.2 Adoção do critério material não-vinculado. 8 Conclusões.

1. Introdução

O presente trabalho tem como objeto a Emenda Constitucional n. 39/2002 e o enunciado do art. 149-A por ela veiculado. Ressaltamos, desde logo, que nosso objetivo não é fazer uma análise política, econômica ou valorativa a respeito das Contribuições para o Custeio do Serviço de Iluminação Pública (CIP), mas, sim, uma análise jurídica. Buscaremos verificar a compatibilidade da emenda com as demais normas constitucionais, a adequação ou não da sua instituição, as modificações que introduziu no campo das competências tributárias e os limites que devem ser respeitados para a criação da referida contribuição por aqueles entes, aos quais o novo artigo atribuiu competência.

Iniciaremos o trabalho apresentando o modelo teorético adotado, depois partiremos para a conceituação de competência tributária, onde verificaremos a possibilidade de alteração do seu arquétipo por emenda constitucional e analisaremos a constitucionalidade da EC n. 39/2002. Após, entraremos no campo das figuras tributárias, definindo o conceito de cada uma delas para especificar a competência atribuída pelo art. 149-A. Feitas estas considerações, elucidaremos os enunciados do art. 149-A, construindo as normas jurídicas veiculadas pela emenda, para demarcarmos a competência que foi atribuída aos Municípios e Distrito Federal, verificando os limites que devem ser observados no exercício desta competência, para que a CIP não seja contaminada pelo vício da inconstitucionalidade.

Ressalvamos que não é nossa pretensão o esgotamento do tema. Já ficaremos satisfeitos se o presente trabalho for útil ao estudo do problema, colaborando para o aprofundamento da discussão científica sobre o assunto.

2. Proposições propedêuticas

Antes de iniciarmos nossas investigações sobre a Contribuição para Custeio do Serviço de Iluminação Pública e das inovações ao art. 149 da CF trazidas pela EC n. 39/2002, é necessário que indiquemos o sistema de referência adotado, pois, como ensina Paulo de Barros Carvalho: "quando se afirma algo como verdadeiro, faz-se mister que indiquemos o modelo dentro do qual a proposição se aloja, visto que será diferente a resposta dada, em função das premissas que desencadeiam o raciocínio".[1]

Delimitamos nosso primeiro corte conceituando o direito como conjunto de normas jurídicas válidas num dado país. As normas jurídicas, unidades mínimas do direito positivo, são as significações que construímos a partir do enunciados prescritivos estruturadas logicamente em uma hipótese que implica uma conseqüência (H à C); são, portanto, construções do intérprete num processo gerador de sentido. Num primeiro momento, ele se depara com um conjunto de enunciados prescritivos (suporte físico, texto em sentido estrito), ao ler e interpretá-los, constrói os conteúdos significativos destes enunciados (proposições) e, ao ordenar suas proposições na forma implicacional, constrói a norma jurídica. "O direito se manifesta sempre nesses três planos: o das formulações literais, o de suas significações enquanto enunciados prescritivos e o das normas jurídicas, como unidades de sentido obtidas mediante o grupamento de significações que obedecem a determinado esquema formal".[2] Logo, verificamos que o direito é um grande texto[3] (em sentido amplo) com um plano de expressão, composto por enunciados prescritivos e um plano de conteúdo, onde serão construídas as normas jurídicas. Como texto, é linguagem, com função prescritiva, dada a sua finalidade de direcionar comportamentos intersubjetivos e, como corpo de linguagem, é um instrumento cultural e encontra-se inserido num processo comunicacional.

Segundo Roman Jakobson são componentes do processo comunicacional o remetente, a mensagem, o destinatário, o contexto, o código e o canal físico.[4] Tomando o direito como um corpo de linguagem, identificamos o legislador (em sentido amplo – pessoa competente para inserir normas no sistema) como o remetente. Ele, visando o direcionamento da conduta do destinatário, emite uma mensagem prescritiva, a norma jurídica, e faz isso por meio de um canal físico, que são os veículos introdutores (constituição, emendas, leis, atos administrativos etc.), estes contém um código comum (a língua portuguesa), que deve ser interpretado para construção da mensagem (norma jurídica), e esta se encontra inserida num contexto (o direito positivo), que prescreve como deve ser realizado todo esse processo comunicacional.

A Ciência do Direito tem como objeto o direito positivo. O cientista do direito observa o conjunto de normas válidas, fazendo os recortes que entender necessário e descreve de forma rígida e precisa aquilo que observou. Seu contato é com o dado material, que são os enunciados prescritivos, ponto de partida para construção de suas proposições. O cientista, diante do dado material, delimita o seu objeto, fixa o seu sistema de referência e escolhe, dentre os diversos ângulos do objeto (político, econômico, social, jurídico, psicológico etc.) aquele sobre o qual irá dirigir sua atenção cognoscitiva. Em razão disso, as suas proposições estão carregadas de subjetivismo e, embora descritivas, podemos dizer que são construtivas (do sistema científico), pois cada uma representa uma unidade dentro da Ciência. Uma proposição é científica por descrever o objeto de forma rígida e precisa e é verdadeira quando guarda coerência lógica como o sistema de referência adotado e representa, descritivamente, o objeto observado. A delimitação do objeto, a escolha do sistema de referência e do ângulo de análise é um ato subjetivo do cientista, da mesma forma a descrição, que embora seja de objeto determinado, expressa uma valoração atribuída a este por aquele que o observa. Desde modo fica

1. Paulo de Barros Carvalho, *Direito tributário: fundamentos jurídicos da incidência*, p. 3.

2. Paulo de Barros Carvalho, *Curso de direito tributário*, p. 110.

3. Gregório Robles Morchon, nos ensina que: "O direito é texto e que todo o ordenamento jurídico é um granade texto unitário que se compõe de textos parciais" (*Teoría del derecho* (*Fundamentos de teoría comunicacional del derecho*), p. 67).

4. *Lingüística e comunicação*, p. 123.

fácil perceber que dois cientistas, observando a mesma realidade, podem emitir proposições diferentes, mas que sejam ambas verdadeiras dentro do sistema adotado por cada um. Com isso queremos dizer que não buscamos, com este trabalho, uma verdade absoluta sobre a CIP, mesmo porque ela não existe. O que pretendemos é apresentar nossas conclusões, construídas a partir da análise dos enunciados inseridos ao art. 149 da CF, pela EC n. 39/2002.

3. Competência tributária e a Emenda Constitucional n. 39/2002

Competência tributária é a aptidão de que são dotadas as pessoas políticas,[5] para instituírem tributo (aqui utilizado na acepção de norma jurídica tributária) e legislarem sobre matéria tributária. Observando o direito enquanto conjunto de normas jurídicas válidas, a competência tributária também é norma jurídica, constitucional, porque construída a partir de enunciados da Constituição Federal, que prescreve, em seu conseqüente, uma autorização para criação de outras normas, tributárias, ou seja, aquelas que dizem respeito direta ou indiretamente à instituição, arrecadação e fiscalização de tributo (aqui empregado no sentido de norma e montante pecuniário).

Os enunciados constitucionais delimitam a competência tributária de forma rígida, determinando a capacidade para legislar sobre matéria tributária de cada ente, de modo que, a cada um deles (União, Estados, Distrito Federal e Municípios) é conferida aquela, e somente aquela, aptidão.

A competência tributária é inteiramente disposta na Constituição Federal, assim, qualquer alteração que se pretenda só pode ser realizada, se possível, por emenda constitucional (art. 60 *"caput"* CF), dado que esta é a única forma, prevista no sistema, para se alterar a Constituição.

Para a modificação de uma linguagem é necessária a constituição de outra linguagem veiculada, no contexto, por um meio (canal físico) que é determinado pelo próprio contexto. Analisando o direito enquanto corpo de linguagem inserido em um processo comunicacional, a modificação dos enunciados constitucionais dá-se pela inserção no sistema do direito positivo de outro enunciado, veiculado por um canal físico determinado pelo próprio direito, que é a emenda constitucional.

A emenda constitucional é um meio de introdução de enunciados no ordenamento jurídico, é um veículo introdutor de normas.[6] Em vista do procedimento legislativo de sua criação, os enunciados por ela veiculados serão válidos (pertencerão ao sistema) e ocuparão o patamar de hierarquia constitucional. Mas para que os enunciados veiculados pela emenda permaneçam no sistema, dois requisitos são necessários: primeiro (de ordem formal), que o procedimento de criação, previsto no art. 60 da CF, tenha sido passo a passo observado e, segundo (de ordem material), que não disponham sobre as cláusulas pétreas, consistentes em enunciados constitucionais que não podem ser alterados (art. 60, § 4º, CF).

Por conta destes dois requisitos, qualquer enunciado veiculado por emenda constitucional pode apresentar duas espécies de vício de inconstitucionalidade: o formal, em decorrência da não observância ao procedimento constitucionalmente determinado e o material, quando o sentido do enunciado contradiz norma constitucional gravada como cláusula pétrea.

5. Paulo de Barros Carvalho, *Curso de direito tributário*, p. 212: "A competência tributária, em síntese é uma das parcelas entre as prerrogativas legiferantes de que são portadoras as pessoas políticas, consubstanciada na possibilidade de legislar para produção de normas jurídicas sobre tributos".

6. Tárek Moysés Moussallem define o conceito de veículo introdutor como "a norma sobre a produção jurídica que descreve, em seu antecedente, um agente competente e o procedimento prescrito pelo ordenamento para a produção normativa e, em seu conseqüente, prescreve a obrigação de todos respeitarem as disposições inseridas, pelo próprio veículo introdutor, no sistema do direito positivo" (*Fontes do direito tributário*, p. 138).

Observando a EC n. 39/2002, verifica-se que todas as etapas, constitucionalmente prescritas, foram cumpridas, assim, não há falar em inconstitucionalidade por vício formal. Agora, no que concerne à materialidade, cabe-nos uma averiguação mais detalhada.

A competência tributária é reclamo impostergável dos princípios federativo e da autonomia municipal e distrital.[7] É por meio desta aptidão que os entes federados instituem tributos e com o produto da arrecadação destes garantem sua autonomia financeira. Dependendo, a modificação realizada no arquétipo das competências tributárias, pode desencadear alterações que resultem na perda da independência financeira de algum ente. O enunciado modificador, neste caso, fere uma das cláusulas pétreas que é a forma federativa de Estado (art. 60, § 4º, I, da CF) e encontra-se eivado de inconstitucionalidade por vício material.

No entanto, o que se verifica na EC n. 39/2002 é que ela introduziu, no sistema no direito positivo, enunciados que outorgam aptidão aos Municípios e ao Distrito Federal para criação de mais um tributo (Contribuição para o Custeio do Serviço de Iluminação Pública), aumentando a delimitação da competência destes entes, e assim o fez sem retirar a dos outros. A emenda, portanto, não restringiu a autonomia de qualquer ente, pelo contrário, majorou a independência financeira dos Municípios e do Distrito Federal. Desta forma não entendemos admissível a alegação de vício material sob a argumentação de que a EC n. 39/2002 tende a abolir a forma federativa de Estado.

A Constituição Federal, ao delimitar a competência tributária, não só consagra os princípios federativo e da autonomia municipal e distrital, mas também estabelece segurança, aos destinatários da mensagem legislada, de só sofrerem redução patrimonial (em decorrência do pagamento de tributos) dentro dos moldes ali fixados. Entendemos que a modificação das competências tributárias por emenda constitucional não fere esta segurança, visto que o próprio direito prescreve a possibilidade de alteração constitucional, desde que observados o processo para criação de emenda e a inalterabilidade das cláusulas pétreas.

Do mesmo modo, a alteração no arquétipo das competências tributárias não tende a abolir o direito e a garantia individual de propriedade (art. 5º, XXII, CF), consagrados como cláusula pétrea (art. 60, § 4º, IV, CF). O mínimo que podemos dizer, diante da consideração que a competência tributária delimita os moldes em que o destinatário normativo será privado de seu direito de propriedade (com relação ao pagamento de tributo), é que uma alteração nas normas de competência pode trazer modificações patrimoniais (questões a serem levantadas em uma análise econômica), mas nunca abolir o direito de propriedade. A relação jurídica entre aquele que é proprietário de um bem e todos os demais indivíduos (menos ele) continua sendo assegurada constitucionalmente.

A EC n. 39/2002, ao atribuir competência aos Municípios e Distrito Federal, prescreveu a possibilidade de criação de mais um tributo que, se for criado, ocasionará uma redução patrimonial antes não verificada por seus contribuintes, mas essa é uma situação econômica, não suficiente à admissão de violação à cláusula pétrea que garante o direito de propriedade. Que traz um desconforto ao contribuinte, não há dúvidas, mas isso não é relevante juridicamente. A alegação de inconstitucionalidade dos enunciados veiculados pela emenda deve ser fundada no direito constitucional posto.

A análise, acima realizada, demonstra que não há incompatibilidade (nem material, nem formal) da EC n. 39/2002 com a Constituição Federal, e isso nos autoriza dizer que os enunciados por ela veiculados são constitucionais. Entendemos que não há inconstitucionalidades no art. 149-A da

7. Roque Antonio Carrazza, *Curso de direito constitucional tributário*, p. 311.

CF. Mas advertimos que isso não garante a constitucionalidade das leis infraconstitucionais criadas pelos Municípios e Distrito Federal ao instituírem as CIPs.

Quanto à legislação ordinária os vícios de inconstitucionalidade também podem ser classificados em formal e material, com a ressalva de que o vício material não se restringe apenas à contrariedade dos enunciados veiculados pela lei às normas constitucionais gravadas como cláusulas pétreas, o que ocorre com as emendas, mas a qualquer norma constitucional. Deste modo, se as leis municipais ou distrital que instituírem as CIPs não respeitarem os contornos delimitados pelas demais normas de competência, estarão eivadas de inconstitucionalidade.

4. Definição das figuras tributárias

Adotando o conceito de tributo como sendo toda a prestação pecuniária, compulsória, em moeda ou cujo valor nela se possa exprimir, que não constitua sanção de ato ilícito, instituída em lei e cobrada mediante atividade administrativa plenamente veiculada (art. 3º, CTN), verifica-se que a contribuição é uma espécie do gênero tributo, porque a sua conotação comporta a conotação de tributo mais uma diferença específica.[8] Isso ocorre com todas as demais figuras tributárias: impostos, taxas, contribuições de melhoria e empréstimos compulsórios e o que diferencia uma da outra é justamente a diferença específica.

O legislador constitucional, ao atribuir a competência tributária de cada pessoa política (União, Estados, Distrito Federal e Municípios), estabeleceu nomes e definiu características diferentes a cinco tipos de tributos. Vejamos: O art. 145 prescreve a instituição de impostos, taxas e contribuições de melhoria; o art. 148 determina a instituição de empréstimos compulsórios; e o art. 149 preceitua a instituição de contribuições. No entanto, como a linguagem do legislador é técnica e não possui rigor científico, os critérios conotativos das figuras tributárias encontram-se espalhados pelos enunciados constitucionais, cabendo ao cientista do direito organizá-las de modo a facilitar a visualização da demarcação imposta pelo Constituinte.

Diante desta possibilidade conferida ao cientista, existem várias teorias classificatórias dos tributos,[9] todas elas buscando definir o conceito dos nomes elegidos, pelo legislador constitucional, para representar cada figura tributária.

Mas, definir uma palavra é indicar o seu significado,[10] é enunciar os critérios que fazem com que uma coisa seja aquela coisa, e a classificação é uma operação lógica de divisão de elementos, de acordo com as semelhanças que entre eles existam.[11] É certo que a definição de uma palavra também cria uma classe, mas não se confunde

8. Paulo de Barros Carvalho esclarece que a espécie é o gênero mais a diferença específica – "conjunto de qualidades que se acrescentam ao gênero para determinação da espécie, de tal modo que é lícito anunciar que a (E) espécie é igual ao (G) gênero mais a (DE) diferença específica (E = G + DE)" ("Comentários sobre as regras gerais de interpretação da Tabela NBM/SH (TIPI/TAB)", *Revista Dialética de Direito Tributário* 12/54).

9. Alfredo Augusto Becker – duas espécies: "A regra-matriz que tiver escolhido para base de cálculo do tributo um fato lícito qualquer terá criado imposto. A regra-matriz tributária que tiver escolhido para base de cálculo do tributo o serviço estatal ou coisa estatal terá criado taxa" (*Teoria geral do direito tributário*, p. 380). Geraldo Ataliba – três espécies de tributos: impostos – não-vinculados; taxas – vinculados com a atuação diretamente relacionada ao contribuinte; contribuições – vinculados com a atuação indiretamente relacionada ao contribuinte (cf. *Hipótese de incidência tributária*, terceira parte). Luciano Amaro – quatro espécies: impostos, taxas, contribuições e empréstimos compulsórios (cf. *Conceito e classificação dos tributos*). Eurico Marcos Diniz de Santi (cf. "As classificações no sistema tributário") e Márcio Severo Marques (cf. *Classificação constitucional dos tributos*) – cinco espécies: impostos, taxas, contribuições de melhoria, contribuições e empréstimo compulsórios.

10. Guibourg, Ghigliani e Guarione, *Introducción al conocimiento científico*, p. 53.

11. Paulo de Barros Carvalho, "Comentários sobre as regras gerais de interpretação da Tabela NBM/SH (TIPI/TAB)", p. 54.

com a operação de classificar, que como processo divisório, tem por resultado sempre um número par de classes (a classe e seu complemento),[12] enquanto a definição preocupa-se apenas com a enumeração dos critérios conotativos de uma delas.

Não buscamos, neste trabalho, classificar as espécies tributárias, mas sim delimitar a conotação de cada figura tributária, pois esta definição aflora os limites da competência tributária, vez que a Constituição Federal a demarcou estabelecendo os critérios identificadores de cada tipo de tributo a ser instituído. A operação classificatória facilita este trabalho, mas, no caso das espécies tributárias, não define cada figura como uma classe, pois, para delimitá-las o legislador ordinário utilizou-se de diferentes critérios.[13]

Para demarcar as características definitórias dos impostos, das taxas e das contribuições de melhoria, a Constituição elegeu como critério a materialidade destes tributos. Já no caso dos empréstimos compulsórios e das contribuições, o constituinte não traçou qualquer disposição acerca da hipótese de incidência, mas, os delimitou utilizando-se de outros critérios: a destinação específica e a restituição (no caso dos empréstimos). Então, com base nos enunciados constitucionais, delimitamos o conceito das figuras tributárias, para fins deste trabalho, da forma a seguir exposta.

Impostos são tributos, cuja hipótese de incidência não constitui uma atuação estatal (art. 145, I, §§ 1º e 2º, CF), instituídos sem a prescrição de vinculação do produto da sua arrecadação à receita específica (art. 167, IV, CF).

Taxas são tributos vinculados a uma atuação estatal diretamente relacionada ao contribuinte, consistente na prestação do poder de polícia ou de um serviço público específico e divisível (art. 145, II, CF).

As contribuições de melhoria são tributos cuja hipótese de incidência constitui-se em uma atuação estatal, obra pública, indiretamente relacionada ao contribuinte, devido à melhoria do imóvel (art. 145, III, CF).

As contribuições são tributos que exigem a prescrição legal de destinação específica do produto de sua arrecadação a uma determinada área de atuação cuja hipótese de incidência pode ser ou não uma atuação estatal, pois, não há prescrição constitucional de suas materialidades (art. 149, CF).

Empréstimos compulsórios são tributos, criados por lei complementar, cuja hipótese de incidência não está determinada pela Constituição Federal, podendo ser, ou não, uma atuação estatal, que exigem prescrição de restituição e de destinação do produto de sua arrecadação, à situação que o criou e com a prescrição (art. 148, CF).

5. Análise do enunciado do art. 149-A da CF

Prescreve o art. 149-A da CF: "Os Municípios e o Distrito Federal poderão instituir contribuições, na forma das respectivas leis, para o custeio do serviço de iluminação pública, observado o disposto no art. 150, I e II. Parágrafo único. É facultada a cobrança da contribuição a que se refere o *caput*, na fatura de consumo de energia elétrica".

Interpretando este enunciado construímos duas normas: 1) *H*: Se for Município ou Distrito Federal (→) deve ser *C*: permitido instituir contribuição para o custeio do

12. Alfred Tarski: "el llamado complemento de la clase K es la clase de todos los objetos que no pertenecen a la clase K" (*Introducción a la lógica*, p. 106).

13. O que verificamos é que não haverá uma classificação, com base em um único critério, que delimite o conceito de todas as figuras tributárias. As classificações tributárias elaboradas pela doutrina serão úteis para estabelecer algumas características definitórias das figuras tributárias que auxiliarão na elaboração da definição de seus conceitos, mas, sendo fundadas em um ou dois critérios, não serão suficientes para defini-las ou separá-las em classes distintas e, sendo fundadas em mais de dois critérios, acabam por criar mais classes além daquelas correspondentes às figuras tributárias traçadas constitucionalmente.

serviço de iluminação pública; 2) *H*: Se instituída a contribuição (→) deve ser *C*: permitida a cobrança na fatura de energia elétrica.

A primeira é norma de competência que prescreve aptidão aos Municípios e Distrito Federal para criarem a Contribuição de Custeio ao Serviço de Iluminação Pública (CIP) e a segunda é norma de autorização para capacidade ativa e conseqüente responsabilidade do repasse tributário.

6. Competência para instituição da CIP

A alteração veiculada pela emenda constitucional, ao art. 149 da CF, que introduziu o art. 149-A, atribuiu aos Municípios e ao Distrito Federal a aptidão para instituírem Contribuição para o Custeio do Serviço de Iluminação Pública. Nota-se que a emenda não criou qualquer contribuição, apenas atribuiu, a estes entes, competência para inserir, no sistema do direito positivo, norma tributária para criação da CIP.

O legislador insere normas no sistema descrevendo hipóteses normativas e a elas imputando conseqüências também normativas. A hipótese de uma norma jurídica tributária (aquela que institui o tributo) contém critérios de identificação de um fato futuro e incerto. É composta por um critério material (*cm*) desmembrado em verbo (*v*) e complemento (*c*), que identifica uma ação; um critério espacial (*ce*) que determina o local de ocorrência de um fato; e um critério temporal (*ct*) que especifica o momento de sua verificação. O conseqüente prescreve critérios de identificação da relação jurídica tributária. É composto por um critério pessoal (*cp*) contendo a identificação dos sujeitos ativo (*sa*) e passivo (*sp*); e por um critério quantitativo (*cq*) formado pela base de cálculo (*bc*), que tem a finalidade de mensurar o fato tributário, compor a específica determinação da dívida e confirmar, infirmar ou afirmar o verdadeiro critério material da hipótese e alíquota (*al*).[14]

14. Paulo de Barros Carvalho, *Curso de direito tributário*, p. 236.

O critério material e a base de cálculo são de imprescindível importância na identificação (intranormativa) da figura tributária criada pelo legislador, além, é claro, dos critérios internormativos (destinação e restituição), que também devem ser observados. Mas tanto eles como os outros critérios devem estar em compatibilidade com as limitações constitucionais para que o tributo instituído não padeça de vício de inconstitucionalidade.

Como vimos, para diferenciar as contribuições das demais figuras tributárias, a Constituição elegeu como critério a destinação do produto da arrecadação, que é internormativo (não se encontra entre aqueles presentes na norma que institui o tributo) e não delimitou, como no caso dos impostos, qualquer critério material. O enunciado do art. 149-A atribui competência para a criação de uma contribuição (a CIP), portanto, não determinam a materialidade do tributo (aqui utilizado na acepção de norma) a ser criado, apenas se encarregara de disciplinar a finalidade que deve ser dada ao produto obtido com a sua arrecadação, que será o custeio do serviço de iluminação pública.

Uma leitura menos detalhada do art. 149-A pode nos levar ao entendimento de que o critério material da CIP deve ser a prestação do serviço de iluminação pública. No entanto, não é isso que ali está disposto. A prescrição é quanto à finalidade a ser atribuída ao tributo e não quanto a sua materialidade.

Deste modo, o legislador infraconstitucional fica obrigado, na instituição da CIP, somente a atribuir destinação específica ao produto arrecadado, encontrando-se livre para escolher os fatos que elegerá como hipótese e base de cálculo, desde que, estes não esbarrem nos limites delineados pelas outras normas de competência tributária.

O art. 149-A preceitua que a instituição da CIP deve observar o art. 150, I e II, da CF. Este preceito parece-nos inócuo. Semanticamente é repetitivo, apenas pode ser interpretado como um reforço aos princípios da legalidade e isonomia tributária por parte do legislador, mas que não precisava estar ali, pois a instituição de qualquer tributo (salvo as exceções constitucionalmente autorizadas) depende da observação aos enunciados do art. 150 da CF. Neste mesmo entendimento, o fato de o art. 149-A não fazer menção ao princípio da anterioridade (art. 150, III, *b*) não significa que este não deve ser respeitado.

O parágrafo único do art. 149-A prescreve a possibilidade de cobrança da CIP na fatura de energia elétrica. Não entendemos que este enunciado prescreve uma obrigação, mas sim a faculdade (permissão de fazer ou não fazer) de instituir como sujeito ativo, no conseqüente tributário da CIP, a concessionária de energia elétrica, que ficará condicionada ao repasse do montante arrecadado. Ao legislador infraconstitucional Municipal ou Distrital cabe a escolha daquilo que lhe for mais favorável.

7. Os limites constitucionais para instituição da CIP

7.1 Finalidade específica do tributo

O primeiro limite constitucional imposto à criação das Contribuições para o Custeio do Serviço de Iluminação Pública que verificamos é a finalidade do produto da arrecadação destas. Com a introdução do art. 149-A na Constituição Federal, os Municípios e o Distrito Federal passaram a ter competência para criação da CIP, um novo tributo, mas esta competência está limitada à destinação atribuída ao produto arrecadado com a contribuição. A aptidão é somente para a criação de tributo com a finalidade de custeio do serviço de iluminação pública. Desta forma, o legislador infraconstitucional, ao instituir a CIP, deve ter a precaução de enunciar a destinação prescrita no texto constitucional, determinando, para isso, a criação de um fundo específico ou os termos de criação deste. A não-prescrição da destinação específica contamina a instituição do tributo de inconstitucionalidade.

7.2 Critério material e base de cálculo

Como observamos, não há obrigação constitucionalmente prescrita para a adoção de um determinado critério material na instituição da CIP. Isso possibilita a escolha, pelo legislador infraconstitucional, tanto de uma materialidade consistente numa atuação estatal (criação de tributo vinculado), quanto de uma não consistente (criação de tributo não-vinculado).[15]

Quanto à base de cálculo, o legislador também é livre. No entanto, escolhido o critério material, a base de cálculo deve mensurá-lo e afirmá-lo. Se escolher como hipótese da norma tributária da CIP uma atuação estatal (tributo vinculado), a base de cálculo deve ser composta por critérios que mensurem esta atuação estatal; do mesmo modo se for qualquer outro fato, não consistente numa atuação estatal (tributo não-vinculado), a base de cálculo deve mensurá-lo. Caso isso não ocorra, a materialidade, para fins de verificação de inconstitucionalidade, deve ser aquela mensurada pela base escolhida pelo legislador infraconstitucional.[16] Com fundamento nesta divisão (tributos vinculado/não-vinculado), analisamos as possibilidades de escolha dos critérios materiais e base de

15. Utilizamos aqui a classificação desenvolvida por Alfredo Augusto Becker nos dizeres de Geraldo Ataliba: "a materialidade do fato descrito pela *hi* (aspecto material) de todo tributo ou é uma (1) atividade estatal ou (2) outra coisa qualquer. Se for uma atividade estatal o tributo será (1) vinculado. Se for um fato qualquer, o tributo será (2) não vinculado" (*Hipótese de incidência tributária*, p. 131). Mas apenas como modelo adotado para especificar as possíveis hipóteses de incidência dos tributos, não que a adotemos em sede de definição das figuras.

16. "Havendo desencontro entre os termos do binômio (hipótese de incidência e base de cálculo), a base é que deve prevalecer. Por isso, tem o condão de infirmar o critério material oferecido no texto" (Paulo de Barros Carvalho, *Curso de direito tributário*, p. 328).

cálculo do legislador municipal e distrital dentro dos limites prescritos constitucionalmente.

7.2.1 Adoção de critério material vinculado

O critério material escolhido para hipótese de incidência da CIP pode ser uma atuação estatal, desde que não consistente na prestação de serviço público específico e divisível ou poder de polícia cuja materialidade foi determinada constitucionalmente como sendo de taxas (art. 145, II, CF), nem na melhoria de imóvel em decorrência de obra pública, materialidade atribuída às contribuições de melhoria (art. 145, III, CF), pois estas figuras não alcançam a finalidade constitucionalmente prescrita para as CIPs.

A taxa é cobrada em decorrência de serviço público específico e divisível justamente para financiar este serviço. Não há sentido instituir a CIP utilizando-se de critério material e base de cálculo de taxa para financiar o custeio de outro serviço (de iluminação pública), que não aquele específico e divisível delimitado como hipótese.

A contribuição de melhoria é cobrada em decorrência da valorização de imóvel por obra pública. Entendemos que a escolha desta materialidade para a CIP só não é possível pela limitação da sua finalidade. Tendo a CIP, como critério material, por exemplo, a instalação de postes de energia elétrica em frente ao imóvel e a base de cálculo mensurando o melhoramento que esta obra o causou, a sua finalidade fica prejudicada, pois a contribuição só será cobrada uma vez (no momento da melhoria), não suprindo o custo do serviço de iluminação pública, finalidade pela qual deve ser instituída a CIP.

Nestes termos, se optar por um critério material vinculado, o legislador ordinário poderá escolher como materialidade a prestação de um serviço público não específico e não divisível que se encontra no campo de atuação Municipal ou Distrital. A prestação do serviço de iluminação pública não é específica nem divisível, por isso, pode ser adotada como critério material da CIP; o cuidado do legislador infraconstitucional, ao adotar esta materialidade, deve ser com relação à base de cálculo que precisa mensurar o serviço prestado,[17] caso contrário, a contribuição pode transformar-se em uma "taxa" ou incidir sobe materialidade própria dos imposto de outros entes.

Pensamos, também, que a adoção da prestação do serviço de iluminação pública como critério material da CIP não tem qualquer impedimento sob o argumento de que se trata de um tributo municipal, ou distrital, e a competência para exploração do serviço de energia elétrica é da União. No caso dos tributos vinculados, não há dúvidas que a competência tributária está relacionada com a capacidade de atuação. Mas uma coisa é a competência para exploração do serviço de energia elétrica, que é da União e a outra, o serviço de iluminação pública, que é municipal.

7.2.2 Adoção de critério material não-vinculado

Da mesma forma que o legislador municipal ou distrital da CIP é livre para escolher como critério material uma atividade estatal, também o é para escolher qualquer outra atividade não-consistente em uma atuação estatal, mas, para isso, está igualmente limitado, em decorrência da competência tributária atribuída aos outros entes e das demais normas constitucionais que disciplinam a instituição de tributos não-vinculados.

Já apontamos que a linguagem do legislador é técnica e que, por não apresentar o rigor e a especificidade da linguagem cientifica, por muitas vezes, utiliza-se da mesma palavra para reportar a realidades distintas ou faz uso de termos sem se preo-

17. Sugerimos que a base, neste caso, seja o custo do serviço ou um cálculo que o leve em conta.

cupar com a precisão de seus significados. Ao cientista do direito cabe a elucidação destes termos, e por isso não deve ficar preso a literalidade dos enunciados prescritivos.

O legislador constitucional, ao atribuir as competências tributárias privativas da União (art. 153, CF), dos Estados e Distrito Federal (art. 155, CF) e dos Municípios (art.156, CF), enunciou que, àqueles entes, compete a criação de "impostos" com aquelas respectivas materialidades. Mas o termo "imposto" aqui é utilizado em que sentido? E aí precisamos, primeiramente, especificar as acepções de "imposto".

Para fins deste trabalho, limitamo-nos a definir pelo menos duas das possíveis acepções do termo: a de imposto em sentido amplo e a de imposto em sentido estrito.[18] Em sentido amplo "imposto" é tributo não-vinculado que comporta os impostos em sentido amplo, e os demais tributos cuja materialidade não consiste numa atividade estatal. Em sentido estrito "imposto" é tributo cuja hipótese de incidência não constitui uma atuação estatal, instituído sem a prescrição de vinculação do produto da sua arrecadação à receita específica.

Nas aparições constitucionais do termo "imposto", o legislador não se dá ao trabalho de especificar em que sentido o utiliza, mas podemos verificar seu emprego nestas duas acepções. Por exemplo: no art. 150, VI, da CF, que trata das imunidades tributárias, a palavra "imposto" é utilizada em sentido amplo; já no art. 156, § 1º, CF, que dispõe sobre o IPTU, o termo é empregado na acepção estrita. E aqui já nos adiantamos em esclarecer que, para definição das figuras tributárias, utilizamo-nos do termo em sua acepção estrita, no entanto, para delimitar a competência tributária, utilizar-nos-emos em sua acepção ampla.

Entendemos que nos enunciados Constitucionais que prescrevem as competências privativas de cada ente, o termo "imposto" é utilizado em sua acepção ampla, de modo que, a criação de qualquer tributo não-vinculado deve estar limitada àquelas prescrições.

O legislador infraconstitucional, na criação da CIP, deve ter cuidado para não eleger, como critério material, uma das materialidades determinadas constitucionalmente como de competência de outro ente, sob pena de invasão de competência tributária, o que contamina, com o vício da inconstitucionalidade material, a contribuição instituída.[19] Da mesma forma deve tomar cuidado com a escolha da base de cálculo. De nada adianta a opção por um critério material adequando, se o elegido como base de cálculo mensurar uma materialidade definida na competência de outro ente, pois, como já explicamos, havendo incompatibilidade entre o critério material e a base de cálculo, esta prevalece.

Agora, quanto à criação da CIP com materialidade delimitada dentro da competência tributária do ente instituidor (como, por exemplo: a criação da CIP por um Município tendo com critério material a propriedade predial e territorial urbana), não verificamos vedação constitucional. Se

18. "A Constituição Federal de 1988 concebeu duas diferentes acepções para a palavra 'imposto': uma como gênero próximo, outra como diferença específica constituinte de duas classes de 'impostos' (...) São impostos em sentido estrito (impostos-impostos): II, IE, IR, IPI, IOF, ITR, *Causa Mortis* e doação, ICMS, IPVA, IPTU, ISS e *Inter Vivos*. São impostos em sentido lato (imposto-contribuição): as contribuições sociais, profissionais e de intervenção no domínio econômico (...). Tecnicamente falando, portanto, imposto é imposto em sentido estrito. Não basta a não-vinculação estatal na conformação do fato jurídico tributário. Requer-se, ainda, a não-aferação. Tão só da integração desses dois critérios se instaura a condição suficiente para definição da espécie imposto em sentido estrito" (Eurico Marcos Diniz de Santi, *As classificações no sistema tributário brasileiro*, p. 140).

19. Foi o que ocorreu com a Lei n. 13.479, de 30 de dezembro de 2002, do Município de São Paulo, que, ao eleger como critério material a prestação do serviço de energia elétrica ("Art. 3º. Contribuinte é todo aquele que possua ligação de energia elétrica regular ao sistema de fornecimento de energia"), invadiu a competência tributária Estadual (art. 155, II e § 3º CF).

entendermos que, ao demarcar a competência tributária de cada ente, o constituinte atribuiu sentido amplo ao termo "imposto", os Municípios têm aptidão para instituírem tributos não vinculados com as materialidades do art. 156, CF, e o Distrito Federal tem a mesma aptidão com relação às materialidades do 155, CF. Se, ao exercerem a competência que lhes foi atribuída pelo art. 149-A para criação de Contribuição para o Custeio do Serviço de Iluminação Pública, utilizarem critério material não-vinculado, podem utilizar àquelas materialidades que lhe são próprias (arts. 155 e 156, CF) como critério material da CIP, já que, como vimos, não há vedação Constitucional.

8. Conclusão

A EC n. 39/2002 não padece do vício de inconstitucionalidade, pois, formalmente, foram observadas todas as etapas para a sua criação e, materialmente, não fere qualquer das cláusulas pétreas elencadas no art. 60, § 4º, da CF. Porém, isso não garante a constitucionalidade das contribuições instituídas para o custeio de serviço de iluminação publica dos Municípios e Distrito Federal, vez que a lei (infraconstitucional) que as instituir pode não estar de acordo com os preceitos constitucionalmente traçados.

O art. 149-A atribuiu aos Municípios e Distrito Federal competência para instituírem Contribuição para o Custeio do Serviço de Iluminação Publica (CIP), mas não prescreveu a materialidade do tributo, apenas obrigou a destinação do produto de sua arrecadação ao custeio do serviço de iluminação pública. Desta forma, o legislador Municipal ou Distrital é livre para escolher a materialidade que desejar, desde que respeite a delimitação da competência atribuída aos outros entes.

A primeira limitação constitucional que verificamos está na natureza da contribuição. É a finalidade da CIP, que deve ser para o custeio do serviço de iluminação publica, de modo que a lei que a instituir deve prescrever os termos de criação de um fundo ou regulamentar o procedimento para o custeio deste serviço.

O legislador infraconstitucional, observando os limites constitucionais, pode escolher como critério material da CIP tanto uma materialidade consistente numa atuação estatal (criação de tributo vinculado), quanto uma não consistente (criação de tributo não-vinculado). Quanto à base de cálculo, também é livre, no entanto, escolhido o critério material, a base de cálculo deve mensurá-lo e afirmá-lo.

A CIP pode ter como critério material uma atuação estatal não específica e não divisível. A restrição quanto à adoção de um critério material vinculado consistente na prestação de serviço público específico e divisível ou poder de polícia é que estas prestações são financiadas por taxas e não há sentido instituir a CIP para financiar o custeio de um serviço (de iluminação pública), que não aquele específico e divisível delimitado como hipótese.

Em se tratando de eleição de critério material não vinculado, o legislador infraconstitucional, na criação da CIP, deve ter cuidado para não eleger uma das materialidades determinadas constitucionalmente como de competência de outro ente, sob pena de invasão de competência tributária, o que contamina, com o vício da inconstitucionalidade material, a contribuição instituída. Agora, quanto à criação da CIP com materialidade delimitada dentro da competência tributária do ente instituidor não verificamos vedação constitucional.

Referências bibliográficas

AMARO, Luciano da Silva. "Conceito e classificação dos tributos". *Revista de Direito Tributário*, n. 55, São Paulo, Ed. RT, 1991.

ATALIBA, Geraldo. *Hipótese de incidência tributária.* São Paulo, Malheiros Editores, 1992.

__________. *Sistema constitucional tributário brasileiro.* São Paulo, Ed. RT, 1985.

BECKER, Alfredo Augusto. *Teoria geral do direito tributário*. s/l, Lejus, 1998.

CARRAZZA, Roque Antonio. *Curso de direito constitucional tributário*. São Paulo, Malheiros Editores, 1998.

CARVALHO, Paulo de Barros. "Comentários sobre as regras gerais de interpretação da Tabela NBM/SH (TIPI/TAB)". *Revista Dialética de Direito Tributário*, n. 12, São Paulo.

__________. *Curso de direito tributário*. São Paulo, Saraiva, 1999.

__________. *Direito tributário: fundamentos jurídicos da incidência*. São Paulo, Saraiva, 1999.

DE SANTI, Eurico Marcos Diniz. "As classificações no sistema tributário". *Justiça Tributária – 1º Congresso Internacional de Direito Tributário – IBET*. São Paulo, Max Limonad, 1998.

ENCHAVE, Delia Teresa; URQUIJO, Maria Eugenia; GUIBOURG, Ricardo. *Lógica, proposición y norma*. 5ª ed. Buenos Aires, Astrea, 1999.

GUIBOURG, Ricardo; GUIGLIANI, Alejandro; GUARIONI, Ricardo. *Introducción al conocimiento científico*. Buenos Aires, Edudeba, 1985.

JAKOBSON, Roman. *Lingüística e comunicação*. Trad. de José Paulo Paes e Isidoro Bliktein. São Paulo, Cultrix, 1991.

MARQUES, Márcio Severo. *Classificação constitucional dos tributos*. São Paulo, Max Limonad, 2000.

MORCHON, Gregório Robles, *Teoría del derecho (Fundamentos de teoría comunicacional del derecho)*. vol. I. Madri, s/n, 1998.

MOUSSALLEM, Tárek Moysés. *As fontes do direito tributário*. São Paulo, Max Limonad, 2001.

TARSKI, Alfred. *Introducción a la lógica*. s/l, s/n, 1949.

TOMÉ, Fabiana Del Padre. *Contribuições para a seguridade social aspectos constitucionais*. São Paulo, Max Limonad, 2002.

VILANOVA, Lourival. *As estruturas lógicas e o sistema do direito positivo*. São Paulo, Max Limonad, 1997.

__________. *Causalidade e relação no direito*. São Paulo, Saraiva, 1989.

A COMPENSAÇÃO ENTRE TRIBUTOS ADMINISTRADOS PELA SECRETARIA DA RECEITA FEDERAL*

IGOR NASCIMENTO DE SOUZA

Advogado em São Paulo. Especialista em Direito Tributário pelo IBDT/IBET

1. Introdução. 2. A norma jurídica de compensação tributária. 3. Breve histórico legislativo da compensação tributária entre tributos da União, administrados pela Secretaria da Receita Federal: 3.1 Da compensação prevista no art. 66 da Lei n. 8.383/1991; 3.2 Da compensação prevista no art. 74 da Lei n. 9.430/ 1996; 3.3 Da Lei Complementar n. 104/2001 e o art. 170-A do Código Tributário Nacional; 3.4 Da compensação prevista no art. 49 da Lei n. 10.637/2002 – Revogação das espécies anteriores de compensação. 4. Da necessária interpretação sistemática do Código Tributário Nacional: art.170-A "versus" art. 151. 5. Conclusões.

1. Introdução

O instituto da *compensação tributária* é daqueles que mais polêmicas têm causado para os operadores do Direito, seja quando da análise de mencionado instituto pelo cientista, seja quando da sua aplicabilidade pelo Poder Judiciário, ou mesmo pelos contribuintes, que também exercem o ato de aplicação do Direito, por intermédio do denominado "autolançamento".

Muito disso se deve às diversas mudanças legislativas a respeito da matéria,

* Quando da elaboração do presente trabalho, para que fosse apresentado no XVII Congresso Brasileiro de Direito Tributário, em outubro de 2003, ainda não tinha sido editada a Lei n. 10.637, de 29 de dezembro de 2003, que, em seus arts. 17 e 18, trouxe algumas alterações interessantes no que tange à compensação entre tributos administrados pela Secretaria da Receita Federal. De qualquer maneira, as conclusões aqui apresentadas não se alteram pelas novidades legislativas trazidas pelos mencionados artigos.

Assim, muito embora no trabalho original não conste qualquer menção à referida lei, para a publicação do artigo achamos interessante apenas relacionar, dentre as novidades trazidas, aquelas que julgamos mais importantes, que consistiram basicamente em: a) determinar que os débitos relativos a tributos e contribuições administrados pela Secretaria da Receita Federal, que já tenham sido encaminhados à Procuradoria-Geral da Fazenda Nacional para inscrição em Dívida Ativa da União, não poderiam ser objeto de compensação administrativa; b) expressamente prever que os créditos relativos a tributos e contribuições administrados pela Secretaria da Receita Federal não poderiam ser compensados com o débito consolidado no âmbito do Programa de Recuperação Fiscal – REFIS ou do parcelamento a ele alternativo; c) da mesma forma, estabelecer que os débitos que já tenham sido objeto de compensação não homologada pela Secretaria da Receita Federal, também não podem ser objeto de compensação administrativa; d) estabelecer um prazo máximo de 5 (cinco) anos para a homologação da compensação declarada, sem o que entendemos que ocorrerá a homologação tácita; e) expressamente reconhecer que a declaração de compensação constitui confissão de dívida e instrumento hábil e suficiente para a exigência dos débitos indevidamente compensados; f) autorizar o contribuinte a apresentar, no prazo de 30 (trinta) dias da ciência do ato que não homologou a compensação declarada, "Manifestação de Inconformidade" com efeito suspensivo, que será analisada pelas Delegacias da Receita Federal de Julgamento, sendo que, caso estas Delegacias julguem improcedente a manifestação, o contribuinte poderá apresentar recurso ao Conselho de Contribuintes; e g) estabelecer que, caso o contribuinte apresente a declaração de compensação com créditos de natureza não-tributária ou, ainda, com créditos inexistentes, poder-lhe-ão ser aplicadas multas isoladas sobre os valores correspondentes à compensação indevida.

bem como à complexidade do instituto, que conforme nos ensina Eurico Marcos Diniz de Santi, "é norma, fato e relação jurídica. É norma: direito objetivo que disciplina o fato compensação. É fato: o encontro entre direitos subjetivos homólogos quanto ao objeto e inversos quanto aos termos-sujeitos. É efeito deste fato – relação jurídica extintiva – que se equipara ao pagamento, extinguindo o crédito tributário".[1]

Para que se entenda a forma como se opera este instituto, mister se faz o entendimento prévio sobre diversos conceitos jurídicos a ele relacionados: o conceito de norma, o conceito de fato, o conceito de relação jurídica, o conceito de liquidez e certeza do Direito (crédito), o conceito de extinção da obrigação, o conceito de pagamento indevido, dentre outros. Sem que este emaranhado de conceitos, todos positivados, não sejam previamente entendidos não se poderá compreender o complexo instituto jurídico denominado *compensação tributária*.

O objetivo do presente trabalho é, pois, sem maiores pretensões, esboçar, em um breve ensaio sobre o assunto, algumas considerações sobre tais conceitos, que se encontram esparsos em nosso ordenamento jurídico, e com isto contribuir, mediante uma análise sistemática da legislação, para que se chegue a uma conclusão sobre a aplicabilidade do instituto da *compensação tributária*, no que tange ao aspecto pragmático das relações jurídicas entre Fisco e contribuintes. A idéia é que se consiga com o presente estudo aliar a Ciência do Direito à experiência do Direito, ou seja, à prática cotidiana dos contribuintes.

Neste sentido, como a compensação pode ocorrer entre os contribuintes e os distintos sujeitos da Administração Pública – União, Estados, Distrito Federal e Municípios –, para que seja possível atingir o objetivo deste estudo, mantendo-se a pretensão de sua brevidade, é necessário que, desde já, se faça um filtro: trataremos somente da compensação praticada entre os contribuintes e a União, limitada está ao órgão da Secretaria da Receita Federal.

2. *A norma jurídica de compensação tributária*

Dá análise da realidade circundante (mundo do *ser*), o homem cria regras que estabelecem condutas a serem seguidas (mundo do *dever-ser*), regulando o convívio social. A prescrição destas condutas são as denominadas normas jurídicas.

Pode-se afirmar que a compensação é espécie de norma, que regula um fato específico, que é o encontro de idênticas quantias representativas de direitos pertencentes a sujeitos distintos que possuem entre si uma relação de débito e crédito, a qual é extinta com ocorrência deste encontro.

É exatamente o que prevê o art. 368 do novo CC, segundo o qual "se duas pessoas forem ao mesmo tempo credor e devedor uma da outra, as duas obrigações extinguem-se, até onde se compensarem". No mesmo sentido estabelece o art. 156 do CTN, ao relacionar a compensação como uma das hipóteses de extinção do crédito tributário. Ou seja, uma vez praticada a compensação, desde que todos os seus requisitos de validade tenham sido atendidos, ela extingue o dever de recolhimento do tributo, equiparando-se, neste sentido, ao seu pagamento.

Assim, desde já, é importante que se frise que, para que seja possível a realização da compensação, é necessário que existam duas relações jurídicas diversas, em que o sujeito ativo de uma (credor) é o sujeito passivo da outra (devedor), e vice-versa.

Ademais, a previsão do direito à compensação é uma prerrogativa do legislador ordinário, conforme dispõe o art. 170 do CTN:

"Art. 170. A *lei pode*, nas condições e sob as garantias que estipular, ou cuja estipulação em cada caso atribuir à autoridade administrativa, autorizar a compensação de

1. "Compensação e restituição de 'tributos'", *Repertório IOB de Jurisprudência* 3/68.

créditos tributários com créditos líquidos e certos, vencidos ou vincendos, do sujeito passivo contra a Fazenda Pública" (grifos nossos).

Assim, é necessário que haja uma lei ordinária que institua a possibilidade de compensação entre tributos, razão pela qual cada ente tributante (União, Estados, Distrito Federal e Municípios), caso queira autorizar a compensação entre tributos, deverá regulamentar, por intermédio de leis próprias, a forma como se dará tal compensação, não sendo suficiente a previsão constante no Código Tributário Nacional para que a compensação possa ser efetivada.

Nos termos do que estabelece o art. 170 do CTN, mencionada lei ordinária estipulará as garantias e condições para que a compensação entre tributos possa ser efetivada diretamente pelos contribuintes ou atribuirá à autoridade administrativa a competência para autorizar a compensação com créditos do sujeito passivo contra a Fazenda Pública.

Ou seja, o art. 170 do CTN autoriza duas hipóteses distintas de compensação tributária, condicionadas à existência de lei ordinária que as regulamente: *(i) aquela praticada diretamente pelo contribuinte e (ii) aquela que só pode ser efetivada mediante autorização da autoridade administrativa.*

Ainda analisando o conteúdo do art. 170 do CTN, percebe-se que só é possível a compensação de créditos tributários com créditos *líquidos* e *certos* do sujeito passivo contra a Fazenda Pública. Assim, também é importante que se defina quando podemos afirmar que o crédito tributário pode ser considerado como líquido e certo.

Antes disso, porém, necessário que façamos uma observação: convencionaremos que sempre que estivermos tratando da expressão crédito tributário, estaremos nos referindo ao direito subjetivo do Fisco de receber uma prestação pecuniária (tributo) dos contribuintes; por outro lado, quando estivermos nos referindo à expressão débito tributário, estaremos tratando do dever do Fisco de devolver determinada quantia de cunho patrimonial aos contribuintes (ou seja, de um direito subjetivo dos contribuintes).

Para nós, o crédito somente poderá ser considerado líquido, quando passível de ser quantificado, seja pelo contribuinte, por intermédio do cumprimento dos chamados deveres instrumentais, nos casos dos tributos sujeitos ao lançamento por homologação, seja pelo Fisco, nas demais hipóteses de lançamento. Já a certeza, existe sempre quando não houver controvérsia sobre a existência do direito que se pretende utilizar. Esta certeza é conferida tanto pela lei, como também pela decisão judicial transitada em julgado.

Com efeito, a decisão judicial, enquanto não transitada em julgado, não adquire o caráter de definitividade, ou seja, o Direito objeto da controvérsia posta em juízo não pode ser considerado certo. Assim, desde já, afirmamos que somos contra a idéia de que é possível a compensação tributária consubstanciada em medidas liminares ou mesmo em decisões que ainda não estejam acobertadas pelo manto da coisa julgada, que lhes garanta a definitividade. Para nós, admitir o contrário significaria abandonar a segurança jurídica.

Por fim, ainda é importante mencionar que, nos termos do art. 170 do CTN, a compensação tributária pode ocorrer entre créditos tributários vencidos e vincendos. Ou seja, a compensação opera-se entre fatos que originaram o direito subjetivo do Fisco de exigir o tributo no passado e no futuro.

Assim, pode-se resumir a norma de compensação tributária da seguinte forma:

a) extingue a obrigação tributária;

b) para que se opere, é necessária a existência de duas relações jurídicas diversas, em que as partes são credores e devedores recíprocos até o limite onde se compensarem;

c) somente a lei ordinária é que pode autorizar a compensação de tributos;

d) existem duas formas de compensação distintas: (i) aquela praticada diretamente pelo contribuinte e (ii) aquela que só pode ser efetivada mediante autorização da autoridade administrativa;

e) ela se opera entre créditos líquidos e certos; e

f) pode se operar entre créditos vencidos e vincendos.

É com este panorama genérico sobre a norma de compensação que passaremos a analisar a pragmática da compensação efetuada entre o crédito tributário da União e os créditos dos contribuintes, arrecadados no âmbito do órgão da Secretaria da Receita Federal. Para tanto, faremos um breve histórico da evolução legislativa sobre o assunto.

3. Breve histórico legislativo da compensação tributária entre tributos da União, administrados pela Secretaria da Receita Federal

3.1 Da compensação prevista no art. 66 da Lei n. 8.383/1991

Para regulamentar o mencionado art. 170 do CTN, em 30 de dezembro de 1991, o Governo Federal editou a Lei n. 8.383/1991, que em seu art. 66 estabeleceu a possibilidade de, nos casos de pagamento indevido ou a maior de tributos, o contribuinte poder efetuar a compensação desse valor no recolhimento de importância correspondente em períodos subseqüentes, com a ressalva de que a compensação só poderia ser efetuada entre tributos da mesma espécie (na redação da Lei n. 9.069/1995, art. 58):

"Art. 66. Nos casos de pagamento indevido ou a maior de tributo, contribuições federais, inclusive previdenciárias, e receitas patrimoniais mesmo quando resultante de reforma, anulação, revogação ou rescisão de decisão condenatória, o contribuinte poderá efetuar a compensação desse valor no recolhimento de importância correspondente a período subseqüente.

"§ 1º. A compensação só poderá ser efetuada entre tributos, contribuições e receitas da mesma espécie.

"§ 2º. É facultado ao contribuinte optar pelo pedido de restituição.

"§ 3º. A compensação ou restituição será efetuada pelo valor do imposto ou contribuição ou receita corrigido monetariamente com base na variação da UFIR.

"§ 4º. As Secretarias da Receita Federal e do Patrimônio da União e o Instituto Nacional do Seguro Social-INSS expedirão as instruções necessárias ao cumprimento do disposto neste artigo".

Assim, esta lei acabou por regulamentar a primeira das duas espécies de compensação previstas no art. 170 do CTN. Ou seja, estipulou as garantias e condições para que a compensação de créditos líquidos e certos pudesse ser efetivada diretamente pelos contribuintes, prescrevendo uma espécie de compensação com as seguintes características:

a) exigência de créditos líquidos e certos, vencidos ou vincendos;

b) só pode ser realizada entre tributos da mesma espécie (posteriormente à edição da Lei, o Poder Judiciário pacificou o entendimento de que tributos da mesma espécie são aqueles que possuem a mesma destinação constitucional, o que veio a ser confirmado pelo art. 39 da Lei n. 9.250/1995);

c) com efeitos extintivos, isto é, tem o condão de, por si só, extinguir a obrigação tributária, nos termos do art. 156 do CTN, mas ficando sujeita a ulterior homologação por parte da administração tributária; e

d) pode ser realizada diretamente pelo contribuinte, independentemente de prévia solicitação ao Fisco.

3.2 Da compensação prevista no art. 74 da Lei n. 9.430/1996

Posteriormente, e sem que fosse revogado o art. 66 da Lei n. 8.383/91, o Governo Federal editou nova legislação, que regulamentou a outra hipótese de compensação tributária prevista no art. 170 do CTN. Ou seja, regulamentou a hipótese em que a compensação não se dava por conta e risco do contribuinte, mas, sim, mediante prévia solicitação à autoridade administrativa, a quem competia autorizar tal compensação.

"Art. 74. Observado o disposto no artigo anterior, *a Secretaria da Receita Federal, atendendo a requerimento do contribuinte, poderá autorizar a utilização de créditos a serem a ele restituídos ou ressarcidos* para a quitação de quaisquer tributos e contribuições sob sua administração" (grifos nossos).

Assim, esta nova hipótese de compensação possuía as seguintes características:

a) exigência de créditos líquidos e certos, vencidos ou vincendos;

b) pode ser realizada entre tributos de quaisquer espécies, desde que administrados pela Secretaria da Receita Federal;

c) com efeitos extintivos, isto é, tem o condão de, por si só, extinguir a obrigação tributária, nos termos do art. 156 do CTN, ficando sujeita à *expressa* homologação por parte da administração tributária; e

d) depende de prévia solicitação ao Fisco para que seja realizada.

Em razão da edição de mencionadas leis, muitas discussões foram levadas ao Poder Judiciário relativamente às condições para que os contribuintes pudessem proceder à compensação entre seus créditos e débitos tributários, bem como sobre o momento em que a compensação poderia ser efetuada.

Com efeito, muitos contribuintes sustentaram a tese de que a medida liminar concedida por intermédio de ações judiciais era suficiente para que se pudesse proceder à compensação tributária. Por sua vez, o Poder Judiciário em diversas decisões passou a aceitar este entendimento, proferindo medidas liminares neste sentido.

Contudo, este não foi o entendimento do Superior Tribunal de Justiça, que, visando pacificar a questão, editou a Súmula n. 212 que determina: "A compensação de créditos tributários não pode ser deferida por medida liminar".

Este entendimento, com o qual concordamos, fundamenta-se no fato de que com a obtenção de medida liminar, o contribuinte ainda não possui a certeza de seu direito creditório, que, como visto, é um requisito essencial previsto no art. 170 do CTN para que se efetue a compensação tributária.

Com efeito, como a compensação, nos termos do art. 156 do CTN, extingue a obrigação tributária, ao se admitir, por intermédio de uma liminar, que a compensação possa ser efetivada, o Poder Judiciário estaria extinguindo a obrigação tributária, sem que tivesse uma decisão de mérito sobre a existência ou não do direito ao crédito do contribuinte. Neste caso, além de ferir expressamente disposição contida em lei (art. 170 do CTN), este tipo de decisão liminar seria totalmente satisfativa, o que é vedado pelo ordenamento jurídico pátrio, em face da precariedade da liminar.

Portanto, a nosso ver, mencionada Súmula está em absoluta consonância com o que dispõe o ordenamento jurídico pátrio.

3.3 Da Lei Complementar n. 104/2001 e o art. 170-A do Código Tributário Nacional

Mesmo com a edição da Súmula n. 212 do Superior Tribunal de Justiça, continuou-se a discutir sobre o assunto, até que o legislador publicou a LC n. 104/2001, de 10 de janeiro de 2001, a qual introduziu o art. 170-A do CTN, *in verbis*:

"Art. 170-A. É vedada a compensação mediante o aproveitamento de tributo, objeto de contestação judicial pelo sujeito passivo, antes do trânsito em julgado da respectiva decisão judicial".

Assim, em razão de tudo o que se expôs até o presente momento, a nosso ver, este artigo não mudou nada em relação à sistemática de compensação existente até então. Com efeito, se o art. 170 do CTN já previa a necessidade de existência de crédito líquido e certo para que a compensação pudesse ser efetivada, obviamente que, no caso de tributo objeto de contestação judicial pelo contribuinte, somente com o trânsito em julgado da decisão judicial é que se poderia efetivar a compensação, já que somente neste momento é que se tem a certeza do direito discutido.

Neste sentido, são os ensinamentos de Márcio Severo Marques:[2]

"*É fácil verificar que o novo dispositivo legal traduz-se em genuína excrescência jurídica, pois em nada inova o ordenamento positivo; apenas repete, com outras palavras, comando legal já existente.*

"Deveras, como já referimos, antes mesmo da entrada em vigor da indigitada Lei Complementar n. 104/01, o CTN já estabelecia que, em se tratando de decisão judicial, apenas aquela *passada em julgado* produz o efeito jurídico de extinguir o crédito tributário. Assim, como a compensação também já era prevista como forma de extinção do crédito tributário, obviamente que já não era possível autorizá-la por meio de medida liminar ou tutela antecipada, justamente porque produzem efeitos distintos da decisão *passada em julgado*, da qual decorre a coisa julgada. *Daí porque não houve inovação da ordem jurídica*" (grifos nossos).

3.4 Da compensação prevista no art. 49 da Lei n. 10.637/2002 – Revogação das espécies anteriores de compensação

Após a edição do art. 170-A do CTN, o legislador ordinário decidiu unificar as duas sistemáticas de compensação até então existentes, no que tange às compensações praticadas relativamente aos tributos administrados pela Secretaria da Receita Federal.

Assim, em 29 de agosto de 2002, publicou a Medida Provisória n. 66, posteriormente convertida na Lei n. 10.637, de 30 de dezembro de 2002, que trouxe nova redação ao art. 74 da Lei n. 9.430/1996, *in verbis*:

"Art. 74. O sujeito passivo que apurar crédito, inclusive os judiciais com trânsito em julgado, relativo a tributo ou contribuição administrado pela Secretaria da Receita Federal, passível de restituição ou de ressarcimento, poderá utilizá-lo na compensação de débitos próprios relativos a quaisquer tributos e contribuições administrados por aquele Órgão.

"§ 1º. *A compensação de que trata o* caput *será efetuada mediante a entrega, pelo sujeito passivo, de declaração* na qual constarão informações relativas aos créditos utilizados e aos respectivos débitos compensados.

"§ 2º. A compensação declarada à Secretaria da Receita Federal extingue o crédito tributário, sob condição resolutória de sua ulterior homologação (...)" (grifos nossos).

As principais alterações introduzidas pela Lei n. 10.637/2002, em relação ao antigo art. 74 da Lei n. 9.430/1996, foram no sentido de que o contribuinte passou a não mais protocolar um pedido requerendo a compensação, mas, sim, a simplesmente declarar à Secretaria da Receita Federal a compensação efetuada. Ou seja, a compensação passa a ser praticada pelo contribuinte, revogando-se expressamente a hipótese, antes regulamentada pelo art. 74 da Lei n. 9.430/1996, que previa a necessidade de autorização da autoridade administrativa.

Ademais, no caso de existência de crédito decorrente de direito conferido por ação judicial, o contribuinte passou a ter que informar a data do trânsito em julgado da decisão que conferiu a certeza do direito ao crédito.

Assim, ao mesmo tempo em que houve revogação expressa da compensação prevista pelo art. 74 da Lei n. 9.430/1996, de modo que, pela nova sistemática intro-

2. "A Lei Complementar n. 104/01 – O novo artigo 170-A do CTN e o direito à compensação", *Revista Dialética de Direito Tributário* 69/108.

duzida pela Lei n. 10.637/2002, o contribuinte pratica a compensação por sua conta e risco, independentemente de prévio requerimento à autoridade administrativa, ocorreu também revogação parcial tácita do art. 66 da Lei n. 8.383/1991 (compensação praticada diretamente pelo contribuinte), exclusivamente no que tange aos tributos administrados pela Secretaria da Receita Federal,[3] já que a nova lei regulou completamente a matéria, trazendo novas disposições sobre o assunto.

Para o funcionamento desta nova sistemática, que desde então passou a ser a única aplicável em relação aos tributos administrados pela Secretaria da Receita Federal, a Lei n. 10.637/2002 também criou um novo dever instrumental, ou obrigação acessória para os contribuintes: a Declaração de Compensação de Créditos, que é uma declaração pela qual os contribuintes devem informar à Secretaria da Receita Federal quais foram as compensações por eles realizadas.

Temos conosco que com o preenchimento da Declaração de Compensação de Créditos, o contribuinte além de constituir o crédito tributário pelo autolançamento, também acaba por extingui-lo, sendo que esta constituição passa a sujeitar-se à homologação pelo Fisco, no prazo de cinco anos, nos termos do art. 150, § 4º, do CTN.

Portanto, quanto às duas modalidades de compensações tributárias previstas no Código Tributário Nacional, quais sejam:

(i) a que delega à lei ordinária, a competência para estipular garantias e condições para que a compensação de créditos líquidos e certos possa ser efetivada diretamente pelos contribuintes; e

(ii) a que delega à lei ordinária, conferindo competência à autoridade administrativa, para autorizar a compensação de créditos tributários com créditos líquidos e certos do sujeito passivo contra a Fazenda Pública;

Atualmente, com a edição da Lei n. 10.637/2002, somente a primeira delas é que está regida pela lei ordinária, mas de modo diverso daquele previsto no art. 66 da Lei n. 8.383/91, o qual não mais pode ser utilizado para regulamentar as compensações de tributos administrados pela Secretaria da Receita Federal.

Esta nova sistemática de compensação possui as seguintes características:

(i) exigência de créditos líquidos e certos, vencidos ou vincendos;

(ii) pode ser realizada entre tributos de quaisquer espécies, desde que administrados pela Secretaria da Receita Federal;

(iii) com efeitos extintivos, isto é, tem o condão de, por si só, extinguir a obrigação tributária, nos termos do art. 156 do CTN, ficando sujeita a expressa homologação por parte da administração tributária; e

(iv) não depende de prévia solicitação ao Fisco para que seja realizada.

4. Da necessária interpretação sistemática do Código Tributário Nacional: art. 170-A "versus" art. 151

Conforme já expusemos no decorrer deste trabalho, para que se proceda à compensação tributária, é necessária a existência de ao menos duas relações jurídicas distintas e diametralmente opostas: a relação de crédito do Fisco (direito subjetivo do Fisco de exigir o pagamento do tributo) e a relação de débito do Fisco (direito subjetivo do contribuinte, de exigir a restituição de quantia paga indevidamente).

Assim que Paulo César Conrado[4] construiu a norma de compensação, mediante a apresentação da seguinte estrutura

3. Afirmamos que esta revogação foi parcial – somente no que tange aos tributos administrados pela Secretaria da Receita Federal –, pois o art. 66 da Lei n. 8.383/1991 ainda continuou a regular (a ser o fundamento legal) a possibilidade de compensação entre contribuições previdenciárias e receitas patrimoniais da União.

4. "Compensação tributária e suspensão da exigibilidade do crédito tributário: confronto e compatibilização dos arts. 170-A e 151 do Código Tributário Nacional", *Revista Dialética de Direito Tributário* 94/109.

hipotético-condicional: "dado o fato jurídico do pagamento indevido do tributo *x*, decorrência do cumprimento do dever jurídico inscrito na obrigação tributária *x'*, aliado ao fato relacional da obrigação tributária *y'*, pela qual deverá ser pago o tributo *y*, deve ser a relação jurídica de compensação tributária envolvendo os tributos *x* e *y*".

Por vezes, o surgimento da relação de débito do Fisco decorrerá de norma individual e concreta proferida pelo Poder Judiciário, em razão de questionamentos apresentados pelos contribuintes. Neste sentido, também já tivemos a oportunidade de expor que esta relação de débito somente nascerá com o trânsito em julgado das decisões judiciais, razão pela qual não é possível que se autorize a compensação tributária por intermédio de medida liminar (Súmula n. 212 do STJ e art. 170-A do CTN).

A análise isolada deste dispositivo (art. 170-A do CTN) pode levar os intérpretes do Direito a entendimentos equivocados sobre a sua aplicabilidade. Com efeito, a interpretação de dispositivos normativos deve ser realizada sempre de forma sistemática, de modo que se evite antinomias e contradições dentro de um único ordenamento jurídico.

Sem que seja feita uma interpretação sistemática do disposto no art. 170-A do CTN, poder-se-ia chegar à falsa conclusão de que o mencionado artigo e o art. 151 do mesmo diploma normativo são contraditórios.

Isto porque o art. 151 relaciona a concessão de medidas liminares ou tutelas antecipadas, como hipóteses de suspensão da exigibilidade do crédito tributário. Ou seja, a concessão de medidas liminares ou tutelas antecipadas pelo Poder Judiciário, muito embora não tenha o condão de extinguir a relação jurídica, impede a cobrança dos créditos tributários.

Alguns poderiam entender que a concessão de medida liminar pelo Poder Judiciário, suspendendo a exigibilidade de créditos vincendos até o limite do crédito que se pretende ver declarado também pelo Poder Judiciário, constituiria hipótese de compensação tributária, razão pela qual não seria possível a concessão deste tipo de liminar.

Este, inclusive, foi o entendimento manifestado pelo Superior Tribunal de Justiça, nos autos do REsp 352.859, de relatoria da Ministra Eliana Calmon, em cujo voto assim se manifestou:

"VOTO – A Exma. Sra. Ministra Eliana Calmon (relatora): Entendo que, na hipótese dos autos, embora o pedido tenha sido formulado para 'suspender-se a exigibilidade do crédito tributário, através de medida cautelar, relativamente ao recolhimento do PIS e da COFINS, até o limite de crédito decorrente do pagamento indevido do FINSOCIAL', verifico que o pleito encerra, na verdade, pedido de compensação.

"Veja-se que não pretende a autora deixar de pagar tributo que reputa inconstitucional, quando caberia a suspensão da exigibilidade na forma prevista no art. 151 do CTN, mas busca deixar de pagar tributo por ela devido até o limite do crédito que já recolheu indevidamente a título de FINSOCIAL. O que é isto, senão verdadeira compensação?

"Assim, não tem aplicação o teor do art. 151 do CTN, mesmo após a alteração procedida pela LC 104/2001.

"Em hipótese semelhante, decidiu a Segunda Turma:

"'Processual civil. Agravo regimental. Cautelar. Compensação *x* suspensão da exigibilidade do crédito tributário.

"'1 – Inexiste equívoco no *decisum*, que julgou a questão objeto do recurso especial, estando também correto o Tribunal ao tratar do tema compensação, pois foi esta a pretensão da parte, apesar de ter-se utilizado da expressão 'suspensão da exigibilidade do crédito tributário'.

"'2 – Agravo regimental improvido' (AgRg AG 345.197-CE, relatora Ministra Eliana Calmon, 2ª Turma, unânime, *DJ* de 12.3.2001, p. 00138).

"Verifica-se, ainda, que tem incidência à hipótese dos autos o teor do art. 170-A do CTN, também produto de alteração legislativa pela LC n. 104/2001, *in verbis:*

"'É vedada a compensação mediante o aproveitamento de tributo, objeto de contestação judicial pelo sujeito passivo, antes do trânsito em julgado da respectiva decisão judicial.'

"Assim, não é possível que o contribuinte deixe de pagar tributo devido antes do trânsito em julgado da decisão que reconhecer a compensabilidade do mesmo com outro tributo.

"Com estas considerações, *dou provimento ao recurso especial*, para reformar o acórdão recorrido, julgando improcedente o pedido cautelar, invertendo os ônus da sucumbência".

Contudo, para nós, em que pese o entendimento manifestado pelos Excelentíssimos Ministros daquela Egrégia Corte, está não é a interpretação mais adequada a ser formulada. Com efeito, conforme já expusemos, a compensação é uma das hipóteses de extinção da obrigação tributária, ou seja, a compensação põe fim à obrigação, extermina a relação de débito e crédito recíprocos.

Por outro lado, a suspensão da exigibilidade não implica a extinção da obrigação, que continuará existindo enquanto vigente a liminar, ou a tutela antecipada, concedidas em caráter provisório. Tanto que os contribuintes deverão continuar constituindo a obrigação tributária, por intermédio do preenchimento de suas obrigações acessórias, onde somente consignarão a existência de suspensão da exigibilidade daqueles valores.

Melhor explicando, caso o contribuinte seja contemplado pelo deferimento de medida liminar ou da tutela antecipada, tratando-se de tributo administrado pela Secretaria da Receita Federal, deverá preencher as suas Declarações de Débitos e Créditos de Tributos Federais (DCTF), assim como as duas DIPJ, consignando a existência da obrigação de recolhimento daquele tributo. Contudo, o tributo não será recolhido por estar com a sua exigibilidade suspensa, fato este que também deve ser consignado em mencionadas declarações.

Assim, em um exemplo hipotético pelo qual o contribuinte faturou R$ 500.000,00 (quinhentos mil reais) em um determinado mês, surge a obrigação de recolhimento da Contribuição para o Financiamento da Seguridade Social mediante a aplicação da alíquota de 3% (três por cento) sobre o valor faturado. Deste evento, o contribuinte promoverá o autolançamento, mediante o preenchimento de suas obrigações acessórias (DCTF e DIPJ), pelas quais constituirá o fato jurídico tributário, surgindo o dever de recolhimento do tributo (obrigação tributária), no valor de R$ 15.000,00 (R$ 500.000,00 x 3%). Esta quantia não será recolhida em função da existência da medida liminar ou da tutela antecipada, fato este que também será consignado em suas declarações.

Contudo, a obrigação tributária permanecerá existindo enquanto viger a liminar ou tutela antecipada. Ao final da ação judicial, se julgada procedente, haverá o reconhecimento do débito do Fisco (direito subjetivo do contribuinte de restituir os valores pagos indevidamente), e o contribuinte poderá promover a compensação, *mediante o preenchimento da Declaração de Compensação, que extinguirá a obrigação tributária antes constituída.* Por outro lado, se a ação judicial for julgada improcedente, como já houve a constituição da obrigação tributária pelo autolançamento, bastará que o Fisco promova a competente execução fiscal para a cobrança dos valores não pagos.

No caso de extinção da obrigação por intermédio de medida liminar, o que, conforme já expusemos, entendemos não ser possível, já que se trataria de medida satisfativa, pois, independentemente do resultado final da ação, com a concessão da liminar o contribuinte já estaria apto a promover a compensação, mediante o preenchimento da Declaração de Compensação, extinguindo, desde então a obrigação tributária. Não caberia, pois, nenhum questionamento por parte do Fisco quanto à compensação procedida, devendo-se, portanto, ficar limitado à conferência dos cálculos e valores compensados, em ato de revisão do lançamento que deve ser feito no prazo de cinco anos a contar da data da apresentação da Declaração de Compensação.

Com este exemplo, é fácil perceber que ambos arts. 170-A e 151 do CTN sobrevivem harmonicamente. Não se trata, pois, de paradoxo ou contradição normativa. Diferentemente do que foi decidido pelo Superior Tribunal de Justiça; não é o caso de aplicação de um ou de outro dispositivo, mas, sim, de aplicação integrada de ambos sistematicamente com todo o ordenamento jurídico.

Ademais, ressalte-se que o ordenamento jurídico jamais condicionou a aplicabilidade do art. 151 do CTN àquelas hipóteses em que o contribuinte quer deixar de recolher o tributo, por entender que a obrigatoriedade deste recolhimento estaria sendo veiculada por norma ilegal ou inconstitucional.

Com efeito, nos termos do art. 798 do CPC, poderá o juiz determinar as medidas provisórias que julgar adequadas, quando houver fundado receio de que uma parte, antes do julgamento da lide, cause ao direito da outra lesão grave e de difícil reparação.

Ora, se existem os requisitos para a concessão da medida liminar ou da antecipação de tutela – pois, em uma análise preliminar, verifica-se que o direito ao crédito parece mesmo existir e não seria justo ao contribuinte ter que recolher os tributos vincendos e dispor destes recursos financeiros que poderiam, por exemplo, estar sendo utilizados para investimentos na sua atividade produtiva –, reconhecer a suspensão da exigibilidade dos créditos vincendos até o limite do crédito cujo direito se pretende ver acolhido não é ato contrário à lei, até porque, reafirmamos, não se trata de hipótese de compensação.

Perceba-se que, diferentemente do que afirmaram os Excelentíssimos Ministros do Superior Tribunal de Justiça, a concessão da liminar para suspender as exigibilidade de tributos vincendos não se confunde com a compensação, vez que não produz o mesmo efeito desta, que, conforme já se afirmou, extingue a obrigação tributária.

O Direito Tributário é direito de sobreposição, razão pela qual a legislação tributária se aproveita dos conceitos e definições do direito privado para a imposição de limites e competências e para que se defina o surgimento das obrigações de cunho tributário. É o direito privado – art. 368 do novo CC – que define a compensação como forma de extinção de obrigações recíprocas, conceito este que também foi absorvido pelo art. 156 do CTN. Desta maneira, não se pode chamar de compensação algo que produza efeitos distintos, como é o caso de uma liminar que autorize a suspensão da exigibilidade de créditos tributários nos termos do art. 151 do CTN.

Assim, temos que caso o contribuinte se utilize de medida cautelar ou de pedido de antecipação de tutela para pleitear que o Poder Judiciário (i) determine a suspensão da exigibilidade dos débitos tributários vincendos até o limite do montante do crédito que se pretende ver reconhecido e (ii) ao final reconheça a certeza do direito ao crédito, mencionados pedidos não contrariam o disposto na Súmula n. 212 do Superior Tribunal de Justiça, uma vez que o que se pleiteia não é a autorização da compensação pretendida, mas tão-somente a suspensão da exigibilidade do crédito tributário, nos termos do art. 151 do CTN, que expressamente admite que a concessão de medida liminar ou de tutela antecipada em qualquer espécie de ação judicial suspende a exigibilidade do crédito tributário.

Da mesma maneira, o pedido assim formulado também não fere o disposto no art. 170-A do CTN, vez que a compensação só será realmente efetuada quando se tiver a certeza do crédito, ou seja, com o trânsito em julgado da decisão judicial que reconhecer o direito ao crédito. Neste momento, o contribuinte preencherá uma Declaração de Compensação de Créditos, para a compensação do crédito tributário com os débitos vencidos (cuja exigibilidade estava suspensa).

Ressalte-se que sobre estes débitos não haverá a incidência de multa de mora, vez que o reconhecimento do direito ao crédito retroage desde a data da propositura da ação. Quanto aos juros, estes se equivalem no débito e no crédito, razão pela qual a sua exigência não ocasionará nenhum prejuízo ao contribuinte.

Com estas breves considerações, esperamos ter cumprido o propósito de demonstrar como se opera a pragmática da compensação tributária no âmbito dos tributos administrados pela Secretaria da Receita Federal, passando por diversos conceitos jurídicos e por alguns questionamentos a ela relacionados, aliando a Ciência do Direito à prática cotidiana dos contribuintes.

5. *Conclusões*

(i) A compensação é um fenômeno complexo que extingue a obrigação tributária, equiparando-se ao pagamento, assim como o débito do Fisco, entendido como o direito subjetivo do contribuinte de restituir quantias pagas, a título de tributo, indevidamente.

(ii) Para que se opere a compensação, é necessária a existência de duas relações jurídicas diversas, em que as partes são credores e devedores recíprocos em quantias idênticas. Ademais, somente a lei ordinária é que pode autorizar a compensação de tributos.

(iii) A nosso ver, existem duas formas de compensação distintas autorizadas pelo Código Tributário Nacional: (a) aquela praticada diretamente pelo contribuinte e (b) aquela que só pode ser efetivada mediante autorização da autoridade administrativa.

(iv) A compensação tributária se opera entre créditos líquidos e certos. Para nós, o crédito somente poderá ser considerado líquido quando passível de ser quantificado, seja pelo contribuinte, por intermédio do cumprimento dos chamados deveres instrumentais, nos casos dos tributos sujeitos ao lançamento por homologação, seja pelo Fisco nas demais hipóteses de lançamento. Já a certeza existe sempre quando não houver controvérsia sobre a existência do direito que se pretende utilizar. Esta certeza é conferida tanto pela lei, como, também, pela decisão judicial transitada em julgado.

(v) A compensação pode se operar entre créditos vencidos e vincendos.

(vi) Concordamos com o entendimento manifestado pela Súmula n. 212 do Superior Tribunal de Justiça, o qual fundamenta-se no fato de que, com a obtenção de medida liminar, o contribuinte ainda não possui a certeza de seu direito creditório, que, como visto, é um requisito essencial previsto no art. 170 do CTN para que se efetue a compensação tributária.

(vii) A nosso ver, o art. 170-A do CTN não mudou em nada a sistemática de compensação existente até a sua edição pela LC n. 104/2001. Com efeito, se o art. 170 do CTN já previa a necessidade de existência de crédito líquido e certo para que a compensação pudesse ser efetivada, obviamente que, no caso de tributo objeto de contestação judicial pelo contribuinte, somente com o trânsito em julgado da decisão judicial é que se poderia efetivar a compensação, já que somente neste momento é que se tem a certeza do direito discutido.

(viii) Atualmente, com relação aos tributos administrados pela Secretaria da Receita Federal, existe uma única sistemática de compensação, regulada pela Lei n. 10.637/2002, segundo a qual o contribuinte pratica a compensação por sua conta e risco, independentemente de prévio requerimento à autoridade administrativa, não sendo mais aplicável o art. 66 da Lei n. 8.383/91 (compensação praticada diretamente pelo contribuinte), já que a nova lei regulou completamente a matéria, trazendo novas disposições sobre o assunto.

(ix) A análise isolada do disposto no art. 170-A do CTN pode levar os intérpretes do Direito a entendimentos equivocados sobre a sua aplicabilidade. Assim, sem que seja feita uma interpretação sistemática do disposto no art. 170-A do CTN, poder-se-ia chegar à falsa conclusão de que mencionado artigo e o art. 151 do mesmo diploma normativo são contraditórios.

(x) Contudo, ambos artigos 170-A e 151 do CTN sobrevivem harmonicamente. Não se trata, pois, de paradoxo ou contradição normativa, de modo que temos conosco ser possível que o contribuinte se utilize de medida cautelar ou de pedido de antecipação de tutela para pleitear que o Poder Judiciário (i) determine a suspensão da exigibilidade dos débitos tributários vincendos até o limite do montante do crédito que se pretende ver reconhecido e (ii) ao final reconheça a certeza do direito ao crédito, sem que se esteja contrariando a Súmula n. 212 do Superior Tribunal de Justiça ou, ainda, o art. 170-A do CTN.

(xi) Para nós, também é equivocado o entendimento de que o art. 151 do CTN somente seria aplicável àquelas hipóteses em que o contribuinte quer deixar de recolher o tributo, por entender que a obrigatoriedade deste recolhimento estaria sendo veiculada por norma ilegal ou inconstitucional, vez que o art. 798 do CPC autoriza o juiz a determinar as medidas provisórias que julgar adequadas, quando houver fundado receio de que uma parte, antes do julgamento da lide, cause ao direito da outra lesão grave e de difícil reparação.

(xii) Portanto, para que seja proferida a medida liminar para a suspensão da exigibilidade de tributos até o limite do crédito que se pretende ver reconhecido, que não se confunde com a compensação, hipótese de extinção da obrigação, basta que o juiz vislumbre os requisitos para a concessão da liminar, se não houver nenhum óbice normativo para tanto.

Bibliografia

CARVALHO, Paulo de Barros. *Curso de direito tributário*. 8ª ed. São Paulo: Saraiva, 1996.

CONRADO, Paulo César. "Compensação tributária: análise do art. 170-A do Código Tributário Nacional". *Revista de Direito Tributário* 85/322-333.

______. "Compensação tributária e suspensão da exigibilidade do crédito tributário: confronto e compatibilização dos arts. 170-A e 151 do Código Tributário Nacional". *Revista Dialética de Direito Tributário* 94/105-113, 2003.

DE SANTI, Eurico Marcos Diniz. "Compensação e restituição de 'tributos'". *Repertório IOB de Jurisprudência* 3/61-68, 1996.

MARQUES, Márcio Severo. "A Lei Complementar n. 104/01 – O novo art. 170-A do CTN e o direito à compensação". *Revista Dialética de Direito Tributário* 69/97-109, 2001.

OLIVEIRA, Ricardo Mariz. "Repetição do indébito, compensação e ação declaratória". *Repetição do Indébito e Compensação na Direito Tributário*. São Paulo: Dialética, 1999.

O DIREITO DE CRÉDITO DO ICMS E SUA INCOMPATIBILIDADE COM A EC 33/2001

SIMONE RODRIGUES DUARTE COSTA

1. Introdução. 2. Breves considerações históricas sobre o princípio da não-cumulatividade. 3. A diretriz constitucional do direito de crédito no ICMS: 3.1 O princípio da não-cumulatividade; 3.2 Vedação constitucional ao direito de crédito; 3.3 Crédito e débito; 3.4 Origem do crédito. 4. A alteração introduzida pela Emenda à Constituição n. 33/2001: 4.1 A diretriz constitucional do ICM (sem o "S"); 4.2 A inconstitucionalidade da Emenda Constitucional n. 33/2001 à luz do princípio da não-cumulatividade; 4.3 O posicionamento do Supremo Tribunal Federal. 5. Síntese conclusiva.

1. Introdução

O presente trabalho tem por escopo a análise de significativa característica do Imposto sobre Circulação de Mercadorias e Serviços – a não-cumulatividade –, bem como sua incompatibilidade com a Emenda Constitucional n. 33/2001, que alterou a redação do art. 155, § 2º, IX, *a*, da Constituição.

O poder constituinte originário de 1988, ao consagrar a não-cumulatividade do ICMS, conferiu direito de crédito aos contribuintes, relativamente ao montante a ser pago a título desse imposto. Este direito – o direito de creditar-se dos valores pagos nas operações anteriores – nasce, para o contribuinte, ao mesmo tempo em que nasce, para o Estado, o direito de exigir o tributo. É dizer, a todos os contribuintes do ICMS é assegurado o direito de crédito, de tal sorte que não podem o Fisco e o legislador exigir o imposto e negar ao contribuinte o seu creditamento.

Trata-se de garantia constitucional dos contribuintes, que deflui diretamente do art. 155, § 2º, I, da Constituição Federal. É, portanto, intocável pelo legislador infraconstitucional, inclusive pelo poder constituinte derivado, cuja atuação está adstrita aos princípios e garantias constitucionais.

Ainda ao versar sobre a não-cumulatividade do ICMS, o constituinte estabeleceu duas situações específicas, que consistem nas denominadas "exceções constitucionais". Este rol é taxativo, não podendo o legislador infraconstitucional estabelecer novas hipóteses de vedação ao crédito. Ao legislador complementar cabe somente disciplinar o regime de compensação do imposto, sem sequer tocar no direito de crédito assegurado constitucionalmente aos contribuintes.

O poder constituinte originário foi exaustivo ao dispor sobre as peculiaridades do ICMS. Ao fazê-lo, impôs determinadas diretrizes que devem ser cumpridas tanto pelo legislador como pela Administração.

Por conseguinte, também o poder constituinte derivado está adstrito às diretrizes constitucionais do ICMS, dentre as quais, o princípio da não-cumulatividade. Não se trata de mera sugestão, mas de diretriz imperativa imposta pela Constituição.

É por esta razão que a EC n. 33/2001, que alterou a redação do art. 155, § 2º, IX, *a*, da Constituição, é merecedora de detida análise, o que nos propomos a fazer no presente trabalho.

2. Breves considerações históricas sobre o princípio da não-cumulatividade

A diretriz da não-cumulatividade não constitui inovação da Carta Magna de 1988. Em 1958, já se tinha presente, no plano legal, a noção dessa diretriz, no que é pertinente ao Imposto de Consumo. Segundo a Lei n. 3.520, de 30 de dezembro de 1958, os fabricantes poderiam deduzir do imposto a ser pago na venda das mercadorias o imposto relativo às matérias-primas e produtos utilizados na fabricação e acondicionamento de produtos tributados.

No plano constitucional, essa diretriz ganhou relevo com a reforma tributária da década de 1960. A EC n. 18, de 1º de dezembro de 1965, editada à égide da Constituição de 1946, ao introduzir no sistema tributário nacional o Imposto sobre Produtos Industrializados e o Imposto sobre Operações Relativas à Circulação de Mercadorias, estabeleceu a não-cumulatividade destes impostos.

A Constituição de 1967 já trazia, no texto original, essa diretriz, válida tanto para o IPI como para o ICMS.[1] O seu texto era expresso e inequívoco ao consagrar que desses impostos seria abatido, em cada operação, o montante cobrado nas operações anteriores. Relativamente ao ICMS, a aplicação da não-cumulatividade dar-se-ia *nos termos do disposto em lei.*

A atual Carta Magna de 1988 manteve a não-cumulatividade no plano constitucional. No que se refere ao IPI, o Texto Constitucional é enxuto, estabelecendo apenas que o imposto *será não-cumulativo, compensando-se o que for devido em cada operação com o montante cobrado nas anteriores* (art. 153, § 3º, II). Já ao versar sobre o ICMS, o legislador constituinte foi mais além, estabelecendo exceções ao princípio da não-cumulatividade (art. 155, § 2º, I e II). Por outro lado, a aplicação da não-cumulatividade não mais está condicionada à legislação infraconstitucional.

Em síntese, atualmente, a diretriz da não-cumulatividade encontra-se no plano constitucional, sendo pleno e absoluto o direito de crédito do contribuinte, relativamente ao ICMS (ressalvadas as exceções constitucionais) e ao IPI.

3. A diretriz constitucional do direito de crédito no ICMS

A Constituição Federal, em seu art. 155, II, delegou aos Estados e ao Distrito Federal competência tributária para a instituição do ICMS, estabelecendo os traços característicos do aludido imposto, *verbis*:

"Art. 155. Compete aos Estados e ao Distrito Federal instituir impostos sobre: (...)

"II – operações relativas à circulação de mercadorias e sobre prestações de serviços de transporte interestadual e intermunicipal e de comunicação, ainda que as operações e as prestações se iniciem no exterior; (...)."

O mesmo poder constituinte que outorgou aos Estados e ao Distrito Federal competência para exigir o ICMS, conferiu ao contribuinte o direito de crédito, nos seguintes termos:

"§ 2º. O imposto previsto no inciso II atenderá ao seguinte:

"I – será não-cumulativo, compensando-se o que for devido em cada operação relativa à circulação de mercadorias ou prestação de serviços com o montante cobrado nas anteriores pelo mesmo ou outro Estado ou pelo Distrito Federal;

"II – a isenção ou não-incidência, salvo determinação em contrário da legislação:

1. Ver arts. 22, V, § 4º, e 24, § 5º, da Constituição de 1967.

"a) não implicará crédito para compensação com o montante devido nas operações ou prestações seguintes;

"b) acarretará a anulação do crédito relativo às operações anteriores; (...)."

Verifica-se que a própria Constituição Federal fixou as diretrizes que os Estados e o Distrito Federal deverão seguir quando do exercício da competência tributária. Uma delas – a que nos interessa no presente trabalho – consiste na cobrança não-cumulativa do imposto, compensando-se o que for devido em cada operação com o montante cobrado nas operações anteriores. Trata-se de diretriz imperativa, que tanto a Administração como o legislador infraconstitucional não poderão deixar de atender em sua integralidade.

Mais do que uma diretriz, a não-cumulatividade do imposto traduz-se em garantia dos contribuintes, constitucionalmente consagrada no art. 155, § 2º, I, da Constituição.

3.1 O princípio da não-cumulatividade

O princípio da não-cumulatividade, de essência eminentemente constitucional, visa a impedir a tributação em cascata dos impostos em relação aos quais se aplica, com o escopo de minimizar o impacto do tributo sobre o preço da mercadoria ou serviço. Sua aplicação está adstrita aos critérios previstos na Constituição, exigindo fosse adotado um mecanismo de deduções.

Este mecanismo de deduções, conforme o próprio Texto Constitucional estabelece, consiste na compensação do montante devido em cada operação com o montante cobrado nas operações anteriores. Disto resultará um ICMS não-cumulativo, pois em cada operação é assegurada ao contribuinte a dedução do montante cobrado nas operações anteriores.

Pouco importa se o tributo devido na operação anterior tenha sido, de fato, recolhido aos cofres públicos. O direito ao crédito independe da efetiva cobrança do ICMS nas operações anteriores. Em respeito ao princípio da não-cumulatividade, é garantido ao contribuinte o direito à compensação do montante correspondente ao imposto incidente sobre a operação anterior, ainda que este não tenha sido efetivamente pago pelo contribuinte daquela operação.[2]

O princípio da não-cumulatividade não constitui mera faculdade quer seja para o legislador, quer seja para a Administração, quer seja para o contribuinte. Além do direito de crédito ser-lhe assegurado pela Constituição, tem o contribuinte o dever de escriturar e compensar o crédito decorrente da operação anterior, sob pena de violação à diretriz da não-cumulatividade.

Desta forma, o direito de crédito jamais poderá ser negado ao contribuinte. Negar-lhe tal direito implicaria a cobrança do ICMS de forma cumulativa, em manifesta ofensa ao princípio consagrado constitucionalmente (art. 155, II, § 2º, I).[3] Não haverá direito de crédito apenas e tão-somente nas hipóteses previstas no Texto Constitucional, sobre as quais discorreremos a seguir.

3.2 Vedação constitucional ao direito de crédito

Exceção ao direito de crédito do contribuinte, assegurado pela atual Carta Magna, está prevista no art. 155, II, § 2º, II, do Texto Constitucional. Vale dizer, o legislador constituinte determinou que somente nos casos de isenção e não-incidência o

2. Roque Antonio Carrazza assevera que "(...) o direito à compensação permanece íntegro ainda que um dos contribuintes deixe de recolher o tributo ou a Fazenda Pública de lançá-lo (salvo, é claro, por motivo de isenção ou não-incidência). Basta que as leis de ICMS tenham incidido sobre as operações ou prestações anteriores para que o abatimento seja devido" (*ICMS*, p. 157).

3. Estevão Horvath define "princípio" como "uma idéia, quase que intuitiva, presente em todo ser humano e, no caso dos princípios jurídicos, devido à formação específica do jurista, este o tem como 'essência' de um certo instituto, como ponto de partida para a sua interpretação" (*O princípio do não-confisco no direito tributário*, p. 21).

crédito do imposto será negado; em nenhuma outra hipótese.[4]

Apenas as restrições previstas no Texto Constitucional possuem o condão de limitar o direito de crédito assegurado ao contribuinte.[5] Este rol é taxativo, de sorte que nenhuma outra vedação lhe pode ser acrescida. Circunscrições adicionais só podem ser introduzidas pelo poder constituinte originário – o mesmo que outorgou competência tributária aos Estados –, sendo vedado ao poder constituinte derivado e ao legislador infraconstitucional fazê-lo.

Se a Constituição não distingue, não poderá o legislador complementar ou ordinário nem o intérprete fazê-lo. Qualquer diploma infraconstitucional que contemple restrições outras que não aquelas contidas no Texto Constitucional será absolutamente inconstitucional.

Ressalte-se que, no que se refere às exceções constitucionais da não-cumulatividade do ICMS, é permitido ao legislador infraconstitucional não aplicá-las. A expressão "salvo determinação em contrário da legislação", contida no inciso II do § 2º do art. 155 da Constituição, evidencia que o legislador poderá atuar positivamente, nunca negativamente, de forma a conceder o direito de crédito nesses casos. Não poderá, em hipótese alguma, criar novas limitações a este direito.[6]

Desta forma, nos casos em que as operações anteriores estiverem abrangidas pela isenção ou não-incidência do imposto, o contribuinte não terá direito de creditar-se do montante equivalente ao tributo, se este fosse devido. Esta vedação é admitida apenas nestes dois casos – isenção e não-incidência –, e em nenhum outro.

3.3 Crédito e débito

O ICMS incide sobre as operações relativas à circulação de mercadorias e sobre prestações de serviços de transporte interestadual e intermunicipal e de comunicação. Em decorrência do princípio da não-cumulatividade, a incidência do ICMS em cada operação ou prestação faz surgir uma relação de crédito em favor dos contribuintes. Estes passam à condição de credores,à medida que lhes é permitida a compensação dos montantes cobrados nas operações anteriores, impedindo a incidência do imposto em cascata.

A expressão "montantes cobrados" deve ser interpretada como simples direito de cobrança. Basta o Estado estar investi-

4. Ensina Tércio Sampaio Ferraz Jr.: "A ocorrência de isenções ou não-incidências sem direito a crédito, tomada extensiva e ilimitadamente, rompe todos aqueles benefícios do princípio da não-cumulatividade, se, ademais, este conflito antinômico total-parcial destrói a unidade de sentido que deve prevalecer na concepção da Constituição como articulado harmônico, então as alíneas *a* e *b* do inc. II do § 2º do art. 155, entendidas nos termos do critério hermenêutico da *lex specialis*, devem ser interpretadas estritamente em função daquelas situações que, se não excepcionadas, criariam uma desigualdade não desejada em face da generalidade do princípio" ("ICMS: não-cumulatividade e suas exceções constitucionais", *Revista de Direito Tributário* 48/22).

5. Ainda sobre a interpretação das exceções constitucionais, predica Aires Barreto: "(...) o intérprete e o aplicador da lei, ao analisarem os preceitos do art. 155, § 2º, II, 'a' e 'b', têm que levar em conta, obrigatoriamente: a) seu caráter excepcional; b) sua necessária conformação ao princípio da não-cumulatividade; c) o caráter exonerativo, seja da isenção, seja da não-incidência. Observados esses critérios – informadores do processo exegético desses comandos constitucionais – a conclusão inexorável será a de que só *cabe vedação ao crédito* (ou seu estorno) *nos casos em que, diante de isenção ou de não-incidência, o montante de ICMS devido ao Estado-membro ao longo das várias operações relativas à circulação de mercadorias venha a ser menor do que o montante devido se isenção ou não-incidência não houvesse.* Os preceitos que impedem o crédito de ICMS não podem ser interpretados de modo que da concessão de isenção em uma (ou mais) etapa, ou da previsão de não-incidência resulte: a) *igual* ICMS devido ao longo do ciclo; ou b) *maior* ICMS devido ao longo do ciclo" ("Créditos de ICMS. Vedação. Limites", *Revista de Direito Tributário* p. 50, set. 1993 – grifos originais).

6. Ao versar sobre as normas infraconstitucionais, Aires Barreto afirma que "o que, definitivamente, não podem, a nenhum título, é alargar esse campo e prever outros casos de vedação ao crédito ou que restrinjam sua utilização" ("Créditos de ICMS – Limites da lei complementar", *O ICMS, a LC 87/96 e questões jurídicas atuais*, p. 12).

do no direito de cobrança do ICMS incidente sobre a operação realizada para o contribuinte poder creditar-se do respectivo valor. Como salientado anteriormente, ainda que o recolhimento do tributo não tenha sido efetuado, o direito de crédito do contribuinte permanece incólume.

Que se trata de uma relação jurídica, dúvida não há. Mas não se confunde com a relação jurídica tributária consistente na obrigação de pagar tributo aos cofres públicos. Na relação de crédito, o contribuinte assume a posição de credor, e o Fisco, de devedor, enquanto na obrigação tributária a posição dos sujeitos se inverte: o Fisco passa à condição de credor, e o contribuinte, de devedor.

Estamos diante, portanto, de relações jurídicas distintas, de naturezas diversas: a relação jurídica em que o contribuinte tem o dever de pagar tributo é de natureza tributária, enquanto a relação jurídica em que este mesmo contribuinte tem o direito de creditar-se do montante pago nas operações anteriores é de cunho financeiro.[7]

Vale dizer, trata-se de duas relações jurídicas distintas, disciplinadas por regimes jurídicos autônomos. Como o direito de crédito do contribuinte não possui natureza tributária, mas financeira, não está sujeito aos princípios e regime jurídico tributários. Nas palavras de José Eduardo Soares de Melo,[8] "como relação jurídica que se instaura, por via do crédito e tem como sujeito ativo o particular, não se pode enquadrá-la como de 'natureza tributária'".

Em suma, havendo operação tributada pelo ICMS, dois efeitos dela decorrem: de um lado, nascerá para o Estado o direito subjetivo, de natureza tributária, de exigir o recolhimento do ICMS, considerando-se o valor total da operação (*débito*), e, de outro lado, nascerá para o contribuinte o direito subjetivo, de natureza financeira, de compensar o montante recolhido quando da entrada da mercadoria em seu estabelecimento (*crédito*).

Assim, poderão os contribuintes compensar seus créditos com débitos do mesmo imposto, liquidando parte (ou até mesmo a totalidade) da obrigação tributária. É esta compensação que permite a aplicação do princípio da não-cumulatividade.

Paulo de Barros Carvalho[9] enfatiza que "para tornar efetivo o princípio da não-cumulatividade exige-se, em cada ciclo, a compensação entre a relação do direito ao crédito (nascida com a entrada do bem) e a

7. Sobre o assunto, ensina o saudoso Cléber Giardino:"2 – Parece não encontrar-se ainda suficientemente cristalizada, apesar da experiência já relativamente longa de aplicação do ICM, a noção inferida a partir do texto constitucional; de repousar a sistemática de aplicação do tributo sobre não apenas uma, porém duas – e de naturezas diversas – relações jurídicas cada qual tendente a um específico objeto, deflagradas a partir de 'fatos geradores' distintos, e disciplinados por diferentes princípios e regime jurídico.

"De um lado uma relação jurídica (vulgarmente conhecida como 'de débito') de natureza nítida e peculiarmente tributária, instalada a partir da ocorrência de uma dada operação relativa à circulação de mercadoria e cuja consistência está em atribuir a alguém o dever de entregar um certo valor pecuniário ao Estado, dimensionado na forma da lei, a título de ICM. Tal relação, configurada como de natureza tributária (por ter como objeto um tributo nos termos do conceito veiculado pelo art. 3º do CTN), se submete ao regime jurídico tributário em todas as suas implicações.

"De outro lado uma relação jurídica (conhecida como 'de crédito'), de natureza para-tributária porque não tem um tributo como seu objeto específico, segundo o mesmo artigo 3º do CTN, desencadeada a partir da ocorrência de um lado fato ('gerador'), totalmente diverso daquele que determina o dever de pagar ICM (*v.g.*, o recebimento por comerciante de mercadoria anteriormente onerada pelo tributo e destinada a nova e futura operação), cujo conteúdo consiste em atribuir a alguém o direito de receber do Estado um certo valor pecuniário cuja medida equivale ao ICM cobrado anteriormente, e outros contribuintes, pelo mesmo e por outro Estado, tendo por referência a mercadoria ora recebida. Esta segunda relação jurídica, em que as oposições de credor e devedor se invertem, e da qual não se pode falar em tributo, escapa aos princípios e ao regime jurídico atinente à tributação" ("ICM e créditos de ICM – Regimes jurídicos autônomos", *Revista de Direito Tributário* 6/187).

8. *ICMS – Teoria e prática*, p. 169.

9. "Isenções tributárias do IPI, em face do princípio da não-cumulatividade", *Revista Dialética de Direito Tributário* 33/156.

relação jurídica tributária (que nasce com a saída do bem). É por esse motivo que o direito ao crédito, daquele que participa das fases do ciclo da não-cumulatividade, é tão necessário na consecução dessa técnica impositiva".

3.4 Origem do crédito

Vimos que a Constituição Federal contempla apenas e tão-somente duas hipóteses em que se admite restringir o direito de crédito do contribuinte do ICMS. São elas a isenção e a não-incidência.

Este rol é taxativo. Se a Constituição elencou somente estas duas hipóteses, disto resulta que em nenhuma outra o direito de crédito do contribuinte poderá ser coartado. O legislador infraconstitucional não está investido no poder de criar novas limitações; poderá, apenas, não aplicá-las, de modo a autorizar o creditamento do imposto naquelas hipóteses.

Como nada diz a Constituição acerca da natureza dos créditos a serem compensados, não se há de fazer qualquer distinção. A Constituição Federal não estabelece, direta ou indiretamente, qualquer possibilidade de limitação ou redução do direito de crédito do contribuinte. O Texto Constitucional é claro, preciso, inequívoco. Toda operação anterior, ou seja, toda a mercadoria adquirida em operação com destaque do imposto deve ser considerada para o nascimento do direito de crédito.

Portanto, toda e qualquer operação relativa à circulação de mercadoria, qualquer que seja sua destinação, gera ao contribuinte do imposto o direito de crédito consagrado constitucionalmente.[10] Admitir restrição desse jaez implicaria flagrante ofensa à Carta Magna de 1988, notadamente do princípio que deflui do inciso I do § 2º do art. 155.

A LC n. 87/1996 veio a explicitar o que dispõe o Texto Constitucional. Antes de sua edição, o direito de crédito do contribuinte já era amplo e irrestrito, qualquer que fosse a destinação da mercadoria adquirida. Havia de se considerar apenas as exceções constitucionais, sobre as quais já nos referimos no item 3.2 *supra*.

Em que pese a clareza do constituinte ao consagrar o princípio da não-cumulatividade do ICMS de maneira ampla e irrestrita – restrita apenas no que se refere à isenção e não-incidência –, o Supremo Tribu-

10. O Tribunal de Impostos e Taxas já se manifestou no sentido de que a Constituição Federal, por si só, autoriza o contribuinte a exercer seu direito a crédito, em observância ao princípio constitucional da não-cumulatividade. Nesse sentido, é a seguinte decisão: "ICMS – Crédito – Mercadorias de qualquer natureza entradas no estabelecimento – Direito (...). O cerne da questão é exatamente a aplicação do princípio da não-cumulatividade. (...) Buscando, mais uma vez, a Carta Maior, é de se pôr em destaque que: a) são apenas duas as vedações do direito ao crédito: as taxativamente arroladas nas letras 'a' e 'b' do inciso II do parágrafo 2º do art. 155, e ainda assim com a possibilidade de serem eliminadas pela legislação inferior. Em nenhuma outra hipótese o direito ao crédito é repelido; b) está dito que será feita uma compensação entre o imposto devido em cada operação de circulação de mercadoria ou prestação de serviço e o montante cobrado nas operações ou prestações anteriores. Em nenhum momento está dito que as operações ou prestações devem estar ligadas ou dizer respeito à mesma mercadoria ou ao mesmo serviço que o contribuinte impulsiona em direção ao consumo ou ao uso. Na letra clara de Heron Arzua e Maurílio L. Schmitt, in 'ICMS – Direito de Crédito', *Revista de Direito Tributário*, ano 14, abril-junho de 1990, n. 52, p. 222. Ed. Revista dos Tribunais: 'Em termos práticos, as regras de restrição ao uso de créditos fiscais implicam majoração do tributo por vias transversas, procedimento inacolhido pelo princípio da reserva legal (art. 97 CTN), que apenas permite ampliação ou minoração do ônus tributário pela modificação das alíquotas ou da base de cálculo'. (...) Com isto, considerando que o acusado tem suas saídas tributadas pela exação estadual, dou parcial provimento ao recurso do contribuinte para o fim de: a) confirmar seu direito aos créditos pelas mercadorias entradas em seu estabelecimento e que servem para dar impulso a sua atividade e ao cumprimento de seu objeto social, seja de que natureza forem; b) limitar, entretanto, tal direito, às operações formalizadas por documentos fiscais hábeis, na definição dos ns. 2, 3 e 4 do parágrafo 1º do art. 56 do Decreto n. 33.118/91. É como voto. Sala de Sessões, em 23 de fevereiro de 1996" (TIT/SP, 8ª Câmara Especial, Processo DRT 4 n. 6.912/92, relatora Juíza Renata Esteves de Almeida Andretto).

nal Federal, relativamente a crédito anterior ao advento da LC n. 87/1996, manifestou-se pela impossibilidade de o contribuinte se creditar do imposto na aquisição de bens destinados ao uso e consumo ou ao ativo imobilizado da empresa. É dizer, conquanto o Texto Constitucional não tivesse imposto restrição quanto à destinação da mercadoria, aquela Corte Superior negou ao contribuinte o direito de crédito assegurado constitucionalmente. Nesse sentido, são as seguintes decisões:

"Tributário. Pretendido crédito relativo ao ICMS incidente sobre a energia elétrica consumida em estabelecimento comercial. Descabimento.

"Não implicará crédito para compensação com o montante do imposto devido nas operações ou prestações seguintes, a entrada de bens destinados a consumo ou à integração no ativo fixo do estabelecimento' (art. 31, II, do Convênio ICMS 66/88). Se não há saída do bem, ainda que na qualidade de componente de produto industrializado, não há falar-se em cumulatividade tributária. Recurso não conhecido" (RE 200168/RJ; 1ª T. STF; rel. Min.Ilmar Galvão; *DJ* 22.11.1996).

"A jurisprudência de ambas as Turmas, citada no despacho agravado, continua firme no sentido de inexistir ofensa ao princípio da não-cumulatividade no fato de a legislação estadual não autorizar a compensação de créditos de ICMS advindos da aquisição de bens destinados ao consumo e ao ativo fixo do contribuinte com os débitos decorrentes da alienação das mercadorias produzidas. Agravo regimental desprovido" (AgRg em RE 224531/SP; 1ª T. STF; relatora Ministra Ellen Gracie).

"Imposto de circulação de mercadorias e serviços. Princípio da não-cumulatividade. Objeto. O princípio da não-cumulatividade visa afastar recolhimento duplo do tributo, alcançando hipótese de aquisição de matéria-prima e outros elementos relativos ao fenômeno produtivo. A evocação é imprópria em se tratando de obtenção de peças de máquinas, aparelhos, equipamentos industriais e material para a manutenção" (RE 195.894, rel. Min. Marco Aurélio, *DJ* 14.11.2000)

Note-se que o entendimento consagrado pelo Supremo Tribunal Federal, anteriormente à edição da LC n. 87/1996, é o de que somente geravam direito a crédito as aquisições de mercadorias que posteriormente fossem comercializadas, de tal sorte que as aquisições de bens destinados ao uso e consumo ou ao ativo fixo não permitiam o creditamento do imposto, embora sobre elas incidisse. Vale dizer, o Supremo Tribunal Federal estabeleceu distinção – que, repise-se, nem mesmo o constituinte estabeleceu – quanto à origem dos créditos.

É certo que o direito de crédito do contribuinte do ICMS tem origem e fundamento constitucional e, por isso, não exige previsão em lei infraconstitucional para produzir efeitos. Antes mesmo da Lei Complementar n. 87/1996, o contribuinte já podia se creditar do imposto incidente nas aquisições de mercadorias, qualquer que fosse a sua finalidade. O que pode – e deve – fazer a lei infraconstitucional de cunho nacional é disciplinar o regime de compensação do imposto, nos termos do que estabelece o art. 155, § 2º, XII, *c*, da Constituição Federal, de modo a resguardar o amplo e irrestrito direito de crédito dos contribuintes, salvo nos casos de isenção e não-incidência.

Ao legislador cabe apenas e tão-somente disciplinar o mecanismo de compensação do imposto, fazendo imperar o princípio da não-cumulatividade. Não lhe é permitido estabelecer qualquer vedação, restrição ou limitação ao direito de crédito do contribuinte, assegurado constitucionalmente.[11]

11. Não seria demasiado trazer à colação, uma vez mais, as lições de Roque Antonio Carrazza: "(...) o *princípio da não-cumulatividade* do ICMS independe da edição de qualquer lei complementar para irradiar todos os seus efeitos.

"Assim, mesmo correndo o risco de incidir em tautologia, pensamos ser o caso de reiterar que a lei complementar prevista na mencionada alínea *c*, caso editada, só poderá dispor sobre o procedimento de

Nada obstante, a LC n. 87/1996 introduziu restrições ao direito de crédito do contribuinte, levando em consideração a destinação do bem adquirido, embora a Constituição não o tenha feito, direta ou indiretamente (arts. 20 e 33, I, da LC n. 87/1996, com a redação da LC n. 102/2000). O legislador, ao dispor sobre este direito, distinguiu os créditos oriundos da aquisição (i) de bens destinados a compor o ativo imobilizado; (ii) de bens destinados ao uso e consumo; e (iii) de energia elétrica, o que, para nós, revela-se absolutamente inconstitucional.[12]

Em síntese, mesmo antes da edição da LC n. 87/1996, os contribuintes do ICMS já estavam investidos no direito – amplo e irrestrito – de se creditarem do imposto incidente nas aquisições de mercadorias, qualquer que fosse sua destinação. Se assim não fosse, haveria inequívoca ofensa ao princípio da não-cumulatividade, na medida em que os contribuintes estariam impossibilitados de utilizar os créditos relativos às aquisições de bens destinados ao uso, ao consumo ou ao ativo fixo.

efetivação do abatimento constitucional. Absolutamente não poderá interferir no conteúdo e no alcance do *princípio da não-cumulatividade* do ICMS tal como estruturado no art. 155, § 2º, I, que encerra – agora, sim – *normas constitucionais de eficácia plena e aplicabilidade imediata*.

"A alínea *c*, em análise, apenas prevê a edição de uma *norma procedimental*, que aclarará o inciso I, que, sozinho, já traça, de modo absolutamente preciso, o perfil do *princípio da não-cumulatividade* do ICMS.

"A utilidade desta lei complementar consiste em explicitar, em caráter nacional, como o *princípio da não-cumulatividade* do ICMS deverá ser entendido, até para que se evitem eventuais discrepâncias por parte das leis estaduais e distritais. A exemplo do Código Tributário Nacional, é uma 'lei de superposição'" (ob. cit., p. 181– grifos originais).

12. José Eduardo Soares de Melo ensina que "as regras transcritas (LC 87/97 e LC 102/2000) – proibindo os contribuintes de aproveitar os créditos de ICMS antes de 1.11.96, e sujeitos a determinados requisitos e restrições – são absolutamente injurídicas por contrariarem a diretriz e o sentido constitucional do princípio da não-cumulatividade, além de consubstanciarem a equivocada premissa de que só há condição de manter os créditos à medida em que ocorra posterior saída tributada" (ob. cit., p. 237).

4. A alteração introduzida pela Emenda à Constituição n. 33/2001

Determinava o art. 155, § 2º, IX, da Constituição Federal que o ICMS incidia "sobre a entrada de mercadoria importada do exterior, ainda quando se tratar de bem destinado a consumo ou ativo fixo do estabelecimento, assim como sobre serviço prestado no exterior, cabendo o imposto ao Estado onde estiver situado o estabelecimento destinatário da mercadoria ou do serviço". Com o advento da Emenda à Constituição n. 33, publicada no *Diário Oficial* de 12 de dezembro de 2001, referido dispositivo passou a ter a seguinte redação:

"Art. 155. (...)

"§ 2º. (...)

"IX – (...)

"a) sobre a entrada de bem ou mercadoria importados do exterior por pessoa física ou jurídica, ainda que não seja contribuinte habitual do imposto, qualquer que seja a sua finalidade, assim como sobre o serviço prestado no exterior, cabendo o imposto ao Estado onde estiver situado o domicílio ou o estabelecimento do destinatário da mercadoria, bem ou serviço; (...)."

Verifica-se, portanto, que o poder constituinte derivado introduziu, no ordenamento jurídico pátrio, alteração absolutamente incompatível com o princípio da não-cumulatividade, conforme demonstraremos a seguir.

4.1 A diretriz constitucional do ICM (sem o "S")

A Constituição Federal outorgou competência aos Estados e ao Distrito Federal para tributar "operações relativas à circulação de mercadorias e sobre prestações de serviços de transporte interestadual e intermunicipal e de comunicação, ainda que as operações e as prestações se iniciem no exterior" (art. 155, II, da CF). Do próprio Texto Constitucional é possível inferir-se a materialidade do imposto, as circunstâncias de tempo e de espaço em que se dará o fato imponível, os sujeitos da relação jurídica tributária e a base imponível. Em outras palavras, pode-se identificar, segundo as lições de Paulo de Barros Carvalho,[13] os critérios da regra-matriz de incidência tributária, quais sejam, os critérios material, espacial e temporal, no antecedente da norma, e os critérios pessoal e quantitativo, no conseqüente da norma.

Relativamente ao ICM – sem o "S", pois os serviços de comunicação e de transporte interestadual e intermunicipal refogem ao tema do presente trabalho –, extrai-se do art. 155, II, da Constituição que a materialidade do imposto é promover *operações de circulação de mercadorias*. Para determinarmos o alcance dessa expressão utilizada pela Constituição, forçoso buscarmos o conceito de *operação*, *circulação* e de *mercadoria*.

Geraldo Ataliba e Cléber Giardino são autores de brilhante estudo sobre o tema. Nas palavras dos saudosos mestres, "operações são atos jurídicos; atos regulados pelo Direito como produtores de determinada eficácia jurídica; são atos juridicamente relevantes". E prosseguem: "As operações é que são realizadas por produtores, industriais e comerciantes; não a circulação. (...) A Constituição, ao cogitar de operações, no art. 23, II, está fazendo referência a negócios jurídicos ou, como diz Amílcar Falcão – reproduzindo literatura alemã – ao núcleo da incidência de um imposto sobre atos jurídicos. E isto fica bem evidente quando se leva em conta que só mediante este instrumento – o ato jurídico – é que se pode ter, como efeito de direito, uma circulação de mercadorias".[14]

Circulação e *mercadoria* são adjetivos que restringem o termo *operações*. Ainda utilizando as lições dos saudosos mestres, "circular significa, para o Direito, mudar de titular".[15] Para fins do ICM, a circulação – jurídica, e não física – pressupõe a transferência de uma pessoa para outra, da posse ou propriedade da mercadoria. Sem a mudança de titularidade da mercadoria, não há falar em circulação.

Por fim, *mercadoria* nada mais é senão o objeto da mercancia; é o objeto transacionado num ato mercantil (de comércio).

Portanto, dos conceitos utilizados pela Constituição, conclui-se que, sempre que se tiver uma operação jurídico-mercantil por meio da qual a titularidade de uma mercadoria é transferida a outrem estar-se-á diante da hipótese de incidência do ICM. Somente uma *operação relativa à circulação de mercadoria* dá ensejo à tributação por via do ICM.

Outra conclusão não se pode extrair do Texto Constitucional senão a de que contribuinte do imposto é aquele que promove *operações relativas à circulação de mercadorias*.

Compreendido o alcance dessa expressão, isto é, visto que tal expressão abrange as operações de cunho mercantil, tem-se que somente os comerciantes podem ser contribuintes do imposto. Não qualquer comerciante, mas aquele que realizar a operação de circulação de mercadoria.

Antes mesmo de avançarmos no núcleo do presente trabalho, já podemos identificar um vício de inconstitucionalidade que macula a EC n. 33/2001. Com a alteração por ela introduzida, pessoa física que não pratica atos de comércio, mas que importa bem do exterior para consumo próprio, passa a ser contribuinte do imposto.

Vale dizer, pessoa física não-comerciante está sujeita ao imposto cuja hipótese

13. Sobre o tema, ver, do autor citado, *Curso de direito tributário*, 14ª ed., pp. 235-237, e *Direito tributário – Fundamentos jurídicos da incidência*, 2ª ed., pp. 80-84.

14. "Núcleo da definição constitucional do ICM", *Revista de Direito Tributário*, n. 25/26, p. 104.

15. Ob. cit., p. 111.

de incidência é *promover operações mercantis*.

É inequívoco que o art. 2º da EC n. 33/2001, ao alterar a redação do art. 155, § 2º, IX, *a*, da Constituição, não está em conformidade com o arquétipo constitucional do imposto, traçado por ocasião da outorga de competências. A importação de bens por pessoa física não-comerciante não está compreendida na materialidade do ICM (sem o "S").

Em outras palavras, a EC n. 33/2001 invadiu a competência impositiva da União, permitindo que os Estados tributem a importação de bens para consumo por pessoa física que comerciante não é.[16]

4.2 A inconstitucionalidade da Emenda Constitucional n. 33/2001 à luz do princípio da não-cumulatividade

O constituinte, ao outorgar competência aos Estados e ao Distrito Federal para instituir imposto sobre operações de circulação de mercadorias, estabeleceu todas as diretrizes desse imposto e suas peculiaridades, delimitando, assim, a atuação do legislador infraconstitucional. Ao fazê-lo, determinou que o imposto, necessariamente, será não-cumulativo, compensando-se o que for devido com o montante cobrado nas operações anteriores.

Como visto, o princípio da não-cumulatividade tem origem e fundamento na Constituição Federal. Ocorrido o fato imponível – operação de circulação de mercadoria –, nasce para o contribuinte o direito de creditar-se do imposto incidente nas operações anteriores.

Em suma, ao mesmo tempo que nasce para o Estado o direito subjetivo de exigir o recolhimento do imposto, nasce para o contribuinte o direito de crédito. É dizer, se o contribuinte está obrigado ao recolhimento do imposto, lhe é assegurado o seu creditamento. Esta é a característica do imposto consagrada na Constituição.

Portanto, não há falar na exigibilidade do ICMS sem se falar no direito de crédito do contribuinte. De acordo com a dicção constitucional do imposto, não se pode exigi-lo e negar ao contribuinte o direito de crédito. O ICMS, obrigatoriamente, deve atender à diretriz da não-cumulatividade.

Vimos que a EC n. 33/2001 determinou ser contribuinte do imposto pessoa física não-comerciante que importar bens do exterior para consumo. Ora, se ao contribuinte é assegurado o direito de crédito plasmado na Constituição, exercitado pelo mecanismo de compensação do montante cobrado nas operações anteriores, de que forma o contribuinte pessoa física que não é comerciante exercitará o direito de crédito que lhe é inerente?

Quer nos parecer absolutamente incompatível com o princípio da não-cumulatividade a alteração introduzida pela EC n. 33/2001. Tal alteração implica a negação do direito de crédito do contribuinte, consagrado pelo poder constituinte originário, na medida em que não pode ser exercitado.

Exatamente nesse sentido são os ensinamentos de Edvaldo Brito, *verbis*:

"(...) se se exige o imposto de quem não tem como fazer essa compensação, ofende-se, pelas mesmas razões, a não-cumulatividade que dá a característica de mercantil a cada operação, porque somente quem pode fazer essa compensação é quem compra mercadoria para venda (...)."[17]

Não bastasse a inclusão de pessoa física (que não pratica atos de comércio) no rol de contribuintes do imposto estar em dissonância com a sua materialidade – pro-

16. Sobre a repartição constitucional de competências impositivas, José Artur Lima Gonçalves ensina que esta é "rígida e exaustiva, outorgando a cada pessoa política amplos poderes legislativos nos seus respectivos compartimentos" (*Imposto sobre a renda – Pressupostos constitucionais*, p. 90).

17. "Problemas jurídicos atuais do ICMS", *O ICMS, a LC 87/96 e questões jurídicas atuais*, p. 87.

mover operações mercantis –, sua incompatibilidade com o princípio da não-cumulatividade é notória. Como exaustivamente demonstrado, o direito de crédito nasce, simultaneamente, com o direito do Estado de exigir o tributo, de tal sorte que, em se tratando de pessoa física não-comerciante, o direito de crédito seria glosado, amesquinhado.

Exigir o ICMS de pessoa física que não pratica atos de comércio equivale a exigir o imposto do consumidor final da cadeia produtiva. Conquanto o ônus fiscal seja suportado, indiretamente, pelo consumidor final (contribuinte de fato), o imposto não lhe é exigido, sendo cobrado apenas dos comerciantes (contribuintes de direito) nas etapas anteriores. E assim é, em obediência ao princípio da não-cumulatividade.

A própria Constituição estabeleceu as hipóteses em que o direito de crédito do ICMS pode ser vedado – a isenção e não-incidência –, inexistindo permissão para que tal direito seja negado em qualquer outra hipótese.

Não há dúvidas de que a EC n. 33/2001, ao conferir nova redação ao art. 155, § 2º, IX, *a*, da Constituição Federal, mostra-se inconstitucional. O poder constituinte derivado criou uma figura que não se amolda à diretriz constitucional do ICMS – a não-cumulatividade –, imposta pelo poder constituinte originário.

Em síntese, o poder constituinte originário – o mesmo que outorgou competência tributária aos Estados e ao Distrito Federal – consagrou garantia aos contribuintes do ICMS, consistente no princípio da não-cumulatividade (art. 155, § 2º, I, da CF). Não pode este princípio ser coartado pelo legislador infraconstitucional nem mesmo pelo poder constituinte derivado, cuja atuação está adstrita aos princípios e garantias constitucionais. Sendo assim, a EC n. 33/2001 é inconstitucional, tendo em vista que tributar, por via do ICMS, a importação de bem para consumo por pessoa física implica negar, retirar, amesquinhar o direito de crédito assegurado aos contribuintes do imposto.

4.3 O posicionamento do Supremo Tribunal Federal

Anteriormente ao advento da EC n. 33/2001, o plenário do Supremo Tribunal Federal consolidou o entendimento de que o ICMS não poderia ser exigido de pessoa física que não é comerciante. Preceitua a ementa do RE 203.075.9/DF:

"Recurso extraordinário. Constitucional. Tributário. Pessoa física. Importação de bem. Exigência de pagamento do ICMS por ocasião do desembaraço aduaneiro. Impossibilidade.

"1. A incidência do ICMS na importação de mercadoria tem como fato gerador operação de natureza mercantil ou assemelhada, sendo inexigível o imposto quando se tratar de bem importado por pessoa física.

"2. Princípio da não-cumulatividade do ICMS. Pessoa física. Importação de bem. Impossibilidade de se compensar o que devido em cada operação com o montante cobrado nas anteriores pelo mesmo ou outro Estado ou pelo Distrito Federal. Não sendo comerciante e como tal não estabelecida, a pessoa física não pratica atos que envolvam circulação de mercadoria" (RE 203.075.9/DF, rel. p/ o acórdão Min. Maurício Corrêa, j. 5.8.1998, *DJ* 29.10.1999).

Esta decisão foi proferida em recurso extraordinário interposto pelo Distrito Federal – não conhecido pelo Plenário –, por meio do qual se discutia a exigência do ICMS de pessoa física na importação de bem para consumo, com base no referido inciso IX, *a*, do § 2º, do art. 155 da Constituição Federal, em sua redação anterior à EC n. 33/2001.

Decidiu o Plenário do Supremo Tribunal Federal que pessoa física não poderia ser contribuinte do imposto, por não promover operações mercantis. Também não poderia estar sujeita ao recolhimento do imposto, pois, neste caso, seria inaplicável o princípio da não-cumulatividade. Vejamos o seguinte trecho do voto proferido pelo Ministro Maurício Corrêa, *verbis*:

"(...) há que se concluir que o imposto não é devido pela pessoa física que importou o bem, visto que não exerce atos de comércio de forma constante nem possui 'estabelecimento destinatário da mercadoria' (...).

"Observo, ainda, *a impossibilidade de se exigir o pagamento do ICMS na importação de bem por pessoa física, dado que, não havendo circulação de mercadoria, não há como se lhe aplicar o princípio constitucional da não-cumulatividade do imposto, pois somente ao comerciante é assegurada a compensação do que for devido em cada operação com o montante cobrado nas anteriores pelo mesmo ou outro Estado ou pelo Distrito Federal.*

"Assim sendo, creio não poder afastar-me do que penso ser a melhor exegese para o cabal entendimento da regra constante da letra *a*, do inciso IX, do art. 155 da Carta da República" (grifos nossos).

Em que pese o acertado entendimento consagrado pelo Supremo Tribunal Federal, o poder constituinte derivado, por meio da EC n. 33/2001, veio a determinar, expressamente, que o ICMS será exigido de pessoa física que importar bens para consumo. Na verdade, tal emenda veio eliminar a divergência jurisprudencial solucionada pelo Supremo Tribunal Federal, em desprezo e prejuízo dos direitos e garantias dos contribuintes.

Cabe ao Supremo Tribunal Federal reconhecer a inconstitucionalidade em que incorreu a EC n. 33/2001 e manter incólume o direito de crédito dos contribuintes.

Registre-se, ainda, que o Superior Tribunal de Justiça vem decidindo em conformidade com o entendimento consagrado pelo Supremo Tribunal Federal. Nesse sentido, são as decisões proferidas nos Agravos Regimentais nos Recursos Especiais 79539-SP e 89681-PR.

5. *Síntese conclusiva*

5.1 O poder constituinte originário, no art. 155, II, da Constituição Federal de 1988, outorgou competência tributária aos Estados e ao Distrito Federal para instituir imposto sobre "operações relativas à circulação de mercadorias (...)".

5.1.1 O mesmo poder constituinte estabeleceu que o imposto será não-cumulativo (art. 155, § 2º, I, da CF), assegurando aos contribuintes o direito de crédito.

5.2 Mais do que uma diretriz constitucional, o princípio da não-cumulatividade traduz-se em garantia dos contribuintes, que necessariamente deve ser observada pelo legislador infraconstitucional e pela Administração.

5.3 O princípio da não-cumulatividade, de essência eminentemente constitucional, visa a impedir a tributação em cascata dos impostos em relação aos quais se aplica, minimizando o impacto do tributo sobre o preço da mercadoria ou serviço.

5.4 A aplicação do princípio da não-cumulatividade se dá pelo mecanismo de deduções, compensando-se do montante devido em cada operação aquele cobrado nas operações anteriores.

5.4.1 O direito de crédito independe do efetivo recolhimento do imposto nas operações anteriores.

5.5 A Constituição, no art. 155, § 2º, II, estabeleceu duas exceções ao princípio da não-cumulatividade: a isenção e a não-incidência. Nestas hipóteses, e somente nestas, o crédito do imposto é vedado aos contribuintes.

5.5.1 As restrições ao direito de crédito são taxativas, de tal sorte que é vedado ao legislador infraconstitucional e também ao poder constituinte derivado estabelecer novas restrições.

5.5.2 A atuação do legislador complementar limita-se a disciplinar o regime de compensação do imposto, porém sem tocar, restringir, coartar o direito de crédito assegurado aos contribuintes.

5.5.3 No que se refere às restrições ao direito de crédito, o legislador infraconstitucional só poderá atuar positivamente, isto é, para autorizar o creditamento do imposto nos casos de isenção e não-incidência.

5.6 A relação jurídica de crédito e a relação jurídica tributária não se confundem. A primeira é de natureza financeira, enquanto a segunda é de natureza tributária.

5.6.1 Na relação jurídica de crédito, o contribuinte assume a posição de credor, e o Fisco, de devedor. Na relação jurídica tributária, a posição dos sujeitos se inverte: o Fisco passa à condição de credor, e o contribuinte, de devedor.

5.6.2 Ocorrido o fato imponível, nascem as duas relações jurídicas, simultaneamente. Não há como o Estado exigir o imposto sem assegurar o direito de crédito do contribuinte.

5.7 Salvo os casos de isenção e não-incidência, a Constituição não estabelece, direta ou indiretamente, qualquer possibilidade de limitação ou redução do direito de crédito do contribuinte. Portanto, toda e qualquer operação relativa à circulação de mercadoria, qualquer que seja a sua natureza, gera para o contribuinte direito ao crédito.

5.7.1 A LC n. 87/1996 veio a explicitar o que dispõe o Texto Constitucional. Antes de sua edição, o direito de crédito do contribuinte já era amplo e irrestrito qualquer que fosse a destinação da mercadoria.

5.8 A EC n. 33/2001, ao conferir nova redação ao art. 155, § 2º, IX, *a*, da Constituição, no sentido de tornar o ICMS exigível de pessoa física que importe bem para o consumo, é inconstitucional, por não respeitar o princípio da não-cumulatividade, inerente ao imposto. Isto porque o direito de crédito do contribuinte, que nasce com o direito subjetivo do Estado de exigir o tributo, é amesquinhado, na medida em que pessoa física não-comerciante está impossibilitada de efetuar o creditamento.

5.8.1 O Plenário do Supremo Tribunal Federal, antes do advento da EC n. 33/2001, já havia consolidado o entendimento de que o ICMS não poderia ser exigido de pessoa física que não é comerciante, tendo em vista que, neste caso, seria inaplicável o princípio da não-cumulatividade.

5.9 A EC n. 33/2001 também é inconstitucional pelo fato de que a alteração por meio dela introduzida não está em conformidade com a materialidade do ICMS. Com esta alteração, pessoa física não-comerciante está sujeita ao imposto cuja hipótese de incidência é promover operações mercantis.

5.9.1 A EC n. 33/2001 invadiu a competência impositiva da União, permitindo que os Estados e o Distrito Federal tributem a importação de bens para o consumo por pessoa física.

Bibliografia

ATALIBA, Geraldo, e GIARDINO, Cléber. "Núcleo da definição constitucional do ICM". *Revista de Direito Tributário*, n. 25/26, São Paulo, Ed. RT.

BARRETO, Aires Fernandino. "Créditos de ICMS – Limites da lei complementar". In *O ICMS, a LC 87/1996 e questões jurídicas atuais*. Coord. Valdir de Oliveira Rocha. São Paulo, Dialética, 1997.

______. "Créditos de ICMS. Vedação. Limites". *Revista de Direito Tributário*, set. 1993, p. 50.

BRITO, Edvaldo. "Problemas jurídicos atuais do ICMS". In *O ICMS, a LC 87/1996 e questões jurídicas atuais*. Coord. Valdir de Oliveira Rocha. São Paulo, Dialética, 1997.

CARRAZZA, Roque Antonio. *ICMS*. 3ª ed. São Paulo, Malheiros Editores, 1997.

CARVALHO, Paulo de Barros. *Curso de direito tributário*. 14ª ed. São Paulo, Saraiva, 2002.

______. *Direito tributário – Fundamentos jurídicos da incidência*. 2ª ed. São Paulo, Saraiva, 1999.

______. "Isenções tributárias do IPI, em face do princípio da não-cumulatividade". In *Revista Dialética de Direito Tributário*, n. 33. São Paulo, Dialética.

GIARDINO, Cléber. "ICMS – Regimes jurídicos autônomos". In *Revista de Direito Tributário*, n. 6. São Paulo, Ed. RT.

GONÇALVES, José Artur Lima. *Imposto sobre a renda – Pressupostos constitucionais*. São Paulo, Malheiros Editores, 1997.

HORVATH, Estevão. O *princípio do não-confisco no direito tributário*. São Paulo, Dialética, 2002.

MELO, José Eduardo Soares de. *ICMS – Teoria e prática*. 3ª ed. São Paulo, Dialética, 1998.

INSTITUTO GERALDO ATALIBA – IDEPE

(Instituto Internacional de Direito Público e Empresarial)

Presidente: Aires Barreto

XVIII CONGRESSO BRASILEIRO DE DIREITO TRIBUTÁRIO

27, 28 e 29 de outubro de 2004

Presidente – PROFA. MARIA LEONOR LEITE VIEIRA

CONFERENCISTAS

Ministro CARLOS AYRES DE BRITO (STF)

Desembargador Federal NEWTON DE LUCCA (TRF - 3ª Região)

Professor PAULO DE BARROS CARVALHO

Professor ROQUE ANTONIO CARRAZZA

TEMÁRIO:

- **Contribuições Sociais**
  - **Incidência nas importações**
- **PIS E COFINS**
  - **Aspectos constitucionais da não-cumulatividade**
- **CIDES**
- **ISS - Lei Complementar 116/2003 e legislações municipais com ênfase nos itens:**
  - **Construção civil, setor bancário, importação, exportação, serviços públicos, sociedades profissionais**
- **Emenda Constitucional 42**
  - **Lei Complementar**
  - **Princípio da anterioridade**
  - **Contribuições – ITR, ICMS e IPVA**
- **Substituições Tributárias – Limites (ICMS, IPI, ISS, INSS)**
- **Tributação dos serviços públicos**
- **Tributação da energia elétrica**
- **Alterações do Código Tributário Nacional**
- **Reflexos das alterações do Código Civil no Direito Tributário**
  - **Desconsideração da pessoa jurídica e sua aplicação no Direito Tributário e outros aspectos**
- **Regime tributário das micros, pequenas e médias empresas**
- **Conflitos: ISS, ICMS, IPI, IOF**
- **Processo Administrativo Tributário e Judicial – contraditório e ampla defesa**
- **Infrações e sanções tributárias**
- **ICMS – Questões atuais**

GRÁFICA PAYM
Tel. (011) 4392-3344
paym@terra.com.br

RDT 91

XVII CONGRESSO BRASILEIRO DE DIREITO TRIBUTÁRIO

HOMENAGEM: GERALDO ATALIBA, JURISTA MAIOR E MESTRE DE VIDA – CARLOS MÁRIO DA SILVA VELLOSO • ***SESSÃO DE ABERTURA*** • ***CONFERÊNCIA:*** DISPONIBILIDADE: CTN, ART. 43 – TÉRCIO SAMPAIO FERRAZ JR. • ***MESA DE DEBATES "A":*** TRIBUTOS ESTADUAIS • ***MESA DE DEBATES "B":*** REFORMA TRIBUTÁRIA • ***CONFERÊNCIA:*** OS LIMITES DO PODER REFORMADOR NA CONSTITUIÇÃO BRASILEIRA – ARICÊ AMARAL SANTOS • ***MESA DE DEBATES "C":*** TRIBUTOS FEDERAIS • ***MESA DE DEBATES "D":*** PROCESSO JUDICIAL • ***MESA DE DEBATES "E":*** PROCESSO ADMINISTRATIVO • ***CONFERÊNCIA:*** DAS CONTRIBUIÇÕES DE INTERVENÇÃO NO DOMÍNIO ECONÔMICO – ESTEVÃO HORVATH • ***MESA DE DEBATES "F":*** CONTRIBUIÇÕES • ***MESA DE DEBATES "G":*** NOVO CÓDIGO CIVIL NO DIREITO TRIBUTÁRIO • ***MESA DE DEBATES "H":*** TRIBUTOS MUNICIPAIS • ***SESSÃO DE ENCERRAMENTO*** • ***HOMENAGEM À DESEMBARGADORA FEDERAL ANNA MARIA PIMENTEL*** – MARIA LEONOR LEITE VIEIRA • ***CONFERÊNCIA:*** DA EXIGÊNCIA OU NÃO DA DECISÃO FINAL DO PROCESSO ADMINISTRATIVO DE LANÇAMENTO PARA VIABILIZAR A DENÚNCIA POR CRIMES CONTRA A ORDEM TRIBUTÁRIA – SEPÚLVEDA PERTENCE • ***TESES APROVADAS NO XVII CONGRESSO BRASILEIRO DE DIREITO TRIBUTÁRIO:*** O ART. 149-A DA CONSTITUIÇÃO FEDERAL INTRODUZIDO PELA EC 39/2002 E A CONTRIBUIÇÃO PARA CUSTEIO DO SERVIÇO DE ILUMINAÇÃO PÚBLICA – AURORA TOMAZINI DE CARVALHO • A COMPENSAÇÃO ENTRE TRIBUTOS ADMINISTRADOS PELA SECRETARIA DA RECEITA FEDERAL – IGOR NASCIMENTO DE SOUZA • O DIREITO DE CRÉDITO DO ICMS E SUA INCOMPATIBILIDADE COM A EC 33/2001 – SIMONE RODRIGUES DUARTE COSTA

MALHEIROS EDITORES